中国古代国家治理丛书

汉代国家治理

泱泱汉风

Yangyang
Hanfeng

著 马平安

团结出版社

图书在版编目（ＣＩＰ）数据

泱泱汉风 / 马平安著 . -- 北京：团结出版社，
2023.1
  ISBN 978-7-5126-9741-6

  Ⅰ . ①泱… Ⅱ . ①马… Ⅲ . ①中国历史－研究－汉代
Ⅳ . ① K234.07

中国版本图书馆 CIP 数据核字 (2022) 第 189150 号

出　版：团结出版社
　　　　（北京市东城区东皇城根南街 84 号　邮编：100006）
电　话：（010）65228880　65244790（出版社）
　　　　（010）65238766　85113874　65133603（发行部）
　　　　（010）65133603（邮购）
网　址：http://www.tjpress.com
E-mail：zb65244790@vip.163.com
　　　　tjcbsfxb@163.com（发行部邮购）
经　销：全国新华书店
印　装：三河市东方印刷有限公司

开　本：170mm×230mm　　16 开
印　张：24.75
字　数：382 千字
版　次：2023 年 1 月　第 1 版
印　次：2023 年 1 月　第 1 次印刷

书　号：978-7-5126-9741-6
定　价：69.00 元
　　　　（版权所属，盗版必究）

前言：汉家特色

一、汉承秦制

公元前202年，刘邦建汉，大汉帝国由此诞生。为了保障新王朝的长治久安，汉高祖刘邦着手恢复大一统帝国的统治秩序。尽管刘邦推翻了秦始皇的帝国而称帝，尽管从此之后汉代的史书、官牍把秦帝国描绘得一片黑暗，但是，汉帝国君臣却毫不犹豫地承袭了秦帝国留下来的所有国家制度。从总结历史经验教训的角度而言，秦帝国对中国政治的最大影响，莫过于它创立了一整套以大一统形式为标志的政治模式。这套政治模式包括政治观念、政治制度、法制体系以及与之配套而成的社会经济与文化体系。大秦帝国建立者的知识水平和理论水平明显高于起事于草莽布衣的汉帝国的创建者们。换句话说，秦始皇草创的政治制度和治国模式具有开辟性，继秦而起的任何新的封建王朝都不可能在短时间内创造出比之更加完备的国家制度。大秦帝国虽然因统治者施政不当而短命夭亡，但其创建的国家政体却有着强大的生命力，它不仅不会随着秦帝国的消亡而消亡，而且还以新的面孔继续决定与影响着继秦而后的历代王朝的政治。历史事实无可辩驳地证明："汉之法制，大抵因秦。"根据云梦秦简提供的资料表明，许多原来以为是汉帝国创建的制度以及有关称谓，原来都是由前朝秦帝国那里传承下来的。"汉承秦制"，确凿无疑。汉帝国全盘接受了秦始皇创造的皇帝尊号及其相应的一整套皇帝制度与帝王观念；承袭了秦王朝的中央集权制度；基本上沿用了秦朝的职官制度；承袭了秦帝国的郡县制度；承袭了秦帝国的监察制度；承袭了秦朝的赋税制度；基本承袭了秦帝国的礼仪制度。

另外，汉帝国对秦帝国的法律、德运、历法、风俗等也都加以承继。总的说来，汉承秦制具有系统性，大到政治制度、治国模式、疆域区划，小到许多具体的习俗、礼仪、文字、度量衡等，汉帝国基本上采取了拿来主义。汉帝国对秦帝国的继承是一种全方位的继承，也是一种发展性的继承。通过继承前朝一切优秀、合理的东西，汉王朝迅速迎来了它的盛世。

二、亡秦之鉴

千百年来一提到秦政，就好像一个凶神恶煞立刻出现在人们的面前。这同汉人对秦始皇过多的指控和渲染有关。汉朝统治者继承了秦政权，为了证明自己统治的合法性，当然要对秦王朝的统治政策加以口诛笔伐。主要指责有：一曰"繁法严刑"；二曰"赋敛无度"；三曰"徭役繁重"；四曰"刑罚酷虐"；五曰"暴兵露师"；六曰"吏治刻深"；七曰"废先王之道"；八曰"焚百家之言"；九曰"多忌讳之禁"；十曰"足己不问"。这十条是汉人的公论，其中涉及政治理念、政治制度、政治方略、政策原则和具体操作等，几乎包括了秦政的各个方面。既然汉从亡秦而来，汉代秦后，汉帝国的统治者们在继承秦政的同时，又特别注意总结和宣传亡秦之鉴，虽然有过度之嫌，倒也可以理解。

三、"霸王道杂之"

"霸王道杂之"是汉宣帝刘询提出的一个著名论断。据《汉书·元帝纪》记载："孝元皇帝，宣帝太子也……柔仁好儒。见宣帝所用多文法吏，以刑名绳下，大臣杨恽、盖宽饶等坐刺讥辞语为罪而诛，尝侍燕从容言：'陛下持刑太深，宜用儒生。'宣帝作色曰：'汉家自有制度，本以霸王道杂之，奈何纯任德教，用周政乎！且俗儒不达时宜，好是古非今，使人眩于名实，不知所守，何足委任！'"这里直接提出了汉代的治国方略——"霸王道杂之"。虽然是汉宣帝明确提出了这一治国方略，而事实上，"霸王道杂之"术略从刘邦夺取天下时就已经萌芽。刘邦虽是武人，马上夺天下，但从夺天下时就不自觉地兼用霸、王之道。皇甫谧在《帝王世纪》中说："观汉祖之取天下也，遭秦世暴乱，不偕尺土之资，不权将相之柄，发迹泗亭，奋其智谋，羁英雄鞭驱天下。或以威服，或以德致，或以义成，或以权断，逆顺不常，霸王之道杂焉。"虽然其后在惠帝、高后、文帝、景帝之世一方面皆实行黄老无为之治，重长者，但这并不意味着儒学在汉初销声匿迹。另一方面，因为"汉承秦制"，法家思想也一直在政治实践中继续发挥着作用。到汉武帝时，接受儒者董仲舒的建议，明确推行"罢黜百家，独尊儒术"的政策，将儒学作为治理国家的理论，使儒学成为汉代统治者的指导思想。汉武帝提倡儒家孝道，注重以儒家的道德标准选拔人才，重视教化。从汉代开始，尊儒政策成为此后两千多年历代封建王朝意识形态的政治模式。西汉至元帝时，政治又为之一变，由武、宣的儒、法并用转为专意尊儒。元帝"少而好儒，及即位，征用儒生，委之以政，贡、薛、韦、匡迭为宰相。而上牵制文义，优游不断，孝宣之业衰焉"。元帝所用宰相贡禹、薛广德、韦玄成、匡衡皆一代名儒。元帝以迄成、哀、平帝四朝，尊儒之风愈演愈盛，王莽即借此风势获得社会赞誉，得到儒生的支持，篡位登上了中国政治的舞台。

目　录

第一章　高帝时期的国家治理

司马迁在《史记·高祖本纪》中说："高祖起微细，拨乱世反之正，平定天下，为汉太祖，功最高。"班固在《汉书·高帝纪下》中说："高祖不修文学，而性明达，好谋，能听，自监门戍卒，见之如旧。初顺民心作三章之约。天下既定，命萧何次律令，韩信申军法，张苍定章程，叔孙通制礼仪，陆贾造《新语》。又与功臣剖符作誓，丹书铁契，金匮石室，藏之宗庙。虽日不暇给，规摹弘远矣。"

的确，"拨乱反正"与"汉承秦制"，正是汉高帝的历史使命。汉高祖刘邦是一位具有鲜明个性特征、处处闪烁着独异色彩的历史人物。他顺应时代的呼唤，作出历史的正确选择，因而取得了巨大的成功。在秦王朝的统治下，布衣出身的刘邦在他四十八岁自丰沛起事时，也还不过是一个小小的亭长。如果秦王朝的统治继续稳定地保持下去，刘邦在咸阳街头观赏秦始皇出游时所发出的"大丈夫当如此也"的豪言壮语，可能就会成为永恒的叹息，他也只能以一个贪财好色的流氓亭长的面目而寿终。他身上潜在的那些作为政治领袖的宏伟气度、政治上的远见卓识、军事上的多谋善断，以及长于识才、善于用人、虚心纳谏、勇于改过、不断变通等优良品质，也许就会被他带进棺材而永远不会为世人所知晓。是秦末农民战争和楚汉战争的烽火给刘邦提供了一个发挥潜能、施展才干的广阔舞台，使他在血与火的斗争中脱颖而出，由一个小小的亭长在七年之间亡秦、灭项、统一中国、蹑足九五、荣登大宝、君临天下、拨乱反正。

作为汉帝国的开国皇帝，刘邦以自己适应时代需要的各项措施，完成了具有历史转折意义的拨乱反正与政策的调整和完善，完成了汉帝国中央集权的建立与巩固的艰巨任务，实现了汉初政治、经济、军事、文化等国家治理的成功转型。他以秦朝二世而亡为鉴戒，推行郡国并行制度，以与民休息、恢复秩序、发展生产为基点所进行的一系列政策调整，不仅为西汉帝国的发展奠定了政治经济基础，而且对后世历代王朝的政治统治，都产生了十分重要的影响。尤其是刘邦贯穿其全部治理政策中心的缓和矛盾、发展经济的民本思想，巩固皇权、加强中央集权的政治战略，为后世许多有见识的政治家和思想家所重视。

一、汉承秦制　凤凰涅槃

公元前 206 年，经过三年多的反秦战争，大秦帝国这座当时举世最宏伟的政权大厦，在以陈胜、吴广、刘邦、项羽等为首的各阶层民众的一致讨伐声中，轰然倒塌。

又经过四年的楚汉战争，公元前 202 年，刘邦经过垓下一战最终夺鹿在手，天下战乱渐归结束。在这种情况下，刘邦决定登基称帝。《史记·高祖本纪》说："正月，诸侯及将相相与共请尊汉王为皇帝。"甲午日，刘邦在定陶氾水北面登临皇帝之位，大汉帝国从此诞生。

尽管刘邦是推翻了秦始皇的帝国而称帝，尽管从此之后汉代的史书、官牍把秦帝国描绘得一片黑暗，但是，汉帝国君臣却毫不犹豫地几乎承袭了秦帝国的所有国家制度。

从总结历史经验教训的角度来看，大秦帝国对中国政治的最大影响，莫过于它创立了一套以大一统为标志的统一国家的政治模式。这套政治模式包括政治观念、政治制度、法制体系以及与之配套的社会经济体系和根深蒂固的帝王观念与文化。

大秦帝国建立者的知识水平和理论水平明显高于起事于草莽布衣的汉帝国的创建者们。换句话说，秦始皇草创的政治制度和治国模式具有开辟性，继秦而起的任何新的封建王朝都不可能在一个如此短的时间内创造出比之更加完备和更加成熟的制度与法规。大秦帝国虽然因统治者施政不当、皇权微弱、权臣祸国而短命夭亡，但其创建的政体却有着强大的生命力，它不仅不会随着秦帝国的消亡而消亡，而且以新的形式继续决定与影响着继秦而后的新王朝的政治运作。历史发展的事实也无可辩驳地证明了这一点，云梦秦简提供的资料表明，许多原来以为是汉帝国创建的制度及其有关称谓，其实都是从前朝秦帝国那里传承下来的。"汉承秦制"，确凿无疑。

1. 汉帝国全盘接受了秦始皇创造的皇帝尊号以及相应的一整套皇帝制度与帝

王观念

　　皇帝制度与帝王观念是大秦帝国统治模式的基础框架和核心内容。只要这个基础框架与核心内容不改变，新王朝的一切损益、更始、变制，就都不具有变革统治模式的实际意义。换句话说，只要汉帝国的创始人继续实行帝制，汉代的政治制度与治国模式就不会与秦王朝差异太大。

　　2. 汉帝国承袭了秦帝国的中央集权制度

　　汉代基本上沿用了秦朝的职官制度。东汉史学家班固说："汉迪于秦，有革有因，輶举僚职，并列其人。"[1] 事实也正是这样，秦帝国确立中央集权制度，皇权至高无上，全国的政治、经济、军事、立法、司法、监察等各种权力皆决于皇帝，从中央政府的丞相、太尉、御史大夫一直到地方上的郡守、县令及各种军事长官，其任免权最终都决定于皇帝，或由皇帝直接任免，或由皇帝授权上级官员任免。汉帝国建立后，基本上沿用了秦帝国的这一套政治体制，只是在中央政府管理核心的三公设置上，略有变动。

　　秦统一六国后，秦始皇建立了一套以丞相为核心的文官体制。丞相王绾主管全国政务，御史大夫冯劫司职监察百官，廷尉李斯负责法律事务。三公均为文职官吏，各司其职帮助皇帝管理国家。而为秦始皇统一六国功勋卓著的将军们，如王翦、王贲、王离、蒙恬等，虽皆封侯，但似乎并不参与国家的行政管理。除蒙恬将兵三十万北逐匈奴、修筑长城外，其他武将似只授爵位与重赏，并不给予实际职权。秦帝国这种以文制武的制度文化对后世政治影响很大。

　　汉代承袭秦代官制，其主要职官是丞相、太尉、御史大夫。丞相是百官之长，其职责是协助皇帝处理全国政务。太尉，负责管理军事。御史大夫，辅佐丞相，司职监察百官。汉代与秦代不同的是，太尉取代了廷尉。秦的廷尉位居御史之后，位列第三；而汉的太尉晋升为第二，而主管法律的廷尉不在三公之列。从这一改变可以看出，汉代法制地位下降，军人地位上升。这似乎表明，秦帝国较之汉帝

---

[1]《汉书·叙传下》。

国，更具有理想主义色彩。也许在秦始皇看来，一旦消灭六国，"收天下兵，聚之咸阳"，天下则从此太平，不会再有战争，剩下的就是依法治国、长治久安的事情了。所以，秦帝国的中央集权最高层，没有将军介入。汉高祖刘邦则亲历了秦末的战乱之苦，其政权便是在群雄混战中靠武力争得的，因此，汉家天下似乎更重视军事方面的建设。程步在《真秦始皇——仁定四海》一书中认为："如果说汉承秦制，略有所改，其最大的变化就是这点，这一点改动在刚刚建立封建帝国的初期，不为人们注意，也许反而更适合那个时代的客观实际，但所谓差之毫厘，失之千里。这一改动，也许就从此阻绝了中央集权制的国家流向法制那条腿的血脉，从此，这个巨人就总是一条腿在向前迈进，走不快，还不时总会摔倒。"此论可谓入木三分。

经过汉代的继承发展，中央集权的三公九卿制度更加严整与完善。汉魏以降，中央机构和国家官制虽然不断在改革与完善，但其基本框架与思路则没有超出秦始皇的政治设计与政治智慧。中国传统政治的发展趋势是：中央政府的权力总是在不断地加强和集中，皇权更加强化，明清两代较之秦帝国更加专制。

3. 汉帝国承袭了秦帝国的郡县制度

郡县制是维护中央集权的基本行政区划制度。

汉初，基本上沿用了秦帝国的行政区划。

秦始皇统一中国后，在全国范围内普遍推行郡县制。《史记·秦始皇本纪》中说：当时，"分天下以为三十六郡。郡置守、尉、监"。后又在今河套地区建九原郡，在两广地区设南海、桂林、象郡三郡，共四十郡，郡下设县。

然而，要否定周朝八百年的诸侯封国的政治体制，并不是一件简单容易的事情。历史总是在曲折中前进。新事物的发展总有一个逐渐淘汰旧事物的过程。为此，大秦帝国建国初期，在朝堂之上，关于郡县与分封孰优孰劣，就曾经展开过一场激烈的争论，这场争论直接影响到了秦帝国其后的历史命运。

丞相王绾等向秦始皇进言说，诸侯初破，六国刚灭，燕国、齐国、楚国地处偏远，不在这些地方设王置藩，就无法镇抚确保那里的治安。他们建议秦始皇仿周朝旧制，分封各位皇子到六国各地为诸侯王。王绾等人的这个建议，既符合当时人们的习惯思维，也道出了王族和统治阶层很多人内心深处的情结。这里应该注意的是，王绾等人并没有全盘否定郡县制，只是提醒秦始皇要注意总结与借鉴历史经验教训，在燕、齐、楚等秦帝国统治薄弱的地方进行特殊处理，实行封王建制。司马迁说："始皇下其议于群臣，群臣皆以为便。"[1]这就是说，王绾等人的主张是得到了秦帝国绝大多数朝臣赞许的。

但是，廷尉李斯独具异义。他认为：周武王虽然将同姓子弟进行分封，但结果并不理想。诸侯国之间"相攻击如仇雠"，战乱不断，即使周天子最后也不能制止。现在天下既然已经重新统一，辟为郡县，这是长治久安的办法，未可轻易地去改变。至于对于诸公子功臣，完全可以用国家财政的方法去奖赏与安置他们，完全不需要再去重蹈周王朝分封制的老路。

最后，秦始皇肯定了李斯的意见，否决了分封诸侯王的建议，他说："天下共苦战斗不休，以有侯王。赖宗庙，天下初定，又复立国，是树兵也，而求其安息，岂不难哉！廷尉议是。"[2]

但是，这场关于郡县与分封的争论并没有结束，由于人们的利益、立场不同，人的政治见识、智慧有高低之分，以及受客观条件的制约，所以，秦始皇建立的郡县制在很长一段时间里，并不被人们接受。汉魏至唐，历代争论从未停止过。

班固在《汉书·诸侯王表序》中总结秦亡的原因时这样认为：秦王政自己为皇帝，而子弟为普通百姓，在内没有骨肉亲人相辅佐，在外没有子孙党羽之护卫。陈涉、吴广不过是暴民起事，刘邦、项羽随后就灭亡了秦帝国。所以，有人说，周朝能够延续数百年，而秦帝国只能维持几十年，就是因为其国家体制分别实行了分封或者郡县制度的原因。

早在公元前206年刘邦、项羽灭秦之时，楚霸王项羽有绝对实力再次统一天下、定于一尊。但是，由于深受分封制的影响，他不愿意效仿秦始皇重建一个统一的帝

---

① 《史记·秦始皇本纪》。

② 《史记·秦始皇本纪》。

国，同时又顾忌诸侯王的现实要求，于是，决定调和现实，折中古今，选择了第三条道路，在中国历史上首次实行了霸王支持下的封王建国。项羽自封为西楚霸王，王九郡，都彭城。然后，他将剩下的天下分封给在灭秦战争中立下汗马功劳的十八个诸侯王。项羽的这种分封建国，表面上看是兼顾到了当时的历史传统、各方政治利益以及人心的取向等实际情况，但是这种不伦不类、没有政治眼光与政治价值的政治模式根本就不可能长久。原因很清楚，它既不优越于秦始皇创建的中央集权的郡县制度，也没有周王朝分封时的那种大气和王气的约束，而只是一个松散的暂时的各自独立的军阀政治联盟体。很快，当项羽的军事实力虚弱之际，便是各诸侯王重新开战之时。

公元前202年，当刘邦最后战败项羽建立汉家天下后，他借鉴秦始皇因郡县而亡、项羽又因分封而灭的教训，调和二者，采用了以郡县制为主、封国制为辅的政治模式。很快，他又蠲除了异姓诸侯王而以刘氏同姓诸侯王代替之。应该看到，汉高祖的郡县与分封双轨制度体现了一种适合当时历史客观需要的政治智慧。汉初韩信、彭越、英布等功臣战将虎视眈眈，刘邦死后吕后又大肆屠戮刘氏宗室，周勃诛灭吕氏后大权独揽，如不是分封制制约，秦二世时期的权臣祸国现象很可能就会再次发生。虽然刘邦分封对汉王朝初中期政治秩序的稳定造成了一定的影响，先后发生了诸侯王的一些叛乱现象，但中央政府处理起来不会感到无法克服。历史总是在曲折中前进的，直线式的政治设计只能是后世学者一种主观美好的臆想，并不是一个顺势而为政治家的成功保障。汉景帝时期七国之乱的平定和诸侯王权力的削弱，基本纠正了刘邦实行诸侯王制度所产生的弊病，进一步加强了中央集权制度。到汉武帝时期，通过颁布推恩令，将诸侯王的权力进一步分散。在时机完全成熟的条件下，中央政府把行政区划体制又恢复到原来秦始皇制定的单一郡县制框架中来。这之后，汉代才最终完全承袭了秦代的郡县设置。

《汉书·百官公卿表》中记载：郡守是沿袭秦代的官职，他的职责是掌管一个郡的事务。俸禄是两千石。县的最高行政长官是县令、县长。县令和县长都是沿袭秦代的官职，其职责是掌管一个县的事务。人口在万户以上的称县令，俸禄一千石至六百石不等。万户以下的称县长，俸禄是五百石至三百石不等。汉代的县大约方圆百里，民众人口多，则地减；人口少，则地增。乡和亭的设置也是如此。这都是沿袭秦代的制度。

4. 汉帝国继承发展了秦帝国的官吏选任制度

秦国官吏的选任通常主要有荐举与征召两种方式。

所谓荐举，主要是中央与各郡长官定期或不定期地向国君推荐人才，严格推行荐举人与被荐举人的问责到底制度。

所谓征召，即是对全国特别有名望的人才，由皇帝派专人去聘任。《汉书·叔孙通传》中说，叔孙通"秦时以文学征，待诏博士"。秦二世时，"拜为博士"。

秦始皇统一六国后，除了继续实行上述两种方法外，特别注重选拔通晓法律和绝对服从皇帝意志的人才。

汉初，统治者完全沿袭了秦帝国的人才选拔方式。刘邦曾于汉十一年下诏："贤士大夫，有肯从我游者，吾能尊显之。"[1] 文帝时，下诏举贤良方正。武帝以后，又有秀才、孝廉之选。但是，由于西汉至武帝时儒家思想开始成为统治阶级的重要的意识形态，选官制度因为受儒家思想的影响而缺乏像秦帝国时期那样的法制化，任人唯亲、任人唯私的现象开始抬头，其用人结果如何不再像秦王朝那样要严格受到法律的追究。

5. 汉帝国沿袭了秦帝国的监察制度

秦帝国建立了中央监察机关——御史府，亦称御史大夫府、御史大夫寺。御史府的主管是御史大夫，其职位相当于副丞相，具有皇帝秘书性质，并有监察百官之责。秦始皇时代，御史大夫还拥有司法审判之权。

秦御史府中还设有御史中丞，直接辅助御史大夫监察百官。

秦统一后，在郡一级普遍设置了监郡御史，监郡御史隶属于御史大夫。监郡御史的主要职责是代表皇权监察地方官吏。由此可见，秦王朝已从中央到地方普遍设

---

① 《汉书·高帝纪》。

置御史司监察，并置御史大夫府为中央监察机构，这标志着秦帝国以御史制度为主体的监察制度已经确立。

《汉书·百官公卿表》说："御史大夫，秦官，位上卿，银印青绶，掌副丞相。"

汉代的监察制度与秦代一脉相承。

在地方，汉高祖刘邦放弃了对地方的监察。《后汉书·百官志》说："秦有监御史，监诸郡，汉兴省之。"然而这一废置，导致了地方吏治的日趋腐败。鉴于这样的教训，惠帝三年（公元前192年），汉帝国又部分地恢复了地方御史监郡的制度。

汉武帝时期，废除了监郡御史，改为设立十三部刺史，驻当地专司监察地方。

班固在《汉书·百官公卿表》中说："武帝元封五年初置部刺史，掌奉诏条察州，秩六百石，员十三人。"

十三部刺史皆隶属于中央最高监察机关御史府，由御史中丞具体督管，在地方设有固定治所。十三部刺史的设立，虽然改变了秦代地方监察头绪过多、不利于上通下达的问题，但也造成了新的问题，那就是十三部刺史权力过大，一人掌握几个郡官员的生杀大权，容易产生腐败和冤案。

由于御史大夫常因身兼副丞相职务而忙于政务，行政权日重，检察权日轻。而名义上属御史大夫领导的御史中丞因为和皇帝接近等特殊原因成为皇帝的耳目，不仅一般地承担纠察百官的任务，而且可以受皇帝之命监察其上司御史大夫，逐渐演变成为专职的最高检察官。

从西汉末年到东汉初年，监察组织不断发生变化。御史大夫改称大司空后，不再担任检察的任务。与此同时，御史台作为独立执行监察的职能机构登上了中国的历史舞台，这标志着检察权开始同行政权相分离。

总而言之，中华帝国的监察制度始于秦始皇，经过汉代的承袭和完善，趋于成熟。其后，虽经两千多年各朝代的损益，并没有发生实质性的变化，很多合理的东西甚至一直沿用至今仍在发挥着作用。

6. 汉帝国承袭了秦帝国的赋税制度

秦始皇统一六国后，对全国赋税制度进行了统一和改革。公元前216年，下令全国各地自报占有田亩数目，即文献记载的"令黔首自实田"制度。这是我国历史上在全国范围内实行土地登记制度的开始。民众有纳税，服徭役、兵役的义务，赋税制度的统一，有利于多民族国家的治理与统一。

汉代承袭秦朝这一制度，并发展成一套系统完整的管理制度和赋税制度。秦帝国的《田律》《仓律》和《徭律》，主要征收田赋、户赋和口赋。汉朝在这三律的基础上又增加了《田租税律》和《盐铁税律》等税收法规。另外汉代实行了编户齐民制度，登记人口，真正实现与加强对全国各地的人口管理与赋税的征收。这种制度，更加有利于国家对农民征收赋税和徭役。

汉高祖刘邦建国初期，曾根据实际情况实行轻徭薄赋政策，改秦代田租十税一为十五税一。随着时间的推移与社会经济的恢复与发展的需要，统治者又将田租恢复为十税一。汉惠帝即位后又恢复为十五税一。汉文帝二年，为了鼓励农业生产，减收当年天下田租之半。此后，由于实行重农积粟政策和募民入粟赐爵政策，国家掌握的粮食大大增加。汉文帝于十二年再次减收天下田租之半，十三年又完全免除民田的租税，以鼓励农业生产。到汉景帝二年又恢复征税，正式规定三十税一。到了东汉光武帝初年，田租又恢复为十税一。

总的看来，汉代承袭秦代的赋税制度，并发展为灵活的征收方式，以适应国家不同时期的发展和朝廷政策的需要，这是一个进步。

7. 汉帝国基本沿袭了秦帝国的礼仪制度

在中国古代社会，礼仪制度是区别上下、贵贱、尊卑的等级制度的一项重要内容。在行政权力支配社会的历史条件下，用礼仪制度来区别和规范官员之间的身份与交往的方式往往显得十分重要。因为，在人们看来，享受不同的礼仪是一个人的权力、地位、尊严以及富贵荣华的特殊象征，这种价值文化观念对政府管理与官吏秩序建构都十分重要。

历史的事实是最好的答案。

汉代的礼仪制度基本上沿袭了秦朝制度，即使有所损益，其基本原则也毫无变动。

　　大秦帝国建立后，为了显示气派、区别尊贵，秦始皇为上自皇帝，下至百姓，制定了一整套规模宏大的礼仪制度。汉代秦后，对于秦帝国的礼仪制度基本上采取了照单全收的政策。

　　《汉书·礼乐志》中说："高祖时，叔孙通因秦乐人制宗庙乐。"又说："汉兴，拨乱反正，日不暇给，犹命叔孙通制礼仪，以正君臣之位。高祖说而叹曰：'吾乃今日知为天子之贵也。'"可见，汉帝国建立后，君臣尊卑的朝堂礼仪、宗庙礼仪、宫室制度以及宫廷内部的繁琐礼仪等皆沿袭秦王朝。司马迁为此在《史记·礼书》中这样总结说："自天子称号下至佐僚及宫室官名，少所变更。"

　　8. 汉帝国对秦帝国的德运、历法、风俗等也都加以承继

　　据史料记载：汉丞相张苍好律历，专门遵用秦朝的《颛顼历》。他"以为汉乃水德之时，河决金堤，其符也。年始冬十月，色外黑内赤，与德相应"[1]。

　　汉帝国的风俗也大都沿袭了秦帝国。西汉思想家贾谊、董仲舒等人都认为，秦朝的"遗风余俗"，在汉朝皆"犹尚未改"。其实，汉帝国本来就是从秦帝国脱胎而来，时间距离又不太长，生活习俗、风俗习惯沿袭秦王朝也是自然而然的事情。

　　总的看来，汉帝国对秦帝国的继承是一种全方位的继承，也是一种发展性的继承。这种继承的特点表现在：秦开其端，汉总其成。秦帝国虽然夭亡，但其灵魂犹存，其所草创的一系列政治制度、经济制度、文化制度，通过汉帝国之身又变相地得以复活。从这个意义上讲，秦帝国就如一只涅槃的凤凰，在经过一场血与火的战争考验后又借用汉帝国的生命之躯得以再生。

　　从历史的发展来看，秦帝国的夭亡，主要不是因为其政治制度、文化、理念、治国模式的错误导致，而是最高统治者的个人行为之失与皇权旁落所引发。因此，汉承秦制是西汉统治者的一种明智的选择。通过继承前朝的一切优秀、合理的制度，汉王朝迅速迎来了它的盛世。

　　汉承秦制具有系统性。大到政治制度、治国模式、疆域区划，小到许多具体的

---

[1] 《汉书·郊祀志上》。

习俗、礼仪、文字、度量衡等，基本上是采取拿来主义。这表明，从秦至汉，整个政治制度及其社会文化体系是一种比较完整的继承关系，在一切主要方面都没有发生断裂。继汉之后，魏晋又承继汉制。以后，隋唐宋元明清各代一脉相承，"秦政"历经两千多年而香火不断。

汉承秦制，或有改良，或有发展，主要还在于继承。自秦汉而后，历代王朝代代相传，大一统的中华帝国更加牢固，疆域更加辽阔，经济实力提高，人口数量增加。汉之后或有短暂的分裂，但终归一统；或有偏远异族的入侵，但终被汉化。

由此，一个问题就必须作答：大秦帝国灭亡了吗？如果抛开宗法观念上的家天下尺度，或嬴氏，或刘氏，或曹氏，或司马氏，或杨氏，或李氏，或赵氏，或朱氏，或爱新觉罗氏，秦始皇开创的大一统的中华帝国，随着时代的变化，经历了不同姓氏皇帝的统治，一直在不断完善、发展、富裕、强大。直到近代被迫纳入世界政治、经济、文化圈后，中华帝国才像步履蹒跚的老人一样在 1912 年宣告寿终正寝。但是，秦帝国所引领的中华政治、文化、大一统观念依然存在，并且正在激励中华民族挺起腰杆去实现新的伟大复兴。

人生有起伏，国家有兴衰。"江山代有才人出，各领风骚数百年。"时至今日，大一统的中国，面临着又一次崛起与发展的机遇，它必将以一个全新的、前所未有的姿态，重新崛起在世界的东方，屹立于世界民族之林，给世界和人类带来更大更深远的影响。在实现中华民族伟大复兴进程中，秦汉帝国的创业精神与治国理政的经验教训永远是一笔取之不竭的重要财富，让我们在前人开辟的事业的基础上，做一个无愧于列祖列宗的中国人！

二、建都之争

都城选择是任何一个新政权在巩固政权、治理国家时都必须首要处理好的问题。刘邦称帝后，在何处建立都城，是他面临的第一个重大政治问题。

最初，刘邦称帝后即从定陶移驻洛阳，简派官员督工修缮宫室，加固城垣，打算以此作为汉帝国的都城。

刘邦君臣这样决定并非全无道理。洛阳是历史名城，从西周初年建城起，至汉初已历八百余年。它北靠邙山，南临伊、洛，居中原之中心，交通便利，战略地位重要。公元前 770 年以后，东周王朝以此为都城，经数百年经营，已经颇具规模。以此作为汉帝国的都城，还是具有不少优越条件的。特别是当时刘邦手下的文臣武将没有一个人对此提出疑义，说明刘邦的决定是得到了绝大多数人认可的。然而，正当刘邦为把洛阳作为国都进行规划的时候，一个名叫娄敬的戍卒却对此提出了否定意见，同时建议刘邦迁都关中。

娄敬[1]，齐人，汉五年（公元前 202 年）五月，他被征发到陇西（今甘肃东部）戍守。路过洛阳时，他看到这里正大兴土木，欲建都城。他立即找到一位同乡虞将军，请他引荐给刘邦，说是有重要事情要禀报。虞将军答应引荐，但见娄敬的衣服太寒碜，劝他换一身鲜丽一点的服装。娄敬坚决不换，说："臣衣帛，衣帛见，衣褐，衣褐见，终不敢易衣。"虞将军将此事禀报给刘邦。刘邦答应召见娄敬。见面时，刘邦问娄敬有什么话要说。娄敬问："陛下都洛阳，岂欲与周室比隆哉？"刘邦回答曰"然"[2]。娄敬于是详细分析了周、汉两朝取天下时历史条件的不同和关、洛地区地理条件的差异，着力阐明关中地区的有利形势，力主刘邦迁都关中。他说：

> 陛下取天下与周室异。周之先自后稷，尧封之邰，积德累善十有余世。公刘避桀居豳。太王以狄伐故，去豳，杖马箠居岐，国人争随之。及文王为西伯，断虞芮之讼，始受命，吕望、伯夷自海滨来归之。武王伐纣，不期而会孟津之上八百诸侯，皆曰纣可伐矣，遂灭殷。成王即位，周公之属傅相焉，乃营成周洛邑，以此为天下之中也，诸侯四方纳贡职，道里均矣，有德则易以王，无德则易以亡。凡居此者，欲令周务以德致人，不欲依阻险，令后世骄奢以虐民也。及周之盛时，天下和洽，四夷乡风，慕

---

[1] 娄敬，也叫刘敬，因汉高帝赐姓刘氏而来。

[2] 《史记·刘敬叔孙通列传》。

义怀德，附离而并事天子，不屯一卒，不战一士，八夷大国之民莫不宾服，效其贡职。及周之衰也，分而为两，天下莫朝，周不能制也。非其德薄也，而形势弱也。今陛下起丰沛，收卒三千人，以之径往而卷蜀汉，定三秦，与项羽战荥阳，争成皋之口，大战七十，小战四十，使天下之民肝脑涂地，父子暴骨中野，不可胜数，哭泣之声未绝，伤痍者未起，而欲比隆于成康之时，臣窃以为不侔也。且夫秦地被山带河，四塞以为固，卒然有急，百万之众可具也。因秦之故，资甚美膏腴之地，此所谓天府者也。陛下入关而都之，山东虽乱，秦之故地可全而有也。夫与人斗，不扼其亢，拊其背，未能全其胜也。今陛下入关而都，案秦之故地，此亦扼天下之亢而拊其背也。①

娄敬大概属于"游士"之类的传统士人，从他的上言看，他确实具有一定的远见卓识。正如他所指出，洛阳虽处天下之中，但却是四战之地。经过三年秦末农民战争和四年的楚汉战争，洛阳所在的关东地区遭受的破坏十分厉害，经济的恢复和发展显然需要时日。在自然经济的条件下，一个都城周围如果不是富庶之区，这个都城的维持就会困难重重。特别是当时异姓诸侯王的封国大都集中于洛阳的南北和以东地区，这些封国基本上是一些半独立的地方政权，它们与汉朝中央政府的矛盾还没有解决，洛阳作为国都的安全也是一个大问题。显然，汉帝国定都洛阳弊多利少，刘邦及其群臣在如此大事上的决策是欠周密考虑的。与洛阳相比，关中的有利条件是很多的。这里是西周和秦王朝的发祥地，周的都城镐京，秦的都城咸阳，都建在关中腹地的渭水之畔。关中土地肥沃，人口众多，周秦以来所受战乱破坏远较关东为轻。将国都建置于此，物资供应当不成问题。就地理形势而言，关中更是得天独厚。它北接黄土高原，西靠陇西丘陵，南界秦岭，东凭黄河与崤山，形成一道道天然屏障，进可攻，退可守，即使乱起东方也较易平定。把关中作为汉帝国的建

① 《史记·刘敬叔孙通列传》。

都之地，显然是一种最好的选择。娄敬的建议显示了他对全国形势的洞悉和为汉政权未来筹划的深谋远虑，不能不令刘邦刮目相看。

刘邦听完娄敬的一番宏论之后，虽然很佩服娄敬的识见，但对于迁都这种大事，还是犹豫不决，于是在群臣中广泛征求意见。因为刘邦的部下大都是山东人，对自己的故乡有着特殊的感情，他们以秦朝二世而亡、关中并非吉祥之地为理由，坚决反对迁都关中。只有张良力排众议，赞同娄敬的意见，力主迁都关中。刘邦对张良向来是言听计从，在张良提出明确意见后立即采纳，于是下定决心，力排众议，下令迁都关中。

刘邦征询群臣意见并最终决策定都长安一事，司马迁在《史记·留侯世家》中记载得颇为详尽，书中言：

> 刘敬说高帝曰："都关中。"上疑之。左右大臣皆山东人，多劝上都洛阳："洛阳东有成皋，西有殽、黾，倍河，向伊、洛，其固亦足恃。"留侯曰："洛阳虽有此固，其中小，不过数百里，田地薄，四面受敌，此非用武之国也。夫关中左殽、函，右陇、蜀，沃野千里，南有巴蜀之饶，北有胡苑之利，阻三面而守，独以一面东制诸侯。诸侯安定，河、渭漕挽天下，西给京师；诸侯有变，顺流而下，足以委输。此所谓金城千里，天府之国也，刘敬说是也。"于是高帝即日驾，西都关中。

娄敬的建都关中的建议，对西汉王朝二百余年的发展起到了至关重要的作用。此后，刘邦为了表彰娄敬建议迁都关中的功绩，特赐姓刘氏，任命他做了郎中，号曰"奉春君"。历史的偶然性往往就是这样，一个戍卒由此脱颖而出，一项关乎汉王朝长治久安的迁都计划因此而顺利付诸实施。以后的历史发展事实表明，刘邦接受娄敬建议，把汉王朝的统治中心放在关中，的确是一项有远见的英明决策。因为不论在不久以后进行的削平异姓诸侯王的战争、北击匈奴或是汉景帝时发生的平定吴楚七国之乱的战争中，关中地区都巍然不动，作为稳定的战略大后方，对保证战争的胜利起了举足轻重的作用。吕思勉在评价这段历史时说："观刘敬及留侯之说，知是时汉尚未敢欲全有天下，其后数年之间，异姓诸侯叛者，无不败亡，复成郡县之局，尚非是时所及料也。汉高于东方非有根柢，关中则用之已数年，自欲因循旧业，亦非尽因地理形势。以此而议项羽之背关怀楚，为致亡之由，缪矣。"①

三、叔孙通与刘邦的互动及汉初儒学的曙光

在战国后期，儒学因为迂阔而不切实用，长期无人问津，尽管荀子集儒家之大成，且引法家、阴阳家诸派入儒，亦是老死兰陵，不为世用。加之前有商鞅"燔《诗》、《书》而明法令"②，后有秦皇、李斯"焚书坑儒"及"偶语""挟书"之禁，使儒学备受打击，处境艰难。但是，终秦一代，儒学并未断绝，它仍在秦政权中占有一席之地，在自己的故乡齐鲁也仍然是弦歌不断。正如司马迁在《史记·儒林列传》中所言："天下并争于战国，儒术既绌焉，然齐鲁之间，学者独不废也。""及高皇帝诛项籍，举兵围鲁，鲁中诸儒尚讲诵习礼乐，弦歌之音不绝，岂非圣人之遗化，好礼乐之国哉？""夫齐鲁之闲文学，自古以来，其天性也！"

秦末反秦及楚汉战争时期，儒生面对的刘邦集团是一群特殊的人物。史载刘邦亭长出身，地位卑微，"好酒及色"，但他性情豁达大度，善于结交人，知道要想成就一番事业，只有礼贤下士，故而每到一地，"时时问邑中贤士豪杰"③。他来自平民，懂得民生的艰难，善于听取不同意见，善于审时度势。招降纳顺、赏善惩恶的本领也十分出色。他的手下也大都是出身卑微的平民阶层，除了张良是韩国贵族的后裔外，其他核心人物如陈平是游士，大将樊哙是屠夫，周勃是吹鼓手，灌婴是卖布贩子，娄敬是车夫，韩信是渔民，彭越是强盗。但不管这些人出身如何，地位怎样，刘邦都能充分发挥他们的特长。这样，限于自身文化素质和战争形势需要，刘邦喜

---

① 吕思勉著：《秦汉史》，中国文史出版社2018年版，第38页。
② 《韩非子·和氏》。
③ 《史记·郦生陆贾列传》。

欢的是攻城略地的战将，对于儒生是不喜欢的（不好儒），甚至溲溺儒冠，以示轻侮。而且，当时"尚有干戈，平定四海，亦未暇遑庠序之事"。儒生们面对这种情况，也知道刘邦的性格特点，但依然追随刘邦，为之效力，如班固在《汉书·郦陆朱刘叔孙传》中赞曰："高祖以征伐定天下，而缙绅之徒骋其知辩，并成大业。语曰'廊庙之材非一木之枝，帝王之功非一士之略'，信哉！"他们是怀抱儒道追随刘邦的，这给了他们充分的自信和坚定的目标，使他们在应对这些人物时往往表现出不亢不卑和灵活务实。他们充满着自信，是因为他们知道刘邦像秦始皇那样胸怀天下，要达此目的就必须善待士人。

郦食其，陈留高阳人。好读书，但家贫落魄，无衣食之业，秦时为里监门吏。楚汉之际往投汉王刘邦，为刘往来游说诸侯，曾经说服陈留郡及齐七十余城归降刘邦。后为齐王田广所杀。郦食其初见刘邦，身着儒服，自称"郦生"，刘邦使人召食其，食其入谒，沛公正让两个女子给他洗脚，郦食其进来后竟长揖不拜，对刘邦说："足下欲助秦攻诸侯乎？欲率诸侯破秦乎？"刘邦见郦食其，骂他"竖儒"，又说："夫天下同苦秦久矣，故诸侯相率攻秦，何谓助秦？"食其曰："必欲聚徒合义兵诛无道秦，不宜踞见长者。"于是沛公辍洗，起衣。这样，郦食其就对刘邦讲述六国纵横时事，刘邦很高兴，延他上座，敬谢赐食。郦食其在获得了刘邦的接纳之后，并没有不识时务地大讲什么仁义德治，而是指出如何用兵，提出了进军关中的正确路线和用兵方略，并亲自前往陈留向秦朝守将晓以利害，劝说守城将士投降刘邦，并亲手刺杀了陈留令，为刘邦进军关中立下首功；在楚汉战争中，他更为刘邦奔走于诸侯之间，在外交上作出了功绩。

叔孙通，鲁国薛人，秦王朝时已经是待诏博士。叔孙通和孔鲋世居鲁地，有礼乐六艺的完整典制的继承，有邹鲁汶泗的正统渊源。叔孙通的事业经历，又兼有孔荀因时权变、君子不器的特点。叔孙通在秦时为待诏博士，显然他既没有因为秦始皇焚《诗》《书》而隐身不仕，也没有受到坑术士的冲击。当陈胜揭竿而起反秦时，秦二世召博士咨询将如何处理，众博士都说陈胜将反或者为盗，必须发兵征讨，胡亥不高兴，于是叔孙通说："诸生言皆非也。夫天下合为一家，毁郡县

城，铄其兵，示天下弗复用。且明主在其上，法令具于下，使人人奉职，四方辐
辏，安敢有反者！此特群盗鼠窃狗盗耳，何足置之齿牙间。郡守尉今捕论，何足
忧。"胡亥听了很高兴，奖励叔孙通"帛二十匹，衣一袭，拜为博士"，同时下令
"御史案诸生言反者下吏，非所宜言。诸言盗者皆罢之"①。出来以后，一些人纷
纷责备叔孙通"谀"，叔孙通则回答说刚刚脱离虎口，于是连夜逃亡，先投怀王，
再投项王，最后降汉。在这里，我们不能简单地评价他是一个没有气节的人，在
战乱时代，知识分子获得了相对独立的地位，不存在和某个政治军事集团的依附
关系，所以叔孙通最后降汉，实在是善于审时度势的明智之举。刘邦文化水平不
高，看不惯儒生的装束。于是叔孙通改穿楚地的短服，在那些顽固的儒生中，有
人能采取这样的姿态，自然博得了刘邦的赏识。据《史记·刘敬叔孙通列传》记
载，叔孙通降汉时跟随他的儒生有一百多位，可见叔孙通在当时的儒家学者中颇
有声望和势力，在这种情况下屈节投靠，没有非常之谋是难以做到的。但是，几
年当中，叔孙通向刘邦举荐的都是一些原来当过强盗、壮士的人，儒家弟子一个
也不举荐。于是儒生埋怨叔孙通不举荐他们。叔孙通解释说："汉王方蒙矢石争天
下，诸生宁能斗乎？故先言斩将搴旗之士。诸生且待我，我不忘矣。"叔孙通的这
席话，并非信口胡说，而是"心有所定，计有所守"的表现。由于他举荐的人多
次立功，刘邦欢喜，拜叔孙通为博士，号稷嗣君。汉五年，刘邦已统一天下。叔
孙通拿出秦朝朝仪、官制给新皇帝应用。刘邦认为过于复杂，指示一切从简。结
果群臣在朝廷之上饮酒争功，拔剑击柱，刘邦又觉得这样太没有规矩。善于察言
观色的叔孙通不失时机地郑重提出："夫儒者难与进取，可与守成。"臣愿意去征
召鲁地的儒生们，与臣的弟子们共同制定朝仪。然后又讲了一番礼乐文化的大道
理："五帝异乐，三王不同礼。礼者，因时世人情为之节文者也。故夏、殷、周之
礼所因损益可知者，谓不相复也。"表示"臣愿颇采古礼与秦仪杂就之"。高祖说：

---

① 《史记·刘敬叔孙通列传》。

"可试为之，令易知，度吾所能行为之。"① "夫儒者难与进取，可与守成"这句话，反映出叔孙通经过了长期的战乱，在历史的变换中，已经不是站在一个纯粹的思想家位置，而是通过揭示战争时期政治与和平时期政治的不同来给儒学在实际政治生活中进行定位的。从这个角度出发，叔孙通的观点无疑是中国政治思想认识的一大进步。

叔孙通的朝仪草成以后，先在野外搭棚演习，演习了一个多月，叔孙通请高祖参观。高祖看了，说道："吾能为此。"于是他命令群臣都学习这个新朝仪。易知易行的朝仪制度于汉七年十月在长乐宫正式实行。气氛肃敬庄重，群臣按尊卑秩序喝酒，叩拜皇帝，没有敢失礼者。朝仪结束，高祖喜道："吾乃今日知为皇帝之贵也。"② 尝到皇帝滋味的刘邦拜叔孙通为太常，赐金五百斤。叔孙通乘机进言：诸儒生跟随臣很久了，朝仪是他们共同商议制定的，应该也封官。于是高祖将这一百多名儒生全部封为郎官。"汉九年，高帝徙叔孙通为太子太傅"③，这表明，刘邦将培养汉室接班人的重任交给了儒者。汉十二年，高祖"过鲁，以大牢祠孔子"④。司马迁曾经这样评价叔孙通："叔孙通希世度务制礼，进退与时变化，卒为汉家儒宗。'大直若屈，道固委蛇'，盖谓是乎？"⑤ 然而，对于叔孙通的兴礼乐，当时也有相当一部分儒者持反对态度，认为"天下初定，死者未葬，伤者未起，又欲起礼乐。礼乐所由起，百年积德而后可兴也"⑥。这说明在儒学复兴过程中其内部也是有分歧的，集中地反映在如何实践儒家"权变"的问题上。后世也有贬低的，如北宋司马光就说："惜夫，叔孙生之为器小也！徒窃礼之糠秕，以依世、谐俗、取宠而已，遂使先王之礼沦没而不振，以迄于今，岂不痛甚矣哉！"⑦ 汉初

① 《史记·刘敬叔孙通列传》。
② 《史记·刘敬叔孙通列传》。
③ 《史记·刘敬叔孙通列传》。
④ 《汉书·高帝纪下》。
⑤ 《史记·刘敬叔孙通列传》。
⑥ 《汉书·叔孙通传》。
⑦ 《资治通鉴·第十一卷·汉纪三》。

儒者的"权变"让人觉得有损儒者的人格和理想，但同时也使儒家学说真正具有了实践品格，走上实行之路，其对政治文化整合的历史性贡献是应该得到客观评价的。善于审时度势的叔孙通，随着时局的变化而不断改变自己的行为方式，但没有改的是儒家的信念和治理国家的决心。他的思想和行为务实而踏实，不唱高调，制定朝仪易知易行，因此得到了汉高祖的青睐和信任。他的行为使得儒家知识分子陆续进入权力机构，为儒家的掌权奠定了坚实的基础。[1]

尽管刘邦在位七年就离开了人世，尽管在这七年中尚未立稳脚跟的新兴汉政权的当务之急是要一一剪除所封的异姓王，尽管他对儒学的青睐还仅仅是个开始，但从历史事实来看，刘邦对儒学的态度确实在发生着变化。虽然，刘邦之后的文景时代直至武帝之前的几十年汉朝奉行的主导思想是黄老道家，但这并不意味着儒学在汉初已销声匿迹，而是在蓄势待发。应该说武帝时儒学之所以能够确立起独尊的地位，是因为刘邦对儒学态度的转变奠定了这一政策的基本走向。[2]

四、陆贾《新语》与汉初国家治理政策的转型

西汉帝国建立不久，刘邦即从定陶移驻洛阳，打算在此建都。五月，他在洛阳南宫大宴群臣，共同讨论总结在楚汉战争中战败项羽的经验。就是在这次宴会上，刘邦从用人路线方面阐述了自己的成功之道，讲出一段脍炙人口、发人深省的话来。

> 高祖置酒洛阳南宫。高祖曰："列侯诸将无敢隐朕，皆言其情。吾所以有天下者何？项氏之所以失天下者何？"高起、王陵对曰："陛下慢而侮人，项羽仁而爱人。然陛下使人攻城略地，所降下者因以予之，与天下同利也。项羽妒贤嫉能，有功者害之，贤者疑之，战胜而不予人功，得地而不予人利，此所以失天下也。"高祖曰："公知其一，未知其二。夫运筹策帷帐之中，决胜于千里之

---

[1] 参见韩星著：《儒法整合：秦汉政治文化论》，中国社会科学出版社 2005 年版，第 126—130 页。

[2] 参见关键英著：《先秦秦汉德治法治关系思想研究》，人民出版社 2011 年版，第 159 页。

外，吾不如子房。镇国家，抚百姓，给馈饷，不绝粮道，吾不如萧何。连百万之军，战必胜，攻必取，吾不如韩信。此三者，皆人杰也，吾能用之，此吾所以取天下也。项羽有一范增而不能用，此其所以为我擒也。"①

在刘邦的带动下，汉初，在全国范围内，统治集团掀起了一个反思秦朝为何二世而亡、汉帝国何以为治的社会思潮。汉初政治家、思想家都在认真思考这一问题并力求得出满意的答案。刘邦集团就以秦朝二世而亡的教训作为君臣议论的重要话题，并且千方百计地希图为新生的帝国政权找到一套可以长治久安的统治思想和渡过困难的制度，刘邦前半生生活在秦代，对秦王朝政治的得失有着切身感受与认识，在反秦战争中他也把"伐无道、诛暴秦"作为自己的目标与旗帜。因而他一进入关中地区，便立即宣布"约法三章"，表示"与民更始"。汉帝国建立以后又在制度和政策上采取了一系列有别于秦王朝的措施，力图与秦王朝的施政划清界限。但是，如何从思想理论上总结秦王朝灭亡的教训，同时给汉初的政治经济政策提供理论上的指导，却是刘邦及其布衣将相的统治者群体难以做到的。恰在此时，有一个名叫陆贾的谋士站了出来，他在汉高祖授意下，总结亡秦之失，写成《新语》一书。

陆贾（？—公元前170年），楚人。他以客卿的身份随刘邦参加了反秦战争和楚汉战争。由于他博学多识，能言善辩，常常作为刘邦的使者完成各种复杂而艰巨的任务。如在进军关中的道路上，他奉刘邦之命收买守卫峣关的秦将，使之丧失警惕，为刘邦军突袭峣关的成功创造了有利的条件。在楚汉战争中，又是他作为汉军的使者前往楚军军营，说服项羽释放了被掠为人质的刘邦父亲和妻子。西汉王朝建立以后，他又两次出使南越，劝说南越王赵佗归附汉朝，对于汉初南方地区及边境的安定，发挥了重要的作用。

陆贾读过许多先秦的典籍，对儒家的《诗》《书》等文献也很有研究，在与刘邦交谈时经常加以引用和宣扬。一次，陆贾在刘邦面前津津乐道地称引《诗》《书》，

---

① 《史记·高祖本纪》。

刘邦听了，很不耐烦地说："乃公居马上而得之，安事《诗》、《书》？"陆贾身上，还没有后世专制帝王淫威下臣子的奴颜和媚骨，他毫不示弱，针锋相对地回敬刘邦说："居马上得之，宁可以马上治之乎？且汤武逆取而以顺守之，文武并用，长久之术也。昔者吴王夫差、智伯极武而亡；秦任刑法不变，卒灭赵氏。向使秦已并天下，行仁义，法先圣，陛下安得而有之？"①

　　这一段尖锐而中肯的谏言显然打动了刘邦。刘邦一扫居高临下的傲然之气，"高帝不怿而有惭色"。的确，战争结束以后，如何逆取顺守、文武并用，即如何实现从战争政策到和平政策的转变，以达到长治久安的目的，正是作为开国皇帝的刘邦日夜思考的问题。于是，刘邦诚恳地对陆贾说："试为我著秦所以失天下，吾所以得之者何，及古成败之国。"②即要求陆贾为他总结历史与现实斗争的成功经验与失败教训，以便作为君臣们治国安邦的参考。正是在这一背景下，陆贾精心创作《新语》一书。该书共十二篇，史载陆贾每写好一篇，即呈送刘邦。刘邦即让他在群臣面前宣读。每一篇不仅得到了刘邦的高度赞扬，而且群臣听了也都情不自禁地高呼万岁。刘邦亲自给这部书起了一个名字，号曰《新语》。顾名思义，就是它说出了刘邦君臣从未听说过的新鲜话语，挠到了刘邦君臣在国家治理问题上的痒处，提供了他们急于寻找的理论答案。

　　陆贾的《新语》继承与整合了先秦黄老学说、儒家学说、法家学说等，并在新的历史条件下有新的调整、阐述和发挥，这突出地反映在三个方面：其一是对秦王朝奉行法家严刑峻法的批判。其二是本于儒家思想，有意识地结合当时政治需要进行儒法整合。其三是根据汉初社会经济凋敝、民心思治的实际情况，主张推行"与民休息"，实行"无为而治"。显然，《新语》一书解决了汉初统治集团上上下下都普遍关心的"向何处去"问题，成为刘邦君臣的政治教科书。

　　刘邦去世后，惠帝登基，吕后当国，违背刘邦的"白马之盟"，诸吕逐渐窃居

---

① 《史记·郦生陆贾列传》。
② 《史记·郦生陆贾列传》。

要津。陆贾明白，一场统治集团的内部斗争在所难免。明哲保身的人生哲学使陆贾以生病为由辞去了太中大夫的官职，举家迁往好畤（今陕西乾县）居住。他将自己出使南越时所得赏赐的一部分卖掉，获值千金，平分给五个儿子，让他们各自独立，自谋生计。陆贾自己则"安车驷马"，佩带价值百金的宝剑，携带歌伎和侍者十余人，四处游历，结交宾客，颐养天年。他对五个儿子说："与汝约：过汝，汝给吾人马酒食。极欲，十日而更。所死家，得宝剑车骑侍从者。一岁中往来过他客，率不过再三过。数见不鲜，无久慁公为也。"①根据陆贾的年龄和当时的形势判断，看来陆贾是打算息影林泉，以这种方式悠闲自在地度过自己下半生的。陆贾如此安排自己的生活，所奉行的正是"达则兼济天下，穷则独善其身"的儒家人生哲学，是一种不得已而求其次的选择。其实，赋闲中的陆贾并不是远离人间烟火，他仍然"身在江湖，心驰庙堂"，时刻关心着政局的变化，并随时准备尽自己的一份力量。

诸吕专权局面形成后，刘氏政权危如累卵。右丞相陈平忧心如焚，自知无力与吕后正面抗争，但又不甘心刘氏皇统的断绝，更怕祸及自身，平时只得深居简出，装出一副与世无争的样子，使吕氏疏于防范，等待时机。在这样的情况下，陆贾造访陈平，故意探问："何念之深也？"陈平是个城府很深的人，不作正面回答，故意反问："生揣我何念？"陆贾单刀直入，直接揭开谜底："足下位为上相，食三万户侯，可谓极富贵无欲矣。然有忧念，不过患诸吕、少主耳。"②至此，两心相印。陈平于是向他求教万全之计，陆贾便将自己经过多日深思熟虑的计策向陈平和盘托出。他说：

> 天下安，注意相；天下危，注意将。将相和调，则士务附；士务附，天下
> 虽有变，即权不分。为社稷计，在两君掌握耳。臣常欲谓太尉绛侯，绛侯与我
> 戏，易吾言。君何不交欢太尉，深相结？③

---

① 《史记·郦生陆贾列传》。
② 《史记·郦生陆贾列传》。
③ 《史记·郦生陆贾列传》。

这是一个以协和的将相为领导，以刘邦创业时期的元勋重臣为核心，团结其他文武臣僚，相机挫败吕氏篡权阴谋的计划。以屡出奇计著称的陈平苦思冥想也没有设计出来的万全之策，竟从陆贾的口中说了出来。陈平喜出望外，立即主动与太尉周勃深相结纳，互相达成默契。与此同时，陈平又以奴婢百人、车马五十乘、钱五百万交给陆贾做游资，让他广泛地在公卿大臣中间进行活动，以便沟通信息，联络感情，进行诛除诸吕的密谋活动。由于陆贾当时仅仅是一个退职的闲员，他的活动不为诸吕注意。他就充分利用这一条件，充当陈平、周勃等人的幕后军师和联络人员，起了别人无法替代的作用。吕后八年（公元前180年），吕后一死，诸吕即迅速被周勃、陈平等人诛灭，其中的一个重要因素应归之于陆贾运筹帷幄之功。

陆贾一介书生，生当战乱年代，无斩将刈旗之功，对功名利禄并不十分看重。他官秩不过千石，且为官时间不长，一生的绝大部分时间是做客卿或赋闲家居，最后得以寿终，是一个乐天知命的人物。在西汉初年的政治舞台上，陆贾的声势并不显赫，但是，他却是西汉王朝统治理论的创建者之一，是当时统治阶级中对历史和现实了解得最清楚、眼光最远大而敏锐的人物之一。一部《新语》奠定了他在汉代思想史上承上启下的地位。

陆贾《新语》一书，是西汉统治集团的理论家总结秦亡教训和刘邦获取天下的成功经验，第一次把儒、法、道糅合在一起而提出来的较完备的促成政治转型与无为治理的理论。《新语》以"无为而治"为最高政治理想，以仁义、礼法、任贤为基本内容，为西汉王朝的长治久安奠定了思想理论基础。《汉书·艺文志》把《新语》列为儒学，其实，陆贾的思想与孔子、孟子、荀子等为代表的原始儒学已有相当大的距离，除了儒家的基本思想外，还包含黄老和法家思想的许多内容，是从汉初社会实际出发杂糅各家治理因子而自成体系的治理学说。陆贾《新语》一书所展示的政治哲学思想，尤其是其中的无为而治的天道观和今胜于古的历史进化论，构成了中国政治哲学发展史上一个承上启下的环节。在一定意义上说，它成了以刘邦为首的汉初布衣皇帝和布衣将相的政治教科书，为他们制定政策提供了理论依据。从汉初的轻徭、薄赋、节俭、省刑等一系列促进社会稳定、生产发展和经济繁荣的政策中，不难看出《新语》思想的影响。陆贾作为一个杰出的政治家和思想家，虽然官位不高，权力有限，基本上处于一种客卿的地位，一生连个侯爵也没有得到，但是，在汉初的政治和思想领域却作出了别人不可替代的巨大贡献。汉初思想界如果少了陆贾及其《新语》，那汉初治理理论体系及其历史将会逊色不少。[①]

五、翦除异姓诸侯王　巩固国家统一

自西汉政权诞生之日起，直到汉高帝十一年（公元前 196 年）病死，在六七年的时间内，以刘邦为首的西汉中央政权同异姓诸侯王之间统一与割据的矛盾和斗争，构成当时政治历史的主要内容，是汉初治国理政的重要部分。其实质是统一的中央集权的国家政权同地方割据势力的斗争。在此期间，刘邦代表统一的国家政权削除了异姓诸侯王，为西汉政权的进一步统一、巩固打下了坚实的基础。

秦统一中国后，在全国推行郡县制，建立了以皇权为核心的中央集权的国家政权，结束了春秋战国以来的割据与动乱状态，这是历史的重大进步。但是，在楚汉战争中，刘邦为争取同盟军，笼络一些有实力的将领，以共同击灭项羽，曾被迫或自愿地分封了几个诸侯王。在刘邦称帝以后，正式定封爵，序二等，大者王，小者侯，其中封功臣侯者百余人。封异姓王者，在刘邦统治时代共有八位。

（1）楚王韩信。韩信是诸侯王中对统一政权威胁最大的一个，在楚汉战争中，刘邦同意他称齐王，已属不得已而为之，故在消灭项羽后即夺其军。但当时毕竟师出无名，不便锄诛，只得改封为楚王，王淮北，都下邳（江苏宿迁西北），以削弱其实力。

（2）赵王张敖。汉四年（公元前 203 年）刘邦立张耳为赵王。五年（前 202 年），张耳死，子张敖嗣位。敖娶刘邦长女鲁元公主为妻。都襄国（河北邢台西南）。

（3）韩王信。故韩襄王后裔，名信。随刘邦入关，至汉中，还定三秦。汉二年

---

① 参见安作璋、刘德增著：《汉高帝大传》，中华书局 2006 年版，第 199—205 页。

（公元前205年）立为韩王，后降楚，又归汉。五年（前202年），立为韩王，王颍川（治所在今禹县）。

（4）梁王彭越。汉五年（公元前202年）封，都定陶。

（5）淮南王黥布。原为楚将，曾受项羽封为九江王，汉四年（公元前203年）七月被刘邦封为淮南王。

（6）燕王臧荼。原为项羽所封，后降汉，刘邦仍立其为燕王，都蓟（今北京西南）。

（7）汉五年（公元前202年），臧荼反，被虏后，立卢绾为燕王。

（8）长沙王吴芮。项羽曾封其为衡山王，后又夺其地。刘邦称帝后复吴芮长沙王，都临湘（今湖南长沙）。

这些诸侯王占据着大片土地，俨然独立王国，他们被分封，大多是"徼一时之权变，以诈力成功，咸得裂土，南面称孤，见疑强大，怀不自安"①。所以刘邦对他们不能不时刻加以戒备，一旦有机会就要削夺他们的兵权。而他们之中多数怀自危之心，也在随时准备反叛。这就必然导致地方割据势力同中央集权之间矛盾的尖锐化，诸侯王的存在成为汉帝国中央集权和国家统一的严重障碍。在这样的形势下，以刘邦为代表的中央政权同各个诸侯国之间的斗争已经不可避免。

汉初在诸侯王中，最先公开反叛的是燕王臧荼。时在高帝五年（公元前202年）七月，臧荼首先叛汉。他原系故燕国大将，后被项羽封为燕王，在楚汉战争中，虽迫于形势曾助汉击楚，但对于出身平民的刘邦称帝并不心服。所以，刘邦刚刚登上帝位，他就举兵反叛。刘邦亲率卢绾、宣虎、刘钊、程黑、魏敕、昭涉掉尾、季必、朱濞等人统兵征伐。大军一至，叛军顷刻瓦解。九月，叛乱彻底失败，臧荼被俘。

臧荼的叛乱，反映了诸侯王的割据势力同汉王朝中央政权绝不能两立。但作为刚刚当上皇帝的刘邦，当时并未认识到这一点。所以他在平定了臧荼叛乱之后，并

---

① 《汉书·韩彭英卢吴传》。

不想消灭燕国，而是"诏诸侯王视有功者立以为燕王"①，准备另立燕王。在刘邦的心目中，代替臧荼为燕王的人选早已确定，那就是卢绾。卢绾与刘邦均为丰人，他俩不仅同里，而且是同日所生，自幼极为亲密。刘邦在参加秦末起事之前，曾被官府追捕，卢绾则忠实地追随其左右。刘邦率兵举事后，卢绾"以客从"，后封为太尉、将军。虽无赫赫战功，却被刘邦信任，封为长安侯，连萧何、曹参这些重臣亦不能不对其另眼相看。刘邦初即帝位时，本想封卢绾为王，但由于卢绾无显著战功，恐臣下不服，故未加封。这次平定臧荼叛乱，自然是难得的机会。群臣也已窥到刘邦的意图，"皆曰：'太尉长安侯卢绾常从平定天下，功最多，可王。'"②于是，卢绾便被封为燕王。除掉臧荼，又扶植卢绾，这表明燕国的问题并未彻底解决。

解决完臧荼问题，刘邦又将注意力集中在韩信的身上。刘邦对韩信的戒心，并未因将其改封楚地而稍减。恰值高帝六年（公元前201年）有人诬告韩信欲反，这就更坚定了刘邦诛锄韩信的决心。陈平献计让刘邦借口游云梦，趁韩信不备时擒拿。刘邦当即宣称游云梦，并率随从兵将向楚地进发，同时下诏要在楚国西界之陈地会诸侯。韩信闻刘邦将至，已猜出刘邦此行意图，"欲发兵，自度无罪，欲谒上，恐见擒"③。但终于未发兵反叛，而是听从左右进言，在十二月刘邦至陈时，谒见刘邦，却以"人告公反"罪被捕获。此后，刘邦又将韩信改封为淮阴侯，居洛阳。

韩信一再被削地夺爵，知刘邦"畏恶其能"，对刘邦愈加不满，常称病不朝，羞与周勃、灌婴等为伍。韩信的不满和轻视刘邦的情绪，当然不可能不流露出来，如有一次在朝廷上议论各人的统兵能力时，韩信竟当面说刘邦"陛下不过能将十万"，而说自己"多多而益善耳"④。

韩信的不满情绪，不久就发展为谋反活动。阳复侯陈豨，是刘邦派往赵、代监

---

① 《汉书·高帝纪》。

② 《汉书·韩彭英卢吴传》。

③ 《汉书·韩彭英卢吴传》。

④ 《史记·淮阴侯列传》。

军的相国。当他离开首都赴任之前，曾与韩信密谋：陈豨在边地起兵反汉，韩信从中响应配合。陈豨至代后，果然大量养士，积蓄力量，准备谋反。高帝十年（公元前197 年）秋七月，刘邦之父太上皇死，召陈豨入朝，豨托病不至。九月，豨公开宣布反汉，自立为代王，劫掠赵、代。刘邦闻讯，亲率兵征伐。韩信伪称病不从，待刘邦走后，立即依原计划准备响应陈豨。高帝十一年（公元前 196 年）春，韩信部署已定，不料被属下一舍人向吕后告发。吕后与萧何谋划，诈称陈豨叛乱已息，令朝臣入宫庆贺。韩信惊悉此讯，勉强入长乐宫，被吕后、萧何早已布置好的武士斩于长乐钟室。高帝十一年（公元前 196 年）冬，刘邦率军打败陈豨叛军。陈豨后投向匈奴，至高帝十二年（公元前 195 年）冬，为周勃所斩。当刘邦粉碎陈豨叛乱回咸阳后，听到韩信已死的消息时，刘邦的心情是矛盾复杂的：对于这样一个曾为自己夺取江山而立过不朽之功的杰出将领，自不免有一点怀恋之情；又因彻底除掉一个威胁自己帝位的心腹之患而高兴。难怪他"闻信死，且喜且哀"①了。韩信被诛，正值汉初政权处于统一和分裂的岔路口，中央集权和地方割据两种势力进行激烈较量之时，客观而言，诛杀韩信，是当时政治形势发展的必然要求。

高帝七年（公元前 200 年）刘邦经过赵地时，赵王张敖对刘邦执礼甚恭，但刘邦对其十分傲慢，"箕踞骂詈"，使赵相贯高、赵午甚为不平。他们主张杀死刘邦以泄愤，张敖坚决不准。次年，刘邦击韩王信归而过赵，贯高等欲刺杀刘邦，未得下手。高帝九年（公元前 198 年）贯高的仇人向朝廷揭发贯高阴谋。刘邦下令将张敖及贯高、赵午等逮捕。至长安，贯高一口咬定谋反与张敖无关，虽被"榜笞数千，刺爇，身无完者"②，终不改口。最后，刘邦乃赦赵王，尚鲁元公主如故，然夺其国，改封为宣平侯。对于贯高，刘邦因尊崇其信义，乃免其罪。但贯高自己则以为替张敖辩白之责已尽，又有"篡弑之名"，无颜"事上"，遂自杀而死。这样，张敖的赵国也被罢废了。

---

① 《汉书·韩彭英卢吴传》。
② 《汉书·张耳陈余传》。

在韩信尚未被杀前，另一个割据势力的代表——韩王信投降了匈奴。

原来，韩王信被刘邦封在"北近巩洛，南迫宛叶，东有淮阳，皆天下劲兵处"[①]的韩国故地。高帝六年（公元前201年）春，刘邦将太原郡改为韩国，令韩王信迁到这里，担任守备边境、阻挡匈奴的任务。这显然有排挤韩王信之意。韩王信至新封之地后，主动请求将距边境较远的国都晋阳（山西太原市南），迁至距匈奴更近的马邑（山西朔州），得到刘邦批准。当年秋，韩王信至国，不久即被匈奴所困。他曾多次派人与匈奴联络，后被汉使得知，汉使回朝向刘邦报告。刘邦因而指责韩王信。韩王信见事已败露，即于高帝六年（公元前201年）九月索性公开投降匈奴，并同匈奴人联合向太原发起进攻。

刘邦闻韩王信叛变，于十月亲自率军前往镇压，并在铜鞮（山西沁县南）大破叛军，斩其将王喜，韩王信逃往匈奴。其部将曼立臣、王黄等又收罗韩王信旧部，立六国时赵国贵族后裔赵利为王，与匈奴勾结，配合韩王信继续与汉王朝为敌。韩王信的叛逃，增加了匈奴对汉的威胁。但是，作为汉王朝属下的一个异姓王国，韩国却从此消失了。

当刘邦率兵镇压陈豨时，曾令梁王彭越率部参加。但彭越只派士卒去应付一下，自己却未去，这使刘邦大为不满，即派人向彭越问罪。彭越受到斥责，甚为恐惧，欲亲往谢罪。部将扈辄劝道："王始不往，见让而往，往即为禽，不如遂发兵反。"但彭越不听。适有梁太仆因犯罪而逃至朝廷，向皇帝揭发彭越与扈辄谋反。于是，刘邦派人将彭越逮捕，囚之于洛阳。经审讯，有司奏：彭越"反形已具"，应依法论处。所谓"反形已具"，只是因扈辄曾劝越反，越虽不反但亦未检举或诛杀扈辄，按照汉律属于谋反同罪。刘邦赦其死罪，削爵夺国贬为庶人，流徙至蜀青衣（治所在今四川岷山北）。彭越带着伤感、委屈的心情从洛阳出发前往蜀地，在途中的郑（陕西华县东）恰遇由长安来洛阳的皇后吕雉。彭越向吕后哭诉，表白自己绝无反意，望吕后为其求情，让他归昌邑故里。当时，吕后慨然许诺，并将彭越带回洛阳，至洛阳后，

---

① 《汉书·魏豹田儋韩王信传》。

吕后对刘邦说，"彭越壮士也，今徙之蜀，此自遗患，不如遂诛之"①。刘邦欣然同意。吕后就指使彭越舍人诬告彭越又欲谋反，经廷尉奏请，于高帝十一年（公元前196年）三月，处彭越夷三族，并"枭首"示众。

彭越被杀不久，高帝十一年（公元前196年）七月，淮南王英布（即黥布）举兵反汉。

原来，英布与彭越、韩信在楚汉战争中各领二万重兵。开始时，与刘邦之实力不相上下，后来才陆续归附汉王。刘邦称帝后，此三人的命运紧密相连，可谓"一损俱损，一荣俱荣"。当高帝十一年（公元前196年）韩信被杀的消息传开时，英布即惶恐不安。未过三月，彭越又被杀。为杀一儆百，刘邦竟将彭越尸体制为肉酱，分别"赐"给各诸侯王。英布收到这一血腥的"赏赐"，惊惧万状，即部署军事力量，以备不测。适值其属下中大夫贲赫与英布幸姬有奸，被发觉。贲赫逃至长安，上告揭发英布谋反。英布闻贲赫已上告，遂族贲赫全家，发兵叛汉。消息传到长安时，刘邦正卧病在床。他欲令太子率兵前往镇压，经吕后劝说才决定带病亲自率军前往，而令张良佐太子留在首都。

英布初反时，曾预料刘邦年老患病必不能亲征，而汉军诸将中唯有韩信、彭越可与自己匹敌。现两人已死，故英布有恃无恐。英布率叛军渡淮，攻楚地，然后引兵而西。不料刘邦亲率汉军迎战，使英布震惊。高帝十二年（公元前195年）刘邦与英布会战于蕲县西会缶乡。结果，叛军大败，英布独与百余人退往江南。刘邦取胜后率兵回师，另遣别将追剿英布。后来，在洮水（广西全州北）又将英布残军击溃。英布逃至番阳，被当地人杀死。淮南王英布的叛乱，遂以失败告终。

卢绾原与刘邦情同手足，又在臧荼被消灭后被封为燕王，但最后他也发展到公然叛逃的地步。当陈豨投向匈奴以后，燕王卢绾奉刘邦之命进击。在战争过程中，卢绾派至匈奴的使者张胜，遇到陈豨派至匈奴求援的王黄。王黄劝张胜说服卢绾缓

---

① 《汉书·韩彭英卢吴传》。

击陈豨。他指出：燕王卢绾得以幸存，皆因"诸侯数反，兵连不决"①，一旦陈豨被灭，燕国也将难免。不如与匈奴联合，缓攻陈豨以自保。张胜回来说动卢绾，与匈奴、陈豨等勾结，在战场上则连兵不决，敷衍刘邦。

高帝十二年（公元前 195 年）十二月，陈豨兵败被斩后，降将向刘邦揭发卢绾与陈豨勾结之事。刘邦即令人迎卢绾来朝。卢绾未敢前来，并对其左右说：非刘氏而王者，现在只剩我和吴芮二人，目前刘邦病重，吕后专以杀功臣及异姓王为事。刘邦得知卢绾言行，又探得卢绾属下之张胜果在匈奴中，断定"绾果反矣"②。于是，在高帝十二年（公元前 195 年）春二月，刘邦令樊哙、周勃率兵击卢绾。卢绾率家属及宫人逃离国都，至长城下观望，据称欲待刘邦病愈后入朝谢罪。但就在这一年四月甲辰，刘邦死于长乐宫。卢绾得此消息后，遂逃往匈奴，被匈奴封为东胡卢王。一年以后死于匈奴。③

这样，到汉十一年（公元前 196 年）刘邦去世时，先后分封的八个异姓王中，有七个被除灭，剩下的就只有一个地处南方的小国——以吴芮为王的长沙国了。这是因为吴姓长沙王势小力薄，又特别奉命唯谨，对中央政权不构成威胁罢了。显然，这是刘邦在称帝以后为巩固和加强汉王朝的中央统治所采取的重大措施，也是他的治理贡献，是当时汉帝国统治者治国理政必须采取的措施。不管扫灭这些诸侯王出于什么借口，某些做法看起来多么残酷无情，而其中有些诸侯王又是如何的备受冤枉，刘邦对他们的诛灭仍然是应该加以肯定的。因为这些诸侯王都是在楚汉战争的特殊历史条件下形成的，他们占地广阔，抚民众多，其中有些人野心勃勃。他们利用手中的权势和财富招降纳叛，招兵买马，形成了颇具实力的政治军事集团，对汉王朝中央政权产生了巨大的离心力，严重威胁着汉王朝的安全。如不适时翦除而任其发展，后果将不堪设想。在持续六七年的诛除异姓诸侯王的斗争中，充分显示了

---

① 《汉书·韩彭英卢吴传》。
② 《汉书·韩彭英卢吴传》。
③ 参见林剑鸣著：《秦汉史》，上海人民出版社 2003 年版，第 254—262 页。

刘邦的远见、智谋和能力。

刘邦在楚汉战争中分封这些异姓诸侯王，一方面是受到反秦战争时期所形成的时代氛围的影响，另一方面则是为了全力对付项羽的需要。虽然不能说从分封那天起就准备以后除掉他们，但对其中的某些人如韩信、彭越、英布等，刘邦的警惕性还是很高的。全国统一以后，刘邦很快发现这些异姓诸侯王是妨碍国家统一集权的不稳定因素，于是采取了诛灭他们的行动。在斗争过程中，刘邦娴熟地运用智取和强取相结合的办法，采取各个击破的策略，用较小的代价，比较顺利地解决了汉初这一影响全局的重大问题。对于力量最大的韩信和彭越，以及力量较小的张敖，都采取了智取的办法，基本上没有动武就解决了问题。其他如臧荼、卢绾、韩王信，因地处边陲，背靠匈奴，虽不得不动用武力，却颇费了一些周折，问题解决得也不够顺利和彻底。真正动用武力，使用规模较大的战争手段解决问题的，只有一个英布。由于当时这些诸侯王的封地合起来比汉王朝直辖郡县的面积还要大，大多数又拥有较强的军事力量，其中且不乏韩信、彭越那样的军事干才，完全靠动用武力来解决他们，一定会付出很大的代价。如果这些诸侯王联合起来对付中央政府，打垮他们就需要花费更大的力量和更长的时间。刘邦根据不同情况，采取不同方法，运用各个击破的战略方针显然是最正确的一种选择。刘邦从建国伊始虽然就意识到必须削平异姓诸侯王，但他并不是同时向他们开战，而是在某一个时间打击某一个对象，这就使他们一时难以联合起来形成后来吴楚七国之乱那样的形势。刘邦特别注意区别轻重缓急，首先解决对中央政权威胁最大的楚王韩信。因为在这些诸侯王中，力量最大、最富军事韬略、最难对付的就是韩信。只要解决了他的问题，其他的人都较易对付。而解决韩信又只能智取，不能强攻。刘邦在陈平等人的参与下轻而易举地解决了韩信，也就等于解决了诸侯王中的关键人物。到汉十一年（公元前 196 年）刘邦亲征英布时，解决诸侯王的问题已近尾声，纵使英布有天大的能耐，他也难以掀起动摇国本的风浪了。当然，刘邦在削平异姓诸侯王的斗争中之所以取得最后胜利，最根本的原因还是汉帝国统一的大势所趋。经过秦末农民战争和楚汉战争的长期动乱之后，全国上下普遍需要休养生息，渴望和平与安定。更由于汉初刘邦实行的各项政治经济政策满足了民众的基本要求，因而得到了他们的拥护。而诸侯王的割据影响了国家的统一，他们的反叛又恰恰破坏了社会的和平与安定，自然不会得到民众的拥护与支持，因而失败是必然的。当和平与安定的历史趋势形成的时候，任何力量卓异的个人都无法阻止这种趋势的发展。韩信当年指挥了那么多漂亮的战役，使刘邦惊叹不已，自愧不如；彭越在楚军后方往来游击，搅得项羽不得安宁；英布身先士卒，冲锋陷阵，勇不可当。但是，曾几何时，他们都好像换了一个人似的，一个个都在刘邦的面前束手就擒，落得个身败名裂的下场。这些诸侯王的失败，证明了一个古老的历史真理：时势造英雄。不过，当时代造就的英雄的活动又违背时代的潮流时，这些英雄的末路也就到来了。① 然而，在消除异姓王势力的同时，刘邦却大封其同姓子弟为王。因此，加强中央集权的历史任务，在刘邦统治时代并没有彻底完成。

六、推行郡国并行制

西汉初年的中央与地方行政体制，大体上都是沿袭秦制并在此基础上稍加变通。

汉承秦制，汉代中央集权制度的建立和完善，对于巩固和加强汉帝国的统治与稳定，维护国家和平与安宁的社会秩序，以及恢复发展生产、繁荣社会经济都具有一定的积极意义。

但是，汉初的地方行政体制与秦帝国相比，明显具有不同之处。这就是汉初在实行郡县制度的同时，还实行了诸侯王国和侯国两级分封制度。

如前所述，还在楚汉战争中，刘邦为了分化瓦解项羽集团，团结各地实力派共同对项羽作战，在当时特定的恢复秦以前诸侯国的氛围中，他陆续分封了八个异姓诸侯王。然而，西汉王朝刚刚建立，刘邦就发现这种分封造成了地方诸侯王对中央

---

① 参见安作璋、刘德增著：《汉高帝大传》，中华书局 2006 年版，第 195—196 页。

权力的分割和威胁。由于所封者皆为异姓，与刘邦缺乏血缘和感情的联系，再加上对某些人的分封也是权宜之计，所以在西汉建国以后的六七年中，刘邦就通过使用包括武力在内的各种手段，陆续扫除了除长沙王吴芮之外的其他异姓诸侯王。这对维护国家统一、加强中央集权是完全必要的。

但是，刘邦在消灭异姓诸侯王的过程中，又陆续分封了九个同姓诸侯王。之所以如此，除了时代因素之外，也是主观上接受秦亡教训的结果。刘邦君臣几乎一致认为秦朝之所以二世而亡，原因主要是"荡灭古法"，其中当然也包括了废除西周的分封制。

> 秦据势胜之地，骋狙诈之兵，蚕食山东，一切取胜，因矜其所习，自任私知，姗笑三代，荡灭古法，窃自号为皇帝，而子弟为匹夫，内亡骨肉本根之辅，外亡尺土藩翼之卫。陈、吴奋其白挺，刘、项随而毙之。故曰，周过其历，秦有及期，国势然也。[①]

刘邦认为，秦帝国之所以二世而亡，与秦始皇没有对子弟实行分封有着很大的关系，这是赵高、李斯通过沙丘之变得以架空皇权、祸害国家、导致民变而秦王朝无力阻止的主要原因。有鉴于此，自从帝国秩序日趋稳定以来，汉高帝就把分封同姓诸侯王作为巩固皇权的重要补充手段。《史记·汉兴以来诸侯王年表序》说："天下初定，骨肉同姓少，故广强庶孽，以镇抚四海，用承卫天子也。"

《汉书·诸侯王表》说："汉兴之初，海内新定，同姓寡少，惩戒亡秦孤立之败，于是剖裂疆土，立二等之爵。功臣侯者百有余邑，尊王子弟，大启九国。"

至刘邦去世时，被封为诸侯王的刘氏子弟共有九个。

（1）荆王刘贾，为刘邦从父兄（即刘邦叔父之子），随刘邦起事，在楚汉战争中，曾率兵入楚地，焚烧楚军积聚的粮贮，并参与垓下之战，诛项羽。高帝六年（公元前201年）十二月，刘邦因禁韩信后，将楚"分其地为二国"，立刘贾为荆王，"王淮东

---

① 《汉书·诸侯王表》。

五十二城"①。高帝十一年（公元前196年）英布叛时，刘贾被英布杀死。

（2）楚王刘交，为刘邦同父少弟。灭秦后被封为文信君，后与刘贾一起被封，为楚王，都彭城，王二十六个县。

（3）齐王刘肥，为刘邦长庶男。高帝六年（公元前201年），在封刘交、刘贾之同时，"以胶东、胶西、临淄、济北、博阳、城阳郡七十三县"②封刘肥，为齐王。

（4）代王刘喜及吴王刘濞。喜为刘邦次兄，原封为宣信侯。高帝六年（公元前201年）同前三人一起被封为王，"以云中、雁门、代郡五十三县"③立为代王。不久，匈奴伐代，刘喜弃国逃回洛阳，被刘邦废为合阳侯。高帝十一年（公元前196年）刘贾被英布杀死，无后，刘邦遂立刘喜之子刘濞为吴王，"王三郡五十三城"④。

（5）淮南王刘长，为刘邦少子。高帝十一年（公元前196年），淮南王英布叛，刘邦立刘长为淮南王。

（6）赵王如意，刘邦子，为其宠姬戚夫人所生。高帝九年（公元前198年），张敖被贬为宣平侯，另封如意为赵王。

（7）梁王刘恢，刘邦子。高帝十一年（公元前186年），刘邦诛彭越后，即以刘恢为梁王。

（8）淮阳王刘友，刘邦子。高帝十一年（公元前186年）被立为淮阳王。

（9）代王刘恒，刘邦子。高帝十一年（公元前186年），刘邦镇压陈豨后，立刘恒为代王。⑤

以上九王均系刘邦亲封。这样，当异姓诸侯王被逐个消灭的同时，同姓诸侯王又被一个个地分封。因此，西汉中央集权同地方割据势力之间的矛盾，并

---

① 《史记·荆燕世家》。
② 《汉书·高帝纪》。
③ 《汉书·高帝纪》。
④ 《汉书·荆燕吴传》。
⑤ 参见林剑鸣著：《秦汉史》，上海人民出版社2003年版，第262—263页。

未得到彻底解决。高帝十二年（公元前 195 年）五十三岁的刘邦死在长安之长乐宫。还没有来得及彻底完成的加强中央集权的历史使命，只好待他的后继者们去完成了。

刘邦分封同姓诸侯王是从汉七年（公元前 200 年）开始的，起因是前一年的田肯建议。汉六年（公元前 201 年）十二月，刘邦以"伪游云梦"之计擒韩信，开始了蠲除异姓诸侯王的行动。这时，刘邦帐下一个名叫田肯的谋臣一面向刘邦恭贺诱擒韩信的胜利，一面建议封王子弟到齐国，以便在大汉帝国的东翼建立起与汉中央政权遥相呼应的封国，以巩固中央集权的统治。他劝刘邦说：

> 陛下得韩信，又治秦中。秦，形胜之国，带河山之险，悬隔千里，持戟百万，秦得百二焉。地势便利，其以下兵于诸侯，譬犹居高屋之上建瓴水也。夫齐，东有琅邪、即墨之饶，南有泰山之固，西有浊河之限，北有渤海之利。地方二千里，持戟百万，悬隔千里之外，齐得十二焉。故此东西秦也。非亲子弟，莫可使王齐矣。①

大概这位在《史记》《汉书》中仅露过一次面的田肯所提建议与刘邦所想深相契合，他立即便得到刘邦五百斤黄金的重赏。虽然田肯在这里所建议的只是王齐的人选，但却开启了刘邦大封同姓诸侯王的先河。自此以后，刘邦在消灭异姓诸侯王的同时，陆续分封了九个同姓诸侯王国及一百多个功臣和王子侯国。这九个诸侯王国都分布于关东地区，其大致情况是：

> 自雁门以东，尽辽阳，为燕、代。常山以南，太行左转，度河、济，渐于海，为齐、赵。谷、泗以往，奄有龟、蒙，为梁、楚。东带江、湖，薄会稽，为荆、吴。北界淮濒，略庐、衡，为淮南。波汉之阳，亘九嶷，为长沙。诸侯比境，周匝三垂，外接胡越。天子自有三河、东郡、颍川、南阳，自江陵以西

---

① 《史记·高祖本纪》。

至巴蜀，北自云中至陇西，与京师内史凡十五郡，公主、列侯颇邑其中。①

然而，历史的发展，总是"事与愿违"，本来，刘邦分封同姓诸侯王是为了使其作为汉朝中央的辅弼，以有效地巩固皇权统治的，但后来几乎都走到了反面，成为中央集权新的障碍。下面稍微加以说明：

荆王刘贾，是刘邦叔父的儿子。既是同宗兄弟，又是少年朋友。大概在刘邦丰沛起事之时，他就成为一名坚定的追随者。汉元年（公元前206年），在他随刘邦还定三秦的时候，被任命为将军。他率兵平定塞王司马欣封地以后，又随刘邦东出函谷关，参加对项羽的作战。汉三年（公元前204年），他奉刘邦之命，率步兵二万，骑数百，自白马津（今河南滑县境）南渡黄河，迅速深入楚军后方，往来游击，"烧其积聚，以破其业，无以给项王军食"。待楚军主力前来围剿，"贾辄避不肯与战，而与彭越相保"②。这种避实击虚、机动灵活的游击战术，大大牵制了楚军西进的力量，为改变楚汉战争前期楚强汉弱的形势作出了很大的贡献。汉五年（公元前202年），刘邦率汉军主力追击楚军至固陵（今河南太康南），刘贾奉命率军渡过淮河，围寿春（今安徽寿县），使人招降楚大司马周殷，然后与英布一起率九江兵北上，参加了最后围歼楚军的垓下之战。项羽集团灭亡以后，刘贾又奉命与太尉卢绾一起南击拒不投降的临江王共尉（共敖之子），平定该地，设立南郡（今湖北江陵）。刘贾因战功卓著，又与刘邦同宗，因而在汉六年（公元前201年）一月被立为荆王，以故东阳郡、障郡、吴郡五十三县为封地。六年之后，即汉十二年（公元前195年），淮南王英布反叛，首先东向进攻刘贾的荆国。刘贾率军抵抗，败退至富陵（今江苏洪泽境），为英布兵所杀，从此国除。刘贾作为刘邦与异姓诸侯王斗争的牺牲品，实际上在对异姓诸侯王的斗争中尽了自己的一份力量。因为当时汉中央政权与异姓诸侯王的矛盾占据主导地位，刘贾与汉中央政权的矛盾还没有显现他就死了。应该说，在刘氏宗室中，刘贾并非等闲之辈。在楚汉战争中他曾统率一支军马单独作战，取得不少胜

---

① 《汉书·诸侯王表》。

② 《汉书·荆燕吴传》。

利，表现出不凡的军事才干。然而，在英布的攻势面前，他似乎丧失了昔日的战斗能力，一败之后就再也没有恢复过来，很快身死国灭，究其原因，一是英布的军事谋略比他高明，又采取了突然袭击，使刘贾仓促应战，来不及充分准备；二是刘贾做了诸侯王后，大概一直耽于享乐，对同异姓诸侯王的斗争缺乏清醒的认识。思想上军事上放松了戒备，因而难逃失败的命运。

代王刘仲，名喜，是刘邦的二兄。《史记》《汉书》中找不到多少关于他的记载。此人既无政治才干，又乏军事谋略，只是凭借与刘邦的血缘关系，于汉六年（公元前201年）一月被立为代王，封地为北部边陲的云中、雁门、代郡五十三县。事实证明刘邦对刘仲的封赏是个错误。当时，汉王朝刚刚建立，乘秦汉之际的混乱而势力膨胀的匈奴正对北部长城一线虎视眈眈。封为代王的人选应该在资历、声望和才能方面都是出类拔萃之辈，才能应付当时当地的复杂局面。刘仲既非合适的人选，刘邦又未能配备一个如曹参这样的智能之士做他的辅佐，这就注定了他失败的命运。同年，匈奴进攻代国，刘仲一战即溃，弃国间道逃回洛阳。刘邦念兄弟之情，没有杀他，只是削去其王位，另封为郃阳侯。他在平静的生活中于惠帝二年（公元前193年）死去。汉十一年（公元前196年）春，刘邦攻破反叛的陈豨军，平定代地，封子刘恒为代王。刘恒为薄姬所生。他在代王的位置上度过十七年的岁月，因为地处偏僻且低调，在吕后当国时期保住了自己的爵位和生命。吕后八年（公元前180年），吕后病死，周勃、陈平等共谋诛杀诸吕，迎代王刘恒继皇位，是为汉文帝。

楚王刘交是刘邦的同父异母弟，是刘邦兄弟四人中年龄最小的一个。也许是由于父母特别疼爱，抑或是由于其时家庭经济条件比较优裕，刘交在他们兄弟四人中受到了当时最良好的教育。史书记载他年少时好读书，"多材艺"，曾与鲁国儒生穆生、白生、申公等同受《诗》于浮丘伯，因而有着较高的文化修养。丰沛起事以后，刘交一直跟随刘邦南征北战，立下显著功劳。灭秦以后，被刘邦封为文信君，又随刘邦入汉中，参加了平抚巴蜀的军事行动。接着，又随韩信等还定三秦，参加了楚汉战争的全过程。刘邦做皇帝后，他与卢绾一同担任刘邦的侍卫之臣。汉六年（公元前201年），楚王韩信被废黜之后，刘交与刘贾分别被立为楚王和荆王。他的封国据有砀郡、薛郡、郯郡三十六县之地，大体相当于今之苏、鲁、皖交界处。刘交就国后，以自己昔日的同窗好友穆生、白生、申公为中大夫，说明这位诸侯王十分重视儒学。吕后当政时，他的老师浮丘伯在长安，他于是又遣自己的儿子刘郢客与申公同去长安浮丘伯门下学习。后来，申公成为经学大师，文帝时为博士。他为《诗》作传，是《鲁诗》的创始人。刘交自幼好《诗》，在其影响下，他的几个儿子也都用功读《诗》。他也曾为《诗》作传，号曰《元王诗》。刘交为王二十三年死去，其子郢客袭位，四年后亦死去。郢客的儿子刘戊袭位。景帝时，刘戊参与刘濞发动的七国叛乱，兵败自杀。宣帝时，袭王位的刘延寿因谋反被废黜，国除。

　　齐王刘肥是刘邦最年长的儿子，其母是刘邦做亭长时的"外妇"曹氏。汉六年（公元前 201 年）立为齐王，"食七十城，诸民能齐言者皆予齐王"①。由于齐国占地广阔，土地肥饶，又兼鱼盐工商之利，刘邦对其治理特别重视，特派曹参为相国，全面负责齐国的军国大计。曹参在齐国，最早推行"黄老之治"，使其政治、经济都走上稳定发展的轨道。在平定异姓诸侯王和反击匈奴的斗争中，齐国之军成为汉中央政权重要的辅助力量。在刘邦、吕后当国的二十多年中，齐国一直是汉政权在东方的重要屏障。惠帝二年（公元前 193 年），刘肥入朝，"孝惠与齐王燕饮太后前，孝惠以为齐王兄，置上坐，如家人之礼。太后怒，乃令人酌两卮鸩，置前，令齐王起为寿。齐王起，孝惠亦起，取卮欲俱为寿。太后乃恐，自起泛孝惠卮。齐王怪之，因不敢饮，详醉去。问，知其鸩，齐王恐，自以为不得脱长安"②。因一件生活礼仪上的小事，几乎送掉性命，刘肥算是明白了自己的处境。这时，他的内史勋献计说："太后独有帝与鲁元公主，今王有七十余城，而公主乃食数城。王诚以一郡上太后为公主汤沐邑，太后必喜，王无患矣。"③齐王依计而行，不仅献出了城阳郡（今山东济宁、菏泽一带）作为鲁元公主的汤沐邑，而且尊这位年龄小于自己的妹妹为王国的太

---

① 《史记·齐悼惠王世家》。
② 《史记·吕太后本纪》。
③ 《汉书·高五王传》。

后。这一着果然讨得了吕后的欢心，刘肥得以安然脱身返国。刘肥于汉惠帝六年（公元前 189 年）死去，其子孙世袭齐国。后齐国的封域逐渐被分割出许多诸侯国，刘肥的儿子中共有九人为王。其次子刘章在吕后时被封为城阳王，他孔武有力，后来在诛杀诸吕的事件中起了重要作用。直至汉文帝十四年（公元前 166 年），齐王一脉因绝嗣而国除。

赵王刘如意，是刘邦最宠爱的戚姬所生之子。汉九年（公元前 198 年）赵王张敖被废黜以后，封为赵王。刘邦晚年，明白戚姬与吕后不睦，虑及自己百年之后吕后不放过赵王，特任命耿介敢言的周昌为王国相，加意辅佐保护。汉十二年（公元前 195 年），刘邦死去，吕后即将赵王征召至长安，残酷地予以鸩杀。

淮阳王刘友，为刘邦姬妾所生子。汉十一年（公元前 196 年）立为淮阳王。第二年赵王刘如意被杀以后，他被吕后徙封为赵王。吕后为了控制他，"以诸吕女为后"。但刘友不爱吕后强行为他安排的王后而爱其他姬妾，致使他与吕氏王后的矛盾越来越尖锐。立王十四年后，吕氏王后怒而赴长安向吕太后进谗言说："王曰：'吕氏安得王！太后百岁后，吾必击之。'"吕后一怒之下，将刘友召至京师，"置邸不见，令卫围守之，不得食。其群臣或窃馈之，辄捕论之"[1]。刘友饥饿难忍，就用自己编的一首歌抒发胸中的愤懑：

> 诸吕用事兮，刘氏微；迫胁王侯兮，强授我妃。我妃既妒兮，诬我以恶；谗女乱国兮，上曾不寤。我无忠臣兮，何故弃国？自快中野兮，苍天与直！于嗟不可悔兮，宁早自贼！为王饿死兮，谁者怜之？吕氏绝理兮，托天报仇！[2]

几天之后，这位敢于违抗吕后意旨的刘姓王就饿死在守卫森严的王邸。诸吕覆灭之后，文帝珍惜手足之情，立刘友之子刘遂为赵王。景帝当国时，刘遂因参与以吴王刘濞为首的叛乱，身死国除。

---

[1]《汉书·高五王传》。

[2]《汉书·高五王传》。

梁王刘恢，也是刘邦姬妾所生的儿子。汉十一年（公元前 196 年），梁王彭越被诛杀以后，刘邦立刘恢为梁王；赵王刘友幽死之后，吕后又徙刘恢为赵王。吕后为控制刘恢，以吕产之女为其王后。这位王后携一批从官，把持后宫，干预王国之政，限制国王的行动。刘恢有一爱姬也被王后鸩杀。刘恢与刘友一样，只能以诗歌排遣自己的苦闷。不久，他就自杀了。吕后认为刘恢以妇人之事而死，太没出息，决定不立继嗣，由是国除。

燕王刘建，也是刘邦姬妾所生子。汉十一年（公元前 196 年），燕王卢绾叛逃匈奴。第二年，刘建被立为燕王。吕后七年（公元前 181 年）去世。他只有一个美人生下的儿子，被吕后杀死，绝嗣国除。

淮南王刘长，是刘邦与赵王张敖的美人所生的儿子。汉八年（公元前 199 年），刘邦经赵国北上伐匈奴，赵王张敖将自己的美人献给刘邦。有身孕后，正碰上赵国贯高等谋反事发，美人与赵王等一起被系囚长安。美人曾联系吕后，希望她将自己即将为刘邦产子一事告诉刘邦，妒意大发的吕后自然加以拒绝。不久，美人产下儿子，因得不到刘邦的礼遇愤而自杀。狱吏将婴儿抱给刘邦，刘邦追悔莫及，令吕后抚育之，并厚葬其母。汉十一年（公元前 196 年），刘邦在击灭淮南王英布以后，立刘长为淮南王，以九江、庐江、衡山、豫章四郡为封地。刘长因早年失母，为吕后养大，与她关系亲近，因而在吕后当国时得以保全。刘长稍长，"有材力，力能扛鼎"。知其母曾求辟阳侯审食其沟通与吕后和刘邦的联系，但审食其未在吕后面前力争，致使其母惨死。他怨恨审食其，常寻机报复。吕后在世时，未敢发。"及孝文帝初即位，淮南王自以为最亲，骄蹇，数不奉法。上以亲故，常宽赦之"[1]。文帝三年（公元前 177 年），刘长入朝，径直往见审食其，以袖中所藏金锥猛刺，同时命随从一齐动手，将其杀死。之后立即"肉祖"至文帝前谢罪说：

> 臣母不当坐赵事，其时辟阳侯力能得之吕后，弗争，罪一也。赵王如意子

---

[1] 《史记·淮南衡山列传》。

母无罪，吕后杀之，辟阳侯弗争，罪二也。吕后王诸吕，欲以危刘氏，辟阳侯弗争，罪三也。臣谨为天下诛贼臣辟阳侯，报母之仇，谨伏阙下请罪。①

这种为报私仇而无视国家法律的行为理应治罪。但是，此时的审食其已失去吕后这样的靠山，汉文帝对他也没有什么好感，刘长的罪过自然得到赦免。然而，刘长并不知收敛自己的行为，他"归国益骄恣，不用汉法，出入称警跸，称制，自为法令，拟于天子"②。作为兄长，文帝不好对刘长过于责备，就让做将军的舅舅薄昭作书劝谏。书中，薄昭历数文帝对刘长的厚德，同时严肃指出他的横行不法，正使自己处于"八危"之境：

夫大王以千里为宅居，以万民为臣妾，此高皇帝之厚德也……大王不思先帝之艰苦，日夜怵惕，修身正行，养牺牲，丰洁粢盛，奉祭祀，以无忘先帝之功德，而欲属国为布衣，甚过。且夫贪让国土之名，轻废先帝之业，不可以言孝。父为之基，而不能守，不贤。不求守长陵，而求之真定，先母后父，不谊。数逆天子之令，不顺。言节行以高兄，无礼。幸臣有罪，大者立断，小者肉刑，不仁。贵布衣一剑之任，贱王侯之位，不知。不好学问大道，触情忘行，不祥。此八者，危亡之路也，而大王行之，弃南面之位，奋诸、贲之勇，常出入危亡之路，臣之所见，高皇帝之神必不庙食于大王之手，明白③。

书中最后要求刘长上书文帝"谢罪"，以求皇帝宽宥。然而，刘长得书后不仅毫无悔过之意，反而加快了谋反的步伐。文帝六年（公元前174年），刘长指使部下，勾结闽越、匈奴，欲发动反叛朝廷的军事行动，事未发而败露，文帝遣使将刘长召至长安。丞相张苍、典客冯敬等五府联合对刘长一案进行审判，认为他"废先帝法，不听天子诏，居处无度，为黄屋盖拟天子，擅为法令，不用汉法"，而且谋反有据，

---

① 《史记·淮南衡山列传》。
② 《史记·淮南衡山列传》。
③ 《汉书·淮南王传》。

并抗拒朝廷的查讯，"长所犯不轨，当弃市，臣请论如法"①。文帝碍于兄弟情分，决定免其一死，废除其王位，放逐蜀地严道邛邮（今四川荣经西南）。刘长在放逐途中，于雍县（今陕西凤翔）绝食而死。后来，文帝又立刘长的三个儿子为诸侯王，分王淮南故地。景帝时，因谋叛逆，身死国除。

吴王刘濞，是刘邦兄刘仲之子。汉十一年（公元前196年）秋，刘邦亲征淮南王英布时，二十岁的沛侯刘濞以骑将随军出征。他英勇善战，击破英布军于蕲西。其时荆王刘贾已为英布军杀死，无子嗣爵。刘邦认为吴、会稽等东南诸郡民风劲悍，不立一个壮年王子于此地不易镇抚。因为自己的儿子此时大都年少，就决定封刘濞为吴王，王三郡五十三城。刘濞受印后，刘邦召见他，发现他有"反相"，就抚摸着他的背告诚说："汉后五十年东南有乱者，岂若邪？然天下同姓为一家也，慎无反！"刘濞叩头于地说："不敢。"②孝惠高后时，国内安定，吴国招徕天下亡命之徒，开发豫章铜矿，铸造钱币，又煮海水为盐，"以故无赋，国用富饶"。文帝时，吴王太子刘贤来京城，在与皇太子饮酒赌博时发生冲突，被皇太子杀死。从此，吴王对朝廷心存不满，称病不朝。后来，由于文帝对他一直采取优容政策，双方矛盾没有激化。景帝即位后，御史大夫晁错坚决主张削弱诸侯王的权力，他上书景帝说：

> 昔高帝初定天下，昆弟少，诸子弱，大封同姓，故王孽子悼惠王王齐七十余城，庶弟元王王楚四十余城，兄子濞王吴五十余城：封三庶孽，分天下半。今吴王前有太子之郤，诈称病不朝，于古法当诛，文帝弗忍，因赐几杖。德至厚，当改过自新。乃益骄溢，即山铸钱，煮海水为盐，诱天下亡人，谋作乱。今削之亦反，不削之亦反。削之，其反亟，祸小；不削，反迟，祸大。③

晁错的削藩建议使吴王刘濞等找到了反叛的借口。景帝三年（公元前154年）

---

① 《汉书·淮南王传》。
② 《史记·吴王濞列传》。
③ 《史记·吴王濞列传》。

正月，吴王刘濞纠合楚、胶西、胶东、淄川、济南、赵等封国，发动了大规模的武装叛乱。此时的刘濞已决定孤注一掷，他下令国中说："寡人年六十二，身自将。少子年十四，亦为士卒先。诸年上与寡人比，下与少子等者，皆发。"① 起兵二十万，并诱使东越与之共同行动。一时声势浩大，给汉中央政权造成很大的威胁。但是，由于七国的叛乱违背历史潮流，不得民心，仅三个月即被汉中央政府讨平，刘濞也落了个身死国除的可悲结局。

　　上面所记述的刘邦分封的这些同姓诸侯王国，大体上囊括了今日中国的辽宁、河北、山西北部、山东、江苏、安徽、河南东部、浙江、江西、湖南、湖北东部，遍布长江、黄河中下游的大部分地区。其时，汉中央政府直接控制的地区只有关中、巴蜀以及今之河南、湖北、山西的一部分。如果说，刘邦剿灭异姓诸侯王显示了唯我独尊的皇权对异姓诸侯王的天然排斥的话，那么，与诛灭异姓诸侯王几乎同时进行的对同姓诸侯王的分封，则是基于对同一血统的无限信任，同时，更是刘邦"惩戒亡秦孤立之败"教训的结果。由于秦始皇没有实行分封兄弟子侄为诸侯王的措施，使得皇权处于孤立无援的境地。当权臣专擅权力，地方无力起而平衡；而当地方发生民变，秦王朝也不能迅速而有效地加以剿灭。在刘邦看来，分封自己的兄弟子侄为诸侯王，一方面使他们继承相应的财产权力，各有归宿，以维系刘氏宗室贵族内部的谐和与团结；另一方面又可使诸侯王国与郡县交叉分布，与郡县相制衡，构成对皇权的有力藩屏。中央地方互为犄角，内外配合，就可以及时扑灭反叛，从而维护汉政权的长治久安。应该承认，西汉初年，这些诸侯王国的确起到了拱卫汉中央与巩固皇权的有效作用。正如班固所指出的："高祖创业，日不暇给，孝惠享国又浅，高后女主摄位，而海内晏如，亡狂狡之忧，卒折诸吕之难，成太宗之业者，亦赖之于诸侯也。"②

　　汉初历史表明，王国初封之时，大部分诸侯王年龄尚小，权柄基本操在刘邦派

---

① 《史记·吴王濞列传》。
② 《汉书·诸侯王表》。

出的担任傅相的元勋大臣手里，所以他们与中央政府的矛盾尚不十分尖锐，在一些基本问题上尚能保持一致。在平定异姓诸侯王、诛除诸吕和反击匈奴的斗争中，各诸侯国都听从号令，遣将派兵，协助中央政府作战，起了一定的藩屏作用。客观事实也表明，假如没有刘氏诸侯王的牵制与对朝中权力的有效平衡，吕后专权时代的刘氏江山很可能就会变色。或者陈平、周勃诛灭吕氏势力后如果没有地方力量的牵制，秦王朝二世时期的赵高、李斯专权也可能再现。政治是各方利益平衡妥协的结果，是各方利害博弈的结果。在政权中，任何一方势力独大都不是皇权稳固与中央集权之福。至于后来随着诸侯王国经济、军事实力的发展，进而越来越构成对西汉中央集权的严重威胁，"然诸侯原本以大，末流滥以致溢，小者淫荒越法，大者睽孤横逆"①，这种情况周王朝已经有前车之鉴。作为一个成功的政治家，在国家治理中需要展望未来，但更需要脚踏实地，具体问题具体分析，谨慎坚决做好眼下的事情，刘邦不可能因为后来可能出现问题就投鼠忌器地彻底废除分封。虽然西汉中期发生了吴楚七国之乱，但这时汉帝国政权已经得到彻底的巩固，应对与化解地方分权风险似乎并不十分困难。事实证明，经过汉景帝的平叛战争以及汉武帝时期一系列限制、打击诸侯王的法律和政策的出台，武帝以后，诸侯王占地不过一郡，王国主要官吏一律由中央任免，他们失去直接统兵治民的权力，变成了衣食租税的大贵族地主，根本无法与朝廷相抗衡，这说明刘邦在西汉初期实行郡县与诸侯国分封并行制度是成功的。因此，刘邦创立的郡县与分封双轨制也为以后的一些新兴王朝在不同程度上加以继承。虽然这个制度会造成割据称雄的藩王，给皇权的稳定带来麻烦，但终帝制时代却基本上延续下来。其实原因很简单，防止秦王朝赵高、李斯那样祸乱皇权与中央政府需要地方力量的制约；作为皇室贵族权力和财产再分配的一种制度，诸侯国分封在汉初还有它赖以存在的土壤。

实际上，刘邦在分封同姓诸侯王的同时，也采取了一系列的措施，对有可能出现的问题尽量作了制度上的防范。这主要表现在：

①《汉书·诸侯王表》。

（1）在分封同姓诸侯王之时，特意调整各诸侯王国之间的边界，使之呈现出犬牙交错之势，以预防诸侯王利用山川自然形势割据自立。

（2）在政治上采取一系列措施控制诸侯王国。如诸侯王必须定期到都城觐见皇帝；诸侯王不得任意支配封土、再行分封，凡是涉及宗法承袭大事，都必须由中央进行决定；诸侯王国必须在每年年终向中央政府汇报本年王国的一切大事；诸侯王国的丞相必须由中央政府任命，诸侯王不得自置。

（3）在军事上，诸侯王国虽有军队，但掌控权实际在王国丞相之手，且调兵遣将需中央调兵虎符合验。

（4）在经济上，规定诸侯王国必须定期向朝廷"献费"。

虽然仅就制度而言，分封制较之集权制确实是历史的倒退，但从汉初形势来看，推行分封制确有其必要。当汉朝建立之初，异姓诸侯王们各据其掌控之地，形成事实上的割据局面，刘邦对这种局面的承认，实际上起了稳定新政权的作用。不过，随着帝国政局的日趋稳定，异姓诸侯王国这种实际上的地方割据势力的存在，显然为帝制国家中央集权体制所无法容忍。从这个意义上说，消灭异姓诸侯王是刘邦强化中央集权政治的必然选择和必由之路。人们固然可以对曾与刘邦出生入死、并肩作战并协助其打败项羽成就霸业的诸侯王们旋踵而亡的命运表示同情，但是，鉴于历史发展趋势并非任何个人所能阻挡，因而刘邦铲除异姓诸侯王的举措无可厚非。从当时双方的力量对比来看，刘邦直控区的人口比诸侯王控制区多出将近百万，虽然在领土面积上少于诸侯王控制地，却由于占据了富庶的关中地区，据有秦统一六国时的有利形势，再加上他战略运用得当，故而取得最后的胜利也在情理之中。

刘邦在渐次翦除异姓诸侯王的过程中，又大封同姓子弟为王，他的这个决策，同样是当时的战略需要、刘邦家天下的观念以及他对功臣集团极度不信任等诸多因素合力作用下的产物，这个产物的出现，其实是对皇权的异化。以刘邦在皇族中的地位和影响，同姓诸王是无法撼动其专制统治地位的，尽管刘邦也曾意识到分封可能带来的负面影响，但分封同姓诸侯王的积极意义在当时远远大于消极影响。应该说，汉初的分封制是对郡县制的一种有益补充，在皇帝拥有绝对权威地位时，分封制对皇权不仅不会构成威胁，相反还会对专制皇权起到强化的作用。[1]汉高祖刘邦在位期间，以其开国皇帝的绝对权威，加上年龄、辈分、能力、经验等各方面的压倒性优势，对付那些由他分封的同姓诸侯王可谓绰绰有余，故而给予同姓诸王较大的权力。与此同时，他又为防范有可能出现的叛乱局面，在制度上对诸侯王颇加限制，从刘邦及惠帝时期的实际效果看，刘邦的上述措施是成功的。

另外，西汉建国以后，刘邦除了分封同姓诸侯王之外，还论功行赏，从汉五年（公元前202年）到汉十二年（公元前195年），七八年间，一共封了一百四十七个侯，加上外戚及王子侯六人，共一百五十三人[2]。战国至秦以来，封爵制度已经深入人心，成为各国社会阶层上下流动、人才选拔制度逐步完善的有效保障。刘邦分封功臣正是适应了这一历史发展的政治需要。

七、迁徙豪强　充实关中

汉七年（公元前200年）七月，奉刘邦之命出使匈奴实施"和亲"政策的娄敬回到长安，他根据自己沿途的观察和思索，向刘邦提出了迁徙豪强以实关中的建议。

> 匈奴河南白羊、楼烦王，去长安近者七百里，轻骑一日一夜可以至秦中。秦中新破，少民，地肥饶，可益实。夫诸侯初起时，非齐诸田，楚昭、屈、景莫能兴。今陛下虽都关中，实少人。北近胡寇，东有六国之族，宗强，一日有变，陛下亦未得高枕而卧也。臣愿陛下徙齐诸田，楚昭、屈、景，燕、赵、韩、魏后，及豪杰名家居关中。无事，可以备胡；诸侯有变，亦足率以东伐。此强本弱末之术也。[3]

---

[1] 参见唐燮军、翁公羽著：《从分权到集权——西汉的王国问题及其解决》，浙江大学出版社2012年版，第262—263页。

[2] 参见安作璋、刘德增著：《汉高帝大传》，中华书局2006年版，第214页。

[3] 《史记·刘敬叔孙通列传》。

刘邦听后曰"善",立即同意娄敬的建议,并任命他全面负责这一工作。娄敬于是一次将东方六国旧贵族及其后裔十余万口迁至八百里秦川,让他们散居于长安附近地区。汉九年(公元前198年)十一月,刘邦再一次"徙齐、楚大族昭氏、屈氏、景氏、怀氏、田氏五姓关中,与利田宅"①。

从历史上看,刘邦的迁徙豪强政策也算是"汉承秦制"了,是秦王朝"强本弱末"政策的延续。秦王朝在统一六国的过程中和统一六国以后,曾多次实施迁豪。《华阳国志》中这样记载:"惠文始皇,克定六国,辄迁其豪杰于蜀。"从秦王政十七年(公元前230年)至秦始皇二十六年(公元前221年),随着秦军次第灭亡六国,六国的旧贵族及其依附者富商大贾等,大都被强行迁离原地。例如,在汉代以冶铁致富的蜀地之卓氏和程郑,就是从东方六国迁来的,所以司马迁称程郑为"山东迁虏"。秦王朝统一六国后,有记载的迁豪共两次。一是秦始皇二十六年(公元前221年),"徙天下富豪于咸阳十二万户"②。这是秦代迁豪唯一有明确数字的记载,大概也是数量最多的一次迁豪。二是"秦末世,迁不轨之民于南阳"③,这一次究竟迁了多少人,不得而知;而"不轨之民"是否应该全作豪民理解,亦不好确定,但其中必有一定数量的豪民。在迁豪的同时,秦代还有更大规模的徙民。从秦惠王即位(公元前289年)至秦朝末年的七八十年间,有记载的徙民就多达十四五次,平均约五年一次。秦始皇统治时期徙民最频繁,达九次之多。其中向岭南一次就迁徙罪徒五十万人,创造了历史纪录。这说明,秦代的迁豪徙民,规模大,次数多,是中央集权国家创立初期不得不为的一项治理工程。徙民在很大程度上是出于军事和国土开发的需要,但更重要的是要弱化帝国政权统治薄弱地区的基础,并以此充实京师畿辅之地,也是中央集权的需要。迁徙豪强显然是对六国旧贵族及其依附富豪的管制性措施,其目的是巩固国家统一、加强中央集权、强干弱枝等。

---

① 《汉书·高帝纪》。

② 《史记·秦始皇本纪》。

③ 《史记·货殖列传》。

秦代迁豪政策对于巩固国家统一、加强中央集权、稳定社会秩序的确起到了一定的作用。首先，由于六国旧贵族被迁到遥远而陌生的地方，远离故土，不仅与故国民众的联系被斩断，而且又被置于中央政府直接严密监视之下，这样就大大削弱了他们在政治上的影响；同时，由于他们中的大多数人在迁徙之后处于离群索居状态，很难再积聚成团结统一的力量，这样他们作为政治上潜在的不稳定因素也就大大地减少了。其次，迁徙豪强也是一次经济文化大转移，这对于充实京师之地、加强中央集权是有利的。

汉帝国建立后，刘邦君臣继承秦制，当然对迁徙豪强政策也很重视。事实上除了刘邦搞的两次迁豪，其子孙则把迁豪与徙民结合起来，又进行过多次，几乎贯彻西汉王朝始终。

《汉书·景帝纪》：前元五年（公元前152年），"春正月，作阳陵邑。夏，募民徙阳陵，赐钱二十万"。

《汉书·武帝纪》：建元三年（公元前138年），"赐徙茂陵者户钱二十万，田二顷"。元朔二年（公元前127年），"募民徙朔方十万口"，"徙郡国豪杰及訾三百万以上于茂陵"。元狩五年（公元前118年），"徙天下奸猾吏民于边"。太始元年（公元前96年），"徙郡国吏民豪杰于茂陵、云陵"。

《汉书·昭帝纪》：始元三年（公元前84年），"募民徙云陵，赐钱田宅"。始元四年（公元前83年），"徙三辅富人云陵，赐钱，户十万"。

《汉书·宣帝纪》：本始元年（公元前73年），"募郡国吏民訾百万以上徙平陵"。本始二年（公元前72年）春，"以水衡钱为平陵，徙民起宅第"。元康元年（公元前65年）春，"以杜东原上为初陵，更名杜县为杜陵。徙丞相、将军、列侯、吏二千石、訾百万者杜陵"。

如果说以上迁豪都是为了充实陵园，那么，规模不等的边郡徙民则都是为了军事需要和边疆开发。如汉武帝元狩四年（公元前119年）冬，徙关东贫民七十二万五千至陇西、北地、西河、上郡、会稽诸郡；元鼎六年（公元前111年），徙民张掖、敦煌；元封元年（公元前110年），徙东越之民于江淮之间；等等。

西汉由刘邦开始的迁豪徙民政策，直到汉哀帝时才宣布终止，前后持续了差不多二百年的时间。这项政策在历史上几经变化，迁徙目的、对象前后都有很大的不同。那么，以"伐无道，诛暴秦"相号召的刘邦，为什么在建国之初就毫不迟疑地接受娄敬的建议，继续秦王朝的迁豪政策呢？显然，第一，与秦朝迁豪的原因一样，也是为了消除政治上的潜在危险。六国旧贵族及其依附者富商大贾，虽然经过秦始皇时期的两次迁徙，力量受到很大削弱，但是，漏网之鱼尚多。这些人在秦末反秦战争中仍然表现出相当大的力量。娄敬所谓"诸侯初起时，非齐诸田，楚昭、屈、景莫能兴"，就是指的此种情况。项梁叔侄所代表的楚国旧贵族的力量，田广、田荣和田横所代表的齐国旧贵族复兴故国的不屈气概，刘邦当然都记忆犹新。一有风吹草动，他们之中仍有可能出现揭竿而起、据地称王的领袖人物。让这类人物散在全国各地，刘邦是寝食难安的。通过迁豪将这批危险人物置于自己眼皮底下监视起来，就等于消除了一大块心病。因而娄敬的建议一经提出，刘邦没有丝毫犹豫就接受并付诸实施了。第二，是为了充实关中地区，强干弱枝，以对付其他地区的反叛势力和匈奴的侵扰。关中地区本来富甲天下，但经过秦末农民战争，尤其是楚汉战争的破坏，土地荒芜，人口减少，经济力量相对薄弱。同时，关中北距匈奴较近，容易遭受游牧民族的攻击。将六国旧贵族迁到这里可以化不利因素为有利因素。一方面能够增加关中的人口，加速这里的开发，而且六国旧贵族及其依附者都有较雄厚的经济实力，可以使关中经济得到较快的发展，从而增强抵抗匈奴的力量；另一方面，又可以使离心因素变为向心因素，通过对六国旧贵族实施安抚政策，拉近他们与现政权的距离，逐渐认同对汉皇朝，达到"无事，可以备胡；诸侯有变，亦足率以东伐"的"强干弱枝"的目的。这个政策经过刘邦及其后世子孙的相继实施，的确收到了较好的效果，原来预期的目的基本上都达到了。关中地区的经济得到较快的发展，成为汉皇朝稳定的中心区域。在对异姓诸侯王和同姓诸侯王的斗争中，尤其是平定吴楚七国之乱和后来反击匈奴的斗争中，这里都成为汉皇朝的战略总后方，起到了不可替代的作用。与秦末六国反秦时的情形不同，当吴楚七国之乱爆发时，六国旧贵族及其后裔们，基本上都没有加入叛军的行列。这种情况的出现当然有多种原因，但迁豪政策的实施应是不可忽视的因素，它的确起到了巩固统治、加强中央集权的重要作用。后来，汉武帝的重要谋臣主父偃说："天下豪杰兼并之家，乱众民，皆可徙茂陵，内实京师，外销奸猾。"①《汉书》的作者班固也说："汉兴，立都长安，徙齐诸国，楚昭、屈、景及诸功臣家于长陵。后世世徙吏二千石、高訾富人及豪杰并兼之家于诸陵。盖亦以强干弱枝，非独为奉山园也。"② 由于大量豪富之家集中于京师及其周围诸陵，他们役使依附的劳动力不断进行开发，加上得天独厚的自然条件，关中地区的经济很快出现了空前的繁荣。史载"关中之地，于天下三分之一，而人众不过什三；然量其富，什居其六"③，恐非虚语。王夫之在《读通鉴论》中，痛斥秦汉时期的迁豪是一种"虐政"，显然是一种不懂政治的偏颇之见。④ 可以说，汉帝国初期的迁徙豪强政策是刘邦治国理政的一部分，是刘邦加强中央集权政策的一部分。

八、休养生息　发展经济

从表面上看，人类社会的历史好像是由具备独立意志、具有创造能力的个人或团体积极创造出来的。可是实际上，任何个人或团体都不能也无法随心所欲地创造历史。这是因为，当人们开始自己的创造活动时，都离不开他所面临的客观环境以及系列主客观条件的限制，这些主客观条件制约与决定着人们的创造活动所能达到的范围和高度。从秦王朝的亭长登上汉王朝皇帝宝座的刘邦，在构建、缔造与治理他的大汉帝国大厦时，同样不可能随心所欲。秦汉之际的历史剧变以及长期战争对社会经济所造成的巨大破坏，是制约刘邦君臣制定和实行政策的两个最大的因素。

"汉兴，接秦之敝，诸侯并起，民失作业，而大饥馑。凡米石五千，人相食，死者过半。"战争之后，人口锐减，经济残破，田园荒芜，哀鸿遍野。一个昔日数万户

---

① 《汉书·主父偃传》。

② 《汉书·地理志》。

③ 《史记·货殖列传》。

④ 参见安作璋、刘德增著：《汉高帝大传》，中华书局2006年版，第226—229页。

人口的繁盛的曲逆（今河北完县），劫后余生者仅有五千户，还被刘邦惊呼"壮哉县"，称赞是洛阳之外最富庶的城市，其他地方更可想而知。当时，百姓穷困到了极点，新兴的国家政权也面临着极其严重的财政困难："天下既定，民亡盖臧，自天子不能具醇驷，而将相或乘牛车。"①面对如此艰窘与困难的社会经济条件，如何才能巩固新政权的统治？这是刘邦君臣无法回避且必须交出正确答案的问题。

本来，刘邦集团大多数出身于社会下层，对民间的疾苦和百姓的要求有较为深切的了解。他们又曾经作为反秦军的领袖南征北战，亲眼看到不可一世的秦王朝在内忧外患中顷刻灰飞烟灭，秦帝国二世而亡的残酷教训强烈地触发汉初君臣的思考，以此鉴戒警惕着重蹈秦帝国的覆辙。汉初刘邦治国理政的一系列政策，充分反映了当时政治、经济、社会、文化发展的要求。正是在反思秦亡教训的历史氛围中，刘邦君臣制定和推行了一系列恢复发展社会生产的政治经济政策，自觉不自觉地适应了时代与历史发展的要求。汉初的治理政策紧紧围绕着一个中心，这就是千方百计地增加和保护社会劳动力，提高他们从事经济生产的积极性；同时，积极创造条件，促进生产者与生产资料的结合，使社会生产得以顺利地进行。

为了增加和保护社会劳动力，刘邦多次发布诏令，赦免罪人，使他们回到土地上从事生产。汉二年（公元前205年）正月，楚汉战争刚刚拉开序幕，还定三秦的战斗还没有完全结束，刘邦在夺取了北地郡之后，就宣布"赦罪人"。同年六月，又借立汉王太子之机，在栎阳再次发出了"赦罪人"的诏令。汉五年（公元前202年）十二月，垓下之战刚刚结束，刘邦就下令"诸民略在楚者皆归之"。同年正月，又在定陶下令："兵不得休八年，万民与苦甚，今天下事毕，其赦天下殊死以下。"显然，以上诏书规定所赦免的大都是原秦王朝、三秦王（章邯、司马欣、董翳，破秦后项羽所立）和项羽统治地域的"罪人"，这虽然有着争取同盟者的策略上的考虑，但对稳定关中民心、恢复社会秩序也起到了积极的作用。后来，刘邦对于触犯汉王朝法律的"罪人"也开始赦免。汉六年（公元前201年）十月，刘邦在陈擒韩信之后，就

---

① 《汉书·食货志》。

地发出了大赦天下的诏令："天下既安，豪杰有功者封侯，新立，未能尽图其功。身居军九年，或未习法令，或以其故犯法，大者死刑，吾甚怜之。其赦天下。"汉九年（公元前198年）春，再次下令"前有罪殊死以下，皆赦之"。汉十年（公元前197年）七月，因太上皇死去，下令"赦栎阳囚死罪以下"。汉十一年（公元前196年）正月，平定反叛的韩王信以后，刘邦在洛阳发出了"大赦天下"的诏令。同年七月，讨伐反叛的淮南王英布时，最后一次下诏"赦天下死罪以下"。刘邦在其统治的十年中，共下达了八次赦免"罪人"的诏令。综观这些诏令，目的对象各异，有的是与敌对势力争取民众，有的仅适用于某些地域，有的加上一些限制条件，使被赦的"罪人"打了折扣。但是，不管怎样，把一些与土地脱离的罪犯释放使之与土地重新结合，无疑增加了生产第一线的劳动力，同时也大大调动了这部分人的生产积极性。与以上政策相联系，刘邦还在汉五年（公元前202年）发布了一个"民以饥饿自卖为人奴婢者，皆免为庶人"的诏令，使相当一批奴婢获得了解放，回到土地上从事农业生产。面对人口大量减少、劳动力严重不足的现实，刘邦又实行了鼓励生育的政策，汉七年（公元前200年）下令"民产子，复勿事二岁"[①]。在刘邦实行的一系列恢复发展生产的措施当中，影响最大、成果最显著的莫过于复员军队、招抚流亡了。汉五年（公元前202年）五月，登上帝位不久的刘邦从定陶来到洛阳，立即发布了一个总纲性的诏书：

"诸侯子在关中者，复之十二岁，其归者半之。民前或相聚保山泽，不书名数，今天下已定，令各归其县，复故爵田宅，吏以文法教训辨告，勿笞辱。民以饥饿自卖为人奴婢者，皆免为庶人。军吏卒会赦，其亡罪而亡爵及不满大夫者，皆赐爵为大夫。故大夫以上，赐爵各一级，其七大夫以上，皆令食邑，非七大夫以下，皆复其身及户，勿事。"又曰："七大夫、公乘以上，皆高爵也。诸侯子及从军归者，甚多高爵，吾数诏吏先与田宅，及所当求于吏者，亟与。爵或人君，上所尊礼，久立吏前，曾不为决，甚亡谓也。异日秦民爵公大夫以

---

① 《汉书·高帝纪》。

上，令丞与亢礼。今吾于爵非轻也，吏独安取此！且法以有功劳行田宅，今小吏未尝从军者多满，而有功者顾不得，背公立私，守尉长吏教训甚不善。其令诸吏善遇高爵，称吾意。且廉问，有不如吾诏者，以重论之。"①

从刘邦诏书中提到的"爵或人君，上所尊礼，久立吏前，曾不为决"以及"法以有功劳行田宅，今小吏未尝从军者多满，而有功者顾不得"的情况看，刘邦"以军功行田宅"的措施遇到来自基层官吏的很大阻力。这些基层官吏利用手中的权力为自己大捞好处，虽无军功却获得爵位田宅；而从军立功者反而得不到应得的爵位与田宅，甚至在小吏面前备受刁难。刘邦对此自然十分恼火。而从其"有不如吾诏者，以重论之"的申明来看，刘邦实行此项措施的态度是十分坚决的，他决不允许任何人敷衍塞责。总的来看，这个诏令是以优厚的条件使广大从军的战士和军官复员回乡。一般士卒都得到一小块土地，其中跟随刘邦入汉中定三秦的那部分将士更是获得了世世代代免除赋役的特权。而对于获得七大夫以上高爵的人待遇更加优厚。在如此优渥的政策下，那些复员后的士兵大都成了小自耕农，而绝大部分军官则成为军功地主。这些人一旦成为土地上的主人，他们对刘邦及其汉政权的拥护是不言而喻的。对于在战乱中离家流亡的农民和地主，刘邦以"复故爵田宅"，引导他们返回故土，同时又以多次赐爵等方式刺激他们的生产积极性。通过以上这些措施，刘邦为亟待恢复的农业生产增加了较多的劳动力。在汉初人口锐减、增加劳动力已成为恢复农业生产关键条件的情况下，刘邦的上述政策措施提供了农业生产正常进行的最主要的条件，这是汉初君臣在治国理政方面的一大智慧体现。

为了实现生产者与生产资料相结合，刘邦也注意解决土地问题。上引诏令中的"复故爵田宅""以有功劳行田宅"，当然都是重要措施。除此而外，刘邦还采取了另外一些办法。如在汉二年（公元前205年）十一月，刘邦下令："故秦苑囿园池，令民得田之。"②这大概可以解决关中地区无地或少地农民的一部分土地问题。另外，据

① 《汉书·高帝纪》。
② 《汉书·高帝纪》。

当时情势推断，由于战乱造成的人口锐减，汉初时土地问题不会成为发展生产的太大障碍。即使当时没有从军的一般无地农民，只要在战争中能够幸存下来，一般都会有属于自己的一小块赖以生存的土地。如此一来，在汉朝初年特定的历史条件下，生产者与生产资料的结合，就通过不同的途径基本实现了。

生产者与生产资料的结合虽然是社会生产得以进行的最基本的条件，然而，在传统社会里，作为国民经济主要支柱的农业生产能否顺利进行，还必须具备两个条件：一是保证生产者有较充裕的劳作时间，二是将赋税量限制在使生产者能够恢复体力和养家糊口的可以接受的程度。这两个条件在西汉初年也基本上具备了。因为刘邦君臣从自己的切身体验和秦亡的教训中，非常明白轻徭薄赋对于稳定社会、发展生产的至关重要的意义，所以一直比较注意推行这样的政策。《汉书·食货志》说：

> 上于是约法省禁，轻田租，十五而税一，量吏禄，度官用，以赋于民。而山川园池市肆租税之入，自天子以至封君汤沐邑，皆各为私奉养，不领于天子之经费。漕转关东粟以给中都官，岁不过数十万石。

这个租税量，与秦代相比，是比较低的。因为，西汉建国之初，虽然百废待兴，需要用钱的地方很多，但刘邦君臣比较能够抑制自己的享受欲望，加上此时官吏队伍精干，行政费用较低，所以对民众征收的赋税是较轻的。刘邦在其当国时期，还多次有意识地下诏免除租税和徭役。例如，汉二年（公元前205年）二月，当楚汉战争仍在激烈进行的时候，刘邦就下令："蜀汉民给军事劳苦，复勿租税二岁。关中卒从军者，复家一岁。"汉八年（公元前199年）三月，刘邦率军北击据太原反叛的韩王信回到洛阳以后，"令吏卒从军至平城及守城邑者，皆复终身勿事"。汉十一年（公元前196年）冬，刘邦在东垣击破陈豨部将赵利，奖赏"诸县坚守不降反寇者，复租赋三岁"。同年二月，又对献费的数额作了明确的规定："欲省赋甚。今献未有程，吏或多赋以为献，而诸侯王尤多，民疾之。令诸侯王、通侯常以十月朝献，及郡各以其口数率，人岁六十三钱，以给献费。"当年四月，

"令丰人徙关中者皆复终身"。六月，再下令"士卒从入蜀汉关中者，皆复终身"①，等等。这些减免租赋徭役的诏令，除对献费的规定外，都不是普遍施惠于全国的百姓，而是加了一系列地域、时间和条件的限制，更多的是对从军吏卒的恩赏。与后来文景时期的轻徭薄赋相比，是很有限的。这是因为，汉王朝建立之初，人口较秦时减少很多，负担租税服徭役的人数更少，而七八年间，对异姓诸侯王和匈奴的战争几乎没有停息，军费及其他开支难以节省，刘邦实在无条件实行全面的轻徭薄赋。尽管如此，刘邦时期对百姓的赋役征发毕竟有了章法，与秦王朝统治时期的"内兴功作，外攘夷狄，收泰半之赋，发闾左之戍。男子力耕不足粮饷，女子纺绩不足衣服。竭天下之资财以奉其政，犹未足以澹其欲也"②的施政情况相比，已经是天渊之别了。就是与后来汉武帝统治时期的"田渔重税，关市急征，泽梁毕禁，网罟无所布，耒耜无所设，民力竭于徭役，财用殚于会赋，居者无食，行者无粮，老者不养，死者不葬。赘妻鬻子，以给上求，犹弗能赡"③的惨状相比，刘邦的轻徭薄赋政策也是不可同日而语的。

在法治建设方面，刘邦让张苍制定法律。虽然《汉律》继承了秦法并且保留了不少苛酷之刑，但是，刘邦统治时期的刑罚与秦帝国时期相比毕竟有所减轻。当年刘邦入关之后，立即宣布"约法三章""蠲削烦苛"，而《汉律》九章正是在宣布废除秦苛法、与民更始的历史大背景下制定的，因而其刑罚有所减轻是不言而喻的。当然，由于《汉律》并不改变地主阶级专政的本质，而在具体执行过程中也存在不少问题，所以系而不决、罚而不当的事情还是时有发生。对此，刘邦在汉七年（公元前200年）向御史下达了这样一个诏令：

> 狱之疑者，吏或不敢决；有罪者久而不论，无罪者久系不决。自今以来，县道官狱疑者，各谳所属二千石官，二千石官以其罪名当报。所不能决者，皆

---

① 《汉书·高帝纪》。
② 《汉书·食货志》。
③ 《淮南子·本经》。

移廷尉，廷尉亦当报之。廷尉所不能决，谨具为奏，傅所当比律令以闻。[①]

这种要求各级官吏奉法循理、及时公正、认真负责，杜绝敷衍塞责的诏令是有积极意义的。

刘邦曾亲自下诏过问罪犯的审理，重申司法程序，要求对案情清楚、量罪准确的案件及时判决，对无罪者更不要久系不论，对于疑难案件也要将案情、判决意见及所据律令逐级上报，直到最后由皇帝裁决。刘邦这样做，显然是为了保证国家法律能够不折不扣地得到执行，使犯罪者得到相应的惩罚，守法者不被蒙冤治罪，以防止某些官吏上下其手，贪赃枉法，从中舞弊。有法必依，违法必究，公正迅速地审理罪犯，既不放纵恶人，亦不冤杀无辜，始终是古往今来清正廉明的司法制度所追求的目标，也是社会稳定的重要标志。刘邦的诏令对于促进汉初司法审判制度的规范化具有一定的积极意义。当然，总的来看，刘邦当国时期的刑罚较之文景时代还是严酷了一些，但与秦王朝严刑峻法相比，毕竟有所缓和，这对安定社会秩序、提高民众的生产积极性是有利的。

在恢复和发展社会经济生产的治理政策中，与秦王朝统治者一样，刘邦同样采取了重农抑商政策。

汉八年（公元前199年）三月，刘邦在洛阳发布了一项抑商的诏令："贾人毋得衣锦绣绮縠絺纻罽，操兵，乘骑马。"[②] 这一规定实际上是对商贾政治地位和社会地位的歧视政策。《汉书·食货志下》中说："天下已平，高祖乃令贾人不得衣丝乘车，重税租以困辱之。"这一规定主要是对商贾从经济上予以抑制。

"重农抑商"是战国法家思想的重要内容，也是儒家学派的一贯主张。从秦代开始，几乎成为中国历代王朝的既定国策。应该承认，重农抑商政策在相当长的历史时期内，对维护传统农业国家的经济基础是起了积极作用的。富商大贾们所经营的超出农业需要的商业和高利贷，构成了对传统自然经济的严重威胁与破坏，所谓"以

---

① 《汉书·刑法志》。

② 《汉书·高帝纪》。

贫求富，农不如工，工不如商，刺绣文不如倚市门"①。商业和高利贷的高额利润，必然会引诱部分农民弃农经商，从而削弱农业作为"本"的地位。更重要的是，传统社会的商人们往往是"以末致财，用本守之"，即用经营商业和高利贷赚取的大量金钱兼并土地，造成农民大量破产和与土地脱离，从根本上危及传统社会的经济基础。显然，刘邦重申重农抑商政策以及从政治经济上对富商大贾的势力进行压制，在汉初的特定历史条件下，对于维护处于复苏中的小农经济是有积极作用的。②在传统以农立国的社会模式下，"重本抑末"政策对于王朝政权的稳定与社会秩序的稳定是至关重要的。我们不能用近代以来工业社会、商业社会的眼光来评说当时传统王朝这一有效的治理政策。

综上所述，刘邦在统一六国以后所制定的"与民休息"政策，其主要内容主要有以下几项。

（1）减轻田赋。"十五税一"，即按十五分之一的比例征收田赋。这个税额比战国时的"十一税"和秦王朝时的"泰半之赋"都大为降低。

（2）复员军队。在关中务农者，免除十二年田赋，去其他地方的，免除六年田赋。军吏士卒各按军功赐予爵位，并按等级分给田宅。获得七大夫以上爵位者，可以食邑（分享国家租税收入）；七大夫以下的，免除自身和家属赋役。

（3）招抚流亡。过去"聚集山泽"的民众，各归原籍，恢复原有产业、爵位。

（4）废除奴隶。"民以饥饿自卖为人奴婢者，皆免为庶人"（因犯法而成为官奴者不在内）。这个法令虽然后来未能彻底实行，但它仍是中国历史上第一个废奴法令。

（5）鼓励生育。生育子女的，免徭役一年。

（6）节制国家财政开支。自皇帝至封君均以各自的山川田池和市场租税收入作为"私养费"，不再从政府领取经费。据《汉书·食货志》记载，实行这些办法以后，

---

① 《史记·货殖列传》。

② 参见安作璋、刘德增著：《汉高帝大传》，中华书局 2006 年版，第 230—236 页。

当时从关东运往关中的官府用粮，每年不过数十万石。

（7）限制地方税。规定郡国在算赋（人口税）以外，只能按照每人每年六十钱的数额征收献费。

（8）废除秦朝连坐、车裂等酷刑。

刘邦死后，惠帝君臣如昌雉与大臣萧何、曹参、陈平等继续执行刘邦的这些政策。①

我们可以断言：汉初刘邦君臣所制定和实施的上述一系列恢复发展经济与生产的政策，适应了时代的要求，反映了民众的愿望。这些政策，稳定了当时的社会秩序，促成了生产者与生产资料的结合，刺激了农民的生产积极性，为社会生产的正常进行创造了必要的条件，从而促进了汉初社会生产的恢复和发展。所有这一切，都给西汉王朝的治国理政奠定了一个良好的基础，创造了一个良好的开端。而它作为祖宗之法，又在惠帝、吕后、文帝和景帝时期得到了继承和发展，从这一意义上说刘邦一手开大汉盛世亦不为过。

九、韬光养晦 "和亲"定边

汉帝国建立之初，经济残破，民生艰辛，综合国力极其虚弱。秦时已经兴起的匈奴部族势力逐渐强大，所控制的地域包括贝加尔湖以南辽阔的草原大漠。在长城以南反秦战争与楚汉战争的厮杀声中，秦时遭遇秦军打击而南下受挫的匈奴，乘机尽数收回了秦将蒙恬所占领的长城以北地方，又进入长城以南，至于朝那（今宁夏固原东南）、肤施（今陕西榆林南），同时出兵侵掠燕国和代国。

> 当是之时，东胡强而月氏盛。匈奴单于曰头曼，头曼不胜秦，北徙。十余年而蒙恬死，诸侯畔秦，中国扰乱，诸秦所徙適戍边者皆复去，于是匈奴

---

① 参见戚文、陈宁宁著：《两汉人物论》，中国出版集团东方出版中心，第130—131页。

得宽，复稍度河南与中国界于故塞。①

楚汉战争时，中原大地各派军阀疲于征战，北防空虚，匈奴日臻强盛，军中能征战的将士竟然多达数十万，对新生西汉帝国的北部边境构成了严重的威胁。

司马迁说："匈奴，其先祖夏后氏之苗裔也，曰淳维。"②

匈奴是长期繁衍生息于中国北部边陲地区的一个少数民族，远在殷周时期就与中原王朝发生了密切的联系。见于先秦文献中的山戎、猃狁、荤粥等，就是它在历史上留下来的名字。匈奴长期以游牧为生，逐水草而居，为开发祖国的北部边疆地区作出了重大贡献，创造了独放异彩的匈奴文化。

西周时期，匈奴成为"戎狄"，自穆王至幽王，不断侵扰与威胁周王朝的安全。战国时期，匈奴已处在原始社会向奴隶社会的过渡时期。对财富和奴隶的贪欲，驱使匈奴族的首领率领着勇猛剽悍的骑兵多次南下侵扰，逼得七国中与匈奴为邻的秦、赵、燕等国在自己的北部边陲筑起长城作为自我保护的屏障。秦统一六国以后，秦始皇令将军蒙恬率三十万精锐之师北击匈奴，收复河南地，置四十四县，移民屯垦，派重兵镇守。为了保持与关中地区的通畅联系，调兵运粮，秦王朝修筑了自云阳（今陕西淳化境）至九原（今内蒙古包头市西）的千里直道。与此同时，又以原秦、赵、燕等国长城为基础，修筑了西起临洮（今甘肃岷县）、东至辽东（今朝鲜平壤西海岸）的万里长城，配以重兵，有效地阻止了匈奴对秦帝国北部边陲的侵扰。秦末战乱发生后，防守长城一线的秦军大部分撤回内地对付反秦武装，匈奴骑兵再次乘机南下。此时匈奴杰出的领袖冒顿自立为单于，他东向击破东胡王，西向赶走大月氏，南并楼烦、白羊河南王，接着，继续南下，"悉复收秦所使蒙恬所夺匈奴地者，与汉关故河南塞，至朝那、肤施，遂侵燕、代。是时汉兵与项羽相距，中国罢于兵革，以故冒顿得自强，控弦之士三十余万"③。此时的匈奴已建立起

---

① 《史记·匈奴列传》。

② 《史记·匈奴列传》。

③ 《史记·匈奴列传》。

较完备的奴隶制国家政权，形成了带有游牧民族特点的军事政治一体化的政权体制。《史记·匈奴列传》记载了冒顿单于的组织情况如下：

> 置左右贤王，左右谷蠡王，左右大将，左右大都尉，左右大当户，左右骨都侯。匈奴谓贤曰"屠耆"，故常以太子为左屠耆王。自如左右贤王以下至当户，大者万骑，小者数千，凡二十四长，立号曰"万骑"。诸大臣皆世官。呼衍氏，兰氏，其后有须卜氏，此三姓其贵种也。诸左方王将居东方，直上谷以往者，东接秽貉、朝鲜；右方王将居西方，直上郡以西，接月氏、氐、羌；而单于之庭直代、云中；各有分地，逐水草移徙。而左右贤王、左右谷蠡王最为大，左右骨都侯辅政。诸二十四长亦各自置千长、百长、什长、禅小王、相封、都尉、当户、且渠之属。

与此同时，匈奴也已建立起自己的一套礼仪、法律和养生送死的制度，特别奖励攻战，崇尚冒险。其基本情况是：

> 岁正月，诸长小会单于庭，祠。五月，大会茏城，祭其先、天地、鬼神。秋，马肥，大会蹛林，课校人畜计。其法，拔刃尺者死，坐盗者没入其家；有罪小者轧，大者死。狱久者不过十日，一国之囚不过数人。而单于朝出营，拜日之始生，夕拜月。其坐，长左而北乡。日上戊己。其送死，有棺椁金银衣裘，而无封树丧服；近幸臣妾从死者，多至数十百人。举事而候月，月盛壮则攻战，月亏则退兵。其攻战，斩首虏赐一卮酒，而所得卤获因以予之，得人以为奴婢。故其战，人人自为趣利，善为诱兵以冒敌。故其见敌则逐利，如鸟之集；其困败，则瓦解云散矣。战而扶舆死者，尽得死者家财。①

在冒顿单于的统率下，匈奴骑兵不断向北征伐，使浑庾、屈射、丁零、鬲昆、薪犁等漠北之国先后臣服。这样，匈奴就控制了东起大兴安岭，西抵帕米尔高原，

---

① 《史记·匈奴列传》。

北至贝加尔湖，南达长城一线的广袤万里的辽阔地区，成为汉帝国的北方劲敌。"是时汉初定中国，徙韩王信于代，都马邑。"①

汉六年（公元前 201 年）九月，匈奴骑兵突然大举南下，将韩王信包围于马邑（今山西朔县）。利用韩王信对刘邦的怨愤，诱降成功。韩王信投降以后，引匈奴骑兵长驱南下，直抵晋阳（今山西太原）城下。汉帝国的北部边疆形势骤然紧张起来。汉七年（公元前 200 年）十月，刘邦不顾大臣娄敬的劝阻，在对敌我力量对比情况还不明晰的情势下，轻率地率三十万大军北伐，试图一举战胜匈奴。战争开始后，汉军虽然在铜辊（今山西沁县境）、晋阳等地取得连战皆捷的胜利，并乘胜收复楼烦（今山西宁武），但因时值隆冬，"大寒雨雪，卒之堕指者十二三"，给继续战斗带来意想不到的困难，形势对汉军十分不利。然而，此时的刘邦已经被轻而易举取得的一些小胜利冲昏了头脑，没有看到匈奴军还没有发挥出来的巨大的军事潜力，继续挥军北进，结果中了匈奴诱敌深入的诡计："于是冒顿详败走，诱汉兵。汉兵逐击冒顿，冒顿匿其精兵，见其羸弱，于是汉悉兵，多步兵，三十二万，北逐之。"② 结果被匈奴的四十万精锐骑兵包围于白登（今山西大同西北）七昼夜，"汉兵中外不得相救饷"，陷入极大的困境。后来全赖陈平用秘计，通过贿赂匈奴阏氏，劝说冒顿"解围之一角"，刘邦才得以脱身。白登之战的失利给了刘邦一副清醒剂，使他认识到当时汉帝国的国力还难以与匈奴在战场上一决胜负，最明智的选择是对匈奴暂时采取妥协退让的政策。刘邦率兵回到广武（今河南荥阳北）时，老老实实地向劝他不要轻举冒进的娄敬承认错误。白登一战，成为刘邦转变对匈奴政策的重要契机。

刘邦北伐匈奴失败后，匈奴更加紧了对汉帝国北部边境的侵扰。"是后韩王信为匈奴将，及赵利、王黄等数倍约，侵盗代、云中。居无几何，陈豨反，又与韩信合谋击代……是时匈奴以汉将众往降，故冒顿常往来侵盗代地。"③ 刘邦于是向娄敬请教

---

① 《史记·匈奴列传》。

② 《史记·匈奴列传》。

③ 《史记·匈奴列传》。

对付匈奴的方略，娄敬指出，汉政权刚刚建立，百姓还没有从战乱中恢复元气，国家财政也很困难，匈奴是一个武力强大的游牧民族，正处于极盛时期，显然难以用武力战胜它。唯一的办法是采取"和亲"政策，以汉室公主嫁与匈奴单于，同时赂以财物满足其贪欲，以此缓和匈奴的进攻，换取汉帝国边境的暂时安宁。刘邦基本上同意了娄敬的建议，认为这是当时唯一可行的利大害小的选择。但是，因为吕后害怕自己唯一的女儿鲁元公主下嫁单于，坚决不同意娄敬的建议，"和亲"政策没有立即付诸实施。

汉十年（公元前197年）九月，代相陈豨反叛，与逃亡匈奴的韩王信合谋侵扰代郡。刘邦令樊哙率兵征讨，在收复了代、雁门、云中等郡县以后，即对匈奴采取守势，没有出塞追击。但是，由于此时投降匈奴的汉将较多，匈奴利用他们不断地侵扰，代郡等地深受其害。刘邦为了缓和这种敌对局面，决定着手实施"和亲"政策。他任命娄敬为"和亲"使者，将宗室女以公主的名义嫁与匈奴冒顿单于为阏氏。同时每年给予匈奴一定数量的"絮缯酒米食物"，与匈奴单于"约为兄弟"。"和亲"政策实行以后，匈奴对北部地区的侵扰有所收敛，边境地区的紧张局势有所缓和。与此同时，刘邦也加强了北部地区的防卫。他多次派出周勃、樊哙等名将，对叛汉降匈奴的韩王信、陈豨、卢绾等人进行毫不妥协的打击，并将韩王信和陈豨击杀，把卢绾赶到长城脚下。他还封自己的儿子刘恒为代王、刘建为燕王，以功臣宿将为辅佐，率大军进驻北部边境前线，对匈奴进行积极的防御。汉军不主动进击匈奴，但严密监视其行动，对来犯之敌坚决予以还击。由于刘邦对匈奴采取以"和""安"为主的积极防御战略，因而终刘邦之世，虽然匈奴对边地的侵扰一直没有间断，但大规模的造成巨大破坏的军事入侵却也没有再发生。匈奴对汉帝国的北部边疆的危害基本上被控制在最小的程度。

应当看到，刘邦当时对匈奴采取"和亲"政策，是在汉匈力量对比对汉王朝不利的情况下的无奈之举，因而不可避免地带有屈辱妥协的色彩。但是，在当时的历史条件下，它又是可供选择的最好的政策。由于"和亲"政策的实施，使汉匈两大民族之间较长时间没有爆发大规模的战争，这就为汉政权赢得了开国初期具有重要意义的和平环境与喘息转型的时间，从而保证了汉帝国休养生息政策的实施。在"和亲"政策下，北方边境相对安全，百姓生活相对安宁，经济生产有所发展，汉帝国的综合国力也随之逐步增强，为日后以武力反击匈奴赢得了准备时间，积聚了军事与经济力量。

刘邦首创的"和亲"安边政策，在惠帝、吕后和文帝、景帝时期都得到了较好的继承与贯彻。惠帝当国时期，冒顿单于曾致书吕后，加以污辱。但吕后隐忍不发，卑辞回书，不与计较，使一场迫在眉睫的汉匈大战消弭于苦涩的一笑之中。文帝、景帝"复修和亲"，坚持衅不自我开。虽然其间匈奴有几次大规模的侵扰，但文、景二帝都能从积极防御的目的出发，对其进行有理有节制的武装反击，没有主动扩大战争规模。一旦形势略有好转，即重申"和亲"政策，主动修好双方的关系。如文帝三年（公元前 177 年）五月，"匈奴右贤王入居河南地，侵盗上郡葆塞蛮夷，杀略人民"。文帝令丞相灌婴发车骑八万五千予以反击，将其驱出长城，即罢战休兵。冒顿单于对文帝此举十分赞赏，第二年，主动派出使者与汉修好。在致文帝书中，要求"寝兵休士卒养马，除前事，复故约，以安边民，以应始古，使少者得成其长，老者安其处，世世平乐"[1]，表达了与汉帝国政权维持"和亲"关系的良好愿望。冒顿单于死后，其子立为老上单于，嗣后汉匈之间虽然又发生过激烈的武装冲突，但由于文帝坚持"和亲"的既定方针，终于使两个民族间的紧张关系缓和下来。汉文帝后元二年（公元前 162 年），文帝遣使使匈奴，致书老上单于，表达了情真意切的友好愿望，单于也制诏表示"犯今约者杀之，可以久亲"。具体细节可参照下段史料：

孝文帝后二年，使使遗匈奴书曰："皇帝敬问匈奴大单于无恙。使当户且居雕渠难、郎中韩辽遗朕马二匹，已至，敬受。先帝制：长城以北，引弓之国，受命单于；长城以内，冠带之室，朕亦制之。使万民耕织射猎衣食，父子无离，臣主相安，俱无暴逆。今闻渫恶民贪降其进取之利，倍义绝约，忘

---

[1]《史记·匈奴列传》。

万民之命，离两主之欢，然其事已在前矣。书曰：'二国已和亲，两主欢说，寝兵休卒养马，世世昌乐，阒然更始'朕甚嘉之。圣人者日新，改作更始，使老者得息，幼者得长，各保其首领而终其天年。朕与单于俱由此道，顺天恤民，世世相传，施之无穷，天下莫不咸便。汉与匈奴邻国之敌，匈奴处北地，寒，杀气早降，故诏吏遗单于秫糵金帛丝絮佗物岁有数。今天下大安，万民熙熙，朕与单于为之父母。朕追念前事，薄物细故，谋臣计失，皆不足以离兄弟之欢。朕闻天不颇覆，地不偏载。朕与单于皆捐往细故，俱蹈大道，堕坏前恶，以图长久，使两国之民若一家子。元元万民，下及鱼鳖，上及飞鸟，跂行喙息蠕动之类，莫不就安利而辟危殆。故来者不止，天之道也。俱去前事：朕释逃虏民，单于无言章尼等。朕闻古之帝王，约分明而无食言。单于留志，天下大安，和亲之后，汉过不先。单于其察之。"

单于既约和亲，于是制诏御史曰："匈奴大单于遗朕书，言和亲已定，亡人不足以益众广地，匈奴无入塞，汉无出塞，犯今约者杀之，可以久亲，后无咎，俱便。朕已许之。其布告天下，使明知之。"①

由于惠、文、景几代皇帝都较好地继承了刘邦的"和亲"安边政策，从而为广大中原地区创造了相对和平的环境，为汉政权获得发展生产、繁荣经济、增强军事力量的良好机会。

经过近六十年的韬光养晦、和平发展，到汉武帝即位，西汉王朝综合国力进入了强盛时期，转变对匈奴被动"和亲"政策的条件成熟了。于是汉武帝时期，经过十余年的艰难鏖战，汉军终于把匈奴从河套阴山一带、河西走廊地区以及天山南北的西域诸国赶了出去，取得了对匈奴作战的历史性胜利，为后来匈奴主动要求恢复"和亲"、重修汉匈友好关系创造了条件。

显然，没有汉初六十年的"和亲"安边所赢得的和平环境，也就不会有汉武帝

---

① 《史记·匈奴列传》。

时期对匈奴进行军事斗争所取得的胜利。应该说，刘邦对匈奴的"和亲"政策，尽管蒙上一层屈辱的阴影，但显示的却是刘邦及其臣僚们韬光养晦、和平崛起的政治智慧与远见卓识。后来不少的政治家和思想家，从中国传统的夷夏之辨出发，对"和亲"政策发出非议。例如司马光就是这样评论汉初"和亲"政策的：

> 建信侯（指娄敬）谓冒顿残贼，不可以仁义说，而欲与为婚姻，何前后之相违也！夫骨肉之恩，尊卑之叙，唯仁义之人为能知之，奈何欲以此服冒顿哉！盖上世帝王之御夷狄也，服则怀之以德，叛则震之以威，未闻与为婚姻也。且冒顿视其父如禽兽而猎之，奚有于妇翁！建信侯之术，固已疏矣；况鲁元已为赵后，又可夺乎？①

这种观点，表面上看起来似乎不无道理，但却忽略了当时实际情况的制约以及"和亲"政策在维系民族关系方面所具有的不可替代的作用，从而流于一种不切实际的泛泛空论，一种从道德义理出发的书生之见。事实上，民族关系的本质是阶级关系。在几千年传统社会里，从来就不存在各民族一律平等的民族政策，只有为各民族发展提供和平条件的相对较好的民族政策。"和亲"政策作为处理民族关系的手段并非没有局限性，也并不是不受时间、地点和条件限制的灵丹妙药，但是，历史却一再证明，在一定历史条件下，"和亲"安边不失为维系民族友好关系的一种选择。在两汉历史上，多次的"和亲"对于维护当时中原王朝的和平与安宁，促进民族融合，加强各民族间的经济文化交流，推动社会发展等都起了积极的作用。②

在妥善处理与匈奴的关系、缓和了北方边疆地区的危机以后，刘邦又本着"和""安"的原则处理了与南越之间的争端。

从远古时候起，越族就居住在今日的两广及越南地区，由于部落众多，史称百

---

① 《资治通鉴·卷第十二·汉纪四·高帝九年》。

② 参见安作璋、刘德增著：《汉高帝大传》，中华书局 2006 年版，第 240—243 页。

越。越族最早开发了祖国的南疆，发展了独特的南越文化。秦始皇统一六国以后，派兵进入南越，在那里设置南海、桂林、象郡等，由中原人前去任职，实行对南越的直接统治。同时，从中原地区徙民五十万，与越人杂处，把中原先进的生产技术和文化传至南越，推动了汉、越的民族融合，促进了南越地区经济文化的发展。秦二世时，中原战争鼎沸的消息传到了南越。时任南海尉的任嚣正在病中。临终前，他把时任龙川（今广东龙川）令的真定人赵佗召到病榻前，对他说：

> 闻陈胜等作乱，秦为无道，天下苦之，项羽、刘季、陈胜、吴广等州郡各共兴军聚众，虎争天下，中国扰乱，未知所安，豪杰畔秦相立。南海僻远，吾恐盗兵侵地至此，吾欲兴兵绝新道，自备，待诸侯变，会病甚。且番禺负山险，阻南海，东西数千里，颇有中国人相辅，此亦一州之主也，可以立国。郡中长吏无足与言者，故召公告之。①

言讫，即命赵佗行南海尉事。不久，任嚣死去，赵佗一面急令关闭与中原交通的关口，切断与中原地区的联系；一面寻找借口诛杀南海郡的原秦朝官吏，在关键岗位上换上自己的亲信。在得到秦朝灭亡的确切消息后，赵佗即以武力兼并了桂林和象郡，自立为南越武王，统治区域及于今日两广的大部、贵州一部和越南北部。汉王朝建立以后，刘邦当然不允许在自己的领土之内存在一个独立的割据政权，但因一时忙于整顿内部和对付匈奴，没有急于解决南越问题。

汉十一年（公元前196年），刘邦已经基本上解决了异姓诸侯王问题，与匈奴的紧张关系也缓和下来。此年五月，为了"和集百越，毋为南边患害"，刘邦决心解决赵佗的割据问题。因为汉政权此时已经稳固强大，而南越与中原又有着密切的经济文化上的联系，是汉帝国领土的一部分，刘邦决定用和平的方式促使赵佗归附。他下诏立赵佗为南越王，命陆贾为中央政府的使者去南越，借赐赵佗印绶之机劝说他归附汉王朝。陆贾来到南越以后，赵佗以越人的装束、礼仪，"魋结箕踞见陆生"。

---

① 《史记·南越列传》。

陆贾看着赵佗傲慢无礼的样子，虽然心里很不高兴，但隐忍不发，语重心长地对赵佗说：

> 足下中国人，亲戚昆弟坟墓在真定。今足下反天性，弃冠带，欲以区区之越与天子抗衡为敌国，祸且及身矣。且夫秦失其政，诸侯豪杰并起，唯汉王先入关，据咸阳。项羽背约，自立为西楚霸王，诸侯皆属，可谓至强。然汉王起巴蜀，鞭笞天下，劫略诸侯，遂诛项羽灭之。五年之间，海内平定，此非人力，天之所建也。天子闻君王王南越，不助天下诛暴逆，将相欲移兵而诛王，天子怜百姓新劳苦，故且休之，遣臣授君王印，剖符通使。君王宜郊迎，北面称臣，乃欲以新造未集之越，倔强于此。汉诚闻之，掘烧王先人冢，夷灭宗族，使一偏将将十万众临越，则越杀王降汉，如反覆手耳。[1]

陆贾一席话，晓之以理，动之以情，临之以威，说得赵佗倾耳而听，"蹶然而起坐"，对陆贾连连称谢，自责久居蛮夷之地，已忘记了中原的礼仪，实在是不应该。接着，赵佗笑着问陆贾，自己若与萧何、曹参、韩信等人相比，谁的本事更大一些？陆贾故意恭维说他的本事似乎更大一些。赵佗十分得意，进而又问自己与刘邦相比怎样？陆贾则乘机极力宣传刘邦的雄才大略和汉政权的兴旺昌盛，示意赵佗要正确客观地认识自己和南越，不要夜郎自大。陆贾说：

> 皇帝起丰沛，讨暴秦，诛强楚，为天下兴利除害，继五帝三王之业，统理中国。中国之人以亿计，地方万里，居天下之膏腴，人众车舆，万物殷富，政由一家，自天地剖泮未始有也。今王众不过数十万，皆蛮夷，崎岖山海间，譬若汉一郡，王何乃比于汉！[2]

---

[1] 《史记·郦生陆贾列传》。
[2] 《史记·郦生陆贾列传》。

赵佗毕竟是中原之人，对光辉灿烂的中原文化和制度有着自然的向往与追求，而陆贾的雄辩、才华和风度更使他心悦诚服。每次听陆贾侃侃而谈，如沐春风。赵佗留陆贾在南越住了数月之久，尽力款待，二人反复交谈，推心置腹，关系越来越亲密，他对陆贾的尊敬与佩服也与日俱增。陆贾的到来，使赵佗听到了久违的乡音，了解了中原地区的巨大变化，决心取消割据，归附汉朝。他十分感慨地说："越中无足与语，至生来，令我日闻所不闻。"①赵佗赠送陆贾价值千金的金银珠宝，以表示自己的感激之忱。陆贾承刘邦之诏拜赵佗为南越王，赵佗向汉朝皇帝称臣奉约。陆贾的出使获得了巨大的成功，重新恢复了中原地区与南越之间断绝了十余年之久的政治、经济和文化联系，使汉朝南部的边陲获得和平与安宁。

刘邦用和平手段促使南越归附之所以顺利成功，首先应归因于汉帝国的崛起、强大、繁荣以及先进的经济文化对周边民族产生的巨大向心力；其次应归因于赵佗的深明大义，他对祖国有割不断的赤子情怀；再次应归因于时代条件，历经多年战乱后的中国，人心思安，不用武力解决政治问题对谁都有利。在此有利的形势下，刘邦采取了现实主义的策略，尊重和承认赵佗的地位，照顾他的实际利益，使赵佗归附汉朝多有所得而毫无所失，除了名义上对刘邦称臣外，他对南越的统治一如既往，又何乐而不为呢？陆贾返回长安复命，刘邦十分高兴，立即任命他为太中大夫，作为对他出使成功的酬赏。

吕后统治时期，有的官员建议禁止铁器输往南越，吕后未经慎重思考下令执行。当时南越还不能自产铁器，所用铁器全赖中原供应。此举使赵佗异常愤怒，他说："高帝立我，通使物，今高后听谗臣，别异蛮夷，隔绝器物，此必长沙王计也，欲倚中国，击灭南越而并王之，自为功也。"于是自号为南越武帝，发兵北向，进攻毗邻的长沙国。吕后派兵迎敌，难以取胜。一年后，因吕后死去，汉王朝即停止了对南越的军事行动。赵佗乘机扩张，同时用贿赂的办法把闽越（今福建）、西瓯、骆越（今越南中北部）收归自己统辖，建立起"东西万余里"的割据政权。赵佗也"乘黄

---

① 《史记·郦生陆贾列传》。

屋左纛，称制，与中国侔"①，公然做起皇帝来了。文帝元年（公元前 179 年），汉文帝即位以后，决心缓和与南越的紧张关系。他一面为赵佗在真定的祖坟置守邑，"岁时奉祀"，同时赐给他的从昆弟以官职爵禄；一面接受陈平推荐，重任居家赋闲的陆贾为太中大夫，令他再次出使南越。陆贾带着文帝给南越王赵佗的赐书和大量礼品再一次出使南越。陆贾见到赵佗，委婉地谴责他擅自称帝而不报告于汉。赵佗十分惶恐，于是作书谢罪，其中半是辩解半是自嘲地说：

> 蛮夷大长老夫臣佗，前日高后隔异南越，窃疑长沙王谗臣，又遥闻高后尽诛佗宗族，掘烧先人冢，以故自弃，犯长沙边境。且南方卑湿，蛮夷中间，其东闽越千人众号称王，其西瓯骆裸国亦称王。老臣妄窃帝号，聊以自娱，岂敢以闻天王哉！②

赵佗对陆贾当面顿首谢罪，表示"愿长为藩臣，奉贡职"。为了表示自己的诚意，赵佗下令国中曰："吾闻两雄不俱立，两贤不并世。皇帝，贤天子也。自今以后，去帝制黄屋左纛。"③恢复了向汉中央称臣的体制。在疏通汉中央与南越的关系上，陆贾立下了不朽的功勋。南越自从秦朝时成为大秦帝国的郡县，开始了与中原地区越来越频繁的经济文化交流。西汉帝国从刘邦起，比较妥善地处理了中央政府与南越的关系，进一步密切了中原与南越的联系，使民族畛域逐步消失，经济文化上的联系越来越密切。自此以后，广大的岭南地区成为中国牢不可破的重要组成部分。④

---

① 《史记·南越列传》。
② 《史记·南越列传》。
③ 《史记·南越列传》。
④ 参见安作璋、刘德增著：《汉高帝大传》，中华书局 2006 年版，第 244—247 页。

第二章　惠文景时期的国家治理

刘邦死后，惠帝"仁弱"，汉帝国的政治结构呈现出一种皇权、相权与诸侯王国的地方政权，即皇帝、功臣集团、诸侯王三权并立博弈的奇特现象。这种三权并立的帝国权力结构，在刘邦去世后开始失去了原有的平衡。造成这种不平衡的原因，一则在于惠帝并不具备乃父刘邦的威望和才干，二则缘自部分功臣列侯的日益跋扈。对此，为了维护皇权的尊严，吕后就从宫闱走上政治的前台，与诸侯王国及功臣集团这两股政治势力展开了权力博弈。她一方面打压功臣集团，向政府进行权力渗透；一方面有意识地"削藩"，削弱刘氏诸侯王的势力，以加强中央集权。但从总体而言，吕后在政治上继续执行汉高帝制定的"休养生息"国策，各种重大政策皆遵循汉高帝的成制而未大加变易。

　　文景时期，统治者继续贯彻汉高帝"休养生息""清静无为"的治理路线，"专务以德化民"，"汉兴，扫除烦苛，与民休息。至于孝文，加之以恭俭，孝景遵业，五六十载之间，至于移风易俗，黎民醇厚"，"是以海内殷富，兴于礼义，断狱数百，几致刑措"，终于成就大汉盛世。文景时期治国理政的经验教训主要表现在：

1. 西汉初年由于历史遗留原因，相国权力过重，影响到皇权的稳固，这是导致汉初政局动荡不安的最重要因素。2. 从吕后开始，经过文景时期的长期博弈，相权开始弱化，皇权的稳固与加强对国家政治与经济的发展是至关重要的。3. 郡国并行制在汉初的出现反映了现实的客观要求，对于制约朝中功臣集团以及防止大臣权力过于膨胀具有积极意义，但地方势力膨胀，逐渐发展到对抗中央政府，这是中央集权所不容许的。4. 汉初除了加强皇权、加强中央集权外，最重要的政治就是恢复和发展社会经济，统治者采用黄老治国，"与民休息"，注意保持政策的稳定性与连续性，注意克制自己欲望、勤俭节约，这是汉初治国理政成功的重要原因。

一、"与民休息"治理政策的出台

前面一章说过，汉帝国建立之初，各种制度大都因袭秦代。对于如何治理这样一个刚刚经过长期战争，满目疮痍、百废待兴、幅员辽阔的国家，刘邦君臣一开始并没有一个成竹在胸的系统方案。也就是说，汉初"与民休息"方针政策的定调与出台，是刘邦君臣摸石头过河的一个过程。其中，陆贾的政治智慧与见识对刘邦的治国理政政策影响很大。

纵观历史，建国后刘邦的不少政治主张，都来自他周围的谋士，特别是治国理政的政治原则、理论方针，大部分都是陆贾替他设计的。陆贾在《新语》这部专门为刘邦治理国家所写的书中提出："夫道莫大于无为，行莫大于谨敬"①，"君子之为治也，块然若无事，寂然若无声，官府若无吏，亭落若无民"②，这里已提出"无为而治"的原则。刘邦在治国实践中接受了这一原则，采取"与民休息"的政策。不过，在刘邦统治的数年中，西汉政权初立，地方力量太强，朝廷忙于加强中央集权，巩固国家统一，反对异姓诸侯王分裂割据，东征西讨，于其他为政方面顾及甚少。明确以"无为而治"作为一种施政原则，是在刘邦死后、惠帝执政时期才开始的。

汉惠帝之所以能继刘邦之后而成为西汉王朝的第二代皇帝，也是经过几次反复才最终确定下来的。刘邦共有八个儿子，长子刘肥，因其母曹姬是刘邦的"外妇"，故不能立为太子。次子刘盈（即惠帝），其母吕雉是刘邦元配夫人，因此，刘邦称帝后即将刘盈立为太子，成为皇帝法定的继承人。可是，不久在刘邦宠爱的戚夫人要求下，刘邦又改变了主意，几次提出要改立戚夫人所生的刘如意为太子。刘邦要废刘盈而立刘如意的理由是刘盈"仁弱"，"如意类我"③。这里虽透露

---

① 《新语·无为》。
② 《新语·至德》。
③ 《史记·吕太后本纪》。

出刘邦不愿把政权交给"仁弱"的人掌握，但最重要的原因还是刘盈之母吕后"色衰爱弛"①，而戚夫人正当年轻貌美得宠之时，所以刘盈的太子地位发生了动摇。不过，刘邦更换太子的企图并没有实现。首先是吕雉反对，她搬动满朝文武大臣帮她说情。其中以"敢直言"的御史大夫周昌"谏争"得最激烈，他对刘邦声称：若易太子"臣期期不奉诏"②。最后，吕雉又依张良之计，以刘盈的名义"卑辞厚礼"请来四位老人——东园公、甪里先生、绮里季、夏黄公，为刘盈张目。这四位名士因不愿为汉臣，而隐居于商山（陕西商州东）中，故被称为"商山四皓"。刘邦对此四人十分敬重，曾求之数年而不得。汉高帝十一年（公元前196年），英布叛乱时，刘邦最初打算派太子刘盈率兵出征，"商山四皓"向吕后献策说："太子将兵，有功则位不益太子；无功还，则从此受祸矣。"吕氏于是劝刘邦改变初衷亲自率兵出征。汉高帝十二年（公元前195年），刘邦在打败英布归来后，又要废刘盈而改立刘如意，经张良、叔孙通力谏，刘邦只在口头上答应暂缓而心中另有打算。这时，"商山四皓"终于出场。一次刘邦设宴，刘盈奉侍席间，四位"须眉皓白，衣冠甚伟"的老者紧随在后。当刘邦得知这四位就是"商山四皓"时"大惊"，问道："吾求公数岁，公避逃我，今公何自从吾儿游乎？""商山四皓"则乘机说："窃闻太子为人仁孝，恭敬爱士，天下莫不延颈欲为太子死者，故臣等来耳。"刘邦闻此言，叹道："彼四人辅之，羽翼已成，难动矣。"③从此才彻底打消了废易太子的心思。当年十月，刘邦去世，刘盈顺利继位。可见，惠帝的继位，与张良和"商山四皓"等道家人物有着密切的关系。张良晚年"学辟谷、道引轻身"，这都是道家修炼的功夫。"辟谷"即若干时日内不食或减食，道引和轻身也是健身除病之术。"商山四皓"不愿为官逃匿山中，其行径也颇似道家的主张。这反映了在吕后、惠帝身边有一批鼓吹和信仰道家学说的近臣。所以，当惠帝、吕

①《史记·外戚世家》。
②《史记·张丞相列传》。
③《史记·留侯世家》。

后当政后，"无为而治"的道家思想就顺理成章地被奉为汉初统治者的指导思想了。

> 太史公曰：孝惠皇帝、高后之时，黎民得离战国之苦，君臣俱欲休息乎无为，故惠帝垂拱，高后女主称制，政不出房户，天下晏然。刑罚罕用，罪人是希。民务稼穑，衣食滋殖。①

从惠帝至文帝、景帝这段时间，统治者有意识地连续不断地推行"无为而治"和贯彻"与民休息"的政策，这是黄老思想在汉帝国政治上的具体实践，是"老子之学"和"黄帝之学"与汉代政治实践相结合的产物。因此，历史上把这一时期的治理之道通称为"黄老政治"。

黄老思想在汉初被引入社会政治领域，成为汉初占主流地位的政治理论学说，是有其深刻的社会、政治、文化背景的。汉代是在战国、秦末、楚汉相争前后长达三百年"不一日无兵"②的战乱后建立起来的。"汉兴，接秦之弊，丈夫从军旅，老弱转粮饷，作业剧而财匮，自天子不能具钧驷，而将相或乘牛车，齐民无藏盖。"③在这种经济凋敝、民生艰难、诸侯势盛、四裔不定的情况下，所谓的"安定清静""与民休息"就成了当时顺势为政的主题。《史记》此类记载很多，文帝时贾谊提出的"牧之以道，务在安之而已"④，正是反映了这一时代的主题。刘邦集团面对这种情况，当然得考虑解决的办法，寻求为治之道。然而，在汉帝国百废待兴的关键时候，一开始儒生却并没有能够为统治者提供令人满意的答案。

事实上，儒家文多辞博，学问繁缛，在先秦时就遭到墨家、法家等政治学派的批评与攻击，汉代司马谈说："夫儒者以六艺为法。六艺经传以千万数，累世不能通其学，当年不能究其礼。"⑤儒家学者的基本特点是好古崇经，事事以经典为依据。

---

① 《史记·吕太后本纪》。
② 《汉书·武五子传》。
③ 《史记·平准书》。
④ 《过秦论》。
⑤ 《史记·太史公自序》。

这样，在文献残缺、儒生又拘守经籍的情况下，"言人人殊"、使人"未知所定"的情形显然不能满足经过长年战乱才建立起来的汉帝国的统治者的治理需要。另外，儒家理想远大，陈义过高，一些儒者困守礼乐之治的宏大模式，本没有多少热情与统治者合作，如当叔孙通征鲁诸生为刘邦制定礼乐时，有儒生就不肯行，曰："今天下初定，死者未葬，伤者未起，又欲起礼乐。礼乐所由起，积德百年而后可兴也。"还指责叔孙通说："公所事者且十主，皆面谀以得亲贵。"并明确表示："吾不忍为公所为。公所为不合古，吾不行。公往矣，无污我！"叔孙通笑曰："若真鄙儒也，不知时变。"①"不知时变"确实是汉初大部分儒者的通病。而黄老思想，综括《汉书·艺文志》、司马谈《论六家要旨》，以及其他汉初文献，并证诸帛书《黄帝四经》，乃可知其是以道为体，以法为用，兼采儒、墨、名、阴阳等各家学说，能够明于"成败存亡祸福古今之道"的"君人南面之术"。作为一种统治术，黄老之学有因循、顺应、清静、简易的特点，"知秉要执本，清虚以自守，卑弱以自持"②。与"博而寡要，劳而少功"的儒学不同，"道家无为，又曰无不为，其实易行，其辞难知。其术以虚无为本，以因循为用"，"指约而易操，事少而功多"③。与儒学比较起来，它显然与汉初的社会实况、上层统治集团的文化水准更为凑泊。因此，它就适应汉初社会的发展需要而成为统治者主动选择的指导思想。

实际上，战国兴起的黄老学派是道家的一个支派，在战国、秦代影响并不大，故《庄子·天下》历数当时包括道家在内的各家门派时，并无所谓黄老。《史记·乐毅传》记载的战国末期至汉初黄老学派的传授关系是：河上丈人—安期生—毛翕公—乐瑕公—乐臣公—盖公—曹参。试观这些人物，除了曹参外，大多为寂寂无闻之人。《史记·封禅书》说："申公，齐人，与安期生通，受黄帝言，无书。"《隋书·经籍志三》说："然自黄帝以下，圣哲之士所言道者，传之其人，世无师说。"由此可见，黄老

---

① 《史记·刘敬叔孙通列传》。

② 《汉书·艺文志》。

③ 《史记·太史公自序》。

之学，在早期传授过程中既无师说，又无其书，尚未显于世。由于这个学派融合道、法，主张"清静自定"，政治上实行大一统，适应汉初休养生息、稳定政治局势和恢复发展经济、巩固统一国家的需要，得到最高统治集团的重视而在文景时期极盛一时。这一方面是汉初形势使然，另一方面也与窦太后有着直接的关系。文帝、景帝及窦太后都尊奉黄老之学。应劭在《风俗通·正矢》中说："文帝本修黄老言。不甚好儒术，其治尚清静无为。"《史记·孝武本纪》说："窦太后治黄老言，不好儒术。"《史记·封禅书》说："会窦太后治黄老言，不好儒术。"《史记·儒林列传·序》说："及至孝景，不任儒者，而窦太后又好黄老之术，故诸博士具官待问，未有进者。"《史记·儒林列传·申公传》说："窦太后好老子言，不说儒术。"《汉书·外戚传》说："窦太后好黄帝、老子言，景帝及诸窦不得不读《老子》，尊其术。"《汉书·郊祀志》说："窦太后不好儒术。"《汉书·辕固传》说："窦太后好《老子》书。"窦太后在文帝即位时立为皇后，景帝时为太后，武帝时为太皇太后，至武帝建元六年（公元前135年）死去，处于中央政权的中心长达四十多年。她尊崇黄老之学，对汉初政治产生了很大影响。此外，《史记》中提到汉初尊崇黄老之学的还有陈平、田叔、司马季主、郑当时、汲黯、王生、黄生、司马谈、刘德、杨王孙、邓章等政治人物或者士大夫。

春秋时代，天下大乱，西周初年周公定制的政治社会秩序已经开始礼崩乐坏。"非兵不强，非德不昌。"①历史进入战国时期，因为人心思治，国家需要统一，具有强大统一意志与军事征服能力的黄帝形象适合了时代与人们想象中的重建大一统"权威"的需要，关于黄帝言行的传说普遍流行起来，从而形成了"百家谈黄帝"的局面。在这种形势下，系统描写黄帝事迹、阐发黄帝之言的"黄帝书"也就纷纷应运而生。也就是说，所谓的"黄帝书"，主要是战国时期或秦汉之际历史需求的产物。从《史记》《汉书》等历史文献中可知，战国秦汉之间，"善治黄帝、老子之言"的人很多，为黄帝立言的著作也不少，可惜绝大多数已经湮没无传了。但从《汉书·艺文志》所载目录和注解中，我们尚可窥知一斑。《汉书·艺文志》中著录的托名黄帝君臣之书共有

---

① 《史记·太史公自序》。

二十七种，摘录如下。

道家类五种，一百篇，它们是：

《黄帝四经》四篇，无注。

《黄帝铭》六篇，无注。

《黄帝君臣》十篇，注："起六国时，与《老子》相似也。"

《杂黄帝》五十八篇，注："六国时贤者所作。"

《力牧》二十二篇，注："六国时所作，托之力牧。力牧，黄帝相。"

阴阳家类一种：

《黄帝泰素》二十篇，注："六国时韩诸公子所作。"师古曰："言阴阳五行，以为黄帝之道也，故曰《泰素》。"

小说家类一种：

《黄帝说》四十篇，注："迂诞依托。"

兵、阴阳家类五种，五十二篇，分别是：

《黄帝》十六篇，注："图三卷。"

《封胡》五篇，注："黄帝臣，依托也。"

《风后》十三篇，注："图二卷。黄帝臣，依托也。"

《力牧》十五篇，注："黄帝臣，依托也。"

《鬼容区》三篇，注："图一卷。黄帝臣，依托。"

天文类一种：

《黄帝杂子气》三十三篇，无注。

《泰阶六符》一卷，注："按：《东方朔传》注引应劭云有《黄帝泰阶六符经》。"

历谱类一种：

　　《黄帝五家历》三十三卷，无注。

五行类三种，七十卷，分别是：

　　《黄帝阴阳》二十五卷，无注。
　　《黄帝诸子论阴阳》二十五卷，无注。
　　《风后孤虚》二十卷，无注。

杂占类一种：

　　《黄帝长柳占梦》十一卷，无注。

医经类二种，五十五卷，分别是：

　　《黄帝内经》十八卷，无注。
　　《外经》三十七卷，无注。

经方类二种，三十卷，分别是：

　　《泰始黄帝扁鹊俞拊方》二十三卷，无注。
　　《神农黄帝食禁》七卷，无注。

房中类一种：

　　《黄帝三王养阳方》二十卷，无注。

神仙类四种，六十一卷，分别是：

　　《黄帝杂子步引》十二卷，无注。

《黄帝歧伯按摩》十卷，无注。

《黄帝杂子芝菌》十八卷，无注。

《黄帝杂子十九家方》二十一卷，无注。

上列《汉书·艺文志》著录"黄帝书"的情况表明：

第一，所谓的"黄帝书"或"黄帝君臣书"等，以道家著作居多，阴阳家、兵家、方术家著作也有不少，而儒、墨、名、法等先秦重要学派并没有专为黄帝君臣立言的著作。这说明黄帝在战国思想史上的"权威"地位，主要是由道家树立起来的。

第二，从《汉书·艺文志》班固注可知，这些黄帝君臣之书，全是"六国时"或六国以后的依托之作。"六国"一名，是在韩、赵、魏三家分晋（公元前 403 年）以后，因此这些托名黄帝君臣之言的书，很可能是战国中期以后的作品。这也证明所谓的"黄帝书"，是在有关黄帝的传说普遍流行（即在战国中后期）的基础上产生的。①

事实证明，弄清黄帝书出现的时代十分必要，因为这对于我们了解黄老文化的特质与内涵极为重要，黄老文化与周孔文化有着很大的区别，这也正是我们必须搞清楚黄老文化的意义之所在。黄帝是中华民族大一统的象征，是孔武有力、开拓进取、制定秩序、为天下万民立法则的权威，是长期战乱中渴望统一与太平的人们心目中的理想"救世主"。消弭战乱，关键在于统治者要兼具道家的"清净"与"黄帝"的"有为"。"黄帝"正好适应了战国由天下大乱走向统一的人们心中的普遍愿望，这才是战国时期"百家言黄帝"现象出现的根本原因。黄老学派结合老子之"道"与黄帝之"名"，从政治上为统治者提出了"清净""无为无不为"的治理国家的学说，这套学说简而易行，适合汉初大一统社会秩序的恢复，因而为最高统治者所采用，"以道治国"一时大放异彩。

正如黄帝所言：

---

① 参见吴光著：《黄老之学通论》，浙江人民出版社 1985 年版，第 121 页。

余居民上。

摇摇，恐夕不至朝。

傈傈，恐朝不及夕。

兢兢业业，日甚一日。

人莫踬于山，而踬于垤。①

作为一位英明通达的执政者，黄帝身居高位犹且"摇摇，恐夕不至朝。傈傈，恐朝不及夕"，如临深渊，如履薄冰，一直以"人莫踬于山，而踬于垤"为戒，深恐自己在小事上大意犯错而影响到对国家正常的治理，能够"兢兢业业，日甚一日"，在修齐治平上谦虚谨慎，戒骄戒躁，这也许就是黄老文化的合理"内核"之所在。汉初七十余年，最高统治者正是顺应了当时历史发展的要求，运用黄老清净自正之道治国理政，从而托起了大汉盛世。

二、"黄老之术"与曹参治国

从西汉中期司马迁开始，历代史家几乎是异口同声地给西汉初年的黄老思想和黄老政治唱赞歌，以浓墨重彩歌颂之。将黄老思想与黄老政治从齐国一隅推向全国的关键人物曹参，更是被同时代及后人视为对汉帝国治国理政有特殊贡献的一流政治家，这已几乎成了定论。考诸汉史，曹参不仅是一位智勇兼备的统帅，更是一位能够通达世变、身体力行，将治国理政理论与实践高度协和统一的大政治家。他在汉初政坛上提出的政治主张以及所取得的成绩是别人无法替代的。

曹参（？—公元前190年）是西汉开国皇帝刘邦的同乡好友。他协同刘邦策划丰沛起义，在三年的反秦战争和四年的楚汉战争中立下不世战功。在刘邦麾下众多创业之臣中，就军功而言，除了韩信、彭越等独当一面的异姓诸侯王外，曹参的业

---

① 《黄帝箴语》，选自清人杜文澜辑《古谣谚》第99卷，引自李学勤、张岂之总主编，徐育民主编：《炎黄汇典》诗歌卷，吉林文史出版社2002年版，第1页。

绩应该算是最突出的了。因此，后来汉初诸臣在议论功臣的位次时，几乎异口同声地推崇曹参功劳第一，虽然最后以刘邦的意愿定了萧何第一，曹参屈居第二，但在同时代的战将中，别人是难以望其项背的。尤其是，由于曹参与刘邦有着特殊的关系，战争年代又表现出对刘邦特别的忠诚，因而赢得了刘邦与汉惠帝父子两代皇帝的绝对信任，从而得以身居高位实施他的"黄老治道"。

刘邦建国以后，曹参的最大功绩是在相齐九年和相惠帝三年期间，针对实际情况，果断推行与坚持"与民休息"政策，从而为汉帝国的巩固与强盛作出了极大的贡献。

汉四年（公元前 203 年），曹参以右丞相的官职随韩信率大军入齐。十一月平定田氏后裔的武装反抗，在韩信率主力南下参加围歼项羽的垓下之战时，曹参留镇齐国。大概由此开始，曹参即注意研究齐国的山川形势、风俗民情，思谋如何治理这片民风剽悍、资源富饶的土地了。汉六年（公元前 201 年）正月，刘邦在解决了楚王韩信以后，开始分封同姓诸侯王。为了有效地控制齐地，他封其外妇之子即在诸子中最年长的刘肥为齐王，同时任命曹参为齐相国，把安定与治理齐国的重任交给了曹参。当时，齐国地在东方，距汉王朝统治中心的关中地区数千里之遥，是中央政府统治的薄弱地区。特别是这里民众地域观念很强，既是秦王朝最后统一的地区，又是最早起事反秦的地区之一。汉初田横及其五百士以死抗争的悲壮之举留给朝野的是长久的震撼与不安。刘邦之所以选中曹参为齐的相国，把稳定与治理东方最大诸侯王国的重任交给他，是因为曹参既战功卓著，又忠心耿耿；既威名赫赫，又沉稳多智，是一个可以托生死之任、寄千里之望的股肱重臣。同时，由于曹参是参与韩信平齐的副统帅，不仅熟悉齐国的地理民情，而且有着对齐国百姓的威慑力。所以，任命曹参为齐的相国实在是刘邦经过深思熟虑后作出的明智选择。曹参担任齐相后，也的确不负刘邦所望，使齐国成为中央政府的坚强辅翼。无论刘邦遇到什么危难，曹参都是召之即来，来之能战，战之必胜。汉十年（公元前 197 年），代相陈豨反叛时，曹参亲率齐国之师奔赴前线，协助刘邦取得了平叛的胜利。第二年，淮南王英布反叛时，他又与齐王刘肥同率十二万大军前往参战，与刘邦一道顺利平定了这场叛乱。曹参担任齐相国之后，为治理这个地广人众的东方大国认真负责，煞费苦心。

司马迁说：

> 孝惠帝元年，除诸侯相国法，更以参为齐丞相。参之相齐，齐七十城。天下初定，悼惠王富于春秋，参尽召长老诸生，问所以安集百姓，如齐故（俗）。诸儒以百数，言人人殊，参未知所定。闻胶西有盖公，善治黄老言，使人厚币请之。既见盖公，盖公为言治道贵清静而民自定，推此类具言之。参于是避正堂，舍盖公焉。其治要用黄老术，故相齐九年，齐国安集，大称贤相。①

曹参任齐相伊始，就邀请齐国有名望的"长老诸生"，就如何治理齐国、"安集百姓"广泛征求意见。但应召前来的百余名儒生"人人言殊"，无法形成一致的共识，使曹参一时难以定夺。后来，他听说胶西有一位盖公，善治黄老学说，就以重金聘请他到齐都临淄，虚心向他请教治齐之策，"盖公为言治道贵清静而民自定，推此类具言之"，与曹参的治理思想深相契合，加上齐都临淄原本就是战国稷下学宫与黄老思想的发源地，曹参不可能不受此影响。在黄老思想的影响下，曹参让出自己的正堂大屋供盖公居住，待之以殊礼，使盖公成为自己的政治顾问。自此治理齐国就采用黄老之术，很快就取得了大治的效果。

治齐九年，曹参精心推行以轻徭、薄赋、节俭、省刑为主要内容的各项政治、经济政策，与民休息，不过多地干扰民众的生产与日常生活，使他们有充足的时间发展生产，恢复经济，安排生活，这种和平、宽松的"无为而治"政策恰恰反映了那个时代的要求和民众的意愿，"故相齐九年，齐国安集，大称贤相"。齐国走上了稳定发展的道路，黄老之术在齐国结出了累累硕果。事实证明，曹参治理齐国主要就是采用黄老的思想，在他当齐相的九年中，齐国经济恢复，社会秩序稳定而井然，呈现出一派安定繁荣的景象。因此，曹参在当时极受赞美，被人们称为贤相。

---

① 《史记·曹相国世家》。

汉十二年（公元前 195 年），刘邦病逝。刘盈继位以后，宣布废除诸侯王国的相国职务，曹参由是改任齐国丞相。惠帝二年（公元前 193 年）七月，汉帝国丞相萧何在病逝前夕，向惠帝推荐曹参继任丞相。这时，远在齐国的曹参得到萧何的死讯后，立即认识到将要肩负更大的历史使命，他责成其舍人准备行装，并信心十足地说：“吾将入相。”尽管萧何与曹参以往在封爵功劳位次上曾结下个人成见，但是，在汉王朝丞相继承人这一重大问题上，两人却惊人地不谋而合。这说明，萧何与曹参在事关国家治理安危的大局上，都能抛开个人恩怨，妥善处理国家大事。事实上，在萧何之后，无论就资望、能力还是政绩而言，也只有曹参继任丞相才能最大限度地保持汉帝国政策的连续性与稳定性。

曹参离开齐国去长安上任前，语重心长地对继任齐国丞相的傅宽说：“以齐狱市为寄，慎勿扰也。”傅宽有些不解地问：“治无大于此者乎？”曹参严肃地解释说：“不然。夫狱市者，所以并容也，今君扰之，奸人安所容也？吾是以先之。”① 曹参要求后继者不要改变他依据黄老思想所制定的宽大治理政策，治狱治市都不要过于严酷，对犯罪的人要宽大为怀。否则，一旦逼得他们铤而走险，必然会造成社会的动荡不安，危及社会的稳定。从这里可以看出，曹参对于国家治理的指导原则，是对政治、经济实行宽松的政策，以恢复社会经济与增强综合国力为最大目标。

曹参接替萧何做了汉帝国丞相后，一切事情都遵照萧何旧有的规章办理，不做一点变更。史载：

> 参代何为汉相国。举事无所变更，一遵萧何约束。择郡国吏木讷于文辞，重厚长者，即召除为丞相史。吏之言文刻深，欲务声名者，辄斥去之。日夜饮醇酒。卿大夫以下吏及宾客见参不事事，来者皆欲有言。至者，参辄饮以醇酒，间之，欲有所言，复饮之，醉而后去，终莫得开说，以为常。相舍后园近吏舍，吏舍日饮歌呼。从吏恶之，无如之何，乃请参游园中。闻吏醉歌呼，从吏幸相

---

① 《史记·曹相国世家》。

国召按之。乃反取酒张坐饮，亦歌呼与相应和。参见人之有细过，专掩匿覆盖之，府中无事。

参子窋为中大夫。惠帝怪相国不治事，以为"岂少朕与"？乃谓窋曰："若归，试私从容问而父曰：'高帝新弃群臣，帝富于春秋，君为相，日饮，无所请事，何以忧天下乎？'然无言吾告若也。"窋既洗沐归，闲侍，自从其所谏参。参怒，而笞窋二百，曰："趣入侍，天下事非若所当言也。"至朝时，惠帝让参曰："与窋胡治乎？乃者我使谏君也。"参免冠谢曰："陛下自察圣武孰与高帝？"上曰："朕乃安敢望先帝乎！"曰："陛下观臣能孰与萧何贤？"上曰："君似不及也。"参曰："陛下言之是也。且高帝与萧何定天下，法令既明，今陛下垂拱，参等守职，遵而勿失，不亦可乎？"惠帝曰："善。君休矣！"

参为汉相国，出入三年。卒，谥懿侯。子窋代侯。百姓歌之曰："萧何为法，顜若画一；曹参代之，守而勿失。载其清净，民以宁一。"①

曹参不仅不变更萧何治理国家的政策，而且专门从各郡、各国选拔那些不善于言辞的老实人来充当自己的部下。对于那些善于给人上纲上线而又沽名钓誉华而不实的人，则立即裁掉。曹参日夜饮酒，不问政事。有些大臣和宾客看到这种情景，想来给他提点意见，可是不论谁到，曹参立刻就拉着他喝酒。等过了一会儿，人家刚要说话，曹参就又赶紧劝着他喝，直到灌得大醉离去，不给他们一点说话的机会。每天总是如此。相国府的后花园离相府小吏们的宿舍很近，小吏们整天在宿舍里猜拳行令狂饮不休。曹参的随员非常厌恶，但又对他们毫无办法，于是他就引着曹参一同到后花园游玩，意思是听到小吏们的这种声音后，希望曹参能惩罚他们一下。不料想曹参立刻让人把酒拿到园子里来，他也狂呼乱叫和那些小吏互相应和着喝起来了。不仅如此，曹参见到别人有什么细小的过失，总是替人隐瞒遮盖，因此相府上下相安无事。

---

① 《史记·曹相国世家》。

曹参的长子曹窋在朝中为中大夫。汉文帝不明白曹参为什么不过问国家大事，心想"他莫不是瞧不起我这个小皇帝"？于是对曹窋说："你回家后，找个合适的机会问问你父亲，你就说：'高皇帝刚刚去世，新皇帝还很年轻，您作为相国，整天饮酒，对什么都不过问，这是关心天下大事之道吗？'注意不要露出是我让你问的。"于是曹窋在一个休假日回到家里，他趁着一个空闲无人的机会，用自己的口吻向曹参表达了汉惠帝上述意思。曹参一听很生气，打了曹窋二百板子，并说："你赶快给我进宫去侍候皇帝，国家大事不是你应当过问的。"到了第二天上朝时，孝惠帝责备曹参说："您为什么要打曹窋呢？他那些话都是我让他劝您的。"曹参一听赶紧摘掉帽子叩头请罪说："陛下自己认为与高皇帝比谁更圣明勇武呢？"汉惠帝说："我哪里敢同先帝比呢！"曹参又说："陛下您看我同萧何谁的才能更高一点？"汉惠帝说："您似乎不及萧何。"曹参说："陛下说得很对。当初是高皇帝同萧何一起平定天下，制定了各种规章法度，现在有明确的条文在那里放着实行，陛下您就尽管袖手清闲，我也只管亦步亦趋照章办事，按部就班，这不是很好吗？"汉惠帝思忖良久说："说得好。就按照您的办法继续吧！"

曹参任汉帝国相国前后共三年，死后被谥为懿侯。他的儿子曹窋继承了平阳侯的爵位。当时百姓们唱道："萧何制定法度，严明而又公平；曹参继任相国，谨遵而无变更。国家清静无扰，百姓得以安宁。"

太史公说：相国曹参攻城野战的功劳之所以这么多，是因为他跟着淮阴侯韩信作战的缘故。等到韩信被杀以后，靠着战功封侯的人们，便只有曹参最出名了。后来曹参当了汉朝的相国，因为当时百姓们刚刚脱离秦朝的残酷统治，所以曹参便把清静无为当作治国安邦的准则，推行了一套和百姓们一道休养生息的政策，于是曹参的美德受到了当时人们的普遍称颂。

司马迁的这段话实际上告诉了我们这样一件事情，这就是，曹参是一个十分成功的综合型领导。在曹参的身上，我们可以看到他对国家的忠诚与对责任的担当；他能文能武，能大能小，武能攻城野战，文能以黄老清静治国；无论是在戎马倥偬的铁血岁月，还是在太平秩序的稳定年代，他都能够做到头脑清醒，不争名逐利，不沽名钓誉，不瞎折腾，遵照客观规律办事，真正对国家与民众的实际利益负责，等等。这些都是综合型领导十分难得的杰出的品质，也正是曹参事业成功与人格魅力的最佳利器。汉高祖能得到这样一位综合型领导，这是汉高祖之幸！这是汉帝国之幸！这是汉帝国初期的民众之幸！

总的来说，曹参治国理政的要领主要集中在以下几个方面。

第一，遵循旧制，举事无所变更。曹参为汉帝国相国时，"萧规曹随"，无所建树，一切皆遵循萧何所制之法，不加变更。汉惠帝曾以此责问他，他回答说：陛下和我本人的才能均不及高帝和萧何，既然高帝和萧何早把一切制度法令规定得十分清楚，我们循规蹈矩"遵而勿失"①就够了。曹参这种解释仅说出问题的一方面，另一方面更主要的则是汉初刘邦、萧何所制定的制度法令也仅仅是"攘摭秦法，取其宜于时者"②而已，即把秦代制度和法律中最被人们痛恶的内容去掉，"因民之疾秦法，顺流与之更始"③。这是适合刚刚安定下来的汉初社会情况的。经过长期战乱后，人们需要安定，不希望无休止地变动，所以，曹参无所改动，"遵而勿失"，因而取得很好的效果。

第二，少干预属下事，勿扰民。曹参代萧何为相，当他离开齐国赴长安之前，对接任的齐相说"以齐狱市为寄，慎勿扰也"。这是他惟一的嘱咐。意思就是：不必干扰下属活动，对政事不要过细苛察。这正是道家主张的"我无为而民自化，我好静而民自正，我无事而民自富，我无欲而民自朴"④的具体发挥。正是奉守这一原则，所以曹参继萧何为汉帝国相国时，除"日夜饮醇酒"以外，很少过问政事。他不仅自己喝得烂醉，还把前来言事的官吏及相府属吏拉来一起喝酒，大家醉成一团，相府内竟成"日饮歌呼"之所。显然，曹参这样做无非是有意在官吏中造成一种不苛

① 《史记·曹相国世家》。
② 《汉书·刑法志》。
③ 《史记·萧相国世家》。
④ 《道德经·第五十七章》。

求细务、宽宏大度、不求急功近利的政风。在"百姓新免毒蠚，人欲长幼养老"① 的汉初，这样无为而治是很有必要的。

第三，择吏以"厚重长者"为标准。曹参对下属官吏不究细过，而且"见人之有细过，专掩匿覆盖之"，大事化小，小事化了。他择吏也以此为标准，凡"木讪于文辞，重厚长者"则用之，对"吏之言文刻深，欲务声名者，辄斥去之"。这也是对秦"专任刑罚"矫枉过正的做法。②

在"汉承秦制"的大前提下，曹参能够惩"亡秦之戒"，"天下既定，因民之疾秦法，顺流与之更始"③，选择了比较符合历史潮流和民众愿望的政策，萧规曹随，使西汉王朝迈上了稳定发展的轨道。曹参这个人，政治上虽然不及萧何的宏图远略，智谋上也不及张良的聪敏善断，但他也有比二人高明的地方，这就是对统治思想和统治政策的自觉选择和理性把握。从一定意义上讲，在汉初将黄老之治推向全国，是曹参一生对汉帝国的最大贡献。④

三、贾谊对汉初国家治理的探索

贾谊是汉初文帝时的著名思想家。他少年才俊，年十八，就以诗书闻名于郡中，二十余岁被汉文帝召为博士，深得文帝的器重，不出一年，即被擢升为太中大夫。他屡次为文帝献计，后因受到一些老臣如周勃、灌婴等人的排挤，不得重用，被贬为长沙王太傅，几年后被文帝召回，拜为少子梁怀王太傅。后来，梁怀王不幸坠马而死，贾谊感到没有尽到太傅的责任，终日啼泣，抑郁而死，年仅三十三岁。

在《史记》中司马迁说："自曹参荐盖公言黄老，而贾生、晁错明申、商，公孙

---

① 《汉书·刑法志》。
② 参见林剑鸣著：《秦汉史》，上海人民出版社 2003 年版，第 268—269 页。
③ 《汉书·萧何曹参传》。
④ 参见孟祥才著：《先秦秦汉史论》，山东大学出版社 2001 年版，第 300 页。

弘以儒显，百年之间，天下遗文古事靡不毕集太史公。"① 在这里，司马迁明确将贾谊列为法家，而班固的《汉书·艺文志》却将贾谊五十八篇列为儒家。其实贾谊是兼融儒法道墨各家的思想而成的杂家。

在《史记》中司马迁将贾谊与屈原合传，意在突出贾谊辞赋在汉代文学史上的重要地位。另外在《秦始皇本纪》中，录有贾谊《过秦论》全文。班固的《汉书·贾谊传》除了记载贾谊的生平和辞赋之外，则用更多的笔墨选录了贾谊的时政言论，此即贾谊给汉文帝的奏章《陈政事疏》，也就是著名的《治安策》，该文洋洋六千言，鲁迅先生称其为"西汉鸿文"。如果说《过秦论》是从"破"的角度分析秦亡的原因，那么《治安策》则是从"立"的角度为汉初治国指出方向。正是这一破一立，确立了贾谊作为一个政治思想家在汉初的历史地位，使他成为汉初思想家群体中重要的一员。

在汉初的历史背景下，思想家们的当务之急是为新生的政权找到长治久安之策，而他们的思考，就不能不从亲历亲见的秦朝二世而亡的事实开始。贾谊说："前事之不忘，后事之师也。"因此治理国家的人就要"观之上古，验之当世，参之人事，察盛衰之理，审权势之宜，去就有序，变化有时"②，只有这样国家才能长治久安。如此看来，欲了解贾谊的政治主张，必得了解他对秦亡教训的反思，这既是他政治思想的起点，也是他政治思想的要点所在。

《过秦论》是贾谊分析、检讨秦王朝之"过"的一篇著名的文章。在贾谊看来，秦朝灭亡的主要原因是"仁义不施而攻守之势异也"③。贾谊从以下几个方面进行了论述。

第一，秦始皇和秦二世没有转变治国理念，错失了历史机遇。贾谊认为，秦始皇统一中国后，其实面临着巨大的历史机遇。周室衰微、五霸既没，战国以来的群

---

① 《史记·太史公自序》。
② 贾谊《过秦论》。
③ 贾谊《过秦论》。

雄混战，使"士民疲敝"，给社会造成了巨大的战争创伤，希望社会安定统一是当时社会的主流。因此"秦南面而王天下，是上有天子也"，是合乎历史潮流的行为。但秦始皇统一六国后，并没有转变治国理念，"其道不易，其政不改"，不懂得夺取天下与保有天下的差异所在，"故其亡可立而待"。而秦二世即位后，面临着又一次历史机遇。"夫寒者利裋褐，而饥者甘糟糠。天下之嚣嚣，新主之资也"，在秦王政暴虐统治下的百姓渴望新主出台宽民省刑的施政措施，因此，"今秦二世立，天下莫不引领而观其政"。而秦二世即位以后，不但没有改弦更张，反而有过之而无不及，"重以无道，坏宗庙与民，更始作阿房之宫，繁刑严诛，吏治刻深，赏罚不当，赋敛无度，天下多事，吏不能纪，百姓困穷而主弗收恤"①。正因为秦朝没有及时改变统治策略，希望开创"子孙帝王万世之业"的梦想在反秦战争的疾风骤雨中灰飞烟灭。

第二，秦王朝所崇尚的严刑峻法是导致其覆灭的深层次原因。贾谊说："秦王怀贪鄙之心，行自奋之智，不信功臣，不亲士民，废王道而立私爱，禁文书而酷刑法，先诈力而后仁义，以暴虐为天下始。"秦始皇任用法家，严刑峻法，二世因之而不改，暴虐以重祸，因此，"秦之盛也，繁法严刑而天下震；及其衰也，百姓怨而海内叛矣"②。贾谊认为，秦王朝崇尚法家的法治思想而搁置儒家的道德主张，"仁义不施"，"先诈力而后仁义"，致使社会的伦理根基遭受到了严重的破坏，最终导致其灭亡。贾谊将秦王朝灭亡的原因归咎于法家的法治思想，认为秦王朝因严刑峻法而亡国的观点在中国历史上产生了深远的影响。但近代的章太炎却不以为然，他认为，"如贾生之过秦，则可谓短识矣"。他在《秦政记》中说，"秦制本商鞅，其君亦世守法"，秦昭王、秦昭襄王都是守法的典范，"秦始皇固世受其术，其守法则非草茅缙绅所能拟己。秦政如是，然而卒亡其国者，非法之罪也"。秦始皇的过错不在于任用法家，因为从使用酷法来看，汉武帝一点也不比秦始皇逊色，"孝武壹怒，则大臣莫保其性，其自太守以下，虽直指得擅杀之"，但这并没有使西汉亡国。他认为，秦朝灭亡的原

---

① 贾谊《过秦论》。

② 贾谊《过秦论》。

因，其一"独在起阿房，及以童男女三千人资徐福；诸巫食言，乃坑术士，以说百姓"；其二在于没有好的继承人，"周继世而得胡亥者，国亦亡；秦继世而得成王者，六国亦何以仆之乎？"①章太炎之论有其一定的道理。秦王朝之所以二世而亡确实不在"以法治国"，重用法家思想。但章太炎将秦亡归咎于继承人不当，则并不完全符合历史实际情况。实际上，秦王朝之短命而亡，是由于其制度设计以及高层权力制衡格局不当而导致。

在论及秦亡的原因时，贾谊也认为好的继承人对一个政权具有十分重要的意义，他说，如果秦朝三主中能有一人按照假设的条件行事，秦朝也断不至于灭亡。

> 借使秦王论上世之事，并殷周之迹，以制御其政，后虽有淫骄之主，犹未有倾危之患也。故三王之建天下，名号显美，功业长久。……向使二世有庸主之行，而任忠贤，臣主一心而忧海内之患，缟素而正先帝之过，裂地分民以封功臣之后，建国立君以礼天下，虚囹圄而免刑戮，去收帑污秽之罪，使各反其乡里，发仓廪，散财币，以振孤独穷困之士，轻赋少事，以佐百姓之急，约法省刑以持其后，使天下之人皆得自新，更节循行，各慎其身，塞万民之望，而以盛德与天下，天下息矣。即四海之内，皆欢然各自安乐其处，唯恐有变，虽有狡害之民，无离上之心，则不轨之臣无以饰其智，而暴乱之奸弭矣……借使子婴有庸主之材，而仅得中佐，山东虽乱，三秦之地可全而有，宗庙之祀宜未绝也。②

在这里，贾谊使用了"借使""乡使""藉使"的假设语汇，他认为，如果秦始皇能以历史为借鉴制定其统治政策，如果秦二世能匡正先帝之过宽民省刑，如果子婴能有庸主之才，秦朝不至于二世而亡，而历史的事实则是，"三主之惑，终身不悟，

---

① 参见章太炎著：《秦政记》，《章太炎全集》（四），上海人民出版社 1985 年版，第 71—72 页。
② 贾谊《过秦论》。

亡不亦宜乎？"①

　　虽然一个历史事实的出现往往是多种因素促成的结果，秦朝二世而亡并非完全是法家的法治思想与统治者昏庸所导致，但贾谊以假设的语气告诫汉初的统治者，如果不以秦为戒，必然要重蹈历史的覆辙，而秦王朝的覆亡无论是继承人的原因，还是法家的原因，都可以归结为治国理念的原因。一个政权选择什么样的治国理念，究竟是"为政以德"还是"唯法为治"？一个统治集团如何看待伦理道德在治理国家中的作用及其限度？如何看待治理社会中道德和法的各自作用及其相互关系？贾谊等汉初思想家们对秦亡原因的分析虽未必正确，但他们在反思秦亡教训的同时提出了"取与守不同术也"的治国思想，以秦亡的事实对先秦德治法治之争作出了理论上的总结。他们的思想未必深刻，也不尽客观，却对于文景时期统治者的治国理政具有重要的启示作用。②

　　贾谊先后多次上疏向文帝陈述治安之道，这些奏疏被后世史家称为"治安策"，又题"陈政事疏"。《治安策》比较集中地反映了贾谊的主要政治思想和基本治理主张，作为贾谊的代表性论著，是对后世政论有重要影响的贾谊政论文风格的典型。

　　贾谊在《治安策》中对汉初的社会问题和政治弊病进行了深刻的揭露，并且提出了一系列对策，其目的是为了"建久安之势，成长治之业"③。主要表现在：

　　第一，主张"削藩"，加强中央集权。随着社会经济的恢复与社会秩序的重建，新的问题显现了出来。刘邦铲除异姓诸侯王，分封同姓诸侯王，成了文景时期治安的梗阻。汉帝国中央政权与诸侯国势力之间的矛盾，逐渐成为危害国家政权与政治安定的严重隐患。由于中央政府政策的宽容，一些诸侯王开始出现与朝廷分庭抗礼的倾向。面对当时的这一形势，贾谊建议及早采取有力措施，抑制与朝廷离心离德的地方势力。他说：

---

① 贾谊《过秦论》。

② 参见关健英著：《先秦秦汉德治法治关系思想研究》，人民出版社 2011 年版，第 174—176 页。

③ 《汉书·贾谊传》。

夫树国固必相疑之势，下数被其殃，上数爽其忧，甚非所以安上而全下也。今或亲弟谋为东帝，亲兄之子西乡而击，今吴又见告矣。天子春秋鼎盛，行义未过，德泽有加焉，犹尚如是，况莫大诸侯，权力且十此者乎！

然而天下少安，何也？大国之王幼弱未壮，汉之所置傅、相方握其事。数年之后，诸侯之王大抵皆冠，血气方刚，汉之傅、相称病而赐罢，彼自丞、尉以上偏置私人，如此，有异淮南、济北之为邪！此时而欲为治安，虽尧、舜不治。[1]

针对这种现实情况，贾谊提出了"欲天下之治安，莫若众建诸侯而少其力"的办法，削弱其实力。贾谊说：

臣窃迹前事，大抵强者先反。淮阴王楚最强，则最先反；韩信倚胡，则又反；贯高因赵资，则又反；陈豨兵精，则又反；彭越用梁，则又反；黥布用淮南，则又反；卢绾最弱，最后反。长沙乃在二万五千户耳，功少而最完，势疏而最忠，非独性异人也，亦形势然也。曩令樊、郦、绛、灌据数十城而王，今虽以残亡可也；令信、越之伦列为彻侯而居，虽至今存可也。然则天下之大计可知已。欲诸王之皆忠附，则莫若令如长沙王；欲臣子之勿菹醢，则莫若令如樊、郦等；欲天下之治安，莫若众建诸侯而少其力。力少则易使以义，国小则亡邪心。令海内之势如身之使臂，臂之使指，莫不制从，诸侯之君不敢有异心，辐凑并进而归命天子，虽在细民，且知其安，故天下咸知陛下之明。割地定制，令齐、赵、楚各为若干国，使悼惠王、幽王、元王之子孙毕以次各受祖之分地，地尽而止，及燕、梁它国皆然。其分地众而子孙少者，建以为国，空而置之，须其子孙生者，举使君之。诸侯之地其削颇入汉者，为徙其侯国及封其子孙也，所以数偿之；一寸之地，一人之众，天子亡所利焉，诚以定治而已，故天下咸知陛下之廉。地制壹定，宗室子孙莫虑不王，下无倍畔之心，上无诛伐之志，

---

[1] 《汉书·贾谊传》。

故天下咸知陛下之仁。法立而不犯，令行而不逆，贯高、利几之谋不生，柴奇、开章之计不萌，细民乡善，大臣致顺，故天下咸知陛下之义。卧赤子天下之上而安，植遗腹，朝委裘，而天下不乱，当时大治，后世诵圣。壹动而五业附，陛下谁惮而久不为此？①

贾谊的"削藩"主张，对汉代中央集权的加强产生了重要作用，后来吴楚七国之乱的发生，证实了贾谊的政治预见。贾谊主张动用国家机器的力量，用权势法制控制诸侯王的建议在当时虽没有引起文帝的重视，但就在贾谊死后的第四年，即公元前164年，文帝分齐国之地为六国，分淮南国之地为三国，削弱了王侯的力量，可见贾谊之策的影响。也许正是由于贾谊主张"权势法制"，司马迁才将他归入法家。而汉武帝时代"削藩"事业的成功，实际上也采用了贾谊"众建诸侯而少其力"的策略，证明了贾谊富有远见的政治智慧。

第二，主张在政治上确立严格等级制度，"令君君臣臣上下有差，父子六亲各得其宜"。贾谊主张建立严格的等级制度，设立君臣上下之分，从天子至于庶人，各有等级，不得僭越。君主要礼遇大臣，分别对待，以磨砺臣下礼义廉耻的节操，臣下就会修缮节行报答君主，这样才会使社会长治久安。他说：

夫立君臣，等上下，使父子有礼，六亲有纪，此非天之所为，人之所设也。夫人之所设，不为不立，不植则僵，不修则坏。《管子》曰："礼义廉耻，是谓四维，四维不张，国乃灭亡。"使管子愚人也则可，管子而少知治体，则是岂可不为寒心哉！秦灭四维而不张，故君臣乖乱，六亲殃戮，奸人并起，万民离叛，凡十三岁，而社稷为虚。今四维犹未备也，故奸人几幸，而众心疑惑。岂如今定经制，令君君臣臣，上下有差，父子六亲各得其宜，奸人亡所几幸，而群臣众信，上不疑惑！此业壹定，世世常安，而后有所持循矣。若夫经制不定，是

① 《汉书·贾谊传》。

犹度江河亡维楫，中流而遇风波，船必覆矣，可为长叹息者此也。①

通过"定经制"，建立传统君主制度下的政治等级体系，使高下尊卑形成确定不移的"理势"。贾谊认为，"此业壹定，世世常安，而后有所持循矣"。这种主张建设政治等级秩序的"治安策"，对于汉初及整个汉代政治体制的形成与巩固有着重要的影响。

第三，主张以德礼治国。治国以仁义为经，还必须以礼节为纬。治国以道德仁义，是贾谊的政治理想，要国治必须民安，而礼是上自人君下至庶民的行为规范，所以治国必须用礼。道德仁义，非礼不成；君臣上下，非礼不定。礼是巩固国家安定社稷的要道。面对社会风气日下的现实状况，贾谊主张推行礼乐教化，"移风易俗，使天下移心而向道"②。贾谊认为，"廉耻不立"，是治国理政中的大失，因此，他主张在官员政治生活中重视"廉耻礼义"的建设。他说：

> 上设廉耻礼义以遇其臣，而臣不以节行报其上者，则非人类也。故化成俗定，则为人臣者主耳忘身，国耳忘家，公耳忘私，利不苟就，害不苟去，唯义所在。上之化也，故父兄之臣诚死宗庙，法度之臣诚死社稷，辅翼之臣诚死君上，守圉扞敌之臣诚死城郭封疆。故曰圣人有金城者，比物此志也。彼且为我死，故吾得与之俱生；彼且为我亡，故吾得与之俱存；夫将为我危，故吾得与之皆安。顾行而忘利，守节而仗义，故可以托不御之权，可以寄六尺之孤。此厉廉耻行礼谊之所致也，主上何丧焉！此之不为，而顾彼之久行，故曰可为长叹息者此也。③

贾谊认为，治理国家，礼谊与法令、教化与刑罚应该兼顾彼此，"仁义恩厚，人

---

① 《汉书·贾谊传》。
② 《新书·俗激》。
③ 《汉书·贾谊传》。

主之芒刃也；权势法制，人主之斤斧也"①。因此，教化与法制二者不可偏废。贾谊特别强调倡导礼乐，认为"礼者，所以固国家，定社稷，使君无失其民者也。主主臣臣，礼之正也；威德在君，礼之分也；尊卑大小，强弱有位，礼之数也"；"故礼者，所以守尊卑之经、强弱之称者也"②。主张"厉廉耻，行礼义"，实行以儒学为主体的道德教化，以"移风易俗，使天下移心而向道"。汉武帝时代，确定了儒学在百家之学中的主导地位，实现了《汉书·武帝纪》中所谓"罢黜百家，表章《六经》"的历史性转变。儒学地位的这种上升，当然已经超过了贾谊在《治安策》中的政治设计，但是贾谊重视道德文化建设在治国理政中的作用，确实是值得肯定的。

第四，主张"民为邦本"。贾谊的民本思想虽然贯穿于他所著的《新书》中，但集中论述这一思想的则是《大政》篇。《新书·大政上》开宗明义：

> 闻之于政也，民无不为本也。国以为本，君以为本，吏以为本。故国以民为安危，君以民为威侮，吏以民为贵贱。此之谓民无不为本也。闻之于政也，民无不为命也。国以为命，君以为命，吏以为命。故国以民为存亡，君以民为盲明，吏以民为贤不肖。此之谓民无不为命也。闻之于政也，民无不为功也。故国以为功，君以为功，吏以为功。国以民为兴坏，君以民为强弱，吏以民为能不能。此之谓民无不为功也。闻之于政也，民无不为力也。故国以为力，君以为力，吏以为力。故夫战之胜也，民欲胜也；攻之得也，民欲得也；守之存也，民欲存也。故率民而守，而民不欲存，则莫能以存矣；故率民而攻，民不欲得，则莫能以得矣；故率民而战，民不欲胜，则莫能以胜矣。故其民之为其上也，接敌而喜，进而不能止，敌人必骇，战由此胜也；夫民之于其上也，接而惧，必走去，战由此败也。故夫灾与福也，非粹在天也，必在士民也。呜呼，戒之戒之，夫士民之志，不可不要也……天有常福，必与有德，天有常灾，必与夺民时。故夫民者，至贱而不可简也，至愚而不可欺也。故自古至于今，与

---

① 《汉书·贾谊传》。

② 《新书·礼》。

民为雠者，有迟有速，而民必胜之。

"大政"，顾名思义，就是指最大的政事之意。在贾谊看来，国家的存亡，战争的胜负，祸福吉凶，都是由民心的向背所决定的。民众是国家的根本，是治国理政最应该重视的地方。民"无不为命""无不为功""无不为力"，治理国家应该以民为本，以民为命，以民为功，以民为力。贾谊认为，民虽然卑贱，却不可轻视，民虽然愚氓，却不可欺负。历史上任何人物，与民为敌的都没有好下场。这就是其民本思想的主要内容。

贾谊认为，"夫民者，唯君者有之，为人臣者助君理之"。百姓是属于皇帝的，做官的都是帮助皇帝来治理民众的。因此，对于当官的来说，民众的贫富苦乐是衡量官员功过的标准。"故夫为人臣者，以富乐民为功，以贫苦民为罪。故君以知贤为明，吏以爱民为忠。"智愚也是以民为根据的，"凡居于上位者，简士苦民者是谓愚，敬士爱民者是谓智。夫智愚者，士民命之也"。智愚不是自称自许的，而是由士民来确认的。君能为善，则吏必为善，吏能为善，则民必能为善。君吏是民的表率。因此，"执事而临民者，日戒慎于一日"①。对待民，当官者每时每事都要十分谨慎，这是其民本思想的另一内容。

贾谊主张"察吏于民"。他说："民者虽愚也，明上选吏焉，必使民与焉。故士民誉之，则明上察之，见归而举之；故士民苦之，则明上察之，见非而去之。故王者取吏不妄，必使民唱，然后和之。"②也就是说，执政者成功的政绩应当表现为使民众"富乐"，这就是"察吏于民"。皇帝选官吏，必须让民众参与。选那些百姓赞誉的人为官吏，把百姓讨厌的官吏罢免掉，王者之所以能选准官吏，是由于顺应民众的舆论。贾谊又说："故夫诸侯者，士民皆爱之，则其国必兴矣；士民皆苦之，则国必亡矣。故夫士民者，国家之所树而诸侯之本也，不可轻也。呜

---

① 《新书·大政上》。
② 《新书·大政下》。

呼！轻本不祥，实为身殃。戒之哉！戒之哉！"① "故十人爱之有归，则十人之吏也；百人爱之有归，而百人之吏也；千人爱之有归，则千人之吏也；万人爱之有归，则万人之吏也。故万人之吏，选卿相焉，夫民者诸侯之本也。"② 拥护的人越多，当的官就应该越大。有万人以上的人拥护的人才可以选为卿相。没有许多人拥护，就当不了诸侯，所以，民众也是诸侯的根本。③《汉书·食货志上》说："文帝即位，躬修俭节，思安百姓。"这显然与贾谊《治安策》的建议有一定的关系。历史也告诉我们，所谓"为富安天下"，在实现"文景之治"的时代，已经成为汉王朝的基本国策。

第五，在经济政策上，贾谊主张"积贮"，将铸钱与采铜权收归国家所有。经济是治国理政的基础。围绕着治国理想，贾谊在《忧民》《无蓄》《铜布》《铸钱》等文中，集中阐述了他的经济思想。

贾谊向文帝建言曰：

> 夫积贮者，天下之大命也。苟粟多而财有余，何为而不成？以攻则取，以守则固，以战则胜。怀敌附远，何招而不至？今殴民而归之农，皆著于本，使天下各食其力，末技游食之民转而缘南亩，则畜积足而人乐其所矣。可以为富安天下，而直为此廪廪也。窃为陛下惜之！④

汉文帝接受了贾谊的"积贮"主张，"上感谊言，始开籍田，躬耕以劝百姓"⑤。汉代用铜铸钱币。政府用铜锡铸钱，私人掺杂一些铅铁来铸钱，就有很高的利润。政府为此下令禁止私人铸钱。私人偷偷铸钱，就犯了盗铸罪，要受到严惩。文

---

① 《新书·大政上》。
② 《新书·大政下》。
③ 参见周桂钿著：《秦汉思想研究·陆·秦汉思想史（上）》，福建教育出版社 2015 年版，第 61—62 页。
④ 《汉书·食货志上》。
⑤ 《汉书·食货志上》。

帝五年,"除盗铸钱令,使民放铸"①,贾谊于是向皇帝进谏,指出盗铸钱有利可图,"为利甚厚",尽管有严刑峻法,仍然禁止不了。放开铸钱,那将会有很多人去铸钱,各地铸的钱重量不同,使民不敢信任。很多人参加铸钱,使劳动力脱离农业,必然影响农业生产,造成减产。粮食不足,就会引起动乱。贾谊认为禁止私人铸钱,将铸钱收归国有,对于稳定物价,巩固国家政权有极大的好处,具体表现为"七福",即七大好处。

> 何谓七福?上收铜勿令布,则民不铸钱,黥罪不积,一矣;伪钱不蓄,民不相疑,二矣;采铜铸作者,反于耕田,三矣;铜毕归于上,上挟铜积以御轻重,钱轻则以术敛之,重则以术散之,货物必平,四矣;以作兵器,以假贵臣,多少有制,用别贵贱,五矣;以临万货,以调盈虚,以收奇羡,则官富实而末民困,六矣;制事弃财,以与匈奴逐争其民,则敌必怀,七矣。②

这就是说:

(1)把铜收上来,不让用铜铸成货币在社会上流通,这样民众就不会去盗铸钱,也免得有些人因此犯罪,受到"黥"的刑法。

(2)使用的货币由政府统一制造,没有掺假的,民众使用货币时不会互相猜疑。

(3)采矿、炼铜、铸币,需要一大批工人。如果不允许私人铸钱,这一大批工人就到农村耕地,可以增加粮食的产量。

(4)铜都收归给政府,政府就可以利用拥有的大量铜来控制市场,钱轻的时候,把钱收上来,钱重的时候,就将钱散出去,这样,货币和商品之间的比值就可以相对平衡、稳定。

(5)用铜制成兵器,来装备官员,定出一套制度,来分别他们的贵贱级别。

(6)掌握各种货物,以便调节余缺,获得利润。既可以增加国家收入,又可以

---

① 《汉书·食货志下》。
② 《汉书·食货志下》。

减轻民众的负担，同时也可以起到重本抑末的效果。

（7）将汉王朝不用的货物，送给匈奴，可以改善汉匈之间的关系。[①]

总之，贾谊谈积贮与铸钱，都是在民本思想指导下提出的具体的经济政策。

第六，提出了处理与匈奴关系的"三表""五饵"。贾谊认为，目前的汉匈关系是一种不正常的"倒县（悬）之势"。具体表现为：

> 天下之势方倒县，窃愿陛下省之也。凡天子者，天下之首也，何也？上也。蛮夷者，天下之足也，何也？下也。蛮夷征令，是主上之操也；天子共贡，是臣下之礼也。足反居上，首顾居下，是倒县之势也。天下倒县，莫之能解，犹为国有人乎？非特倒县而已也，又类躄，且病痱。夫躄者一面病，痱者一方痛。今西郡、北郡，虽有长爵，不轻得复，五尺已上，不轻得息，苦甚矣！中地左戍，延行数千里，粮食馈饷至难也。斥候者望烽燧而不敢卧，将吏戍者或介胄而睡。而匈奴欺侮侵掠，未知息时，于焉望信威广德难。臣故曰："一方病矣。"医能治之，而上弗肯使也。天下倒县甚苦矣，窃为陛下惜之。[②]

"县"，同"悬"。"解悬"，解除天下倒悬之势。所谓倒悬之势，指汉天子与匈奴的关系颠倒。汉天子应是天下之首，匈奴蛮夷应是天下之足，如今首足倒置，是倒悬之势，"倒植之势"[③]。非特倒悬，又似躄痱病，天下非常痛苦，亟须调整与解决。当时，匈奴骑兵不超过五六万，占地不超过汉千石大县，胆敢每年来侵犯骚扰，与汉朝廷对抗。针对这种情况，贾谊为皇帝提出了"建三表""设五饵"的解决办法。

"建三表"就是：

第一种表策：让匈奴人明白汉天子的言论，用信用来化解双方之间的紧张关系。

第二种表策：以仁爱对待匈奴人，以父母对孩子的方式来爱护匈奴人。

---

① 参见周桂钿著：《秦汉思想研究·陆·秦汉思想史（上）》，福建教育出版社 2015 年版，第 64—65 页。

② 《新书·解县》。

③ 《新书·威不信》。

第三种表策：以诚信友爱为操守，让匈奴人明白懂得并遵行汉天子的爱好与原则。

贾谊说：

> 臣为陛下建三表，设五饵，以此与单于争其民，则下匈奴犹振槁也。夫无道之人，何宜敢捍此其久？陛下肯幸用臣之计，臣且以事势谕天子之言，使匈奴大众之信陛下也，为通言耳，必行而弗易，梦中许人，觉且不背其信，陛下已诺，若日出之灼灼。故闻君一言，虽有微远，其志不疑；仇雠之人，其心不殆。若此则信谕矣，所图莫不行矣，一表。臣又且以事势谕陛下之爱，令匈奴之自视也，苟胡面而戎状者，其自以为见爱于天子也，犹弱子之遝慈母也。若此则爱谕矣，一表。臣又且谕陛下之好，令胡人之自视也，苟其技之所长与其所工，一可以当天子之意。若此则好谕矣，一表。爱人之状，好人之技，人道；信为大操，帝义也。爱好有实，已诺可期，十死一生，彼必将至。此谓三表。①

"设五饵"，就是指通过赏赐美好的物品、食品、音乐以及其他可供享乐的东西，通过物质享受来败坏匈奴人的目、口、耳、腹、心，旨在不通过武力达到分化瓦解从而制服匈奴的目的，即所谓帝者"战德"。具体来说就是：

> 匈奴之来者，家长已上固必衣绣，家少者必衣文锦，将为银车五乘，大雕画之，驾四马，载绿盖，从数骑，御骖乘。且虽单于之出入也，不轻都此矣。令匈奴降者时时得此而赐之耳。一国闻之者、见之者，希心而相告，人人冀幸，以为吾至亦可以得此，将以坏其目，一饵。匈奴之使至者，若大降者也，大众之所聚也，上必有所召赐食焉。饭物故四五盛，美戠膊炙肉，具醯醢。方数尺于前，令一人坐此。胡人欲观者，固百数在旁。得赐者之喜也，且笑且饭，味皆所嗜而所未尝得也。令来者时时得此而飨之耳。一国闻之者、见之者，垂涎

---

① 《新书·匈奴》。

而相告，人惨憺所自，以吾至亦将得此，将以此坏其口，一饵。降者之杰也，若使者至也，上必使人有所召客焉。令得召其知识，胡人之欲观者勿禁。令妇人傅白墨黑，绣衣而侍其堂者二三十人，或薄或掩，为其胡戏以相饭。上使乐府幸假之但乐，吹箫鼓鞀，倒挈面者更进，舞者、蹋者时作，少间击鼓，舞其偶人。昔时乃为戎乐，携手胥强上客之后，妇人先后扶侍之者固十余人，使降者时或得此而乐之耳。一国闻之者、见之者，希盱相告，人人恔恔唯恐其后来至也，将以此坏其耳，一饵。凡降者，陛下之所召幸，若所以约致也。陛下必时有所富，必令此有高堂邃宇，善厨处，大囷京，厩有编马，库有阵车，奴婢、诸婴儿、畜生具。令此时大具召胡客，飨胡使，上幸令官助之，具假之乐。令此其居处乐虞、囷京之畜，皆过其故，王虑出其单于，或时时赐此而为家耳。匈奴一国倾心而冀，人人恔恔唯恐其后来至也，将以此坏其腹，一饵。于来降者，上必时时而有所召幸拊循，而后得入官。夫胡大人难亲也，若上于胡婴儿及贵人子好可爱者，上必召幸大数十人，为此绣衣好闲，且出则从，居则更侍。上即飨胡人也，大觳抵也，客胡使也，力士武士固近侍傍，胡婴儿得近侍侧，胡贵人更进得佐酒前，上乃幸自御此薄，使付酒钱，时人偶之。为间则出绣衣，具带服宾余，时以赐之。上即幸拊胡婴儿，搪道之，戏弄之，乃授炙幸自啖之，出好衣闲且自为赣之。上起，胡婴儿或前或后，胡贵人既得奉酒，出则服衣佩绥，贵人而立于前，令数人得此而居耳。一国闻者、见者，希盱而欲，人人恔恔唯恐其后来至也，将以此坏其心，一饵。故牵其耳、牵其目、牵其口、牵其腹，四者已牵，又引其心，安得不来？下胡抑抎也。此谓五饵。[①]

用诚信仁义原则来处理周边民族关系，这是贾谊政治思想的一个组成部分。

第七，强调"君德"的重要性。贾谊认为，夏代享国十余世，殷代享国二十余

---

① 《新书·匈奴》。

世，周代享国三十余世，而秦仅二世而亡，这其中重要的原因在于君德的培养。他认为，古人非常重视对君德的培养，而太子是未来皇室的接班人，"天下之命，县于太子"①，因此对太子的教育就应格外重视。这种重视，从太子还没出生就开始了，即"胎教"，贾谊说："周妃后妊成王于身，立而不跛，坐而不差，笑而不喧，独处不倨，虽怒不骂，胎教之谓也。"②从周代开始设立三公三少之职，成王在襁褓之中，"召公为太保，周公为太傅，太公为太师"，三公的责任是"保，保其身体；傅，傅之德义；师，道之教训"。以后，又为太子设立三少之职，与太子生活在一起，称为少保、少傅、少师。他们为太子讲明孝、仁、礼、义这些道德，对太子进行引导，使太子不接触恶人，不见恶行，"见正事，闻正言，行正道，左右前后皆正人"，养成良好的德行。及太子稍长，则入学校学习，学习的主要内容是儒家的道德学说。等太子行冠礼成年之后，"则有记过之史，彻膳之宰，进善之旌，诽谤之木，敢谏之鼓。瞽史诵诗，工诵箴谏，大夫进谋，士传民语。习与智长，故切而不愧；化与心成，故中道若性"，通过贤人近谏，使储君闻过则喜，从善如流。至此，才算一套完整的君德培养程序。贾谊认为，三代之所以长久，就在于他们用这套方法培养储君。《书》云："一人有庆，兆民赖之"，储君的道德水准对全国的百姓都具有示范作用，"太子正而天下定矣"。而秦则不然："其俗固非贵辞让也，所上者告讦也；固非贵礼义也，所上者刑罚也。使赵高傅胡亥而教之狱，所习者非斩劓人，则夷人之三族也。"③在秦这样的道德氛围下长大的太子，也必然会推崇法家的严刑峻法而对儒家的仁义道德弃如敝屣，加之赵高为太子之师，教习的内容完全是刑戮之法，所练习的不是杀人割鼻，就是灭人三族。在这样的环境中培养出来的太子，一即位就开始杀人，草菅人命也自然不足为奇了。从贾谊的论述中可以看出，他强调对储君的道德培养，特别注重环境与生活习惯在道德养成中的重要

---

① 《汉书·贾谊传》。
② 《新书·胎教》。
③ 《汉书·贾谊传》。

作用。①

　　总之，在贾谊的政治学说中，制度建设、尊君、削藩、集权中央、强本弱末、德治、礼治、倡农、打击工商、重民富民以及外交上实行睦邻政策等，都是他政治主张的核心要义之所在，这是符合汉帝国实际利益的，因而他的政治建言具有十分重要的意义。对比贾谊前后的思想家，似乎没有人能像他这样把政治理论的构建同解决具体现实问题紧密结合。孔、孟、荀、墨等人，仕宦不定，无法为哪一国提出具体的治国理政方案；韩非也只是发展了法家的理论。吕不韦的宾客们，为吕不韦提出了一套治国理论体系，但因为吕不韦与秦王政的矛盾，这套理论体系始终没有用武的地方。只有贾谊，顺应中国历史大一统的潮流，吸收发展了前人思想，在对秦王朝兴衰盛亡的分析总结、对汉初现实矛盾危机的洞察剖析基础上，构建了一个完整的治国理政体系，为董仲舒援儒入政、建立统治阶级需要的儒学新体系打下了基础。这是贾谊思想的价值之所在。

四、文帝时期的权力格局及其对策

　　代王刘恒虽为高帝中子，却因其母薄氏不得宠而被分封在边陲小国。原本没有继承皇位希望的他，之所以被拥立为新帝，完全是功臣集团出于维护自身权益的需要。也因此，在文帝君临天下之初，面临着相当险峻的政治形势。

　　在功臣集团与诸侯王国联手翦除吕氏外戚之后，如何处理善后问题成为当务之急。这其中，拥立何人继承皇位，又是重中之重。围绕这个相当棘手的问题，政变胜利者们经过极其慎重的考虑与博弈，最终选择了代王刘恒。

　　据《史记·吕太后本纪》中记载：

　　　　诸大臣相与阴谋曰："少帝及梁、淮阳、常山王，皆非真孝惠子也。吕后

---

① 参见关健英著：《先秦秦汉德治法治关系思想研究》，人民出版社 2011 年版，第 181—182 页。

以计诈名他人子，杀其母，养后宫，令孝惠子之，立以为后，及诸王，以强吕氏。今皆已夷灭诸吕，而置所立，即长用事，吾属无类矣。不如视诸王最贤者立之。"或言"齐悼惠王高帝长子，今其适子为齐王，推本言之，高帝适长孙，可立也"。大臣皆曰："吕氏以外家恶而几危宗庙，乱功臣。今齐王母家驷，驷钧，恶人也，即立齐王，则复为吕氏。"欲立淮南王，以为少，母家又恶。乃曰："代王方今高帝见子，最长，仁孝宽厚。太后家薄氏谨良。且立长故顺，以仁孝闻于天下，便。"乃相与阴使人召代王。代王使人辞谢。再反，然后乘六乘传。后九月晦日己酉，至长安，舍代邸。大臣皆往谒，奉天子玺上代王，共尊立为天子。代王数让，群臣固请，然后听。

这段文字，不但记述了功臣集团拥立刘恒的来龙去脉，而且详细交代了刘恒之所以能够入承大统的真正原因。

首先，值得注意的是，司马迁在这段文字中特别使用了"阴谋"二字。从传世文献的相关记载来看，在翦除诸吕之前，无论是功臣集团的核心人物周勃、陈平等人，还是包括齐哀王刘襄在内的各个诸侯王，都不曾否认少帝乃惠帝之子。当初，齐哀王刘襄欲取而代之，其讨伐檄书也只是说"皇帝春秋富，未能治天下"①，并未对少帝及梁、淮阳、常山三王的血缘关系表示异议。但在诸吕被翦除之后情况突变，功臣集团转而制造借口，诬陷少帝等人非刘氏子，并将之赶尽杀绝。功臣集团的这个举动，显然怀有不可告人的动机。可以这样认为：

功臣集团唯恐吕后所立少帝将来会对他们不利，此即《史记·吕太后本纪》中所谓的少帝"即长用事，吾属无类矣"。在他们看来，废黜少帝乃是确保自身无虞的万全之策。

另立藩王为帝，便于功臣集团控制朝政，巩固其既有的政治权势。

功臣集团在诛除诸吕之后已经骑虎难下，为巩固合法性，就不能不废黜旧帝，

---

① 《史记·齐悼惠王世家》。

更立新帝。然而废黜皇帝必须有足够的理由，否则不足以服天下，因而编造了少帝"非刘氏"的谎言，以混淆视听。

其次，这段史料表明，代王刘恒之所以能够入承大统，并非是其德其才其能最合适承担皇帝重任，而是因为别的皇子不合功臣利益集团巩固自己通过政变所取得的权力之需要。这其中，淮南王刘长之所以被排除在外，据说是因为年纪太小且"母家又恶"，但其关键所在，还是由于刘长与吕氏外戚的关系过于密切，因为史书明确记载：淮南王"早失母，常附吕后，孝惠、吕后时以故得幸无患"①。齐哀王刘襄的落选，既令人意外又在情理之中。刘襄原本就对皇位虎视眈眈，在翦除吕氏外戚的过程中，不但是刘氏诸侯王的领袖，而且出力最多，更何况他身为高帝嫡长孙，完全可以名正言顺地成为帝国的新君。然而，刘襄的能力、实力与名望恰恰是功臣集团最忌讳与担心的事情，功臣集团担心一旦刘襄做了皇帝，他们的既得利益很可能会被剥夺。

最后，需要明确的是，刘恒之所以中选，表面上，汉代官方宣称的理由有三：第一，在现存高帝诸子中，刘恒最年长；第二，刘恒本人向以"仁孝宽厚"著称；第三，刘恒外家"仁善""谨良"。实际上，功臣集团所以选中刘恒，并不是从国家利益出发，而是因为刘恒的代国既弱小又与京城相距遥远，而且刘恒本人在朝中没有奥援，至少在短期内无法对功臣集团构成任何威胁。选立刘恒为帝，他们可以保全既得利益，可以继续控制朝政，不至于再度出现"乱功臣"的局面。

因此，汉文帝在即位之初，不但一再声明诛杀诸吕得益于"宗庙之灵，功臣之力"②，而且多次宣称自己入承大统是"误居正位"③。他所面临的政治形势十分严峻。这主要表现在两个方面。

第一，功臣集团对朝政的控制。功臣集团在诛灭吕氏外戚之后，几乎完全控

① 《汉书·淮南王传》。
② 《汉书·南粤王赵佗传》。
③ 《史记·律书》。

制了朝政。不但文帝之践位全赖功臣集团之力,而且当时汉廷之三公九卿、王国丞相、郡守之位也大多为他们所掌控。当时之丞相陈平、太尉周勃、御史大夫张苍、太仆夏侯婴、卫尉足、典客刘揭、奉常根、郎中令贾寿、廷尉围,大都为军功出身;当时的王国相除齐相召平出身宗亲外,常山王相蔡兼、梁相王恬启、长沙王相越,均是军人出身;当时的郡守中,除汉中守田叔、云中守孟舒、河东守季布出身士吏,河南守吴公出身法吏外,其余郡守如河间守张相如、淮阳守申屠嘉、颍川守尊均都是出身军人阶层。从中可以看出,不管是中央,还是在地方,功臣集团的势力都很大。这一则因为功臣集团是从吕氏手中重新夺回朝廷政权的;二则也因为文帝是由功臣所拥立的,所以功臣集团的权势在文帝即位之初达到了顶峰。

第二,诸侯王国势力之威胁。文帝即位时,高祖时期分封的刘氏诸侯王国经历了吕后时期的打压,幸存下来的只有齐、吴、淮南、楚、长沙、代六国,此外还有吕后时期分封的琅邪国,共七国。吕氏外戚的统治被颠覆之后,吕王吕产、赵王吕禄、燕王吕通相继被诛,鲁王张偃被废,济川王刘太又徙为梁王。代王刘恒入未央宫听政之时,吕后所封诸王除琅邪王刘泽外,或灭或废,国均无存,此时之王国数由吕后时期的十四国减至八国,在八国中完全保有高祖分封时之领地者只有吴、淮南、长沙、代四国,其余诸国都或多或少在吕后时期被分割。但是,不管诸侯国是否完整,经过惠吕较为安定的统治时期的发展,各诸侯国的实力都有不同程度的增强,其中齐、楚、吴、淮南等大国的发展尤其迅速,他们不仅控制着广大的领土,同时人口数也在不断地提高。当吕氏集团的统治被推翻后,除吴王外,其余诸王都有继承大统的机会,尤其是齐王。齐国在惠吕时期,虽相继被剥夺城阳、济南、琅邪三郡,但仍保有四郡之地,而且最为富庶的临淄郡仍是齐国的主要经济发展地区。在吕后死后,齐国首先发难,并劫琅邪王兵,实际上又将琅邪统归自己,势力在逐渐恢复。最后的结果虽然是功臣集团推举了代王刘恒为帝,但皇位继承制的宗法原则被打破了,皇位的继承权不仅仅局限于帝室一家,皇室子弟人人都有做皇帝的机会,这也就使文帝即位之初即面临着外藩潜在的威胁和挑战。

因此，为了巩固自己的统治，汉文帝即位后，在中央政府，所面临的问题就是瓦解功臣集团，削弱相权，强化皇权；在地方，则是分解各诸侯国的力量，使他们无力对抗中央政权。

由于中央政权掌握在功臣集团手中，文帝即位后一方面承认他们已经取得的权力，另一方面则强化宫廷势力。公元前 180 年，刘恒到长安即皇帝位。当晚即拜宋昌为卫将军，使之镇抚南北军，同时任命张武为郎中令，令"行殿中"①。宋昌、张武皆为文帝在代国时的旧臣心腹。文帝即位之时，以心腹之代国旧臣张武为郎中令，宋昌为卫将军领南北军，意味着文帝完全控制了汉的宫廷。此外，随同文帝从代国来长安的代国旧臣尚有六人，"官皆至九卿"②。这说明，文帝即皇帝位后，对功臣集团并不放心，以代国旧臣为中心形成了新的宫廷集团，以此为基础逐步确立他对朝政的控制。

文帝初期，中央政府权力主要由丞相代表功臣集团所掌管，这从丞相的职权上即可看出。当时丞相位高权重，其职权几乎是无所不统、无所不包，要加强皇权，首先就必须打击、削弱丞相的权势，进而削弱整个功臣集团的势力。汉文帝先从陈平入手，前元元年（公元前 179 年）十月辛亥，文帝将右丞相陈平徙为左丞相，而以太尉周勃为右丞相。

> 文帝既立，以勃为右丞相，赐金五千斤，食邑万户。居月余，人或说勃曰："君既诛诸吕，立代王，威震天下，而君受厚赏，处尊位，以宠，久之即祸及身矣。"勃惧，亦自危，乃谢请归相印。上许之。岁余，丞相平卒，上复以勃为丞相。十余月，上曰："前日吾诏列侯就国，或未能行，丞相吾所重，其率先之。"乃免相就国。③

---

① 《汉书·文帝纪》。
② 《史记·孝文本纪》。
③ 《史记·绛侯周勃世家》。

陈平、周勃是推翻吕氏政权的关键人物，他们所主导的政变之所以能够取得成功，实在是与列侯们居于京城之中，能够互相联络串通有极大的关系。陈、周二人本不和睦，他们能够联手全赖陆贾之调解。文帝即位以后，虽然马上布置代国旧臣控制了宫廷和京城之守备，然而，列侯功臣们既然能够从诸吕的严密控制中夺取南北军，以武力攻入宫中，只要他们尚在长安城中集中居住，旧事重演的可能性就不能排除。对于文帝来说，假如列侯皆能离京就国，不但诸吕之变重演的可能性将会消除，宫廷皇权也可以因此安定下来。正是基于这种考虑，文帝在贾谊的建议下，在前元二年（公元前178年）冬十月丞相陈平去世后，强迫列侯皆就国。他下诏说："朕闻古者诸侯建国千余，各守其地，以时入贡，民不劳苦，上下欢欣，靡有违德。今列侯多居长安，邑远，吏卒给输费苦，而列侯亦无由教训其民。其令列侯之国，为吏及诏所止者，遣太子。"由于遭到功臣集团的强烈抵抗，在列侯就国之诏发布一年多后，在京列侯并未就国。尽管如此，文帝始终不曾放弃这两项政策的推行，时至前元三年（公元前177年）十一月，他将矛头直接指向功臣集团的领袖人物——丞相周勃，为此诏令周勃："前日诏遣列侯之国，辞未行。丞相朕之所重，其为朕率列侯之国。"[1] 于是此后，周勃被迫辞职，离开长安，回到自己的封地。同年十二月，丞相一职改由太尉颍阴侯灌婴担任，同时罢免太尉之职，"属丞相"[2]。周勃就国，可以说是文帝在加强皇权方面取得的一次重大胜利，虽然丞相一职仍由功臣担任，但皇权已经具有左右政权的力量，这已成为不争的事实。此后，文帝借故进一步打压周勃，《汉书·周勃传》说："其后人有上书告勃欲反，下廷尉，逮捕勃治之。勃恐，不知置辞。吏稍侵辱之。"周勃银铛入狱的事件说明，汉初诛灭吕氏的功臣集团已经彻底匍匐于皇权的脚下，不复有昔日的权力荣耀。[3] 文帝以外藩入主朝廷，在内有强臣、外有强藩的局势下，

---

① 《汉书·文帝纪》。

② 《史记·孝文本纪》。

③ 参见唐燮军、翁公羽著：《从分权到集权——西汉的王国问题及其解决》，浙江大学出版社2012年版，第133—138页。

能够在短期内稳定了政局，而且逐步剥夺了功臣集团的权力，这是很不容易的。解决了功臣集团对皇权的威胁后，文帝就将注意力集中到削弱外藩、加强中央集权上面。

如前所述，文帝入主朝廷并非理所当然，因为他既不是法定继承人，又不得宠于高帝和吕后，在政治、经济、军事上也无多大实力，且在消灭诸吕之役中没有尺寸之功，他之所以能够继承大统，完全是朝中功臣集团之私心所成就，而其他同姓诸王尤其是齐王和淮南王也均有机会，他们之所以放弃皇位的争夺而臣服于文帝，主要是其实力不能与功臣集团相抗衡。文帝即位以后，一方面用外藩来制衡朝中的功臣利益集团，暂时对各诸侯王采取安抚政策，保证其外部局面的暂时安定，使他能够腾出手来专心对付朝中的功臣势力。另一方面，则听从贾谊的"削藩"建议，逐步削弱地方诸侯的势力。

文帝元年，齐哀王刘襄死，文帝抓住机会，从齐分出城阳、济北以封在诛诸吕和文帝入住未央宫时立下功劳的刘章和刘兴居。在封刘章、刘兴居为王时，又割赵之河间郡封给刘辟强。同时，文帝将自己领有的代国分为代和太原二国，封子刘武为代王，刘参为太原王。恢复梁国，以皇子刘揖为梁王。这样，一方面文帝以有利于加强皇权的方式，对诸侯王国进行了初步的调整；另一方面，继承了惠吕时期以亲制疏的分封传统，以亲子为王，并将之明确制度化，此亦为以后历代皇帝所承袭。

文帝前元三年（公元前177年），不满文帝处置的济北王刘兴居起来反叛，文帝"诏罢丞相兵，遣棘蒲侯陈武为大将军，将十万往击之"①。刘兴居的反叛很快就被平定，兴居被虏，自杀，国废为郡。以此为契机，文帝又对王国进行调整。前元四年（公元前176年），恢复淮阳国，徙代王刘武为淮阳王。太原国与代国合并为代国，以太原王刘参为代王，汉王国数由八国变为十二国。前元六年（公元前174年），文帝又借刘长"谋反"之机，将淮南国废为汉郡。至此，诸侯王国仅存齐、楚、城阳、赵、河间、梁、代、燕、淮阳、吴、长沙等十一国。此后直到前元十五年（公元前

---

① 《史记·孝文本纪》。

166 年），没有再对诸侯王国作过任何调整。强干弱枝方针在汉文帝时代并没有得到比较彻底的贯彻。

五、文景之治的典型举措

（一）皇帝带头躬修俭节

汉初的几代皇帝和皇室，大多注意节俭，一反秦代皇室穷奢极欲的奢华作风。在汉初经济恢复阶段，据说皇帝乘车不能驾用同样毛色的马，有的将相甚至不得不乘坐牛车。从汉高祖刘邦时，就注意到了"带头躬修俭节"这个问题。如高帝七年（公元前 200 年）刘邦见萧何负责修建的未央宫过于"壮丽"，"甚怒"，竟责备萧何说："天下匈匈，劳苦数岁，成败未可知，是何治宫室过度也！"经过萧何解释："天下方未定，故可因以就宫室。且夫天子以四海为家，非令壮丽亡以重威，且亡令后世有以加也。"①刘邦才转怒为喜。我们不论当时刘邦的"怒"是真情还是故作姿态，但从中多少可以看出他心中还能想到天下"劳苦数岁"，应该节省用度而不该"治宫室过度"，这已经很不容易了。

惠帝以后，在"黄老政治"下，几代皇帝和皇室都比较注意节俭，能够以身作则影响臣民。惠帝、吕后及景帝皆无过分铺张豪华之举，形成节俭的风气，尤以文帝为甚。

汉文帝是中国历史上著名的讲究节俭的帝王。文帝在位二十三年，史称其"宫室苑囿车骑服御无所增益。有不便，辄弛以利民"。他曾计划造一"露台"，令工匠计算，需用百金，觉得花费太高，就对臣下说："百金，中人十家之产也。吾奉先帝宫室，常恐羞之，何以台为？"结果作罢。古代贵族妇女以衣曳地为荣，他所宠幸的慎夫人却"衣不曳地，帷帐无文绣，以示敦朴，为天下先"。文帝为自己预修的陵墓，也要求节约从简，"治霸陵，皆瓦器，不得以金、银、铜、锡为饰。因其山，不

---

① 《汉书·高帝纪下》。

起坟"①。

　　每逢灾荒之年，汉文帝往往令诸侯不必进贡，又解除"山泽之禁"，即开放以往属于皇家所专有的山林池泽，使民众能够通过采集渔猎及副业生产保障温饱，度过灾年，扭转经济危局。

　　汉文帝还宣布降低消费生活的等级，精简宫中近侍人员，以减轻社会的负担。他曾经多次下诏禁止郡国贡献奇珍异物。他平时常穿着价格便宜的黑色织品，为天下做敦朴节俭的榜样。甚至他在死前遗诏中仍然念念不忘节俭的重要性。

　　　　七年夏，六月己亥，帝崩于未央宫。遗诏曰："朕闻之：盖天下万物之萌生，靡不有死。死者天地之理，物之自然，奚可甚哀！当今之世，咸嘉生而恶死，厚葬以破业，重服以伤生，吾甚不取。且朕既不德，无以佐百姓。今崩，又使重服久临，以罹寒暑之数，哀人父子，伤长老之志，损其饮食，绝鬼神之祭祀，以重吾不德，谓天下何！朕获保宗庙，以眇眇之身托于天下君王之上，二十有余年矣。赖天之灵，社稷之福，方内安宁，靡有兵革。朕既不敏，常畏过行，以羞先帝之遗德；惟年之久长，惧于不终。今乃幸以天年得复供养于高庙，朕之不明与嘉之，其奚哀念之有！其令天下吏民，令到出临三日，皆释服。无禁取妇嫁女祠祀饮酒食肉。自当给丧事服临者，皆无践。绖带无过三寸。无布车及兵器。无发民哭临宫殿中。殿中当临者，皆以旦夕各十五举音，礼毕罢。非旦夕临时，禁无得擅哭临。以下，服大红十五日，小红十四日，纤七日，释服。它不在令中者，皆以此令比类从事。布告天下，使明知朕意。霸陵山川因其故，无有所改。归夫人以下至少使。"……乙巳，葬霸陵。②

　　《汉书·食货志上》说，"文帝即位，躬修俭节，思安百姓"，这是符合历史事实的。汉初诸帝带头勤俭节约，这对于国家当时经济的恢复和发展有重要的意义。

---

① 《汉书·文帝纪》。
② 《汉书·文帝纪》。

（二）汉文帝刑法改革

汉初的法律比较简单，刑罚也是比较轻简的。刘邦入关中时"约法三章"，汉帝国建立后，刘邦又"命萧何次律令"①，成"九章律"，作为西汉法律的基础。据《晋书·刑法志》记载：李悝《法经》中的六篇"盗""贼""囚""捕""杂""具"，加上"兴""厩""户"三律，即是"九章律"。不过，据现有资料判断，萧何制定"九章律"不是以《法经》为基础，而应以秦律为根据。只是汉初的律令远比秦代的宽简，"大抵皆袭秦故""少所改变"②，而其刑法可能改变较多，许多不"宜于时者"就被汰除了。在汉初几十年间，统治者不断对秦的"苛法"加以汰除，故史称这一时期"约法省禁"。如高帝时，萧何定律令就已"除参夷、连坐之罪"③，即废除"族刑"和连坐之法。惠帝四年（公元前191年）又"除挟书律"④，也就是废除秦律中"挟书者族"的苛法。高后元年（公元前187年）"除三族罪妖言令"⑤。"族"刑早在萧何定汉律时就已宣布"除参夷"，可能是并未真正废除，故至高后时又不得不重申。"妖言"指"过误之语"，属于言论罪，在当时也被视为"重酷"之法，"皆除之"。

秦代以来，有所谓"秘祝"之官。每当发生灾异时，令"秘祝"之官祈祝，将罪过和不幸转移至臣下和百姓。汉文帝即位不久，就废除了诽谤妖言之罪，认为这一罪名使得众臣不敢尽情直言，而皇帝也无法得知自己的过失，应允许臣下大胆提出不同的政见。

汉文帝十三年（公元前167年）下诏废除这一制度，并且声明：百官的过失都应当由我承担，今"秘祝"之官移过于下，是公开张扬我的不德，实在是我所不能赞同的。

---

① 《汉书·高帝纪下》。
② 《史记·礼书》。
③ 《晋书·刑法志》。
④ 《汉书·惠帝纪》。
⑤ 《汉书·高后纪》。

汉文帝十五年（公元前165年），他又诏令诸侯王公卿及地方行政长官推荐品学贤良能直言极谏者，亲自策问，接受其合理的政治建议并且予以任用。

文景时代比较宽松的政治空气，有利于当时社会经济的发展和文化的进步。

汉文帝时代最大的动作是对秦代极端严酷的刑罚制度进行了重大的改革。

汉文帝十三年（公元前167年）五月，齐太仓令淳于公有罪当刑，诏狱逮徙系长安。他的小女儿缇萦伤心感泣，于是随其父至长安，上书说："妾伤夫死者不可复生，刑者不可复属，虽复欲改过自新，其道无由也。妾愿没入为官婢，赎父刑罪，使得自新。"她说，处死刑者不可以回生，处肉刑者不可以恢复为健全的人，他们即使想改过自新，也没有可能了；并表示愿意以自身为官婢，以赎父亲的刑罪，使他能够自新。汉文帝为她的上书所感动，下令废除肉刑。而《汉书·刑法志》在"其除肉刑"诏令之后，又有官吏执行落实的记录。肉刑是人为造成残疾的刑罚形式。汉文帝宣布"除肉刑"，是中国刑法史上的一个重大进步。汉景帝即位后颁布诏书颂扬汉文帝功德，将"去肉刑"与"赏赐长老，收恤孤独，以育群生"相并列，以为"此皆上古之所不及，而孝文皇帝亲行之，德厚侔天地，利泽施四海，靡不获福焉"[1]。肉刑的废除显然是一种进步措施。清末沈家本评论说："举千数百年相沿之成法，一旦欲变而易之，此非有定识以决之，定力以行之，则众说之淆乱足以惑其聪明，众力之阻挠足以摇其号令，故变之难也。文帝因一女子之书发哀矜之念，出一令而即施行，其定识、定力为何如？"[2]对汉文帝的见识和魄力给予了肯定。

汉文帝的刑法改革主要包括以下内容。

第一，秦法规定，大多数罪人都没有确定的刑期，服劳役者往往终生不能解脱。汉文帝诏令重新制定法律，按照犯罪情节的轻重，规定不同的服役期限。罪人服役期满，则当免为庶人。

第二，秦法规定，罪人的父母、兄弟、姊妹、妻子和子女都要连坐，重者甚至

---

① 《史记·孝文本纪》。

② ［清］沈家本：《历代刑法考·刑法分考五》。

处死，轻者则没入为官奴婢。这一制度称作"收孥相坐律令"。汉文帝对这一法令明令予以废除。

第三，秦法规定，对罪人施行黥、劓、刖、宫四种残酷肉刑。汉文帝诏令废除黥、劓、刖三种肉刑，改以笞刑代替。汉景帝时代，又进一步减轻了笞刑。[①]

上述法制改革的后两项内容虽然实际上并没有得到完全落实，但是汉文帝、汉景帝统治时期的许多官员能够执法宽厚，断狱从轻，于是狱事比较清明，刑罚比较简省，一般民众所受到的压迫可能较秦代有所减轻。据《史记·张释之冯唐列传》记载，一次汉文帝出行，途经中渭桥，有行人突然冲犯其车马。汉文帝要求严厉惩处，而主持司法的廷尉张释之则主张严格按照刑法治以罚金之罪。汉文帝大怒，以为惩罚过轻。张释之则坚持说，"法者，天子所与天下公共也"，现在法律条文规定如此，而处罚却要依据陛下个人的情感倾向无端加重，则必然会使法律在民众心目中的确定性和严肃性受到损害。事后，汉文帝承认张释之的意见是正确的。此事说明当时一些重要的执法官员能够以公正为原则，而汉文帝以天下之尊，在盛怒之下也能够虚心纳谏。

（三）轻徭薄赋

除了削省刑罚、避免征战之外，轻徭薄赋也是汉初期清静无为治理举措的一个重要内容。

汉初，统治者对当时的社会形势有比较清醒的认识，在治理国家时，对征发兵役和徭役有所节制，又曾经多次对农民减免田租。

刘邦称帝后，"量吏禄，度官用，以赋于民"[②]，所以汉初的田赋、租税较秦为轻。这期间国家规定的田租，一般均在"十五税一"或"三十税一"之间，即十五分之一或三十分之一。从刘邦开始，汉帝国最高统治者就是以这样的方式鼓励农民发展

---

① 参见王子今著：《秦汉史——帝国的成立》，中信出版社 2017 年版，第 120 页。
② 《汉书·食货志上》。

生产，取得了明显的效果。

汉文帝时代，多次下诏劝课农桑，还在农村乡里设"力田"之职，作为最基层的农官，经常和"三老""孝悌"一同得到政府的赏赐。汉文帝十三年（公元前 167 年）还免除过一年的田租。减免田租，主要受益者当然是拥有大片土地的地主，但自耕农的负担也相应地减轻。国家从土地和其他方面取得的收入，比起后代来数量少得多。赋税收入"岁不过数十万石"[1]，比起秦代的竭泽而渔式的征收，更是不可同日而语。当然，除了田租（即土地税）以外，西汉政府还有其他收入。据现有资料可知，至少当时还有以人口为征收对象的口赋、算赋、军赋、更赋等。不过，这些赋税在文帝、景帝之时，也都有所减、免，如算赋是在高帝四年（公元前 203 年）时开始征收的，当时规定："民年十五以上至五十六出赋钱，人百二十为一算。"至文帝时算赋则由一百二十钱减至四十钱。无论如何，比起秦代"头会箕敛"的赋税征收，汉初是轻多了。

汉初的"轻徭薄赋"还表现在政府对徭役的征发有一定的节制。汉初统治者一改秦时徭役繁重之苛政，注意以"省徭役，以宽民力"作为执政原则。如修筑都城长安的城墙这样重要的工程，直至汉惠帝时才开始经营。而惠帝时修长安城征发徭役一般均利用农闲时间，每年不超过三十天，以不误农时为要。所以长安城的修建历六年才得以完成。文帝时还多次下诏奖励"孝弟、力田"及救济鳏寡、"赈贫民"[2]等。这些措施对稳定社会秩序、恢复和发展农业生产无疑是有积极作用的。

在汉文帝时代，直接从事耕作的农民的负担进一步减轻。

文帝二年（公元前 178 年），"赐天下民今年田租之半"。十二年（公元前 168 年），又"赐农民今年租税之半"[3]。十三年（公元前 167 年）再次宣布全部免去农民的田租。文帝下诏说："农，天下之本，务莫大焉。今勤身从事而有租税之赋，是为本末者毋

[1]《汉书·食货志上》。

[2]《汉书·文帝纪》。

[3]《汉书·文帝纪》。

以异，其于劝农之道未备。其除田之租税。"①从此，三十税一成为汉代的定制。

汉文帝时，徭役征发制度又有新的变革，一般民众的负担减少到每三年服役一次。史载：

> 高祖有天下，三边外畔，大国之王虽称蕃辅，臣节未尽。会高祖厌苦军事，亦有萧、张之谋，故偃武一休息，羁縻不备。
>
> 历至孝文即位，将军陈武等议曰："南越、朝鲜自全秦时内属为臣子，后且拥兵阻厄，选蠕观望。高祖时天下新定，人民小安，未可复兴兵。今陛下仁惠抚百姓，恩泽加海内，宜及士民乐用，征讨逆党，以一封疆。"孝文曰："朕能任衣冠，念不到此。会吕氏之乱，功臣宗室共不羞耻，误居正位，常战战栗栗，恐事之不终。且兵凶器，虽克所愿，动亦耗病，谓百姓远方何？又先帝知劳民不可烦，故不以为意。朕岂自谓能？今匈奴内侵，军吏无功，边民父子荷兵日久，朕常为动心伤痛，无日忘之。今未能销距，愿且坚边设候，结和通使，休宁北陲，为功多矣。且无议军。"故百姓无内外之繇，得息肩于田亩，天下殷富，粟至十馀钱，鸣鸡吠狗，烟火万里，可谓和乐者乎！
>
> 太史公曰：文帝时，会天下新去汤火，人民乐业，因其欲然，能不扰乱，故百姓遂安。自年六七十翁亦未尝至市井，游敖嬉戏如小儿状。孔子所称有德君子者邪！②

汉景帝时代，继续休养生息，以"黄老"治国。景帝二年（公元前 155 年），"令民半出田租，三十而税一也"，"以农为务"③；又把秦时十七岁傅籍，即正式成为征发徭役对象的制度，改为二十岁傅籍，而著于汉律的傅籍年龄则是二十三岁。汉景帝中元元年（公元前 149 年），诏令诸侯王丧葬，包括开掘墓圹、修治墓冢及送葬等事，

---

① 《史记·孝文本纪》。
② 《史记·律书》。
③ 《汉书·食货志上》。

征用民役不得超过三百人。

汉初统治者长期坚持实行与民休息的政策，对于促进当时社会经济的恢复和发展起了至关重要的作用。

据《汉书·食货志上》记载，贾谊曾经向汉文帝建言重视农耕。他说：

> 管子曰："仓廪实而知礼节。"民不足而可治者，自古及今，未之尝闻。古之人曰："一夫不耕，或受之饥；一女不织，或受之寒。"生之有时，而用之亡度，则物力必屈。古之治天下，至纤至悉也，故其畜积足恃。今背本而趋末，食者甚众，是天下之大残也；淫侈之俗，日日以长，是天下之大贼也。残贼公行，莫之或止；大命将泛，莫之振救。生之者甚少而靡之者甚多，天下财产何得不蹶！汉之为汉几四十年矣，公私之积犹可哀痛。失时不雨，民且狼顾；岁恶不入，请卖爵、子。既闻耳矣，安有为天下阽危者若是而上不惊者！
>
> 世之有饥穰，天之行也，禹、汤被之矣。即不幸有方二三千里之旱，国胡以相恤？卒然边境有急，数十百万之众，国胡以馈之？兵旱相乘，天下大屈，有勇力者聚徒而衡击，罢夫羸老易子而咬其骨。政治未毕通也，远方之能疑者并举而争起矣，乃骇而图之，岂将有及乎？
>
> 夫积贮者，天下之大命也。苟粟多而财有余，何为而不成？以攻则取，以守则固，以战则胜。怀敌附远，何招而不至？今殴民而归之农，皆著于本，使天下各食其力，末技游食之民转而缘南亩，则畜积足而人乐其所矣。可以为富安天下，而直为此廪廪也。窃为陛下惜之！
>
> 于是上感谊言，始开籍田，躬耕以劝百姓。

贾谊认为，驱使民众归于农耕，就意味着国家有了经济上的根本，如此则可以使天下各食其力，"可以为富安天下"，即通过发展经济以保障政治与社会的安定。贾谊的这一政治设计，在文景时代基本上得到了贯彻执行。史载：

> 汉兴七十余年之间，国家无事，非遇水旱之灾，民则人给家足。都鄙廪庾皆

满，而府库余货财。京师之钱累巨万，贯朽而不可校。太仓之粟陈陈相因，充溢露积于外，至腐败不可食。众庶街巷有马，阡陌之间成群，而乘字牝者傧而不得聚会。守闾阎者食粱肉，为吏者长子孙，居官者以为姓号。故人人自爱而重犯法，先行义而后绌耻辱焉。当此之时，网疏而民富，役财骄溢，或至兼并豪党之徒，以武断于乡曲。宗室有士公卿大夫以下，争于奢侈，室庐舆服僭于上，无限度。①

总之，文景时代，流民逐渐返回故土，户口也逐渐有所繁息，列侯实力较大的，可以拥有三四万户，小国与先前比较，也往往户口倍增。户口的充分回归与迅速增长，是社会生产逐步走向安定有序并实现正常化的反映。农耕经济的空前发展，使得粮价普遍降低。楚汉战争时，有"米石至万""米斛万钱"的记载。而据《太平御览》卷三五引桓谭《新论》，汉文帝时谷价至于每石数十钱。据《史记·律书》记载，当时粮价甚至有曾经达到每石"粟至十余钱"的历史记录。这一切都说明，经过从汉高帝刘邦到文帝、景帝时期的治理，西汉帝国的综合国力得到了空前的充实与提高。班固说：

> 汉兴，扫除烦苛，与民休息。至于孝文，加之以恭俭，孝景遵业，五六十载之间，至于移风易俗，黎民醇厚。周云成康，汉言文景，美哉！②

（四）景帝削藩与七国之乱

汉高帝在位时，虽然汉廷赋予同姓诸侯王国以很大的权力，但是，一则因为诸侯王大多年幼，没有执政能力；二则因为战乱频繁，诸侯王国的发展颇受影响，因而进展缓慢。诸侯王国的发展，始于汉文帝时期。惠帝时期，吕后治政，大政遵循汉高帝既定国策，但对刘姓诸侯王实行打压政策。诸吕伏诛后，文帝以外藩入主朝廷，根基尚浅，羽翼未丰，故而对诸侯王国采取较为宽容的政策，尤其是在经济方

---

① 《史记·平准书》。
② 《汉书·景帝纪》。

面，放宽了对诸侯王国的限制，对于盐铁事业乃至铸钱采取放任政策，同时废除关卡。凡此种种，使得诸侯王国自主经营的权力日益增大，经济得以飞速发展，国力得以不断加强。随着诸侯王国经济力量的强大，政治、军事力量也随之增强，从而对中央集权体制构成了威胁，最终出现了尾大不掉的局面。汉景帝时，中央与诸侯王国之间的矛盾进一步尖锐并最终爆发出来。当时诸侯王国中，以吴国势力为最大，吴王刘濞就成为反叛势力的主谋和首领。

刘濞是刘邦兄刘仲之子，高帝十一年（公元前196年）被封为吴王。吴国是刘邦所封之同姓诸侯王中第二个大国。在惠帝、高后时期，刘濞就利用吴地有盐铁之利，招天下亡命者来吴国铸钱、煮盐，坐收暴利，他在国内不收赋，但"国用饶足"。为笼络人心，吴国竟保护各地逃来之罪犯，还由官府出钱代百姓支应朝廷之徭役，"如此者三十余年，以故能使其众"①。到文帝时期，吴国在经济、政治上发展到足以抗衡汉中央政权的程度。不久，吴王刘濞之子在长安被杀，使刘濞"怨望"而"称疾不朝"，开始露出反意。文帝开始还是采取怀柔政策，赐吴王刘濞几杖，特免其按规定入朝，企图缓和矛盾。但吴王刘濞同中央政权对抗甚至取而代之的野心并未因此消除。这场酝酿已久的叛乱，终因汉景帝时期晁错"削藩策"的提出而最终爆发了出来。

晁错，颍川人，文帝时为太子家令，深得当时尚为太子的景帝信任，被称为"智囊"。他以其政治敏感早已看出：诸侯王是西汉政权统一的严重障碍，主张"宜削诸侯"②，并多次"言吴过可削"。景帝即位后，晁错先为内史，后迁御史大夫，见诸侯王与中央政权之间的矛盾更加尖锐，尤其是吴王刘濞日益骄横，反势已成，就上"削藩策"，主张借诸侯王触犯王法的时机，削减诸侯王的封地。他特别指出，吴王刘濞"诱天下亡人谋作乱逆，今削之亦反，不削亦反。削之，其

---

① 《汉书·荆燕吴传》。

② 《汉书·爰盎晁错传》。

反亟，祸小；不削之，其反迟，祸大"①。汉景帝采纳了这个建议，于景帝三年（公元前 154 年），以各种罪名先后削去楚王戊的东海郡、赵王遂的常山郡和胶西王卬的六个县。这些措施引起朝野巨大震动。被削地之王，当然十分不满，未被削地之王，见朝廷"削地无已"，也都惶惶不安。中央集权与地方诸侯王国割据之间的矛盾发展到了一触即发的地步。

景帝三年（公元前 154 年），吴王刘濞见朝廷不断下令削地，马上就要轮到吴国，遂决心起而反叛。他先后串通楚、赵、胶西、胶东、淄川、济南六国的诸侯王，于当年冬朝廷下诏削吴国之会稽、豫章郡时，以"诛晁错清君侧"为名，公开起兵造反，史称"吴楚七国之乱"。

开始，叛军进展顺利，一时显得锐不可当。吴王相爰盎入见景帝说：吴、楚等国反叛，皆由晁错鼓吹削夺诸侯之地，"方今计，独有斩错，发使赦吴、楚七国，复其故地，则兵可毋血刃而俱罢"。景帝因惧怕七国势大竟然被他说动，表示"不爱一人以谢天下"，遂斩晁错，拜爰盎为太常，派宗正刘通使吴，欲说服吴王退兵。景帝原以为晁错死后，吴、楚即可退兵。但当谒者仆射校尉邓公从前线归来，景帝问他杀晁错后前线形势时，邓公向景帝指出："吴为反数十岁矣，发怒削地，以诛错为名，其意不在错"，"夫晁错患诸侯强大不可制，故请削之，以尊京师，万世之利也"②，诛晁错乃是绝大错误。到此时景帝才恍然大悟，于是决心用武力平叛，拜周亚夫为平乱统帅，继续"削藩"。

周亚夫奉命率兵出蓝田经武关至洛阳。此时吴、楚兵围梁甚急，周亚夫不顾景帝令其援梁之令和梁的求援，毅然派轻骑出淮泗口，断绝吴、楚粮道。吴、楚军攻梁，久不能下，即转而与官军会下邑。但周亚夫坚壁不战，使吴军粮尽援绝、士卒饥困，终于自行崩溃。三月，周亚夫率兵追击，大破吴、楚联军，吴王濞率数千人逃走，在东越被当地人所杀。楚王戊自杀。将士纷纷投降，叛军主力瓦解。

---

① 《汉书·荆燕吴传》。
② 《汉书·爰盎晁错传》。

此后，齐孝王、胶西王、赵王自杀，胶东王、淄川王、济南王被杀，济北王免罪，七国之乱遂平。

吴、楚七国之乱的主力叛军，举兵不到三个月就以失败告终，说明地方割据势力无力与中央政府抗衡。叛乱失败后，各诸侯王国实力更加削弱。从此，诸侯王国再也不能构成对中央政权的威胁了。七国之乱后，汉景帝趁这一有利时机强干弱枝，采取了一系列削弱和控制诸侯王国势力的措施，以加强中央集权。

第一，景帝继续实行贾谊提出的"众建诸侯而少其力"的计划，在吴、楚、赵、齐四国旧地，又陆续封皇子十三人为诸侯王。这样做既收以亲易疏之效，又有削弱诸侯王势力的作用，新建的诸侯王国远不如旧王国强大。景帝以后，汉武帝继续采取这种措施，诸侯王地日蹙，势益弱，再也不能与中央分庭抗礼了。

第二，抑贬诸侯王的地位，剥夺其任官之权。西汉初年，诸侯王被准许"掌治其国"[1]，并"得自除御史大夫群卿以下众官，如汉朝，汉独为置丞相"[2]。诸侯王拥有治国权，这正是诸侯王国"尾大不掉"的关键所在。而在平定七国之乱后，景帝"感吴楚之难，始抑损诸侯王"[3]，遂既设"左官附益阿党之法"，又在中元五年"令诸侯不得复治国"[4]，也就是剥夺诸侯王的治国理政权力，最终使之"惟得衣食租税，不与政事"[5]。剥夺诸侯王的治国权，主要通过"天子为置吏"而得以实现。

景帝中元五年（公元前 145 年）下诏：

> 令诸侯王不得复治国，天子为置吏，改丞相曰相，省御史大夫、廷尉、少府、宗正、博士官，大夫、谒者、郎诸官长丞，皆损其员。[6]

---

① 《汉书·百官公卿表上》。
② 《汉书·高五王传》。
③ 司马彪著：《续汉书·百官志序》。
④ 《汉书·百官公卿表上》。
⑤ 《汉书·诸侯王表》。
⑥ 《汉书·百官公卿表上》。

在这道诏令中有三点值得注意：（1）"诸侯王不得复治国"，即不准诸侯王干预自己封国的政务，这就剥夺了他们的实际统治权力，封国仅仅成为供给他们"衣食租税"的地方，诸侯王几乎与一般大地主相差无几了。（2）省易官名，如省御史大夫等官，改丞相为相等，其目的是在制度上降低诸侯王的地位，使他们的规模、仪制无法与中央朝廷抗衡。（3）最重要的则是剥夺了诸侯王的置吏权，"天子为置吏"，即诸侯国的官员，统由皇帝任免。这样一来，各诸侯王从前通过任用官吏培植私党的途径被彻底堵住了。诸侯国内上自相、下至县令均由朝廷委派，王国内的制度与各郡县已无明显区别。诸侯王失去专断擅权的条件，其一举一动均在皇帝派来的官吏监视之下。

第三，实行郡国交错分布，以汉郡监督封国。从诸侯王国收归汉廷的诸郡，犬牙交错于各诸侯王国之间。由于诸侯王国的"边郡"和"支郡"悉属于汉廷，汉郡总数急剧增加，时至景帝末年，全国共有七十郡，其中汉廷直辖四十四郡，占总数的百分之六十二点九，诸侯王国所领仅占百分之三十七点一。与此同时，收归汉廷所有的诸郡，既犬牙交错于诸侯王国之间，也对诸侯王国形成有效的监视。通过这种方式，形成了全国范围的监视网。诸侯王国既处于汉郡的监视之下，其行为也不得不有所收敛。从此，叛乱、谋反，与朝廷分庭抗礼的可能性较以前小得多了。这样从西汉建国以来一直困扰着历代皇帝的诸侯王问题，在平定七国之乱后得到基本解决。景帝又采取一系列措施进一步加强对诸侯国的控制。至此，诸侯势衰，唯得衣食租税，不得干预国政，分裂、割据的威胁得以消除。此后，西汉王朝的政令真正达于全国，统一的形势得到进一步巩固。① 但诸侯王国问题的真正彻底解决则是在汉武帝时期。

---

① 参见林剑鸣著：《秦汉史》，上海人民出版社2003年版，第282—283页。

第三章　汉武帝时期的国家治理

汉武帝是中国历史上屈指可数的雄主之一。他最伟大的建树是巩固和发展了秦始皇建立的以皇权为核心的大一统的中央集权制度，把周秦以来中华民族的物质文明和精神文明推向了一个新的高峰。他所造就的西汉盛世可以说有四个空前：政治上空前统一，经济上空前繁荣，国力上空前强盛，文化上空前发展。汉武帝在位期间，对于国家的内政与外交，大力改革。其所作所为，始终围绕着一个中心主题，这就是纠错补弊，加强中央集权与巩固王朝统治，维护多民族国家的统一与稳定。

　　汉武帝即位后的最初几年中，其主要精力放在如何削夺以丞相为首的政府权力上，对诸侯王国则采取笼络的策略。在中央行政体制上，汉武帝提高"内朝"在决策机制中的作用，实行"内朝"决策、"外朝"执行的职权分工制度。"中朝"与"外朝"的分化，削弱了丞相与"外朝"的职权，形成以"中"驭"外"、以轻驭重的格局，使权力最终全部集中在皇帝的手中，便于决策与集中力量做大事情。

　　随着相权被成功地置于皇权之下，汉武帝开始把打击目标指向当时仍对专制皇权形成严重威胁的诸侯王国。汉武帝时期的王国政策，是对文景以来的王国政策的继承、完善和发展，通过颁布"推恩令"、穷治诸侯王谋反之狱、重申"左官律"和"附益法"、采用"酎金律"、实行盐铁官营、改革币制、建立刺史制度等措施，渐次解决了诸侯王国的政治、经济等问题，使得汉初以来长期存在的王国问题得到了彻底的解决。

汉武帝时，社会经济充分发展，汉家天下已经巩固，探索一套长远有效的治国体制的任务便被提上了日程。在这种情况下，汉武帝"罢黜百家，独尊儒术"。从此，儒家的准则被法律化并得到了其后历代王朝的支持与采用。以此为标志，阳儒阴法，儒法并用的霸、王道之术就成为历代统治者执政的二柄。历史的经验告诉我们：秦皇以"焚书坑儒"而失败，汉武以"独尊儒术"而成功。事实上，无论秦皇还是汉武，其目的是相同的，那就是要禁绝异端，统一思想，维护统治者的绝对权威，以让自己的皇朝千秋万代地传承下去。不过，手段不同，效果也就大相径庭。秦皇以暴力高压而失败，汉武以"学而优则仕"的利诱而取得巨大的成功。二者出发点并没有差别，但不同的政策结果却迥然不同。

一、汉武帝的理想及所面临的难题

汉武帝是于景帝后三年（公元前 141 年）正月即皇帝位的。在即帝位九个月后，即武帝建元元年（公元前 140 年）十月（当时以十月为岁首），他就召开了举贤良对策会议，会上，汉武帝连下三道制书，讲明了自己治国理政所追求的理想社会蓝图，并要求参加会议的贤士大夫对现存问题以及国家治理进行充分讨论并提出相应的政策、措施、办法等。元光元年（公元前 134 年）五月，汉武帝再一次召开举贤良对策会议，会议讨论的主题与前次完全相同。因此，要研究汉武帝的治国理政，探讨他在这两次会议上提出的治国理想蓝图及其实现的可能性，无疑就显得十分的重要。

建元元年（公元前 140）十月，武帝在举贤良对策会议的制书中，开宗明义指出：

> 朕获承至尊休德，传之亡穷，而施之罔限，任大而守重，是以夙夜不皇康宁，永惟万事之统，犹惧有阙，故广延四方之豪俊，郡国诸侯公选贤良修洁博习之士，欲闻大道之要，至论之极。今之大夫襄然为举首，朕甚嘉之。子大夫其精心至思，朕垂听而问焉。

> 盖闻五帝三王之道，改制作乐而天下洽和，百王同之。当虞氏之乐莫盛于《韶》，于周莫盛于《勺》。圣王已没，钟鼓管弦之声未衰，而大道微缺，陵夷至乎桀、纣之行，王道大坏矣。夫五百年之间，守文之君，当涂之士，欲则先王之法以戴翼其世者甚众，然犹不能反，日以仆灭，至后王而后止，岂其所持操或悖谬而失其统与？固天降命不可复反，必推之于大衰而后息与？呜乎！凡所为屑屑，夙兴夜寐，务法上古者，又将无补与？三代受命，其符安在？灾异之变，何缘而起？性命之情，或夭或寿，或仁或鄙，习闻其号，未烛厥理。伊欲风流而令行，刑轻而奸改，百姓和乐，政事宣昭，何修何饬而膏露降，百谷登，德润四海，泽臻草木，三光全，寒暑平，受天之祜，享鬼神之灵，德泽洋溢，施乎方外，延及群生？

子大夫明先圣之业，习俗化之变，终始之序，讲闻高谊之日久矣，其明以谕朕。科别其条，勿猥勿并，取之于术，慎其所出。乃其不正不直，不忠不极，枉于执事，书之不泄，兴于朕躬，毋悼后害。子大夫其尽心，靡有所隐，朕将亲览焉。①

这就是汉武帝希望达到的理想目标。从他开头说的"夙夜不敢闲暇安乐，深思万事之端绪，犹惧有缺点失误"，并广招贤良之士讨论，说明这位充满自信的年轻皇帝对治国理政是非常重视和认真的。而他提出的上述治国理政的理想蓝图，其内容就是希望能以历史上五帝三王之道"改制作乐"，通过教化而使政令措施得到贯彻执行，刑罚轻而奸邪改，百姓和乐而政事宣明，使皇帝"德润四海，恩泽至于草木"，进而"德泽洋溢，施乎方外，延及群生"，最终达到"天下洽和"的理想治理境界。

元光元年（公元前134年）五月，汉武帝又一次召开举贤良对策会议，会上再一次下诏申明他的治国理政所要达到的理想境界，他说：

朕闻昔在唐虞，画象而民不犯，日月所烛，莫不率俾。周之成康，刑错不用，德及鸟兽，教通四海。海外肃慎，北发渠搜，氐羌徕服；星辰不孛，日月不蚀，山陵不崩，川谷不塞；麟凤在郊薮，河洛出图书。呜呼，何旋百臻此与！今朕获奉宗庙，夙兴以求，夜寐以思，若涉渊水，未知所济。猗与伟与！何行而可以章先帝之洪业休德，上参尧舜，下配三王！朕之不敏，不能远德，此子大夫之所睹闻也，贤良明于古今王事之体，受策察问，咸以书对，著之于篇，朕亲览焉。②

这封诏书下发的历史背景虽与上次召开举贤良对策会议时所下制书有所不同，但诏书依然强调他要以历史上唐尧虞舜及西周成康时代的成功治理作为自己治国理政的榜样，要把国家治理成"德及鸟兽，教通四海"，"星辰不孛（彗星不现），日月

① 《汉书·董仲舒传》。
② 《汉书·武帝纪》。

不蚀，山陵不崩，川谷不塞”的太平盛世。

对于汉武帝的上述两份治国理想蓝图，大致可以作如下几点理解与解读。

第一，汉武帝的治国理想反映了大汉帝国中期统治者在治国理政上的阔大涵远气象与对自己的事业、对国家前途充满着无比的自信和美好的憧憬。

第二，这个理想是汉武帝对他所处的时代与历史使命的思考、认识、把握与担当。其治理蓝图中的大部分构想通过努力是完全可以实现的，这是汉武帝成就自己治国事业的思想基础。

第三，这个理想蓝图中也有一部分他根本无法实现，如他要求“星辰不孛（彗星不出现），日月不蚀”等是无法办到的；就是汉武帝生前要匈奴臣服于他的理想到他死时也没有完全办到。毕竟，政治不是过家家，很多事情往往总是受到各方面主客观条件的限制与约束，不是光拥有激情、理想、热血，在短时间内就能办到的，这也是汉武帝晚年在政治上出现失误的一个重要思想根源。

纵观汉初七十年历史的发展，大致呈现了这样三个潮流。

第一是人心思定、社会经济恢复发展的潮流。

第二是政治与社会思想文化恢复发展的潮流。

第三是中国由分裂走向大一统的潮流。

汉武帝就是在这三个潮流发展过程中孕育出来的伟大历史人物。他能不能解决这三个潮流发展所积淀下来的一系列问题，能不能把这三个潮流进一步推向一个新的高峰，能不能在前人的基础上提高综合国力，实现国家、民族的复兴，这就是历史所赋予他的一项极其艰巨的任务。汉武帝所要达到的治国理想境界，正是在解决这些问题的过程中逐步实现的。

经过汉初七十年的恢复与发展，到汉武帝时代，形势已经发生了巨大变化，新情况、新问题、新要求都需要汉武帝作出令人满意的解答。这些问题主要集中在：

1. 国家意识形态的重建问题

汉初以黄老“无为而治”思想为指导，这是当时历史条件和社会背景下的选择。随着历史背景与环境条件的变化，国家的指导思想也需要进行相应的调整。汉初人们对"无为而治"的理解，是权宜之计，而不是万世之策。汉初对诸侯王、对匈奴采取妥协、退让政策，是因为国家政治还不够完善，综合国力还不够强大，朝廷还没有力量解决这些问题，不能不如此罢了。经过汉初近七十年的休养生息，情况已经发生了根本性的变化。汉帝国经济发展，国富民强，民众既"庶"又"富"，在更高层次上进行政治建设、文化建设，"重建自信""扬我国威"的条件已经逐渐成熟。在这种情况下，对秦统一中国后的政治思想进行反思与总结，重建意识形态，保证国家长治久安，已经是箭在弦上不得不发。

2. 文化复兴与国家的文化、学术思想政策调整问题

秦始皇三十四年（公元前213年）下达焚书令、挟（藏）书律。此后，项羽又火烧秦宫，将秦宫中的藏书全部付之一炬，先秦以来的文化成果遭到了毁灭性的破坏，汉初社会处于文化沙漠的境地，迫切需要开放书禁，重点进行文化建设。

3. 汉初恢复、发展经济过程中出现的新的社会问题

汉初社会残破、经济凋敝，需要"扫除苛烦，与民休息"。也就是说，汉初的"无为而治"是以民众的愿望、利益为出发点和归宿的。在这一思想指导下，汉初废除了秦代一系列的苛法严政，采取了轻徭、薄赋、省刑等符合当时实际情况的政策措施，促进农业的恢复、发展；同时，又采取措施发展工商业。《史记·货殖列传》说："汉兴，海内为一，开关梁，弛山泽之禁，是以富商大贾周流天下，交易之物莫不通，得其所欲。"总之，汉初在"无为"思想指导下取得的经济上成就是巨大的。然而随着社会经济的发展和繁荣景象的出现，也出现了一系列新的社会问题。这主要表现在：

（1）随着经济发展，贫富差距加大，出现了兼并土地并对劳动者"擅行威罚"的豪强地主。

（2）商人太富，影响了国家重本轻末政策的落实。

（3）诸侯王地方势力对中央集权的威胁增大。

（4）部分农民在自然灾害打击和地主、商人的兼并下，生活困苦，日益陷入破产。

（5）新的政治利益集团的出现，等等。

4. 解决汉与匈奴的不正常关系的时机已经逐渐成熟 ①

总之，经过汉初近七十年的发展，汉武帝即位后汉帝国所面临的内外环境条件都已经发生了很大变化，不仅经济上出现了大好形势，而且政治上威胁汉中央政权的诸侯王势力经平定吴楚七国之役而遭到重大打击，反击匈奴的条件也日益成熟。在这种情况下，汉武帝应怎样治理国家？他能否担负起上述历史所赋予的使命？客观条件的变化与社会、政治需要转型在考验着这位充满自信的年轻君王。

二、罢黜百家　独尊儒术

建元元年（公元前 140 年），汉武帝刘彻即位时，年仅十七岁。

汉武帝虽然年少，但却有胆有识，雄才大略，一心要振兴朝纲，加强中央集权，巩固汉家天下。他认为儒家思想比黄老思想更适于他的统治需要，因此即位伊始，就连续采取了三项重大措施。

（1）启用儒生。汉武帝即位当年，即建元元年（公元前 140 年）冬十月，"诏丞相、御史、列侯、中二千石、二千石、诸侯相举贤良方正直言极谏之士"②。这些"方正直言极谏之士"主要是儒生。

（2）任用重视儒术的窦婴为丞相、田蚡作太尉，主持政府的要害部门。

（3）派人"束帛加璧，安车以蒲裹轮，驾驷迎申公"③入朝。申公是《诗》学大师，又是御史大夫赵绾、郎中令王臧的老师，名重当时。武帝迎申公，欲议古立明堂城南，以朝诸侯，并草拟巡狩、封禅、改历、服色等改革举措。

汉武帝的"更始"措施引起了黄老派的严重不满。

建元二年（公元前 139 年），御史大夫赵绾建议汉武帝凡军国大事"毋奏事太皇

---

① 参见杨生民著：《汉武帝传》，人民出版社 2001 年版，第 16—23 页。

② 《汉书·武帝纪》。

③ 《汉书·儒林传·申公》。

太后"，要求武帝不再向窦太后奏事，欲把窦太后排除在朝政之外，终于引发了汉武帝和窦太后之间的矛盾。窦太后大怒，懿旨逮捕赵绾、王臧，并令他们自裁。窦婴、田蚡免职。在以窦太后为代表的黄老派强力反击下，汉武帝只得暂时作出让步，将申公送回家乡，诸所兴为者皆废。

但是，在挫折面前，汉武帝并没有打消"崇儒"的信念。

建元元年（公元前140年）十月，汉武帝诏举贤良方正时，丞相卫绾建议："所举贤良，或治申、商、韩非、苏秦、张仪之言，乱国政，请皆罢。"①这个建议深合汉武帝之意，从此成为朝廷选用人才的重要政策。窦太后去世后，汉武帝即开始"绌黄老刑名百家之言"，广泛招揽儒学之士，"延文学儒者以百数"，封以官职。

汉兴，言《易》自淄川田生；言《书》自济南伏生；言《诗》，于鲁则申培公，于齐则辕固生，燕则韩太傅；言《礼》，则鲁高堂生；言《春秋》，于齐则胡毋生，于赵则董仲舒。及窦太后崩，武安君田蚡为丞相，黜黄老、刑名百家之言，延文学儒者以百数，而公孙弘以治《春秋》为丞相，封侯，天下学士靡然乡风矣。

弘为学官，悼道之郁滞，乃请曰："丞相、御史言：制曰'盖闻导民以礼，风之以乐。婚姻者，居室之大伦也。今礼废乐崩，朕甚愍焉，故详延天下方闻之士，咸登诸朝。其令礼官劝学，讲议洽闻，举遗兴礼，以为天下先。太常议，予博士弟子，崇乡里之化，以厉贤材焉。'谨与太常臧、博士平等议，曰：闻三代之道，乡里有教，夏曰校，殷曰庠，周曰序。其劝善也，显之朝廷；其惩恶也，加之刑罚。故教化之行也，建首善自京师始，由内及外。今陛下昭至德，开大明，配天地，本人伦，劝学兴礼，崇化厉贤，以风四方，太平之原也。古者政教未洽，不备其礼，请因旧官而兴焉。为博士官置弟子五十人，复其身。太常择民年十八以上、仪状端正者，补博士弟子。郡国县官有好文学、敬长上、肃政教、顺乡里、出入不悖，所闻，令、相、长、丞上属所二千石。二千石谨

① 《汉书·武帝纪》。

察可者，常与计偕，诣太常，得受业如弟子。一岁皆辄课，能通一艺以上，补文学掌故缺；其高第可以为郎中，太常籍奏。即有秀才异等，辄以名闻。其不事学若下材，及不能通一艺，辄罢之，而请诸能称者。臣谨案诏书律令下者，明天人分际，通古今之谊，文章尔雅，训辞深厚，恩施甚美。小吏浅闻，弗能究宣，亡以明布谕下。以治礼掌故以文学礼义为官，迁留滞。请选择其秩比二百石以上及吏百石通一艺以上补左右内史、大行卒史，比百石以下补郡太守卒史，皆各二人，边郡一人。先用诵多者，不足，择掌故以补中二千石属，文学掌故补郡属，备员。请著功令。它如律令。"

制曰："可。"自此以来，公卿大夫士吏彬彬多文学之士矣。[1]

最为引起朝野震动的是，汉武帝将布衣出身治《春秋》的公孙弘拜为丞相，封平津侯，食六百五十户。这件事使儒学的政治地位急剧提高，学习儒术成为士人们寻求政治出路、谋取利益的最热途径，于是"天下之学士靡然乡风矣"。汉武帝就是通过大量征用儒学之士的手段，在政治上促成了崇儒局面的出现。

为了实现政治指导思想的转换，汉武帝还多次下诏策问"治乱之事"。他曾满怀希望地询问申公，申公说："为治者不在多言，顾力行何如耳。"[2]这显然不符合汉武帝的要求，汉武帝很失望。后来，公羊学大师董仲舒解决了这个疑难问题。他在对策中提出："治乱废兴在于己。""《春秋》大一统者，天地之常经，古今之通谊也。今师异道，人异论，百家殊方，指意不同。是以上亡以持一统；法制数变，下不知所守。臣愚以为诸不在六艺之科、孔子之术者，皆绝其道，勿使并进。邪辟之说灭息，然后统纪可一，而法度可明，民知所从矣。"[3]在董仲舒看来，思想混乱必然导致动乱，百家"邪辟之说"不利于汉家一统天下的稳固，必须断绝其政治出路，"勿使并进"。惟有儒学讲求"大一统"，宜定为一尊。汉武帝采纳了这个建议。建元五年（公

---

① 《汉书·儒林传》。

② 《汉书·儒林传·申公》。

③ 《汉书·董仲舒传》。

元前 136 年），"置五经博士"，儒学代替黄老之学成为官方政治学说，儒学典籍成了国家教科书。汉武帝终于举起了独崇儒术的旗帜，初步实现了汉帝国政治指导思想的顺利转换。

建元六年（公元前 135 年），窦太后病卒，汉武帝崇儒的最大障碍已去，从此他开始逐步实现其崇儒的目标。翌年初，令郡、国荐举孝、廉各一人。元朔五年（公元前 124 年），为五经博士置弟子员。元封元年（公元前 110 年），"封泰山"。元封五年（公元前 106 年），"始拜明堂如郊礼"。太初元年（公元前 104 年），修正历法，"以正月为岁首。色上黄，数用五，定官名，协音律"，终于实现了当年"立明堂封禅改历服色"的初衷。

汉武帝经过几十年的努力，为汉帝国找到了较之黄老之学更为适用的政治理论。他看到，儒学的尊君、礼制等级和忠孝思想有助于维护君主的权威，儒家的德治教化也是束缚人们思想的重要手段。对于专制统治者来说，严密控制人的思想意志与约束人的行为同等重要。儒家的德治仁政学说又能为君主政治进行某种修饰和补充，特别是儒家的各种仪制典章，可以将专制主义暴力统治装点得温情脉脉。因而，汉武帝之崇儒，并非以儒学政治学说作为其全部政策的出发点，而是注重儒术的"文饰"功能。正如司马光所说，汉武帝"虽好儒，好其名而不知其实，慕其华而废其质"。不过，经过汉武帝的擢升，儒学终于有了官方身份，走上了与政权治理相结合的道路。以后经过历代君主一再确认，儒学始终占据国家政治指导思想的宝座，成为中国传统政治思想的主流，对于中国传统社会的政治、经济、文化等方面的发展均产生了极其深远的影响。

汉武帝通过"独尊儒术"，表彰《六经》，尊崇儒学，实现了政治指导思想的转换与定型。然而，这并不说明他一味笃奉儒学。作为一个拥有无限权力的独裁者，他不会拒绝任何一种有利于巩固专制政权的政治理论。只要有益于君主政治，什么样的思想、主张都会被汉武帝所采用，这是政治家与学者的区别所在。再者，汉初诸子之学有别于秦，亦不同于汉中期以后，各个流派之间的交融合流成为时尚。许多著名思想家和政治家都是杂学之士，如陆贾兼学儒道，贾谊兼及儒法，董仲舒以阴阳五行融入公羊《春秋》，主父偃"学长短纵横之术，晚乃学《易》、《春秋》、百家之言"。公孙弘"少时为狱吏"，后来"乃学《春秋》杂说"。汉武帝在这样的学风熏陶下，自然不会固守一说。他明倡儒学，实际兼采百家，杂用王霸之术。

三、增订法律　以法治国

史学界早已经形成定论，重视儒术只是汉武帝治国理政的一个重要方面，各家兼用才是不争的事实。有人认为汉武帝是外儒内法，有人则说汉武帝是儒法兼用，甚至有人说汉武帝时期"申商韩非之言，倒成了政治的指导思想"[①]，提法虽然不同，但只要不是纸上谈兵的学术，就一定会承认汉武帝重视法治这一基本事实。因为事实很清楚，"独尊儒学"只是意识形态，治理国家则是包罗万象。在国家治理与政治实践层面，意识形态的建设固然重要，但制度建设与法制建设实际上更加迫切需要。汉宣帝曾说："汉家自有制度，本以霸王道杂之，奈何纯任德教，用周政乎！且俗儒不达时宜，好是古非今，使人眩于名实，不知所守，何足委任！"[②]汉武帝就是"霸王道杂之"的开创者和实践者，他尊儒而重法，任用儒法兼用的公孙弘和从狱吏中提拔起来的张汤、杜周等执法大臣，用严刑峻法打击叛乱诸侯王、豪强、商人，消弭民间动荡，等等。因此以法治国是汉武帝治国的重要举措。可以说，重视法治是汉武帝治国理政经验中不可忽视的一个重要组成部分。

周代重德治，对旧贵族的利益和特权是很注意维护的，所以《礼记·曲礼上》说："礼不下庶人，刑不上大夫。"周代的礼，实际上起着法律制度的作用。

但到春秋战国时期，天下大乱，周代原来的阶级秩序与社会阶层秩序遭到严重的破坏。在这样的情况下，代表新生阶级利益的法家学派提出了法治思想。先秦法家的法治思想有两个显著特点：一是法家"正君臣上下之分"，"不别亲疏，不殊贵贱，

---

① 金春峰著：《汉代思想史》，中国社会科学出版社 1987 年版，第 19 页。
② 《汉书·元帝纪》。

一断于法"①。"刑过不避大臣，赏善不遗匹夫"②。二是公正执法，要求"言无二贵，法不两适。故言行而不轨于法令者，必禁"③。这就要求以法治国，要求在法律面前人人平等。

汉代重法治是有传统的。

汉代思想家在尊崇儒学的同时，并不否认法家的作用。贾谊就说："夫礼者禁于将然之前，而法者禁于已然之后"④，也就是说，礼义教化是在事前规范人的行为准则，法律制度是在人犯罪后进行惩罚的规章，二者相辅相成。董仲舒则说："刑者德之辅，阴者阳之助。"⑤他是主张"德主刑辅"二者兼用的。这些论断说明礼、德与法、刑是可同时并用的。这对汉武帝法治思想的形成无疑是起了作用的。另一方面，汉初诸帝事实上也大都重视法治。汉高帝自不必说，就是汉文帝也"本好刑名之言"。所以，他一方面以无为而治为指导，约法省禁；另一方面又依法办事、严肃执法。如某次有人惊了文帝驾舆，文帝要处重刑，廷尉张释之说："法者，天子所与天下公共也。今法如是，更重之，是法不信于民也，且方其时，上使使诛之则已。今已下廷尉，廷尉，天下之平也，壹倾，天下用法皆为之轻重，民安错其手足？唯陛下察之。"文帝深思"良久"说："廷尉当是也。"⑥这里所说的"法者天子所与天下公共"，就是说法是天下人共同遵守的规则。在这样的传统与现实情况下，汉武帝重视法治在国家治理中的作用即是一件自然而然顺理成章的事情了。

汉武帝重法治也是当时客观形势的需要。史载，汉武帝时法网渐密。据《晋书·刑法志》记载，汉武帝时，张汤作宫廷警卫的"《越宫律》二十七篇"，赵禹作"《朝律》六篇"，共计三十三篇。"及至孝武即位，外事四夷之功，内盛耳目之好，征发

---

① 《史记·太史公自序》。
② 《韩非子·有度》。
③ 《韩非子·问辨》。
④ 《汉书·贾谊传》。
⑤ 《春秋繁露·天辨在人》。
⑥ 《汉书·张冯汲郑传》。

烦数，百姓贫耗，穷民犯法，酷吏击断，奸轨不胜。"① 在这种情况下，元光五年（公元前130年）七月，武帝任命张汤、赵禹定律令。这次条定的律令具有法令文深、严酷以及条文繁多、严密两个特点。张汤"与赵禹共定诸律令，务在深文"②。汉武帝"招进张汤、赵禹之属，条定法令，作见知故纵、监临部主之法，缓深故之罪，急纵出之诛。其后奸猾巧法，转相比况，禁罔寖密。律、令凡三百五十九章，大辟四百九条，千八百八十二事，死罪决事比万三千四百七十二事。文书盈于几阁，典者不能遍睹。是以郡国承用者驳，或罪同而论异。奸吏因缘为市，所欲活则傅生议，所欲陷则予死比，议者咸冤伤之"③。

世所公认，汉家治国，"霸王道杂之"。

汉武帝则是这一治术的成功实践者。汉武帝不仅"独尊儒术"，而且重视依法治国，将讲法治与尊儒术有机地结合。

汉武帝时代，法律条文繁多、严密。汉武帝继承了先秦和汉初执法"不别亲疏，不殊贵贱"的法治思想，以法治国。以身边人为例，汉武帝妹妹隆虑公主之子昭平君，又是武帝女儿夷安公主的丈夫，犯法当死，隆虑公主临死前，以金千斤、钱千万为其赎罪。按汉朝的法律是可以以钱赎罪的，所以汉武帝批准了她的请求。可是隆虑公主死后，昭平君又犯法当死，因为是公主之子，廷尉不敢作主处决他，请示汉武帝决处其罪。汉武帝"为之垂涕叹息，良久曰：'法令者，先帝所造也，用弟故而诬先帝之法，吾何面目入高庙乎？又下负万民。'乃可其奏，哀不能自止，左右尽悲。朔前上寿，曰：'臣闻圣王为政，赏不避仇仇，诛不择骨肉。《书》曰：不偏不党，王道荡荡。此二者，五帝所重，三王所难也。陛下行之，是四海之内元元之民各得其所，天下幸甚！'"④ 再如方士栾大，在乐成侯丁义的推荐下来到了汉武帝身边，靠诈骗博得了武帝的信任。武帝赏给他大量财富，并封其五利将军、天道将军、

① 《汉书·刑法志》。
② 《汉书·张汤传》。
③ 《汉书·刑法志》。
④ 《汉书·东方朔传》。

乐通侯等官、爵，骗得了六颗金印，武帝还把自己和卫皇后生的长女嫁给了他。但后来汉武帝发现了他的诈骗活动后，就毫不犹豫地处死了他，并对推荐他的乐成侯丁义也判处弃市。从这些案例中足可以看出汉武帝对先秦法家的法治思想的继承与坚持。

特别值得注意的是，汉武帝能够将"重法治"与"尊儒术"相互结合。这主要表现在：

第一，以"《春秋》决狱"。这是汉武帝时法律形式的一个新特点，所谓"《春秋》决狱"就是把儒家五经之一的《春秋》作为判断案件的法典。《春秋》一书维护君臣、父子、夫妇的纲常伦理，其宣扬的大一统思想对维护专制主义中央集权十分有利。汉武帝尊儒的目的之一就是要以《春秋》之义正君臣关系，因而大搞《春秋》决狱。如令董仲舒弟子吕步舒"持节使决淮南狱，于诸侯擅专断，不报，以《春秋》之义正之，天子皆以为是"[1]。董仲舒病退后，"朝廷每有政议，数遣廷尉张汤至陋巷，问其得失"，问的就是关于"春秋决狱"之事，董仲舒"动以《经》对，言之详矣"[2]。公孙弘所谓"习文法吏事，缘饰以儒术"，搞的就是"春秋决狱"。"春秋决狱"不仅在镇压诸侯王叛乱中发挥了作用，并在严格规范臣下的行为方面也取得了意想不到的效果。汉武帝开创的这一先例，对后世政治产生了深刻影响。

第二，汉武帝时断狱数比过去大为增加。据《汉书·刑法志》中的记载，西汉时断狱最少的文帝，年"断狱四百"。武帝断狱次数大增，年"天下断狱万数"，或"一岁之狱以万千数"。汉武帝是既重视法治又兼顾德治的皇帝。他在重法治、依法治国的同时，也贯彻儒家以"德教"化人的精神，能够将重法治与尊儒术在政治实践中予以完美的结合。这一点是汉武帝与秦始皇等只知用严刑峻法治国的皇帝的根本区别，也正是他的高明之处。

历史证明，汉武帝在政治上十分精明。秦皇因废先王之道而秦亡，汉武则因兼

---

① 《史记·儒林列传》。
② 《晋书·刑法志》。

采周政与秦制中的合理成分而托起大汉盛世。他在开疆拓土方面超过历代帝王；他将儒家思想作为官方意识形态开创了后世治理思路；他开辟的丝绸之路今日仍然粲然可观；他创始的杂用王霸政治之道更成为中国古代君主常用的治国理政基本模式之一。

总之，汉武帝时期，将"重法治"与"尊儒术"相结合，用儒家五经之一的《春秋》作为判断案件的法典。另外，汉武帝在重法治的同时，"赦天下""赦徒"与特别赦免某一地区、某一事件中罪人的次数频繁，断狱数比过去大为增加。这样做是与民更始，也就是给罪人、刑徒以重新做人的机会。这是皇帝关心民众疾苦、施恩德于民的一个重要表现。

四、悉延百端之学

从建元五年（公元前 136 年）到元光元年（公元前 134 年）五月武安侯田蚡"绌黄老、刑名百家之言"，再到元朔五年（公元前 124 年）为五经博士置弟子员，这十二年是汉武帝尊儒活动的主要时期。经过汉政府的努力，儒学成为汉帝国的指导思想，国立太学成为选拔官员的主要阵地。不过，在尊儒的同时，汉武帝并没有对其他学派"绝其道""灭其说"。相反，各学派的著作均可收藏、流传供人学习、研究。并且，汉武帝还把法家、道家、纵横家、杂家等各家各派的人物通过公车上书、征召、任子、资选、从小吏中逐级提升等方式罗致左右，让他们作官、出谋划策，辅佐自己治理国家。因此，可以说汉武帝实际上并没有"罢黜百家"，而是兼用百家。总之，所谓"独尊儒术"，汉武帝确实尊了。所谓"罢黜百家"，像董仲舒建议所说的那样"诸不在六艺之科、孔子之术者，皆绝其道"，使"邪辟之说灭息"，汉武帝并没有采纳。相反，汉武帝是在尊崇儒术的前提下，采取了百家兼用的方针。

《史记·龟策列传》说：

> 至今上即位，博开艺能之路，悉延百端之学，通一伎之士咸得自效。绝伦

超奇者为右，无所阿私，数年之间，太卜大集。

汉武帝即位后，广开艺能之路，延引百家之学，有一技之长的士人都可为国效力。只要有卓越的才干就能出人头地，如此看来，汉武帝用人应该是包含儒、法、道、纵横、杂家、阴阳五行、术数、方士等各家各派的。

第一，任用既学儒学又学各家之学者为官。如司马谈曾从唐都学天文，从淄川人杨何学《易经》，又追随黄生学黄老之学，在武帝建元至元封年间为太史令。汉武帝时的名儒夏侯始昌，是一位"通五经，以齐诗、尚书教授"的儒家学者，但又是一位"明于阴阳"、善推言灾异的阴阳五行家。曾任太尉、丞相的田蚡曾洽"盘于诸书"。公孙弘是一位兼治儒、法两家的学者。

第二，直接任用各学派的人做官。如韩安国"尝受《韩子》、杂说，邹田生所"①。汉武帝先后任他为北地都尉、大司农、御史大夫、代丞相等职。马邑之谋时，武帝令他率三十万大军伏击匈奴。再如，张欧"孝文帝时以刑名侍太子"，景帝时位列九卿，武帝元朔年间曾"代韩安国为御史大夫"。张汤自幼学习决狱文书律令，武帝时与赵禹"共定诸律令"，汤常"决大狱"，治淮南、衡山、江都王谋反案件，"皆穷根本"。为御史大夫后，又承武帝旨"请造白金及五铢钱，笼天下盐铁，排富商大贾，出告缗令，钽（锄）豪强并兼之家"。在这一过程中，能以巧妙的言词文饰法律，严惩违禁者。张汤以法治国的才干深受武帝赏识，所以常奏事至日晚，使武帝忘食，并让丞相成为无用的摆设，于是出现了"天下事皆决汤"的局面。另外，与张汤"共定律令"的赵禹和杜周，都是武帝时重用的法家在政府任要职的官员。其中，赵禹历任御史、中大夫、廷尉、少府，杜周则历任廷尉史、廷尉、执金吾、御史大夫等。同时，崇尚法治、信奉管商的法家桑弘羊又是为武帝所重用的理财专家，筦盐铁、均输、平准等措施的有力推行者，后为御史大夫。黄霸"少学律令，喜为吏，武帝末以待诏入钱赏官，补侍郎谒者"，后补河东均输长；

---

① 《汉书·韩安国传》。

宣帝时曾官居颍川太守、京兆尹、丞相等职。汉武帝所任用的上述法家官吏，不仅在当时位尊权重，后来在昭、宣时期也发挥了重要作用。

第三，汉武帝不仅从儒、法两家中选择官吏，也从其他学派中广泛选拔官吏。如主父偃"齐国临菑人也，学长短从横术，晚乃学《易》《春秋》、百家之言"①。《汉书·艺文志》所著录的纵横家书目中有《主父偃》二十八篇，这说明主父偃主要是学纵横术起家的，并有专门著作问世。元光元年主父偃上书汉武帝，早上上书，晚上就被召见，所言九事，其中八事均被著为律令。主父偃也深为武帝赏识，一年中四次升官，至中大夫，最后为齐王相。黄老之术西汉初是国家的指导思想。武帝即位后黄老学说的地位大大降低，但是武帝仍然任用学黄老之术的人当官。汲黯就是一例。汲黯以黄老之学起家，景帝时曾为太子洗马，武帝时先后任为荥阳令、中大夫、东海太守，"黯学黄老之言，治官理民，好清静，……黯多病，卧闺阁内不出，岁余，东海大治，称之。上闻，召以为主爵都尉，列于九卿。治，务在无为而已，弘大体，不拘文法"②。武帝对他"无为"的治理方法和直言的性格都很赞赏，称赞他是"社稷之臣"。楚元王后人刘德"修黄老术，有智略"，"常持《老子》知足之计"。武帝曾在甘泉官召见他，因其年轻，称其为"千里驹"。另外，司马谈、司马迁父子是尊黄老的，先后被任用为太史令，司马迁还被任用为中书令。再如郎中婴齐、杨王孙等人都是当时治黄老之术有影响的知名人物。

对于杂家、兵家、术数家，只要有利于国家治理，汉武帝也照样一概任用。东方朔就是位杂家，他说自己"讽诵《诗》《书》、百家之言不可胜数"③，又说他"十六学《诗》、《书》，诵二十二万言。十九学孙、吴兵法……亦诵二十二万言"④。他曾上书武帝陈述农战强国之计，其言专用"商鞅、韩非之语"。再如汉武帝对卫青、霍去

---

① 《汉书·主父偃传》。

② 《史记·汲黯列传》。

③ 《史记·滑稽列传》。

④ 《汉书·东方朔传》。

病等杰出军事将领的发现与重用，等等①。

据刘泽华等总结，汉武帝的政治思想具有以下四个特点。

1. 求变

汉武帝登上政治舞台之际，西汉王朝正处于发展的转折关头。汉武帝对形势的认识十分清楚，他反对墨守成规，多次提出要"变"。他说："朕闻天地不变，不成施化，阴阳不变，物不畅茂。"变是事物发展的必要条件，同样，对国家政策作适度调整，也是成就丰功伟绩的重要前提，所以"五帝不相复礼，三代不同法"。汉武帝所说的"变"主要是指从实际政治需要出发，根据不同情况将施政方针作灵活的调整。他对儒家的权变思想领会颇深，曾评论说："盖孔子对定公以徕远，哀公以论臣，景公以节用，非期不同，所急异务也。""所急异务"就是讲政策的灵活性。武帝认为在调整政策时，还要注意历史联系，于是提出"据旧以鉴新"，"稽诸往古，制宜于今"②。在变的过程中，手段、方法要服务于目标，即所谓"所由殊路而建德一也"。"求变"是汉武帝变更一系列重要政策的思想基础。

2. 求治

汉武帝有着强烈的使命感，自知"任大而守重"。为了汉家天下长治久安，他"夙夜不皇康宁，永惟万事之统，犹惧有阙"③。曾几次下诏策问，渴望寻找到长治久安的治国方略。

长期困扰汉武帝，使其夜不成寐的问题主要有三：

（1）政权得失兴亡的根本原因是天命还是人为？

他问："五帝三王之道，改制作乐而天下洽和……桀、纣之行，王道大坏……三代受命，其符安在？灾异之变，何缘而起？"④

---

① 参见杨生民著：《汉武帝传》，人民出版社 2001 年版，第 57—61 页。
② 《汉书·武帝纪》。
③ 《汉书·董仲舒传》。
④ 《汉书·董仲舒传》。

（2）治平天下的根本方略是什么？

他问："三王之教所祖不同，而皆有失。或谓久而不易者道也，意岂异哉？"他说："惟前帝王之宪，永思所以奉至尊，章洪业，皆在力本任贤。今朕亲耕籍田以为农先，劝孝弟，崇有德，使者冠盖相望，问勤劳，恤孤独。"① 欲以此达到天下大治。

（3）如何实现政治思想的统一？

汉武帝的政治视野相当宽广，他思考的是君主专制统治如何长治久安的重大政治问题。正是在求治思想指导下，汉武帝接受了董仲舒的建议，罢黜百家，独尊儒学为国家政治学说，杜绝意识形态领域的混乱现象，加强对思想的统一和专制。

3. 德刑兼用

汉武帝汲取了汉代儒学的德主刑辅思想，把德治教化和刑暴惩恶作为维护君权不可或缺的两手。

汉武帝说："夫本仁祖义，褒德禄贤，劝善刑暴，五帝三王所由昌也。"他特别注重德治的功能，说"扶世导民，莫善于德"。德治的主旨是事天以礼，立身以义，事亲以孝，育民以仁。德治是引导人民安分守己、服从统治的良方。武帝深感当今世道礼崩乐坏，设想通过宣化仁义道德，"导民以礼，风之以乐"，使民"仁行而从善，义立则俗易"②，建立稳定的统治秩序。

汉武帝正是通过征辟选用儒学之士，设立太学，立五经博士和博士弟子，在中央政府形成仁义道德宣化中心。然后，设置专职礼官，"讲议洽闻，举遗兴礼，以为天下先"。中央和地方各级政府官员均负有教化民众的责任，他曾告诫臣属："公卿大夫，所使总方略，一统类，广教化，美风俗也。"③ 在社会基层，汉武帝也十分重视利用乡、县三老，孝悌、力田等地方基层官吏宣扬教化。元狩六年（公元前117年），武帝下诏，"谕三老、孝弟以为民师"，希望通过自上而下的教育宣化，敦促民众自

---

① 《汉书·董仲舒传》。
② 《汉书·武帝纪》。
③ 《汉书·武帝纪》

觉遵行礼法，致力农亩，安分守己做顺民，实现百姓和乐，政事宣昭。

汉武帝在宣传上重教化，在行政操作中则更重刑罚。他密织法网，亲信法术之士，强化暴力统治。班固说，武帝即位以后，"征发烦数，百姓贫耗，穷民犯法，酷吏击断，奸轨不胜。于是使张汤，赵禹之属，条定法令，作'见知放纵，监临部主'之法"。又作"沉命法"，对于不能揭举罪犯者，以及镇压"盗贼"不力的地方官都要施以重刑。

以刑罚督责吏民构成汉武帝治国的特点之一。

汉武帝说："夫刑罚所以防奸也。"[①]刑暴和劝善一样，同为帝王之道，都是用来巩固汉家天下的重要政策举措。唐令狐德棻说："王道任德，霸道任刑。自三王已上，皆行王道；惟秦任霸术，汉则杂而行之。"[②]汉武帝这种兼及德刑，内重刑暴、外饰德化的治术便是"汉家制度"的精髓。

4. 任贤

汉武帝颇有自知之明，十分清楚"盖有非常之功，必待非常之人"的道理，认为若想成就帝王大业，为汉家天下筑起万世不朽的根基，必须将天下英才全都罗致麾下。在汉武帝当政的几十年里，他"畴咨海内，举其俊茂，与之立功"[③]，"求之如弗及"[④]。任贤乃是武帝的一项基本政策。

汉武帝认为，任贤的诀窍在于知人善任。他曾感慨地说："知人则哲，惟帝难之。"[⑤]

为了确保能选得有用之才，武帝采取了两项措施。

第一，扩大征选人才的数额，使地方举荐人才制度化和经常化。他"深诏执事，兴廉举孝"，三番五次责令郡国地方官员推举才德之士。他说："夫十室之邑，必有

---

① 《汉书·武帝纪》。
② 《唐书·令狐德传》。
③ 《汉书·武帝纪》。
④ 《汉书·兒宽传》。
⑤ 《汉书·武帝纪》。

忠信，三人并行，厥有我师。今或至阖郡而不荐一人，是化不下究，而积行之君子壅于上闻也。"为此，武帝特别严明奖惩制度，"进贤受上赏，蔽贤蒙显戮"。如果地方官员"不举孝，不奉诏，当以不敬论。不察廉，不胜任也，当免"①。武帝运用行政手段广招人才，给予任贤以制度保障。

第二，放宽选贤的标准，对于"茂才异等"不计其出身或其他小节。汉武帝说："马或奔踶而致千里，士或有负俗之累而立功名。"才能优异之人往往行为怪异，不同于世俗，或者出身低微。汉武帝认为这些都不足为虑，他说："夫泛驾之马，跅弛之士，亦在御之而已。"②只要驾驭得法，行为超常之士同样能为君主所用，至于出身高低更可存而不论。③

汉武帝的任贤之道收效显著，一时"群士慕向，异人并出"④，"天下布衣各厉志竭精以赴阙廷自衒鬻者不可胜数"⑤。武帝时代的名臣中出身不高者大有人在，如"卜式拔于刍牧，弘羊擢于贾竖，卫青奋于奴仆，日磾出于降虏"。正是在这样的用人思想指导下，汉武帝才能将各种类型的优秀人才汇聚于中央，形成以他为中心的高智能统治集团。正如班固列举的那样，"汉之得人，于兹为盛。儒雅则公孙弘、董仲舒、兒宽；笃行则石建、石庆；质直则汲黯、卜式；推贤则韩安国、郑当时；定令则赵禹、张汤；文章则司马迁、相如；滑稽则东方朔、枚皋；应对则严助、朱买臣；历数则唐都、洛下闳；协律则李延年；运筹则桑弘羊；奉使则张骞、苏武；将率则卫青、霍去病；受遗则霍光、金日磾；其余不可胜纪。是以兴造功业，制度遗文，后世莫及"⑥。

---

① 《汉书·武帝纪》。

② 《汉书·武帝纪》。

③ 参见刘泽华、葛荃主编：《中国古代政治思想史》，南开大学出版社 2001 年版，第 200—202 页。

④ 《汉书·公孙卜式兒宽传》。

⑤ 《汉书·梅福传》。

⑥ 《汉书·公孙弘卜式兒宽传》。

五、改革选官制度

中国以郡县制为特征的君主专制中央集权的政治体制始于大秦帝国。这种体制的出现，显然是为了巩固国家统一，维护传统社会的正常秩序。然而，秦王朝二世而亡，统治全国仅短短十五年，君主专制政治制度并不完备。汉初经过近七十年的实践，中华帝国政治体制上的诸多问题进一步暴露出来。汉武帝时，为适应形势发展的需要，遂大刀阔斧地进行政治制度的改革。汉武帝自己曾说过："汉家庶事草创，加四夷侵陵中国。朕不变更制度，后世无法。不出师征伐，天下不安。为此者不得不劳民。若后世又如朕所为，是袭亡秦之迹也。"① 这就是说，汉武帝变更制度以及他所事文治武功的目的不仅仅为当时的需要，而且要为后世立法。而汉武帝所变更的制度中的一部分就是选官制度。

周代世官制度占统治地位。春秋战国时期，因为社会秩序的变动以及客观形势的要求，出身低下的士人逐渐进入官僚集团。到战国末年，"明主之吏，宰相必起于州部，猛将必发于卒伍"② 已经成为各国选拔官员的基本条件。汉武帝即位时距刘邦即帝位已六十二年，汉初的勋臣已退出历史舞台，而其时汉帝国又恰处在开拓、进取的强劲势头上，所以对选拔官吏的制度进行了大胆改革，主要有二：一是唯才是举，二是广开仕途。

汉武帝选拔官吏的一个显著特点就是唯才是举。

汉武帝即位不久，即于建元元年十月召开了举贤良对策会议，把严助、董仲舒等人选拔出来。据《资治通鉴·卷第十七·汉纪九》记载："上自初即位，招选天下文学材智之士，待以不次之位。四方士多上书言得失，自眩鬻者以千数。上简拔其俊异者宠用之。庄助最先进，后又得吴人朱买臣、赵人吾丘寿王、蜀人司

---

① 《资治通鉴·卷第二十二·汉纪十四》。

② 《韩非子·显学》。

马相如、平原东方朔、吴人枚皋、济南终军等，并在左右。"《汉书·东方朔传》说武帝时期"朝廷多贤材"，并称赞"武帝即招英俊，程其器能，用之如不及"。这里所说"程其器能"加以任用，就是唯才是举。元封五年（公元前 106 年）大将军、大司马卫青去世，此前霍去病、公孙弘等人也已去世，而武帝的事业仍在开拓之中，在这种形势下，武帝下了一道《求茂材异等》诏，充分反映了他在用人上唯才是举的思想。这份诏书说：

> 盖有非常之功，必待非常之人。故马或奔踶而致千里，士或有负俗之累而立功名。夫泛驾之马，跅弛之士，亦在御之而已。其令州郡察吏民有茂材异等可为将相及使绝国者。[①]

这份诏书的大致意思就是：大凡有非常之功，必然要有非常之人。所以又狂奔而又踢人的马能日走千里，有的士人为世俗所讥议而能立功名于世。驾车不循轨辙奔驰的马，放荡不羁、不遵礼度的士人，也在任用之列。因此，令州郡考察吏民之中有优异的可以为将相和出使绝域的人才，都要把他们选拔上来。这显然就是唯才是举了。

汉武帝选拔官吏的另一个显著特点就是广开仕途。

汉武帝在继承西汉初期选拔官吏制度的基础上，大胆发展、创新，形成了适应多种需要，多途径、多元化地选拔、任用官吏的制度。这主要表现在：

（1）察举。汉武帝时的察举分贤良、孝廉、茂材异三科。

我们先来看贤良科。

汉高帝十一年（公元前 196 年），刘邦下求贤诏说"贤士大夫有肯从我游者，吾能尊显之"，并要求诸侯王、郡守举荐贤士大夫遣诣相国府，并签署上姓名、行状、年纪。如果有贤士大夫而不举荐即所谓"有而弗言，觉，免"[②]。这是汉王朝最早要求

---

① 《汉书·武帝纪》。
② 《汉书·高帝纪》。

举荐贤良的诏书。

汉文帝时开始正式举贤良。文帝前元二年（公元前 178 年）诏"举贤良方正能直言极谏者，以匡朕之不逮"。文帝前元十五年（公元前 165 年）"诏诸侯王、公卿、郡守举贤良能直言极谏者，上亲策之，傅纳以言"①。

汉武帝建元元年（公元前 140 年），"诏丞相、御史、列侯、中二千石、二千石、诸侯相举贤良方正直言极谏之士"②；后于元光元年五月又诏贤良对策，元光五年复诏贤良文学。武帝以后举贤良成为定制，历昭、宣、元、成而不断。

贤良科是汉代选拔高级官员的重要途径。文帝时晁错曾应"贤良文学"之选，经策试以高第任中大夫，景帝时升为御史大夫。武帝时董仲舒亦应"贤良"之选，经策试为江都王相。公孙弘经此科之选，最后升为丞相。贤良一科，在皇帝策试时讨论的是重大政策方面的问题，如董仲舒《举贤良对策》讲的就是统治思想和重大政策、制度方面的问题。昭帝时贤良文学参加的盐铁会议，讨论的也是重大政策问题，等等。此科选举的重要性由此可见。此科选举时，先由皇帝下诏施行，名之曰"制选"。这是因为皇帝关于重大制度而颁布的命令称为制书，选贤良是据皇帝之命而选举的，所以称为"制选"③。根据皇帝制书的内容，中央有关机构和王国相、郡守等地方官员结合乡里评议，选拔出符合条件的适当人选，这叫作"察选"。"察选"出来的人，再上报、遣送至丞相府等有关机构。然后再由皇帝亲自策试，策试的题目是由皇帝出的政治、政策方面的问题，被策试的贤良写成文章对答，这就是对策。此对策如为皇帝所赏识，就可以授以官职，或再经试用之后授以官职。

我们再来看孝廉科。

举孝廉在武帝前已有，最初孝廉与力田等是一同举荐的。文帝前元十二年（公元前 168 年）下诏："孝悌，天下之大顺也。力田，为生之本也……廉吏，民之表

---

① 《汉书·文帝纪》。

② 《汉书·武帝纪》。

③ 《史记·秦始皇本纪》载皇帝"命为'制'，令为'诏'"。

也。朕甚嘉此二三大夫之行。今万家之县，云无应令，岂实人情？是吏举贤之道未备也。"[1] 这说明文帝时已有举孝悌、力田、廉吏之事。从史籍记载来看，"举孝廉"作为单独的一科，可能是武帝时正式开始的，因为据《汉书·武帝纪》记载："元光元年（公元前134年）冬十一月，初令郡国举孝廉各一人。"这里说的"初令"应指最初让举孝廉的诏令，"令郡国举孝廉各一人"是说各郡与诸侯王国要分别举"孝""廉"各一名。"孝"与"廉"是两种德行高尚、嘉美的人，举孝子为官，显然是为了实现"广教化、美风俗"，"化元元，移风易俗也"[2] 的目的。因此，汉武帝对举孝廉是十分重视的。元朔元年（公元前128年）冬十一月，武帝下诏说：

> "公卿大夫，所使总方略，一统类，广教化，美风俗也。夫本仁祖义，褒德禄贤，劝善刑暴，五帝、三王所由昌也。朕夙兴夜寐，嘉与宇内之士臻于斯路。故旅耆老，复孝敬，选豪俊，讲文学，稽参政事，祈进民心，深诏执事，兴廉举孝，庶几成风，绍休圣绪。夫十室之邑，必有忠信；三人并行，厥有我师。今或至阖郡而不荐一人，是化不下究，而积行之君子雍于上闻也。二千石官长纪纲人伦，将何以佐朕烛幽隐，劝元元，厉蒸庶，崇乡党之训哉？且进贤受上赏，蔽贤蒙显戮，古之道也。其与中二千石、礼官、博士议不举者罪。"有司奏议曰："古者，诸侯贡士，一适谓之好德，再适谓之贤贤，三适谓之有功，乃加九锡；不贡士，一则黜爵，再则黜地，三而黜，爵地毕矣。夫附下罔上者死，附上罔下者刑；与闻国政而无益于民者斥，在上位而不能进贤者退，此所以劝善黜恶也。今诏书昭先帝圣绪，令二千石举孝廉，所以化元元，移风易俗也。不举孝，不奉诏，当以不敬论。不察廉，不胜任也，当免。"奏可。[3]

孝廉科经武帝时的倡导推行，后来成为定制。

---

[1] 《汉书·文帝纪》。

[2] 《汉书·武帝纪》。

[3] 《汉书·武帝纪》。

我们再看茂材异科。

此科为汉武帝时新设，设置的时间在元封五年（公元前 106 年），诏书中"令州郡察吏民有茂材异等可为将相及使绝国者"，即要求举荐那些有特别的才干和能力的人，包括为世俗所讥议、放荡不羁（不循常规、礼法）的人。由于当时杰出的军事将领卫青、霍去病和董仲舒、公孙弘等人相继去世，而形势的发展又迫切需要人才，所以武帝才设此选拔特异人才的新科。

（2）征召。"征召"，汉武帝之前就有。汉武帝大大发展了这一选拔人才的方式。只要具有某种特长或者品德高尚，这种人才就在"征召"之列。元光五年（公元前 130 年），汉武帝"征吏民有明当世之务、习先圣之术者，县次续食，令与计偕"。元狩六年（公元前 117 年），汉武帝下诏"遣博士大等六人分循行天下……举独行之君子，征诣行在所"[①]。这种征召一次绝不只一人，可能至数人、数十人，或更多。被征召的人经皇帝亲自召见，谈话，了解其特长、志趣，而后授予官职。

（3）"北阙上书"或"公车上书"。这种选拔可视为征召制的一种形式，其特点是被选者首先上书，而后由皇帝和有关人员审阅上书内容后，经选择再由皇帝召见，而后授以官职。这与皇帝首先提出征召的形式是有区别的。所谓"北阙上书"，是在宫殿北边的门楼上上书。《汉书·高帝纪》载"萧何治未央宫，立东阙、北阙、前殿、武库、太仓"。上书、奏事、谒见之徒皆诣北阙。这就是"北阙上书"的来历。枚皋就是先在"北阙上书"之后才被汉武帝召见的。这种上书有时又称作"公车上书"，上书者由公车司马接待、管理。因此，从管理上书的机构看可以说是"公车上书"。朱买臣也曾"诣阙上书，书久不报，待诏公车"，后严助荐，被武帝召见，为中大夫。主父偃也曾"上书阙下，朝奏，暮召入见，所言九事，其八事为律令"。《史记·滑稽列传》载东方朔的事迹说："朔初入长安，至公车上书，凡用三千奏牍。公车令两人共持举其书，仅然能胜之。人主从上方读之……读之二月乃尽。"东方朔这次上书，用了三千片竹简，公车令二人搬动举起，汉武帝读了两个月才读完。看来，汉

---

① 《汉书·武帝纪》。

武帝对通过"北阙上书"或"公车上书"选拔人才的制度是认真推行的。通过这一途径选拔的主父偃、朱买臣、东方朔等人在当时的政治、文化生活中都起了一定的作用。

（4）太学养士与选士制。通过学校培养而选拔官吏的制度是汉武帝时正式建立的。太学（国立大学）设五经博士，博士教授学生，学生分两部分：一部分是由太常选送的，另一部分是由地方郡、国选送的。学生毕业后，按学习成绩优劣，分配到有关机构工作。太学在武帝时规模不大，但发展到后来规模逐步扩大，对汉王朝政治生活、文化生活影响巨大。

（5）任子制。任子制是关于二千石以上的高级官员子弟为郎的规定。二千石以上的高官不仅可任子为郎，并且还规定，任职满三年者"得任同产（同母兄弟）若子一人为郎"，也就是说任子外还可任一位同母兄弟为郎。这一制度在武帝时还实行着，如苏武，因其父苏建从大将军卫青击匈奴有功，封平陵侯，后为代郡太守，苏武兄弟三人"并为郎"。再如霍光因其兄霍去病任为郎。这种任子制度与西周的世官制有别，西周时的世卿世禄制规定父死子继，嫡子继承父亲生前的官职。任子制是高级官员可以任自己的儿子和一个兄弟为郎，充任皇帝侍从，经皇帝考察再据其才干、功绩任官。经皇帝考察、任用，并不是所有二千石为郎的子弟都可提拔为高官的。事实证明，任子制也可以选拔出优秀人才，如苏武、霍光都是当时的杰出人才。

（6）资选制与纳资制。资选制是据家庭财产多少而选官的制度，而所谓纳资制是有产人家向政府纳钱，政府赏给官职。此制汉武帝前已经有之，武帝继续采用。以"纳资"方式为官有成就者如桑弘羊、卜式、张释之等人。

（7）卖官制。汉武帝时，由于连年战争，府库益虚，财政困难，这使得"纳资"当官，变为赤裸裸的卖官鬻爵。汉武帝卖官的目的是为了增加国家的财政收入，让富人用钱换官。其结果，虚设滥设官职，导致官吏大量增加，并使汉初以来不能当官的商人大量当官，加入官僚集团。这样，便形成了官僚、地主、商人三位一体的政治利益集团。①

综上所述，汉武帝适应形势发展的需要，通过多途径、多渠道选拔了大量出身不同、才能与性格各异的官吏，并经试用、考察任用为中央和地方的长官。这中间有成功的经验，也有发人深思的教训，其中的得失值得后人认真研究与总结。

六、实行中外朝制度

西汉初期，丞相权大，经常与皇权发生矛盾。至武帝时，为抑制相权，设立中朝，从此汉帝国形成了中、外朝并存的权力格局。

汉初承秦制，丞相权力很大。"高帝即位，置一丞相，十一年更命相国，绿绶。孝惠、高后置左右丞相，文帝二年复置一丞相。"②当时的丞相，实际上是朝廷掌握行政实权的总理大臣。萧何、曹参、王陵、陈平、周勃、灌婴等任丞相者，都是佐刘邦立基业的功臣，惠帝、文帝是他们的子侄辈，所以丞相的地位、作用大为提高。不仅如此，秦朝至西汉前期，丞相不但权位重，礼遇亦隆，凡位居相位者多为列侯。公孙弘为第一个布衣丞相，但入相后，汉武帝马上封其为平津侯。此后入相而封侯遂成为定制，一直为西汉统治者所遵守。东汉时这一制度才遭到破坏。西汉时，由于丞相地位重要，因而朝廷对其礼遇亦十分优厚。如特赐萧何"剑履上殿，入朝不趋，奏事不名"等，丞相晋见皇帝时，"御坐为起，车舆为下"。据《汉旧仪》载：皇帝在道，丞相迎见，皇帝要下车还礼后再上车走。谒者（掌宾赞受事礼官）要赞称曰："皇帝为丞相下舆。"皇帝如见丞相，也要起立而后坐。谒者要赞称曰："皇帝为丞相起。""丞相有疾，皇帝法驾亲至问疾……即薨……车驾往吊，赠棺、敛具，赐钱，葬地。葬日，公卿以下会葬焉。"③丞相即使犯罪，也依"将相不辱"和"将相不

---

① 参见杨生民著：《汉武帝传》，人民出版社2001年版，第130—137页。

② 《汉书·百官公卿表上》。

③ 卫宏：《汉旧仪》卷上。

对理陈冤"的习惯，不出庭接受审问，而是由皇帝示意自裁。在这种情况下，丞相的独立性相对增强。由于丞相位尊权大，因而与君权的冲突就成为必然。继萧何为相的曹参，不向皇帝报告有关政事，汉惠帝的作用似乎只是听从丞相的安排。汉景帝时，窦太后期望封皇后的哥哥王信为侯，汉景帝表示："请得与丞相计之。"于是与丞相周亚夫商议，周亚夫以高帝刘邦"非有功，不得侯"的预先约定予以坚定拒绝，汉景帝默然而有沮丧之色。可见当时相权之重。

据《史记》记载，当汉文帝逐渐熟悉国政后，开始对以周勃、陈平为首的功臣集团不满起来，于是找借口裁抑宰相周勃、陈平。

> 孝文帝立，以为太尉勃亲以兵诛吕氏，功多；陈平欲让勃尊位，乃谢病。孝文帝初立，怪平病，问之。平曰："高祖时，勃功不如臣平。及诛诸吕，臣功亦不如勃。愿以右丞相让勃。"于是孝文帝乃以绛侯勃为右丞相，位次第一；平徙为左丞相，位次第二。赐平金千斤，益封三千户。
>
> 居顷之，孝文皇帝既益明习国家事，朝而问右丞相勃曰："天下一岁决狱几何？"勃谢曰："不知。"问："天下一岁钱谷出入几何？"勃又谢不知，汗出沾背，愧不能对。于是上亦问左丞相平。平曰："有主者。"上曰："主者谓谁？"平曰："陛下即问决狱，责廷尉；问钱谷，责治粟内史。"上曰："苟各有主者，而君所主者何事也？"平谢曰："主臣！陛下不知其驽下，使待罪宰相。宰相者，上佐天子理阴阳，顺四时，下育万物之宜，外镇抚四夷诸侯，内亲附百姓，使卿大夫各得任其职焉。"孝文帝乃称善。右丞相大惭，出而让陈平曰："君独不素教我对！"陈平笑曰："君居其位，不知其任邪？且陛下即问长安中盗贼数，君欲强对邪？"于是绛侯自知其能不如平远矣。居顷之，绛侯谢病请免相，陈平专为一丞相。①

汉文帝初期丞相权力虽然很大，但周勃、陈平二人不和，汉文帝遂利用二人之

---

① 《史记·陈丞相世家》。

间的矛盾，对丞相权力进行牵制，从而达到巩固皇权的目的。

如果说惠帝、文帝时的丞相是开国功臣的话，那么汉武帝即位后最初任命的两位丞相却是"贵戚"。第一位是太皇窦太后的侄儿窦婴，做丞相几个月就被窦太后免职。第二位是建元六年（公元前134年）窦太后去世后为丞相的武安侯田蚡，田蚡是王太后的同母弟、武帝的舅父。汉武帝这时还是个涉世不深的二十多岁的青年，所以田蚡根本不把武帝放在眼里。在这种情况下，相权与皇权就发生了尖锐的矛盾。据《史记·魏其武安侯列传》记载：

> 武安侯虽不任职，以王太后故，亲幸，数言事多效，天下吏士趋势利者，皆去魏其归武安。武安日益横。建元六年，窦太后崩，丞相昌、御史大夫青翟坐丧事不办，免。以武安侯蚡为丞相，以大司农韩安国为御史大夫。天下士郡国诸侯愈益附武安。

> 武安者，貌侵，生贵甚。又以为诸侯王多长，上初即位，富于春秋，蚡以肺腑为京师相，非痛折节以礼诎之，天下不肃。当是时，丞相入奏事，坐语移日，所言皆听。荐人或起家至二千石，权移主上。上乃曰："君除吏已尽未？吾亦欲除吏。"尝请考工地益宅，上怒曰："君何不遂取武库！"是后乃退。尝召客饮，坐其兄盖侯南乡，自坐东乡，以为汉相尊，不可以兄故私桡。武安由此滋骄，治宅甲诸第。田园极膏腴，而市买郡县器物相属于道。前堂罗钟鼓，立曲旃；后房妇女以百数。诸侯奉金玉狗马玩好，不可胜数。

从上述史料可知，汉武帝初期，丞相田蚡权势极大，汉武帝不得不对他言听计从。他所举荐的人，有的一起家就升至二千石的职位，权力几乎都从皇帝那儿转移到了他的掌中。皇帝还要和他商量说：你委任的人委任完了没有？我也想要委任一些官呢。可见当时的丞相权力之大。

最令汉武帝不快的是，无论是田蚡那样"贵戚"出身骄横不可一世的丞相，也无论是出身平民小心谨慎的公孙弘那样的丞相，都和汉武帝有不少分歧。产生分歧的原因是复杂的，但其中一个重要的原因是丞相对武帝的进取精神很不理解，汉武帝所想和所要干的事情，是一些丞相连想也不敢想的。因此，为贯彻自己的意图，汉武帝就必须抑制相权。而所用的办法，就是通过自己罗致左右的如严助等人与丞相等外朝大臣展开辩论，使其理屈词穷或认错。这就是最初中、外朝出现的原因。关于这一点，《汉书·严助传》有明确的记载：

> 是时，征伐四夷，开置边郡，军旅数发，内改制度，朝廷多事，娄举贤良文学之士。公孙弘起徒步，数年至丞相，开东阁，延贤人与谋议，朝觐奏事，因言国家便宜。上令助等与大臣辩论，中外相应以义理之文，大臣数诎，其尤亲幸者：东方朔、枚皋、严助、吾丘寿王、司马相如。相如常称疾避事。朔、皋不根持论，上颇俳优畜之，唯助与寿王见任用，而助最先进。

这一记载说明，汉武帝即位之后"征伐四夷""内改制度""朝廷多事"，因此遭到丞相等重要官员的阻挠，遂引延"贤人与谋议"，"令助等与大臣辩论，中外相应以义理之文，大臣数诎"。这里的"中"，是指汉武帝延请来的亲信左右，如严助、东方朔、枚皋、吾丘寿王、主父偃、朱买臣等人；"外"指以丞相为首的"公卿大夫"。这就是中、外朝最初出现的背景、原因和情况。从有关记载可以看出，中、外朝的辩论主要有以下几次。

建元三年（公元前 138 年），闽越（今福州一带）举兵围东瓯（今浙江温州一带），东瓯向中央政府告急。汉武帝问曾任太尉的田蚡怎么办？田蚡认为越人互相攻击是常事，又反复无常，不值得汉军前往相救。并说东瓯是秦时已经放弃了的地方。其时中大夫、侍中严助反问田蚡：如果有力量救助，德又能覆载，为何要放弃呢？况且秦朝连咸阳一起把全国都放弃了，岂止放弃越地！今小国来告急，天子不管，又怎能臣属方国呢？武帝私下对严助说："太尉不足与计，吾新即位，不欲出虎符发兵郡国。"[①]于是派遣严助持节发会稽兵，会稽太守拒绝，严助斩一司马，以天子意旨晓谕，遂发兵救东瓯，还未赶到，闽越就退兵走了。

---

① 《汉书·严助传》。

元朔二年（公元前 127 年），卫青取河南地，曾为郎中、谒者、中郎、中大夫的主父偃建议筑朔方城，此乃"内省转输戍漕，广中国，灭胡之本也"。汉武帝以此建议"下公卿议，皆言不便"[①]，其时任御史大夫的公孙弘"数谏，以为罢敝中国以奉无用之地，愿罢之"。武帝令中大夫、侍中等人诘难公孙弘专言"置朔方之便"，其中讲了筑朔方城的十条利害，公孙弘无一应对。公孙弘认错说"山东鄙人，不知其便若是"[②]。事实证明，这年徙十余万人筑朔方城，是后来向西北边郡大徙民的开始，此举既可阻止匈奴南犯，又为反击匈奴提供了前方基地，对稳定北方形势有举足轻重的作用。

吾丘寿王曾先后任侍中、中郎、郎、东郡都尉、光禄大夫、侍中等。丞相公孙弘有个令"民不得挟弓弩"的建议，其理由是：十贼张弓搭箭，百吏不敢向前，此盗贼之不常伏罪，逃走者众的原因。让民不能挟带弓弩害少而利多，让民挟带弓弩实是盗贼蓄多的重要原因。汉武帝把这一建议交由群臣讨论，吾丘寿王指出：古代制作矛、戟、弓、剑、戈五种兵器是为了"禁暴讨邪"。现在"盗贼犹有者……非挟弓弩之过也"。孔子曰："吾何执，执射乎？"古代有"大射之礼，自天子降及庶人，三代之道也……愚闻圣王合射以明教矣，未闻弓矢之为禁也"。臣以为如果禁民挟弓矢，会发生良民挟弓弩自卫而无法，这岂不是专门让盗贼威风而夺民众自救之路吗？所以"民不得挟弓弩"的建议"无益于禁奸，而废先王之典，使学者不得习行其礼，大不便"。吾丘寿王书奏上后，武帝以此"难丞相弘"[③]，公孙弘理屈词穷而服焉。

终军，济南人，少好学，以辩博、能属文闻名于郡，十八岁选为博士弟子，至长安上书言事，被武帝拜为"谒者给事中"。元狩四年（公元前 119 年）置盐铁官，推行盐铁专卖。元鼎元年（公元前 116 年），博士徐偃巡行郡国时，"矫制"即假托皇帝制诏，"使胶东、鲁国鼓铸盐铁，还，奏事，徙为太常丞"。御史大夫张汤弹劾

① 《汉书·主父偃传》。

② 《汉书·公孙弘传》。

③ 《汉书·吾丘寿王传》。

徐偃"矫制"，应依法处死，偃以《春秋》之义，"大夫出疆，有可以安社稷，存万民，颛之可也"为名，认为自己无罪。狱吏出身的张汤，驳不倒徐偃的理由。武帝下诏让终军问理此案。终军责问徐偃：其一，古代诸侯国异，风俗不同，百里不通，所以聘会之事、安危之势，顷刻可以出现变故，因此使者可不受王命，有专断之宜。现在天下为一，万里同风，《春秋》说"王者无外"，你巡行在封域之中，却称"出疆"，这是为什么呢？其二，从盐铁方面讲，郡中都有蓄积，你在胶东、鲁两个封国中废除盐铁专卖，对整个国家利害没什么影响，而你竟然把这说成是"安社稷、存万民"的举措，这是为什么呢？终军最后指出：徐偃假托皇帝制诏，擅作威福，沽名钓誉，这是圣明的君主"所必加诛"的。徐偃理屈词穷，自认"服罪当死"①。汉武帝认为终军责问得好，并诏有关机构治偃罪。②

以上是汉武帝任用亲信左右处理政务的几个事例。在这一过程中，中外朝的区分已经出现，武帝利用中朝职禄低的亲信左右，抑制以丞相为首的外朝公卿大夫的权力，贯彻自己的意图，加强皇权，这是当时形势所使然。

汉武帝成年亲自主持政务之后，有意改变丞相位尊而权重的传统。他频繁任免丞相，在位五十四年间，先后用相十二人。其中除四人在任上正常死亡之外，有三人被免职，二人因罪自杀，三人下狱处死。政府高层官员受到严厉处置者数量如此之多、密度如此之大，在历史上是空前的。汉武帝还曾经有设置左右二丞相的意图。征和二年（公元前91年），他任命刘屈氂为左丞相，颁布诏书，宣布分丞相官署为两府，以期待天下远方合适的人选。这一后来未曾实行的分设左右丞相的设想，其主要出发点显然也是为了分弱相权。汉武帝还特意从身份低微的士人中破格选用人才，担任参与国家政治中枢主要决策的侍中、常侍、给事中等职，让他们能够出入宫禁，随侍左右，顾问应对，参议要政。这些成为近臣的官员，身份相当于皇帝的宾客和幕僚。皇帝亲自任命和直接指挥的高级将领，也往往参议机要。大司马大将

---

① 《汉书·终军传》。

② 参见杨生民著：《汉武帝传》，人民出版社2001年版，第138—143页。

军卫青、大司马骠骑将军霍去病等，权势都超过丞相，又兼以"侍中"之职，有了参与宫廷重要决策的特殊地位。于是，与由丞相、御史大夫和九卿所构成的官僚机构"外朝"相对应的"中朝"得以形成。中外朝制度的出现，是汉代中央行政机构的一个重要变化，反映了皇权在与相权的博弈中稳居上风，也标志着汉帝国中央集权的进一步加强。

所谓中朝，是由皇帝亲信左右、侍中、尚书等组成的参谋、决策机构。这一机构直接受皇帝指挥，体现着皇帝治国理政的政治意图。

所谓外朝，是以丞相为首的三公九卿组成的行政办事机构。

汉代自中朝设立后，丞相的作用、权力大大下降。

> 相国、丞相，皆秦官，金印紫绶，掌丞天子助理万机。秦有左右，高帝即位，置一丞相，十一年更名相国，绿绶。孝惠、高后置左右丞相，文帝二年复置一丞相。有两长史，秩千石。哀帝元寿二年更名大司徒。武帝元狩五年初置司直，秩比二千石，掌佐丞相举不法。[①]

"中朝"又称"内朝"，由皇帝左右的亲信和近臣所构成。重要政事，"中朝"在宫廷之内就先自作出了决策。

尚书，本来是皇帝身边掌管文书的官员。"中朝"形成之后，尚书的地位日益重要。尚书和一般仅仅参与宫廷议政的官员不同，由于既有官署、官属，又有具体的职司，作为皇帝的秘书机构，在"中朝"逐渐居于核心地位。

主管郡国上计和考课，并且根据官吏的政绩，奏行赏罚，是丞相的主要职责之一。然而在汉武帝时代，却有皇帝亲自接受"上计"的情形。据《汉书·武帝纪》记载，元封五年（公元前106年）春三月，汉武帝曾经东巡至泰山，接受诸侯王列侯朝贺，"受郡国计"。太初元年（公元前104年），又曾经"受计于甘泉"。汉武帝直接"受

---

① 《汉书·百官公卿表上》。

计"，说明当时汉武帝已经牢牢把握了对各地郡国的控制权。[①]

　　总之，汉武帝时期，中朝官员主要是由皇帝的亲信左右以及处理日常行政事务的尚书台与中书令所组成。一部分是尚书台有关人员，负责收发、保管、评议有关机要文书，分类整理提出意见，供皇帝使用、审决后，交执行机构办理。另一部分是武帝从郎、大夫、公卿中选出，并通过加官侍中、给事中、中常侍等称号形成的亲信左右，这部分人的职责是出纳王命，通过诘难丞相等公卿大臣和直接被委派为使臣，处理有关事务，贯彻皇帝的意图。通过中朝的设置，大大加强了皇权对国家各方面的控制。随着中朝的出现，以丞相为首的外朝地位逐步下降。《汉书·公孙弘传》说，公孙弘为相后，"李蔡、严青翟、赵周、石庆、公孙贺、刘屈氂继踵为丞相，自蔡至庆，丞相府客馆丘墟而已，至贺、屈氂时坏以为马厩、车库、奴婢室矣"。这说明汉武帝时，丞相的地位已大大下降，不仅过去对丞相的礼遇不见了，而且经常当面遭到皇帝斥责，动辄治罪。有的丞相在位时被处死，致使很多臣子视丞相为畏途。昭帝时，霍光以大将军录尚书事，前后两任丞相杨敞和车千秋在他面前奉命唯谨。百官之首的丞相完全失去了昔日的威风。成帝时，正式置三公官，将丞相之权一分为三。哀帝时，改丞相为大司徒。东汉光武帝时，尚书台正式变成最高的权力机构。经西汉后期至东汉的发展，中朝逐步取代了以丞相为首的外朝的职权，成为影响国家政治决策取向的主要机构。这之后，丞相就变成徒有虚名、有职无权的闲散官员。秦和西汉前期的丞相制度至此实际上已不复存在了。秦朝到东汉四百多年间丞相制度的变化，透出的是皇权不断强化的信息，而这正是中国君权社会中央集权的行政体制在发展过程中所展现的必然规律。这一规律在以后的历史上仍然不断重复。

---

① 参见齐涛主编，王子今著：《中国政治通史》第三卷，《走向大一统的秦汉政治》，泰山出版社 2003 年版，第 120—121 页。

七、改革监察制度

西汉建立后，监察由最高行政长官丞相、御史大夫（副丞相）负责。高帝即位后置丞相，汉高帝十一年（公元前196年）更名为相国。相国拥有很大的监察权。如秦王朝置"监御史"，是监察地方政府的专职官吏。"监御史，秦官，掌监郡。汉省，丞相遣史分刺州，不常置。"①汉高帝不设"监御史"监察地方，然而却常常根据实际情况的需要，由"丞相遣史分刺州，不常置"，即临时派遣丞相史监察地方州郡。至惠帝三年（公元前192年），在丞相提议下先在三辅地区，后又在其他州恢复监察御史制度。关于此事，《通典》卷三十二《州牧刺史》条载"至惠帝三年，又遣御史监三辅郡，察词讼所察之事，凡九条，监者二岁更之，常以十月奏事，十二月还监，其后诸州复置监察御史"。《西汉年纪》卷三三一《汉仪》载："惠帝三年相国奏御史监三辅郡，察以九条，察有司讼者、盗贼者、伪铸钱者、恣为奸诈者、论狱不直者、擅兴徭赋不褚吏不廉者、吏以苛刻故劾无罪者、敢以逾侈及弩十石以上者、作非所当服者，凡九条。"此是在"相国"奏事下采取的措施，这九条内容具体。文帝十三年（公元前167年），"以御史不奉法，下失其职，乃遣丞相史出刺并监督察御史"。为了加强丞相在监察方面的作用和力度，武帝元狩五年（公元前118年），"初置司直，秩比二千石，掌佐丞相举不法"。

上述情况表明，从汉初至武帝，丞相这一最高行政长官同时也是负责监察的最高官员，高帝时派丞相史监察地方，惠帝时派监御史监三辅及地方州郡，文帝时又派丞相史督监察御史，武帝元狩五年又设司直佐丞相举不法，说明丞相在监察方面的重要作用。

御史大夫，"掌副丞相"。作为副丞相，虽非专职监察官，但也有负责监察百官的任务，这表现在两方面：其一是作为副丞相有辅助丞相搞好监察的义务；其二御史大

---

① 《汉书·百官公卿表上》。

夫的属官中有一个"秩千石"的御史中丞，是专职监察官，其办公地点在宫廷中的兰台，除"掌图籍秘书"外，"外督部刺史，内领侍御史员十五人，受公卿奏事，举劾按章"。御史中丞从其地位来讲，更似皇帝的家臣，有利于皇帝直接掌握和了解情况。其实，御史大夫也是从战国时国君的侍从、近臣、亲信，掌管文书典籍、议定法令、传递诏书的御史中逐渐提拔起来的，易于领会、贯彻皇帝的意图，为皇帝所掌握。

从上述情况不难看出，西汉时丞相掌握主要的监察权，下设"秩比二千石"级的专职监察官司直；御史大夫辅助丞相行使监察权，下设"秩千石"级的专职监察官御史中丞。司直的职责是"佐丞相举不法"，御史中丞"受公卿奏事，举劾按章"。前者是最高行政长官丞相属下的大员，后者是皇帝的近臣、亲信。二者共掌监察大权正反映了相权与皇权互相制约而又协同的关系。西汉初皇帝下诏书时，要交由御史起草，御史大夫审阅，下诏时由御史大夫下相国，相国下诸侯王；御史中执法（御史中丞）下郡守。① 成帝、哀帝时御史大夫都曾更名为大司空。哀帝时的大司空朱博说："高皇帝以圣德受命，建立鸿业，置御史大夫，位次丞相，典正法度，以职相参，总领百官，上下相监临，历载二百年，天下安宁。"② 这较好地说明了汉代君权制约相权的权力制衡情况。这也就是说，丞相和副丞相的关系反映着相权与君权制约而又协同的关系。丞相、御史大夫（副丞相）作为当时最高的行政长官，同时又负责监察，说明从汉初到武帝初期监察权从属于行政权，二者没有分离。这就是西汉初期监察制度的特点。武帝在丞相下设主管监察的司直，秩比二千石；御史大夫下又有御史中丞，秩千石管监察。皇帝利用两府职能互相制约。所以，武帝时设司直，完善了行政长官管监察的制度。

汉武帝不仅对汉代的监察制度有所完善，而且还有所发展，这主要表现在设置司隶校尉与部刺史制度上。这两项制度的创立不仅大大强化了监察机制，而且使监

---

① 《汉书·高帝纪》载高帝十一年诏说："御史大夫昌下相国，相国酂侯下诸侯王，御史中执法下郡守。"

② 《汉书·朱博传》。

察权与行政权相对独立地分离了出来。这不仅完善了汉代的监察制度，也是对中国监察制度的一大发展。

关于司隶校尉的设置，以下两则史料值得注意。

一则来源于《汉书·百官公卿表上》的记载：

> 司隶校尉，周官，武帝征和四年初置。持节，从中都官徒千二百人，捕巫蛊、督大奸猾。后罢其兵。察三辅、三河、弘农。元帝初元四年去节。成帝元延四年省。绥和二年，哀帝复置，但为司隶，冠进贤冠，属大司空，比司直。

另外一则是《后汉书·百官志四》的记载：

> 司隶校尉一人，比二千石。本注曰：孝武帝初置，持节，掌察举百官以下，及京师近郡犯法者。元帝去节，成帝省，建武中复置，并领一州。从事史十二人。本注曰：都官从事，主察举百官犯法者。功曹从事，主州选署及众事。别驾从事，校尉行部则奉引，录众事。簿曹从事，主财谷簿书。其有军事，则置兵曹从事，主兵事。其余部郡国从事，每郡国各一人，主督促文书，察举非法，皆州自辟除，故通为百石云。假佐二十五人。本注曰：主簿录阁下事，省文书。门亭长主州正。门功曹书佐主选用。《孝经》师主监试经。《月令》师主时节祠祀。律令师主平法律。簿曹书佐主簿书。其余都官书佐及每郡国，各有典郡书佐一人，各主一郡文书，以郡吏补，岁满一更。司隶所部郡七。

上述两则史料均较详细地记载了司隶校尉来源、设置时间及职能等内容。但其中一些问题还应进一步解释。

司隶校尉原是军官名称，其地位在将军之下。西汉末定其地位"比司直"，也就是说是个"秩比二千石"级的官员。司隶原是周代的官名，《周礼·秋官》负责治安的司寇的属官有司隶，其职责率徒隶捕盗、巡察，是个管治安的官员。司隶校尉的"司隶"之名就是从这里来的。

司隶校尉设置的背景是武帝晚年发生的巫蛊案。所谓巫蛊是巫师用邪术加祸于人，即把木偶人埋地下，日夜诅咒，可置所咒之人于死地。征和元年（公元前92年）发生丞相公孙贺之子公孙敬声与阳石公主诅咒武帝的巫蛊案，次年又发生江充诬太子刘据巫蛊案，导致太子与丞相大战长安，死数万人，皇后、太子自杀。再加上当时社会不稳定，所以汉武帝在征和四年（公元前89年）设立司隶校尉，令其持皇帝赐给的符节带中都官（京师诸官府）徒兵千二百人"捕巫蛊，督大奸猾"。后来罢除所带徒兵，监察三辅（京兆尹、左冯翊、右扶风）、三河（河东郡、河内郡、河南郡）和弘农郡，这样司隶校尉便从最初负有特殊使命的以治安为主的官员转变为监察京畿七郡的监察官员。上引《后汉书·百官志》则概括地说司隶校尉的职能是"察举百官以下，及京师近郡犯法者"。从事实来考察，司隶校尉自设立后，确实可以监察包括丞相在内的所有官吏，用法不避权贵，如成帝时司隶校尉曾两次弹劾丞相、安乐侯匡衡，第一次是因元帝时匡衡与御史大夫甄谭阿从中书令石显，所以成帝初即位时，"司隶校尉王尊劾奏：衡、谭居大臣位，知显等专权势，作威福，为海内患害，不以时白奏行罚，而阿谀曲从，附下罔上，无大臣辅政之义……罪至不道"。成帝赦免了匡衡。第二次是司隶校尉王骏等劾奏匡衡"专地盗土以自益"等，成帝认可，将匡衡由"丞相免为庶人"。由此看来，司隶校尉确实可以"察举百官"，"刺举无所避"。东汉时司隶校尉"无所不纠，唯不察三公"①。

设置初期司隶校尉是直属皇帝的监察、治安官员。由于征和元年丞相公孙贺父子、阳石公主等贵戚都陷入了巫蛊案，次年卫皇后、太子刘据也陷入巫蛊案。征和四年武帝设司隶校尉，赐给符节，带一千二百徒兵"捕巫蛊，督大奸猾"，自然是不避贵戚、丞相等高官的，具有直属皇帝、直接受皇帝指挥的特殊身份。正因为司隶校尉有此特殊身份，所以可以"无所不纠"。然而，也正因如此，司隶校尉的地位就一直处在变化之中，时撤时留。②

汉武帝在监察制度方面的另一创设就是置十三部刺史。

---

① 《通典》卷32《司隶校尉》条。

② 参见杨生民著：《汉武帝传》，人民出版社2001年版，第149—154页。

汉武帝元封五年（公元前106年），"初置刺史部十三州"①，"掌奉诏条察州，秩六百石，员十三人"②。设置十三部刺史的目的显然是为了加强中央对地方的监察、控制，以此加强中央集权，这在当时是非常必要的措施。《汉书·地理志》说："秦京师为内史，分天下作三十六郡。汉兴，以其郡太大，稍复开置，又立诸侯王国。武帝开广三边。故自高祖增二十六，文、景各六，武帝二十八，昭帝一，迄于孝平，凡郡国一百三。"在这些郡国中，从高祖到武帝共增加六十六郡国，如再加上秦原有的三十六郡，总数已达一百零二个郡国。管理这样众多的郡国自然事务繁杂、难度大，需要分州、部管理。

一般认为武帝置刺史十三部，加上司隶校尉所辖京畿七郡，共为十四部。其名称和所监郡国数如下：

豫州刺史，监三郡一国：颍川郡、汝南郡、沛郡；梁国。

冀州刺史，监四郡六国：魏郡、巨鹿郡、常山郡、清河郡；广平国、真定国、中山国、信都国、河间国、赵国。

兖州刺史，监五郡三国：东郡、陈留郡、山阳郡、济阴郡、泰山郡；城阳国、淮阳国、东平国。

徐州刺史，监三郡四国：琅邪郡、东海郡、临淮郡；泗水国、楚国、广陵国、鲁国。

青州刺史，监六郡三国：平原郡、千乘郡、济南郡、齐郡、北海郡、东莱郡；胶东国、高密国、菑川国。

荆州刺史，监六郡一国：南阳郡、南郡、江夏郡、桂阳郡、武陵郡、零陵郡；长沙国。

扬州刺史，监五郡一国：庐江郡、九江郡、会稽郡、丹阳郡、豫章郡；六安国。

益州刺史，监八郡：汉中郡、广汉郡、巴郡、蜀郡、犍为郡、越巂郡、牂柯郡、

① 《汉书·武帝纪》。
② 《汉书·百官公卿表上》。

益州郡。

凉州刺史，监十郡：安定郡、北地郡、陇西郡、武威郡、金城郡、天水郡、武都郡、张掖郡、敦煌郡、酒泉郡。

并州刺史，监六郡：太原郡、上党郡、云中郡、定襄郡、雁门郡、代郡。

幽州刺史，监九郡一国：勃海郡、上谷郡、渔阳郡、右北平郡、辽西郡、辽东郡、涿郡、玄菟郡、乐浪郡；广阳国。

朔方刺史，监四郡：朔方郡、五原郡、西河郡、上郡。

交阯刺史，监七郡：南海郡、郁林郡、苍梧郡、交趾郡、合浦郡、九真郡、日南郡。

司隶校尉，监七郡：京兆尹、左冯翊、右扶风、弘农郡、河东郡、河内郡、河南郡。

上述十三部刺史和司隶校尉所监郡国共一百零三个，西汉所辖郡国全在监察之中，据《汉书·百官公卿表》注引《汉官典职仪》所说监察的具体内容如下：

> 刺史班宣，周行郡国，省察治状，黜陟能否，断治冤狱，以六条问事，非条所问，即不省（察）。
>
> 一条，强宗豪右，田宅逾制，以强凌弱，以众暴寡。
>
> 二条，二千石不奉诏书遵承典制，倍公向私，旁诏守利，侵渔百姓，聚敛为奸。
>
> 三条，二千石不恤疑狱，风厉杀人，怒则任刑，喜则淫赏，烦扰刻暴，剥截黎元，为百姓所疾，山崩石裂，祆祥讹言。
>
> 四条，二千石选署不平，苟阿所爱，蔽贤宠顽。
>
> 五条，二千石子弟恃怙荣势，请托所监。
>
> 六条，二千石违公下比，阿附豪强，通行货赂，割损正令也。

上述六条中，除第一条系监察地方豪强之外，其余五条均是监察二千石大吏。当时，郡国之中的二千石大吏包括郡守、郡尉（比二千石），诸侯王国中的太傅、丞相（相）、中尉、内史、郎中令、太仆。据此可见汉武帝非常重视对诸侯王国二千石大吏的监察，以期防止诸侯王与官吏相勾结，同时用以强化中央集权。汉武帝正是通过建立刺史制度，才组织起全国从中央到地方的严密监察网的。部刺史的职权很重，举凡政治、经济、司法、吏治、用人、民事等所有领域中的违法乱政现象都在被监察的范围之内，监察内容是按皇帝诏令的内容治狱，对犯法的豪强地主和郡国守、相等二千石级的官员进行罢黜和升迁，以此达到"秩卑而命之尊，官小而权之重，此小大相制，内外相维之意也"[1]。

此外，还应该注意的是，从武帝设十三部刺史后，御史中丞的地位日渐提高，杜佑在《通典》卷二四《职官典六·中丞》条中说御史中丞"外督部刺史，内领侍御史十五员，受公卿奏事，举劾案章。盖居殿中察举非法也，及御史大夫转为大司空，而中丞出外为御史台率，即今之（唐朝）御史大夫任也……武帝时以中丞督司隶，司隶督丞相，丞相督司直，司直督刺史，刺史督二千石下至黑绶"。又说至东汉初光武帝时御史中丞"与尚书令、司隶校尉朝会，皆专席而坐，京师号为三独坐，言其尊也"。《通典》这一记载说明从汉武帝时起御史中丞地位逐步提高，武帝时起设司隶校尉可监察丞相，丞相督司直，司直督刺史，刺史督二千石下至黑绶，然司隶校尉又受御史中丞的督察，体现了权力之间互相制约的关系。皇帝借此即可将全国监察大权集于一身，这就大大强化了中央集权的统治。又据《汉书·百官公卿表》载，成帝绥和元年（公元前 8 年）和哀帝元寿二年（公元前 1 年）曾两次反复把御史大夫改为大司空，改御史中丞为御史长史。这就是把"掌副丞相"的御史大夫改为大司空，而御史中丞改为御史长史就变成了御史台的长官。就是说御史中丞从副丞相御史大夫的隶属下转为独立的最高监察官，这也表明御史中丞作为专职监察官，从行政权的隶属下，拥有了相对独立的监察权。御史台作为独立的监察机构就是这时出现的。[2]

---

[1] 《日知录》卷九《部刺史》。

[2] 参见杨生民著：《汉武帝传》，人民出版社 2001 年版，第 154—158 页。

总之，汉武帝完善、创立监察制度，大大强化了汉代中央对地方的管理与制约，确实有力地推进了汉皇权的强化。其重要意义表现在：

第一，设置丞相下的监察官司直，完善了汉初丞相、御史大夫作为最高行政长官负责监察的制度，并强化了丞相、御史大夫两府互相制约的机制。

第二，设置司隶校尉，强化对中央百官和京畿地区的监察与治安。

第三，设立十三州部刺史，强化了对地方郡国的监察，完善了御史中丞、司隶、司直、部刺史等监察官员之间互相制约的机制。这些监察官的设立和监察制度的完善为汉成帝、哀帝时设立中央独立监察官创造了条件。

八、推行王国郡县化政策

汉武帝统治时期，继景帝平灭吴楚之乱后，对诸侯王的叛乱进行了严厉镇压。同时又对一些违法的诸侯王，给予除国等惩处。

汉武帝时期镇压诸侯王谋反事件，主要有以下三次。

（1）淮南王谋反事件。高帝时封赵姬生子刘长为淮南王。文帝即位，刘长因其为文帝弟，骄横不法，"为黄屋盖拟天子，擅为法令，不用汉法"，又"收聚汉诸侯人及有罪亡者"，"谋使闽越及匈奴发其兵"，谋反。当处"弃市"，文帝赦其死罪，废王爵，流放蜀郡，至雍，"不食而死"①。文帝十六年（公元前164年），分淮南国为三，令刘长之子刘安为淮南王、刘赐为庐江王，后徙为衡山王，王江北。

刘安，因其为汉武帝父辈，汉武帝"甚尊重之"。刘安入朝，武安侯田蚡对他说："方今上无太子，王亲高皇帝孙，行仁义，天下莫不闻。宫车一日晏驾，非王尚谁立者！"淮南王大喜。刘安平时就"行阴德拊循百姓，流名誉"，又"招致宾客方术之士数千人"②制造舆论，此时听说武帝没有儿子，一旦出事，诸侯必定互相争夺，于

---

① 《汉书·淮南衡山济北王传》。

② 《汉书·淮南衡山济北王传》。

是制造军械，加紧准备，等待时机。正在此时，与淮南王太子迁矛盾极深的郎中雷被要求自愿率军奋击匈奴，此事为太子迁、刘安所反对。按汉律不让奋击匈奴者依法当弃市，武帝下诏不许。公卿又请废王，武帝又不许，又请削五县，武帝只批准削二县。此后，刘安制作皇帝玺及丞相、御史大夫、将军、吏二千石等印，并与太子迁商量准备诱杀中央任命的相、内史、中尉。元狩元年（公元前122年）十一月，深知内情的淮南王亲信自首，告发淮南王谋反。刘安庶孙刘建也因推恩分封未及其父和自己而告发。汉朝官吏逮捕了太子迁、王后及淮南王宾客，搜出谋反证据。"所连引与淮南王谋反列侯二千石、豪杰数千人，皆以罪轻重受诛"。淮南王刘安自杀，"王后荼、太子迁诸所与谋反者皆族"，"国除为九江郡"①。

（2）衡山王谋反事件。衡山王刘赐与其兄刘安"相责望礼节，间不相能"，"闻淮南王作为畔逆反具，亦心结宾客以应之，恐为所并"。武帝元朔六年（公元前123年），刘赐入朝觐见时路过淮南，"淮南王乃昆弟语，除前郤，约束反具"。当刘赐听说淮南王要谋反时，怕被吞并，又有种种违法事，所以结宾客，求得一懂兵法观星望气的人，日夜谋划造反。令宾客作车、镞、矢，刻天子玺及将、相、军吏印。衡山王此时又废太子爽，欲立子孝为太子。元狩元年（公元前122年），衡山国太子刘爽使人上书揭发其父意欲谋反作车、镞、矢等不法事。衡山王也上书反告刘爽不道当弃市。此时，淮南谋反事牵连到衡山王，"王闻，即自到杀"。其子刘孝"自告反"，又"坐与王御婢奸，弃市"。王后、太子爽皆"弃市"，"诸与衡山王谋反者皆族。国除为衡山郡"②。

（3）江都王谋反事件。江都易王刘非为景帝子，孝景前二年（公元前155年）立为汝南王，平定吴楚七国之乱时击吴有功，徙为江都王。刘非死后，其子刘建继位为江都王。刘建淫乱、暴虐，自知罪多，恐诛，心内不安，与王后指使越地女婢咒诅汉武帝早死。元狩二年（公元前121年）知淮南、衡山谋反，作黄屋盖，铸将军、

---

① 《汉书·淮南衡山济北王传》。

② 《史记·淮南衡山列传》。

都尉金、银印，收集天下舆地及军阵图，遣人通越繇王闽侯"约相急相助"。"事发觉，汉遣丞相长史与江都相杂案，索得兵器玺绶节反具，有司请捕诛建"。"有诏宗正、廷尉即问建"。武帝让臣议其罪，都认为建"所行无道，虽桀纣恶不至于此。天诛所不赦，当以谋反法诛"。最后，刘建自杀，王后成光等人"皆弃市"。"国除，地入于汉，为广陵郡。"①

除了上述三个封国外，汉武帝时期，其他诸侯王因不法等罪而除国的还有：

（1）刘明的济川国。该国始置于景帝中元六年（公元前144年）五月。武帝建元三年（公元前138年），刘明"坐射杀其中尉，有司请诛，武帝弗忍，废为庶人，徙房陵，国除"②。

（2）刘定国的燕国。燕王刘定国颇为乱伦之事，既"与父康王姬奸"，又"夺弟妻为姬"，甚至"与子女三人奸"。尝"有所欲诛杀臣肥如令郢人，郢人等告定国。定国使谒者以它法劾捕格杀郢人灭口"。时至武帝元朔二年（公元前127年）秋，"郢人昆弟复上书具言定国事"，遂"下公卿"，皆议曰"当诛"，上许之，于是"定国自杀，立四十二年国除"③。昭帝元凤元年（公元前80年），燕地改为广阳郡。

（3）刘次景的齐国。有关齐国被除之事，《史记·齐悼惠王世家》记载甚详：厉王刘次景母纪太后，"取其弟纪氏女为厉王后。王不爱纪氏女。太后欲其家重宠，令其长女纪翁主入王宫，正其后宫，毋令得近王，欲令爱纪氏女。王因与其姊翁主奸。……于是天子乃拜主父偃为齐相，且正其事。主父偃既至齐，乃急治王后宫宦者为王通于姊翁主所者，令其辞证皆引王。王年少，惧大罪为吏所执诛，乃饮药自杀。绝无后"。

（4）刘彭离的济东国。刘彭离与其兄刘明同时受封，武帝元鼎三年（公元前114年）被废，立国二十九年。史称"彭离骄悍，无人君礼，昏暮私与其奴、亡命少年

---

① 《汉书·景十三王传》。

② 《汉书·文三王传》。

③ 《汉书·燕王刘泽传》。

数十人行剽杀人，取财物以为好。所杀发觉者百余人"，"汉有司请诛，上不忍，废以为庶人，迁上庸，地入于汉，为大河郡"①。

（5）刘勃的常山国。常山宪王刘舜"雅不以棁为子数"，刘勃嗣位之后，"又不收恤棁。棁怨王后及太子。汉使者视宪王丧，棁自言宪王病时，王后、太子不侍，及薨，六日出舍，太子勃私奸、饮酒、博戏、击筑，与女子载驰，环城过市，入狱视囚。天子遣大行骞验问，逮诸证者，王又匿之。吏求捕，勃使人致击笞掠，擅出汉所疑囚。有司请诛勃及宪王后脩。上曰：'脩素无行，使棁陷之罪。勃无良师傅，不忍致诛。'有司请废勿王，徙王勃以家属处房陵，上许之。勃王数月，废，国除"②。

（6）刘宽的济北国。武帝后元二年（公元前87年），刘宽"坐与父式王后光、姬孝儿奸，悖人伦，又祠祭祝诅上，有司请诛。上遣大鸿胪利召王，王以刃自刭死。国除为北安县，属泰山郡"③。

此外，还有四个封国，因无子嗣而国除。

（1）刘乘的清河国。建元五年（公元前136年），刘乘薨，无后，国除。

（2）刘端的胶西国。建元六年（公元前135年），刘端薨，无后。地入于汉，为胶西郡。

（3）刘义的代国。元鼎三年（公元前114年），徙王清河。

（4）刘定的山阳国。元封三年（公元前108年），刘定卒，无子，国除，地入于汉，为山阳郡。

如此，受封于武帝即位之前的诸侯王国总数，从二十四个减少到武帝末年的十二个，即河间、鲁、赵、中山、长沙、广川、胶东、清河、楚、菑川、梁、济阴。从而为改革分封制度提供了历史经验。④

---

① 《史记·梁孝王世家》。

② 《汉书·景十三王传》。

③ 《汉书·淮南衡山济北王传》。

④ 参见唐燮军、翁公羽著：《从分权到集权——西汉的王国问题及其解决》，浙江大学出版社2012年版，第242—243页。

从惠帝、文帝到景帝，汉初皇权与诸侯王的斗争，反映了当时郡国并行制度不能适应统一国家中央集权政治体制的需要，因此，就需要改革分封制度。前面论及贾谊、晁错提出的"众建诸侯""削藩"，就是试图改革当时不合中央集权需要的郡国制度，由于当时条件不成熟，这种改革受阻。景帝平定吴楚七国之乱后，即对汉初的郡国制度进行初步改革，"景帝中五年（公元前145年）令诸侯王不得复治国，天子为置吏，改丞相曰相，省御史大夫、廷尉、少府、宗正、博士官，大夫、谒者、郎诸官长丞皆损其员"。汉武帝即位后，又进一步从以下几方面对郡国制度进行了改革。

1. 实行推恩分封

景帝采纳晁错的削藩策后，直接下令把诸侯王的郡、县划归中央所属，但诸侯王不愿接受。平定吴楚七国之乱后，诸侯向主父偃行贿，通过主父偃提出推恩分封的建议，其内容如下：

> 今诸侯或连城数十，地方千里，缓则骄奢易为淫乱，急则阻其强而合从以逆京师。今以法割削，则逆节萌起，前日晁错是也。今诸侯子弟或十数，而適嗣代立，余虽骨肉，无尺地之封，则仁孝之道不宣。愿陛下令诸侯得推恩分子弟，以地侯之。彼人人喜得所愿，上以德施，实分其国，必稍自销弱矣。[1]

元朔二年（公元前127年）春正月，汉武帝采纳了主父偃的意见，并暗示梁平王襄、城阳顷王延上书愿以封地分子弟，而后下推恩令："诸侯王或欲推私恩分子弟邑者，令各条上，朕且临定其号名。"[2] 推恩令是由汉武帝下诏而推行的。由于推恩分封的办法照顾到了诸侯王把自己的封地分给子弟的愿望，又符合皇权消除诸侯王威胁的需要，乐于为双方所接受，所以收到了"藩国始分，而子弟毕侯"[3]，"不行黜陟，而藩国自析"[4] 的效果。在这种情况下，诸侯王国被分成了众多小国，对汉中央集权

---

① 《汉书·主父偃传》。

② 《汉书·王子侯表上》。

③ 《汉书·武帝纪》。

④ 《汉书·诸侯王表》。

的威胁也就消除了。这正如《史记·汉兴以来诸侯王年表》中所说：

> 汉定百年之间，亲属益疏，诸侯或骄奢，忕邪臣计谋为淫乱，大者叛逆，小者不轨于法，以危其命，殒身亡国。天子观于上古，然后加惠，使诸侯得推恩分子弟国邑，故齐分为七，赵分为六，梁分为五，淮南分为三，及天子支庶子为王，王子支庶为侯，百有余焉。吴、楚时，前后诸侯或以適削地，是以燕、代无北边郡，吴、淮南、长沙无南边郡，齐、赵、梁、楚支郡名山陂海咸纳于汉。诸侯稍微，大国不过十余城，小侯不过数十里，上足以奉贡职，下足以供养祭祀，以蕃辅京师。而汉郡八九十，形错诸侯间，犬牙相临，秉其阨塞地利，强本干，弱枝叶之势，尊卑明而万事各得其所矣。

推恩分封之后，诸侯国越分越小，诸侯王国"大国不过十余城"，"小侯不过数十里"，所封的王、侯对汉中央政权已构不成威胁，这说明推恩令是成功的。

2. 推行"左官之律、附益之法"

左官、附益等法律据说在吴楚七国之乱后就已设立，武帝不过加以重申而已。《汉书·高五王传》赞中说："自吴楚诛后，稍夺诸侯权，左官、附益、阿党之法设。"元狩元年（公元前122年）汉武帝在镇压淮南王、衡山王叛乱之时，又据左官、附益等法对叛乱者严加惩处。《汉书·诸侯王表》有"武有衡山、淮南之谋，作左官之律，设附益之法，诸侯惟得衣食税租，不与政事"的说法。仕诸侯为左官，所谓"左官之律"，即法律上规定在诸侯那里做官为旁门左道，如果再犯法更要严加惩处。言欲增益诸侯王者为"附益"。在传统官僚制度下，各级官吏都握有一定权力，他们通过联谊、联亲等方式结党营私、朋比为奸，形成了势力大小不等的利益集团，这就造成了对皇权统治的潜在威胁，特别是朝廷官吏交通诸侯王威胁最大。这些相当独立的政治经济力量互相结党，将会造成"支大于干，胫大于股，不折必披"①的局面，对中央政权构成威胁，而这种威胁比单纯的诸侯王国的割据、谋反更具危害性，它

---

① 《汉书·灌夫传》。

腐蚀着汉政权的肌体,使皇权统治存在很大的隐患。对此,尽管景帝在平定七国之乱后采取了一系列措施加以防范,将王国的治国权和治民权收归中央派遣的内史等二千石官吏,但实际上收效并不甚大,尤其是胶西王刘端、赵敬肃王刘彭祖,为了掌握王国大权,对朝廷派来的二千石官吏阴谋陷害,部分二千石官吏为免遭其毒手,被迫臣服,从而使得中央政权对王国的控制至少在赵、胶西两国成为一纸空文。汉武帝即位后决心改变这一不正常的政治局面。刘向《新序》说汉武帝"重附益之法"。所谓"附益之法",就是汉武帝对投靠诸侯王犯上作乱者的镇压之法。在这些法令的约束下,诸侯王只能"衣食租税,不与政事",各级官吏也不得与诸侯王相互勾结,朋比为奸。事实表明,汉武帝在穷治淮南、衡山狱案之后,重申"左官律"和"附益法",以期从人事、经济两端进一步削弱诸侯王国的实力,是取得了明显效果的。

3. 按"酎金律"等法律规定夺爵

汉文帝时,增加了一条法律,就是"酎金律"。所谓酎,就是"纯"的意思。据《汉仪注》记载,所谓酎金,是"侯岁以户口酎黄金于汉庙。皇帝临受献金以助祭。大祀日饮酎,饮酎受金。金少不如斤两,色恶,王削县,侯免国"[①]。武帝时期,虽然通过颁布实施"推恩令"分割、弱化了诸侯王国的实力,但众多的王子侯国及列侯侯国的存在,对汉廷来说仍是地方的不安定因素,特别是在经济上,全国成百的侯国终究要分去中央政府和皇帝的很大一部分收入,从而严重地影响到国家财政的收入和支出。为此,武帝以"酎金律"对侯国进行夺爵。在贯彻这一法律时,武帝元鼎五年(公元前112年),"列侯坐献黄金酎祭宗庙不如法,夺爵者百六人"[②]。汉帝国中央政权正是通过严格执行"酎金律"等法律规定严惩王子侯者犯法,取消爵位、封国,迫使在封的王、侯对皇权小心翼翼、唯命是从。元代史家马端临对此论曰:

> 按:汉之所谓封建,本非有公天下之心。故其予之甚艰,而夺之每亟。至

---

① 《史记·平准书》。
② 《汉书·武帝纪》。

孝武之时，侯者虽众，率是不旋踵而褫爵夺地。方其外事四夷，则上遵高帝非功不侯之制，于是以有功侯者七十五人。然终帝之世，失侯者已六十八人，其能保者七人而已。及其外削诸侯，则采贾谊各受其祖之分地之说，于是以王子侯者一百七十五人。然终帝之世，失侯者已一百一十三人，其能保者五十七人而已。外戚恩泽侯者九人，然终帝之世失侯者已六人，其能保者三人而已。功臣外戚恩泽之失侯也，谚曰予夺自我；王子之失侯，则是姑假推恩之名以析之，而苛立黜爵之罚以夺之。……禁网既苛，动辄得咎，而坐宗庙酎金失侯者尤众……盖当时国计不给，方事诛求，虽庶人之多赀者，亦必立告缗之酷法以取之，宜其不容列侯坐享封君之富也。①

汉武帝此举固然太过苛刻，但从维护、强化中央集权的这个角度来看，却也无可厚非。他正是既通过颁行"推恩令"缩减诸侯王国的封域，又通过实施"酎金律"严惩王子侯者乃至取消其爵位、封国，才得以实现"不仅诸王国皆衰，即封侯者亦几尽。故曰'讫于孝武后元之年，靡有孑遗'也。然则封建余波，盖至是始平，汉廷之集权中央，亦至是始定也"②之目标的。

九、以民为本　广施德政

在治国理政方面，汉武帝也十分重视德政建设。这主要表现在以下两个方面。

（一）打击商人豪强，抑止土地兼并

经过汉初近七十年的发展与变化，汉武帝时，汉代社会经济在走向繁荣的同时，社会秩序也出现了一系列新问题需要调整与解决。土地兼并，商人暴富，社会两极分化现象十分严重。董仲舒在给汉武帝的对策中就说，"身宠而载高位，家温而食厚

---

① 《文献通考》卷二六七《封建考八》。
② 钱穆：《秦汉史》，九州出版社 2015 年版，第 257 页。

禄"的官僚地主"众其奴婢，多其牛羊，广其田宅，博其产业，畜其积委，务此而亡已……富者奢侈羡溢，贫者穷急愁苦……民不乐生，尚不避死，安能避罪"①。《史记·货殖列传》也说，从事农业、畜牧业、手工业、商业以及山泽产品开发、销售者"为权利以成富，大者倾郡、中者倾县、下者倾乡里，不可胜数"，社会上出现了"耕豪民之田，见税什伍。故贫民常衣牛马之衣，而食犬彘之食"的佃农。这些记载说明，随着土地私有制的发展，贫富两极分化，阶级矛盾趋于尖锐。在这种情况下，董仲舒提出"限民名田，以澹不足，塞并兼之路，盐铁皆归于民。去奴婢，除专杀之威。薄赋敛，省徭役，以宽民力。然后可善治也"②的建议。于是汉武帝采取了一系列抑止土地兼并、缓和阶级矛盾、稳定小农经济，使老弱孤寡的生活得以维持的措施。

第一，三次迁徙东方高资富人、豪杰于关中。一是建元三年（公元前138年），"赐徙茂陵者户钱二十万，田二顷"。二是元朔二年（公元前127年），"徙郡国豪杰及訾三百万以上于茂陵"。三是太始元年（公元前96年），"徙郡国吏民豪杰于茂陵、云陵"③，以期达到"强京师，衰弱诸侯，又使中家以下，得均贫富"④的目的。

第二，打击商人、豪强，没收他们的土地。元狩四年（公元前125年），汉武帝在颁发算缗令时就下令："贾人有市籍，及家属，皆无得名田，以便农。敢犯令，没入田货。"⑤《汉书·张汤传》载：御史大夫张汤"承上旨……锄豪强并兼之家"。这说明锄除豪强抑止兼并，是汉武帝推行的一项治理政策。为此武帝设刺史监察郡国，以六条问事，第一条就是"强宗豪右，田宅逾判，以强凌弱，以众暴寡"。武帝又任用酷吏打击豪强。如酷吏王温舒为河内太守时，"捕郡中豪滑，相连坐千余家。上书请大者至族，小者乃死，家尽没入偿臧"。再如宁成，南阳郡人，在其家乡"贳贷陂田千余顷，假贫民，役使数千家"，酷吏义纵为南阳太守后，"至郡，遂按宁氏，破

① 《汉书·董仲舒传》。
② 《汉书·食货志上》。
③ 《汉书·武帝纪》。
④ 《汉书·陈汤传》。
⑤ 《汉书·食货志下》。

碎其家"①。这样，被打击诛杀的豪强的土地就转化成了公田。

第三，改革亩制，增加农民耕地使用面积。汉武帝不仅通过迁徙东方大族、打击豪强、没收商人土地、开发荒地等方式扩大国有土地，而且还推行大亩制，增加农民的耕地使用面积。西汉初期，有的地区在亩制上使用周制，一百方步为一亩，折合等于今 0.288 市亩。有的地区用秦制，宽一步（六尺），长二百四十步为一亩，折合等于今 0.691 市亩②。汉武帝时推行大亩制。《盐铁论·未通篇》说："古者制田百步为亩，民井田而耕，什而借一……先帝哀怜百姓之愁苦，衣食不足，制田二百四十步而一亩，率三十而税一。"推行大亩制后，耕种面积增加了约一点四倍，有利于稳定和发展农业经济。

（二）恤贫养孤，大赦天下

中国古代有恤贫养孤、尊老爱幼的传统。《礼记·礼运》在描述人们对理想的大同社会的向往时说"使老有所终，壮有所用，幼有所长，鳏、寡、孤、独、废疾者皆有所养"。这个思想就成为儒家德治思想的内容之一和中国的传统美德。建元元年（公元前 140 年）四月，汉武帝下诏说："扶世导民，莫善于德。"元朔元年（公元前 128 年）十一月下诏："夫本仁祖义，褒德禄贤，劝善刑暴，五帝三王所由昌也。"③而施德治的一个重要方面，就是关心民众疾苦，推行赈济灾民，抚恤鳏寡孤独，尊奖孝悌力田，赦免罪人、刑徒等政策。

元狩元年（公元前 122 年）四月，汉武帝下诏："朕嘉孝弟力田，哀夫老眊孤寡鳏独或匮于衣食，甚怜愍焉。其遣谒者巡行天下，存问致赐，曰：'皇帝使谒者赐县三老、孝者帛，人五匹；乡三老、弟者、力田帛，人三匹；年九十以上及鳏寡孤独帛，人二匹，絮三斤；八十以上米，人三石。'"④从这一诏书可以看出，武帝恤鳏寡

① 《汉书·酷吏传》。
② 参见梁方仲著：《中国历代户口、田地、田赋统计》，上海人民出版社 1980 年版，第 547 页。
③ 《汉书·武帝纪》。
④ 《汉书·武帝纪》。

孤独的目的就是为解决他们的生活问题，至于尊奖孝悌力田则是倡导一种良好的社会风气。孝，指孝顺、善事父母；悌，指敬爱兄长，顺从长上。在宗法家长制社会中，在家族内部能够孝悌，在社会上对上级官吏就能忠顺。力田，指尽力于农业生产而言。在传统社会中，以农为本，把农业生产搞好，社会才有了稳定的基础。因此，汉代在乡、里设立孝悌、力田的乡官，负责督导这两方面的事情。

在恤鳏寡孤独赐帛方面，据《汉书·武帝纪》记载，除上述元狩元年赐鳏寡孤独帛人"二匹，絮三斤"外，汉武帝还有如下六次：（1）元狩六年（公元前 117 年）六月，汉武帝"遣博士大等六人分循行天下，存问鳏寡废疾，无以自振者贷与之"。（2）元封元年（公元前 110 年）夏四月，汉武帝在泰山封禅后的诏书中要求对封禅所至的博、历城、蛇丘、梁父等四县"加年七十以上孤寡帛，人二匹"。（3）元封二年（公元前 109 年）夏四月，又"赐孤独高年米，人四石"。（4）元封五年（公元前 106 年），武帝南巡，封禅泰山，又"赐鳏寡孤独帛，贫穷者粟"。（5）元封六年（公元前 105 年），武帝幸河东，祠后土，"赐天下贫民布帛，人一匹"。（6）太始三年（公元前 94 年），武帝幸东海、琅邪，赐所过地方"鳏寡孤独帛，人一匹"。

在尊老活动方面，据《汉书·武帝纪》记载有以下四次：（1）建元元年（公元前 140 年）春二月，规定："年八十复二算，九十复甲卒。""复"是免除的意思，对于八九十岁老人豁免赋役。（2）建元元年四月武帝下诏说：今天下的孝子、顺孙是愿意竭尽其力以侍奉亲人的，然而由于外迫于公事，内乏资财，所以无法尽孝，朕甚哀之。民年九十以上，已有受鬻法，有子即免其子的赋役，无子即免其孙子的赋役。令他们得以身帅妻妾遂其供养之事。（3）元狩元年（公元前 122 年），武帝遣谒者赐九十以上帛，人二匹，絮三斤；八十以上米，人三石。（4）元封二年（公元前 109 年），武帝下诏"赐孤独高年米，人四石"。

在赦官奴婢、刑徒、罪人与赦天下方面，建元元年（公元前 140 年）五月，汉武帝"赦吴楚七国孥输在官者"[①]。吴楚之乱发生在景帝前三年（公元前 154 年），距

———————————

[①]《汉书·武帝纪》。

武帝建元元年已有十四年，武帝即位后对参加吴楚七国之乱的官员没为官奴婢的妻子，加以赦免，其目的明显是为缓和统治阶级内部的矛盾，给这些人以自新的机会。

汉武帝赦免刑徒、罪人，据《汉书·武帝纪》记载共六次：（1）元光六年（公元前129年）春，"赦雁门、代郡军士不循法者"。（2）武帝元封二年（公元前109年）到雍（今陕西凤翔境），祭祀五帝，春止缑氏（今河南偃师东南），又至东莱（郡名，治所在山东掖县），夏四月又至泰山祭祀。后又至黄河瓠子（今河南濮阳南）塞决口。下令"赦所过徒"。（3）元封四年（公元前107年）祭后土，"赦汾阴、夏阳、中都死罪以下"。（4）元封六年（公元前105年）三月，祭后土，"赦汾阴殊死以下"。（5）元封六年三月，"益州、昆明反，赦京师亡命令从军，遣拔胡将军郭昌将以击之"。（6）太初二年（公元前103年）四月，祭后土，"赦汾阴、安邑殊死以下"。汉武帝在位五十四年"赦天下"和"大赦天下"十九次，远远超过前面汉朝数代皇帝的次数[①]。

以往人们谈论汉武帝时常常将其与文景时期相比，过分强调他如何奢侈挥霍、如何加重民众负担等。然而，如果从兴修水利、发展农业生产、假民公田、徙民实边、赈济灾民、恤鳏寡孤独、尊老及孝悌力田、赦天下罪人和刑徒、迁徙和打击地方豪强势力等方面来考察，汉武帝的作为大大超过了前辈。汉武帝封禅泰山时刻石纪功辞中说"育民以仁"，并非虚夸，而是确有实事。

十、经济改革诸项措施

在发展经济方面，汉武帝亦有其一套成熟办法与举措。

（一）兴修水利，发展农业

汉武帝是秦汉时期兴修水利工程最多的一位皇帝。他为了巩固帝国统治，促进

---

① 参见杨生民著：《汉武帝传》，人民出版社2001年版，第88—89页。

农业发展，首先在关中，继而在全国范围兴修水利工程。

据《史记·河渠书》和《汉书·沟洫志》中的记载，汉武帝时兴修的水利工程，较重要的有：

1. 漕渠

元光六年（公元前 129 年），汉武帝采纳大司农郑当时建议，引渭穿渠，起长安终南山下，至黄河三百余里，三年而通，既便于运输，又可灌溉民田万余顷。

2. 河东渠

漕渠建成后，河东郡守番系，建议穿渠引汾河与黄河水灌溉河东土地。当时估计，渠修成后，年可增收谷物二百万石。汉武帝认为可行，"发卒数万人"开渠。但此渠修成后只用了几年，就因河道迁移，无法再用。

3. 龙首渠

汉武帝元封年间（公元前 110—前 105 年），有个叫庄熊罴的人建议穿渠引洛水，灌溉关中重泉（在今陕西蒲城东南）以东的万顷盐卤恶地，每亩可增收十石。汉武帝采纳了这个建议，"发卒万人"穿渠引洛。但两岸地质条件不好，坍塌严重，建设者只好在地下开渠通水，十年才完工。此渠因为是从地下取水，效益不是很大，不过这个办法后来传到缺水的西域，当地人按这个办法修建地下引水渠道，名之为"坎儿井"，"坎儿井"对当地的农业灌溉起了很大作用。

4. 治理黄河

汉武帝初年，黄河在瓠子（旧址在今河南濮阳境）决口，淮泗一带连年被灾。元封二年（公元前 109 年），武帝东巡，发卒数万人治河，并亲临工地督促。竣工后，黄河几十年不再为患，东南十六郡二十多年的水患得以解决，当地农业生产得到恢复。

5. 朔方、西河、河西、酒泉水渠

据《汉书·沟洫志》中记载，瓠子堵塞黄河决口工程完成后，"用事者争言水利，朔方、西河、河西、酒泉皆引河及川谷以溉田"。这些工程所灌溉的土地数以万余顷计，皆具有一定的规模。

6. 灵轵、成国、韦水渠

汉武帝元封年间，关中又有灵轵、成国、韦水三条水渠的兴建，共灌溉土地万顷。其中包括周至、户县和渭河南，以及渭河北的眉县、扶风、武功、兴平、咸阳等大片地区。

7. 六辅渠

这是著名的郑国渠的辅助工程。郑国渠是战国时秦国所建，至汉武帝元鼎年间已经用了一百三十多年。此时左内史倪宽建议在郑国渠上游开掘六条辅助水渠，灌溉郑国渠旁边的高地。汉武帝批准了这一计划。六辅渠完成后，许多地势高的田地也得到了灌溉，充分发挥了郑国渠的灌溉作用。

8. 白渠

汉武帝太始二年（公元前 95 年），赵国中大夫白公建议穿渠引泾河水，灌溉渭中平原。经汉武帝批准，工程很快上马。完成后，渠水流经泾阳、三原、高陵、临潼等地，灌溉田地四千五百余顷，粮食产量大为提高。

除此之外，汉武帝期间修建的水利工程还有汝南、九江的引淮工程，东海郡的引巨定泽工程，泰山下的穿渠引汶水工程，这些工程所灌溉的田地面积也都在万顷以上。由于汉武帝的提倡和支持，全国各地兴建的其他小型水利工程，不可胜计。可以说，汉武帝时期是中国古代兴修水利工程的高潮时期。[1]另外，汉武帝鼓励改进农具和耕种方法，以增加农业生产。汉武帝以赵过为搜粟都尉，教民耕殖，其法二犁共一牛，一人将之，下种换耧，日种一顷，取名耧犁。赵过的新法比旧法效率提高四倍。

（二）实行盐铁国营，增加国库收入

盐指晒制和熬煮的海盐和池盐；铁即冶炼钢铁以及用钢铁制造各种兵器和生产用具。这些物资都是社会重要的生活、生产资料。从战国以来，盐铁大都为豪门和富家所经营，他们利用盐铁形成一股强大的与官民争利的势力。盐是百姓的生活必需

---

① 参见戚文、陈宁宁著：《两汉人物论》，东方出版中心 2013 年版，第 160—163 页。

品，"十口之家，十人食盐"，"无盐则肿"。铁器是劳动人民的主要生产工具，《盐铁论·水旱篇》说："农，天下之大业也，铁器，民之大用也。器用便利，则用力少而得作多，农夫乐事劝功。"《盐铁论·禁耕篇》说："铁器者，农夫之死士也。死士用则仇仇（草莱）灭，仇仇灭则田野辟。"铁器还是制作兵器的主要原料，《盐铁论·复古篇》说："铁器兵刃，天下之大用也。"因此，盐铁有着广阔的用途和市场。大盐铁业者"上争王者之利，下锢齐民之业"，向上与国家争利，对下又垄断民众的谋生之路，"冶铸煮盐，财或累万金，而不佐国家之急"①，在国家遇到财政危机时，这些大富豪竟然无动于衷，没有国家利益至上的意识与观念。因此，汉武帝经济改革的一项重要措施就是实行盐铁官营，把盐铁业的收益收归国有，以解决国家的财政困难。

汉武帝为实行盐铁官营，采取了以下数项措施。

第一，元狩四年（公元前 119 年），汉武帝任用齐地大煮盐者东郭咸阳、南阳大冶铁业者孔仅为大农属官大农丞，主管盐铁方面的事情，侍中桑弘羊以会计计算用事"言利事析秋毫"。由这三人筹备盐铁等有关经济、财政改革方面的事情。

第二，山海、天地出产的自然资源的税收原归掌握天子私人财政的少府管理，实行盐铁官营时转归掌握国家财政的大司农管理。这是一个重大变化。故《史记·平准书》载孔仅、东郭咸阳上书说："山海、天地之藏也，皆宜属少府，陛下不私，以属大农佐赋。"《盐铁论·复古篇》载大夫说"山海之利，广泽之畜，天地之藏也，皆宜属少府。陛下不私，以属大司农，以佐助百姓"。这一变化有利于大司农以国家代表组织全国盐铁的生产和销售，并将其收入充作国用。

第三，元狩五年（公元前 118 年）孔仅、东郭咸阳提出实行盐铁官营的具体办法如下：一是禁止私人经营盐铁业，规定"敢私铸铁器、煮盐者，钛左趾，没入其器物"。二是出产铁的郡自然要设铁官，不出产铁的郡则设置"小铁官"冶炼废铁，属所在县管辖，即《史记·平准书》所说"郡不出铁者，置小铁官，便属在所县"。

第四，令孔仅、东郭咸阳乘驿遍巡天下盐铁处，设置盐铁官，取缔私营盐铁业。

---

① 《史记·平准书》。

并任命原来的盐铁业主为主管官营冶铁业的官吏。元封元年（公元前110年），又令桑弘羊为治粟都尉，领大农，主管天下盐铁事务，进一步推行官营盐铁，"置大农部丞数十人，分部主郡国，各往，往县置均输盐铁官……天子以为然，许之"[①]。在这一过程中，中央政府推行盐铁官营的政策是认真的，违背政策的官吏要依法严惩，如元鼎六年（公元前111年）博士徐偃等循行天下，"矫制（假托君命）"让胶东、鲁两国煮盐铸铁，被处死就是一例。[②]

盐铁国营之后，大大增强了国库收入，缓解了财政困难，对于解决抗匈战争和赈灾移民数量巨大的开支起到了很大的作用。元鼎五六年间汉连年出兵，用费大，都是靠盐铁官营等经济改革增加的收入来解决的。《盐铁论·轻重篇》说："今大夫……总一盐铁，通山川之利而万物殖。是以县官（国家）用饶足，民不困乏，本末并利，上下俱足。"又说："当此之时，四方征暴乱，车甲之费，克获之赏，以亿万计，皆瞻大司农。此皆扁鹊（指桑弘羊等人）之力，而盐铁之福也。"这些论述说明了盐铁官营在解决国家财政困难和促进社会经济发展方面所起的重大作用。

推行盐铁国营也有利于抑止兼并。《盐铁论·复古篇》载大夫的话说："今意总一盐铁，非独为利入也，将以建本抑末，离朋党，禁淫侈，绝并兼之路也。"也就是说，盐铁官营并不仅仅是为了增加国家的财政收入，还是为了建本业抑末业，防止盐铁业主利用经济力量结成利益集团即"朋党"与官府对抗，禁其"淫侈"生活，防止其兼并农民的土地。应当说这个目的在一定程度上和一定时间内是能够达到的。

推行盐铁国营更有利于打击分裂割据势力。《盐铁论·禁耕篇》说："异时盐铁未笼，布衣有胸邴（曹邴氏），人君有吴王……吴王专山泽之饶，薄赋其民，赈赡穷乏，以成私威。私威积而逆节之心作。"这是说让诸侯王专山泽之饶，煮盐铸铁，经济势力膨胀，收买民心，势力壮大，最后会导致叛乱。而盐铁官营，有助于削弱诸侯王的经济势力，使其无法与中央抗衡和发动叛乱。

---

① 《史记·平准书》。

② 参见杨生民著：《汉武帝传》，人民出版社2001年版，第106页。

（三）建立平准、均输机构，调控物价，保障供应

平准又名平桑、平籴，是战国时魏相李悝创立的一种调剂民食、平抑物价的措施，即丰年粮多时，由政府以平价买进粮食，存贮于粮仓；荒年缺粮时，再由政府以平价卖出粮食，以解决民生之疾苦。

汉代平准机构是在元封元年（公元前110年）桑弘羊在各郡国设均输官之时于京师长安设立的。设置的意图，《盐铁论·本议篇》大夫曰："开委府于京师，以笼货物。贱即买，贵则卖。是以县官不失实，商贾无所贸利，故曰平准……故平准、均输所以平万物而便百姓。"其意是说：在京师设立"委府"，接受、储存各郡国均输官输入京师的货物，即收拢天下货物。货物贱时就买进来，贵时就卖出去。因此，国家掌握着物资，商贾无法经商谋利。所以称之曰平准。平准、均输结合起来就可收到"平万物的物价而便百姓"的效果。《史记·平准书》则进而陈述了平准设置的背景、采取的措施、出现的情况、所要达到的目的。

> 置平准于京师，都受天下委输。召工官治车诸器，皆仰给大农。大农之诸官尽笼天下之货物，贵即卖之，贱则买之。如此，富商大贾无所牟大利，则反本，而万物不得腾踊。故抑天下物，名曰："平准。"

均输，就是从中央到地方设立货物的运输兼贸易机构，主管物资的采集、运送、售出事宜。均输的主要物资还是盐铁、粮食、布帛及其他生产、生活必需品。一般的操作是在各地采集价格低平的必需物资，运到京师和需要这些物资的地方，然后以稍高价格出售。这样既可以保证政府的物资供应，免除大商人中间剥削，又可以从中获得商业利润。民众也可以从均输中以较合理的价格买到生产、生活必需用品，免除"万物腾跃"之苦。[1]

汉武帝时期，均输的推行经历过两个时期：一是元狩五年（公元前118年）铸

---

[1]　参见戚文、陈宁宁著：《两汉人物论》，东方出版中心2013年版，第164—165页。

五铢钱，孔仅、东郭咸阳提议实行盐铁官营，过了三年，到元鼎二年（公元前 115 年）置均输。关于此事，《史记·平准书》说："桑弘羊为大农丞，筦诸会计事，稍稍置均输以通货物。"看来，这次实行还处于试验阶段，所以说"稍稍置均输以通货物"。二是元封元年（公元前 110 年）桑弘羊为治粟都尉，领大农，置均输进入实质性的推行阶段。经过上述两个时期的试办、推行，各地设立了均输官，均输法才在全国得以实行。①

（四）改革货币制度

汉武帝时期的币制改革，一共进行了六次。

（1）建元元年（公元前 140 年），汉武帝"行三铢钱"②，这是汉武帝时初次货币改革。

（2）建元五年（公元前 136 年），汉武帝"罢三铢钱，行半两钱"。这是汉武帝时第二次货币改革。

（3）元狩四年（公元前 119 年），在卫青、霍去病分道北击匈奴，又迁关东贫民七十余万口于关以西之时，财政出现严重困难，汉武帝进行了第三次币制改革。内容有：其一，发行新币"白金三品"，即以银与锡白色合金铸造的三种货币：第一种是龙文币，重八两，圆形，名"白选"，值三千钱；第二种是马文币，重六两，方形，值五百钱；第三种是龟文币，重四两，狭长形，值三百钱。其二，发行白鹿皮币：以一尺见方的白鹿皮作皮币，价值四十万。王侯宗室朝见天子聘享献礼时，要用皮币垫着历献的币才能行通。其三，"销半两钱（四铢钱），更铸三铢钱，文重其文"。

（4）元狩五年（公元前 118 年），"乃更请诸郡国铸五铢钱，周郭其下，令不可磨取"③。这是汉武帝第四次货币改革，其特点是铸钱技术有了显著改进，以往铸钱

---

① 参见杨生民著：《汉武帝传》，人民出版社 2001 年版，第 111 页。

② 《汉书·武帝纪》。

③ 《史记·平准书》。

只一面有文，背面无文，可磨取无文的背面铜屑铸钱。这次规定背面再加铸一道边，使人无法磨取铜屑，再熔铸新币。这是防止盗铸的一个重要的技术手段。虽然如此，但因这次铸钱是令各郡国自铸，郡国官吏多铸奸钱，钱轻，所以又出了问题。

（5）元鼎元年（公元前116年），汉武帝进行了第五次币制改革。《史记·平准书》说："郡国多奸铸钱，钱多轻。"在这种情况下，公卿奏请京城铸造钟官所铸的"赤侧（边）钱"，一个"赤侧（边）钱"等于五个旧铜钱，交纳赋税和官用的非"赤侧（边）钱"不行。赤侧钱发行后，白金币价格减贱，过了一年多，白金币废而不行。又过了两年，"赤侧钱"贬值，想了种种办法，还是无效，就被废除了。

（6）元鼎四年（公元前113年），汉武帝进行了第六次货币改革，这次在废"赤侧钱"的同时，"悉禁郡国无铸钱，专令上林三官铸。钱既多，而令天下非三官钱不得行，诸郡国所前铸钱皆废销之，输其铜三官"[1]。武帝在元鼎二年初置水衡都尉，掌上林苑，其属官有均输、钟官、辨铜三令。武帝在这次币制改革时主要采取了两个措施：一是完全禁止地方郡、国铸钱，专令上林苑三官铸钱，三官一般认为就是均输、钟官、辨铜三令。这说明铸币权完全收归了中央或皇帝。二是下令天下非三官钱不能流通，地方郡国以前所铸货币全部作废销熔，其铜转归上林三官。这样，国家就完全控制了货币的铸造权。[2]

经过汉武帝时期六次币制改革，最后终于解决了汉初币制遗留下来的急需解决的问题。发行成色好、重量适中、难于盗铸的五铢钱，使币制稳定，有利于解决政府的财政危机和稳定社会的经济生活。武帝时期的币制改革最后获得了成功，在中国货币史上具有重要意义。

（五）"算缗"和"告缗"

官营盐铁、建立均输制度和平准制度、统一货币，不仅使政府获得经济利益，

---

[1] 《史记·平准书》。
[2] 参见杨生民著：《汉武帝传》，人民出版社2001年版，第101—103页。

更重要的是为重农抑商奠定了经济基础。

汉武帝时代，还采取了"算缗"和"告缗"等直接打击大商贾的政策。

算缗是国家征收的财产税；告缗是没收隐瞒向国家少缴纳、不缴纳财产税的有产者的财产。这两项政策主要打击对象是中等资产家庭以上的工商业者。

缴纳财产税，原是西汉初期规定的一项制度。汉武帝即位后，逐步通过征收财产税的方式把打击的矛头指向富商大贾。

元狩四年（公元前 119 年），汉武帝开始推行的"算缗钱"制度，规定商人、兼营手工业的商人以及高利贷者，必须向政府申报其资产。每二千钱应纳税一算，即一百二十钱。自产自销的手工业品，每四千钱一算。轺车一车一算，商人拥有的轺车则加倍。船五丈以上一算。商人有产不报或报而不实的，罚令戍边一年，财产予以没收。

元鼎四年（公元前 113 年），汉武帝又下令实行"告缗"，鼓励民间相互告发违反"算缗"法令的行为，规定将所没收违法商人资产的一半奖励给告发者。于是，在"告缗"运动中，政府没收的财产数以亿计，没收的奴婢成千上万，没收的私有田地，大县数百顷，小县百余顷。中等资产以上的商贾，大多数都遭到告发以致破产。

应该说，"算缗"和"告缗"对于缓解当时政府经济危机，抑制在经济上可能与政府抗衡的商人的势力，都有直接的效用。"算缗""告缗"推行之后，政府的府库得到充实，商人受到沉重的打击，中央集权制度空前加强，汉初出现的贫富分化的社会秩序暂时得到了一定程度的调整。中国古代大一统帝国重农抑商基本国策更是得到了较好的推行。

十一、外事四夷 教通四海

（一）开疆拓土，拓边置郡

清人赵翼在《廿二史札记》中说："仰思帝之雄才大略，正在武功。"

汉武帝时代，以军事成功为条件实现了汉帝国的疆域扩张。他在军事方面的显赫功业，主要体现为在大秦帝国原有疆域的基础上进一步开疆拓土、拓边置郡，"为现代中国的广大疆域奠定了初步的基础"。"在北方击败了强敌匈奴，在西方取得了三十六属国，在西南恢复庄蹻滇国的旧业，在南方消灭了南越赵氏的割据。"①

居住在中国北方边疆的匈奴部落，以其强悍的骑兵优势，侵扰中原一百多年。因限于国力，汉王朝无法与之抗衡。汉高祖曾倾全国兵力与匈奴战于平城（今山西大同市东北），终因军力不敌，而委曲求全地以"和亲政策"求得安宁。尽管汉王朝不断给匈奴送去美女、金帛，但匈奴还是侵扰不止。文景以来，汉匈之间一直是旋和旋战，和平时期少，武力相向时候多。汉武帝时，匈奴吞并了西域三十多个国家，势力大增，更加频繁地向汉帝国北方边境大举进犯。当时仅北方边境各郡，每年被虏杀的人口就有好几万，被抢夺的财产更是不计其数。汉武帝即位后忍无可忍，乃秣马厉兵、整饬军备，积极准备力量与匈奴决战，打算彻底解决匈奴扰边问题。

汉建元三年（公元前138年），汉武帝派张骞出使西域，寻找反击匈奴的同盟军。与此同时，在陇西、代郡一带集结汉军主力，一面进行军事训练，一面寻找时机打击匈奴。

汉元光二年（公元前133年），汉武帝采纳熟知匈奴事务的官员王恢的意见，在马邑（今山西朔州）布设口袋，企图引诱匈奴入塞，聚而歼之。这次动员的汉军兵力达三十余万，可惜这个计划后来被匈奴单于识破，未获成功。公元前129年、128年、127年、124年、123年、119年，汉武帝多次派名将卫青、霍去病等统率大军与匈奴作战，深入匈奴后方消灭了匈奴军队主力。公元前119年的漠北大战是汉匈之间一次决定命运的战争，双方出动的兵力都在十万以上，在狂风沙砾中生死搏战。最后是汉胜匈败，匈奴单于仅率数百骑突围，向西北逃遁，汉军追逐到北海（今俄罗斯贝加尔湖）。此役汉军共杀虏匈奴九万余人，自己亦损失几万人。《资治通鉴·汉纪》对于此役予以高度评价，指出从此"匈奴远遁，而幕南无王庭"。汉武帝的抗匈战争取得了决定性的胜利，换来了国家北方边境长年的和平和安宁。

解决了北方边防问题后，汉武帝又用兵东北。当时朝鲜为燕国人卫满及其后人

---

① 范文澜著：《中国通史简编》第二编，人民出版社1958年版，第80页。

占据。卫氏王朝常杀害汉朝边郡的官吏，汉武帝认为他们有意挑衅，乃派兵水陆并进，灭掉了卫氏王朝，在其地分设四郡，即真番（治所在霅县，即今朝鲜礼成江、汉江之间）、临屯（治所在东暆，即今朝鲜咸镜南道北部）、乐浪（治所在朝鲜，即今朝鲜平壤市南）、玄菟（治所在沃沮城，即今朝鲜咸镜道）四郡。

在东南地区，汉武帝利用闽越、东瓯、南越等少数民族政权的内部矛盾，出兵平定闽越，又平定南越，分别加以征服，将其地置于汉帝国政府的直接管辖之下。在南越地区置南海（治所在今广东广州）、苍梧（治所在今广西梧州）、郁林（治所在今广西桂平西故城）、合浦（治所在今广西合浦东北）、交趾（辖境相当于今广东、广西的大部和越南的北部、中部，治所在今越南河内西北）、九真（辖境相当于今越南清化、河静两省及义安河东部地区，治所在今越南清化西北）、日南（治所在今越南广治省广治河与甘露河合流处）、珠厓（治所在今海南琼山东南）、儋耳（治所在今海南儋县西北）等九郡。

在西南方面，汉武帝派唐蒙、司马相如出使西南夷，说服夜郎和邛、筰归附汉朝，先后在西南设立犍为（辖境相当于今四川简阳、新津以南，云南东北部，贵州北部）、牂柯（今贵州大部及云南东部）、越巂（今四川西昌地区，云南丽江、楚雄北部）、沈黎（今四川汉源一带）、汶山（今四川茂汶羌族自治区一带）、武都（今甘肃武都一带）、益州（今云南晋宁晋城）等七郡。于是，今福建、广东、广西、云南、贵州、四川等地均统一于西汉帝国。

（二）打通丝绸之路，开拓中国与亚欧经济文化往来

抗匈战争胜利后，汉武帝派出许多使节前往西域和中亚各国联系，开辟了中国通往欧洲的交通干线——丝绸之路，促使中国和外国的经济、文化交流出现了新局面。

据《史记·大宛列传》记载，西域是玉门关、阳关以西直至欧洲的通称。张骞通西域所去的大月氏在今阿富汗北部；乌孙在今伊犁河流域喀尔巴什湖、伊塞克湖

地区。张骞派副使所到的康居在今喀尔巴什湖至咸海之间，安息在今伊朗高原东北部。李广利征伐的大宛在今中亚费尔干纳盆地，今乌兹别克斯坦或塔吉克斯坦境内。《史记·大宛列传》所载条支在今伊拉克境内；黎轩，即大秦，就是罗马帝国。汉武帝通西域是一件意义重大的事情。晋代从战国魏王墓中发现了先秦古书《穆天子传》，记载了周穆王西游的故事，是关于中西交通的传说，实际上此时中国的势力还未达到西域。"秦始皇攘却戎狄，筑长城，界中国，然西不过临洮"[1]。汉武帝通过经营西域，打通了中国和西方经济文化交往的通道，促进了中国与中亚、阿拉伯地区、欧洲、北非以及南亚次大陆在物产、科技、经贸、文化方面的互相交流，这一点有着重大的意义。国际上对这条陆上的丝绸之路，给予了经久不息的关注，正说明了它在古代所起的重要作用。从这种意义上看问题，汉武帝时期中国所发生的一些事情，不仅对中国，而且对世界历史也有着不可忽视的重要影响。[2]

---

[1] 《汉书·西域传》。
[2] 参见杨生民著：《汉武帝传》，人民出版社2001年版，第217、218、243页。

第四章　昭宣时期的国家治理

公元前 87 年二月，汉武帝突染重病，在生命垂危之际，匆忙于病榻之侧立年仅八岁的幼子刘弗陵为太子，令霍光、金日磾、上官桀、桑弘羊、车千秋五大臣鼎力辅佐，之后武帝便猝然崩逝。这种内外朝大臣兼用的做法是为了"免亡秦之祸"，在最高权力机构建立一种平衡体制。由于托孤五大臣的个人禀赋、能力不同，随着事态的发展，最终霍光独揽朝政，内朝势力异军突起，从而打破了内外朝权力平衡的政治体制。事实证明，武帝遗玺幼子、病榻托孤之举，在后来皇室内部的政治生活中投下了巨大的阴影，也是开西汉中后期权臣左右朝政之端。

公元前 74 年四月，年仅二十二岁的汉昭帝无嗣突崩，不仅打乱了西汉皇室内部正常的统治秩序，而且使大司马大将军霍光与群臣、诸侯王之间一度平息的矛盾斗争再次激化，为了使业已确立的专擅朝政之局免受冲击，霍光权衡利弊，力排众议，将昌邑王刘贺送登大宝，然而即位的昌邑王并不愿充当傀儡，为了尽早扭转霍光控制朝政的局面，乃与其心腹谋策除去霍光，结果谋泄，反而被霍光以冠冕堂皇的理由废黜，这是昌邑王被废的真正原因，史书所言昌邑王因"行淫乱"而遭废黜的罪名，只不过是霍光等人巧为罗织、掩人耳目的幌子而已。昌邑王的旋立旋废和汉宣帝的拥立，均是霍氏家族左右朝政的典型表现。霍氏家族势力的无限扩张，无疑意味着君主专制权力的削弱与皇权、相权矛盾的加剧。

面对"禄去王室，政由冢宰"的不正常政治局面，如何倚重霍氏家族势力以巩固自己的统治地位，施展各项政治举措，如何谨慎处理与最终铲除霍氏势力，培植亲己势力，等等，都是汉宣帝执政过程中必须面对与解决的最重要问题。汉宣帝一个重要使命，就是扩张皇帝的权威，扭转自武帝死后形成的"君弱臣强"的政治格局。汉宣帝即位后，不着痕迹地培植自己的势力，皇帝的权威重新得到了伸张。汉宣帝刘询是一位有为之主，亲政后大力整顿吏治，省刑轻罚，发展生产，彻底扭转了武帝末年社会经济凋敝的局面；他与匈奴亲善，设置西域都护，巩固、发展了汉王朝与周边各族的关系。宣帝时期，西汉盛世达到了顶点。

一、汉昭帝即位时之政局

汉武帝统治后期，中央集权与地方割据势力之间的矛盾得到了比较彻底的解决。但是，旧问题刚刚解决，新问题马上出现。汉武帝末年，统治阶级内部矛盾的新形式集中表现在皇室内部争权夺利、自相残杀上面。这种斗争对汉武帝死后的西汉政局，无疑产生了重要的影响。

皇亲、贵戚、王子、后妃之间的斗争是皇权统治的必然产物。汉武帝时期皇室内部的矛盾斗争集中地表现为后妃之间的利益冲突，其形式则表现为巫蛊祝诅之祸，而其实质则是外戚争权，以及皇帝与太子不同的统治思想之间的冲突与斗争。造成这种纷争的根本原因当然在于当时的最高统治者——汉武帝。作为汉帝国的最高统治者，汉武帝除了一般帝王所共有的权力贪欲以外，还有两点特别突出：一是迷恋女色；二是追求成仙长生不老。据《武帝故事》记载：汉武帝"又起明光宫，发燕、赵美女二千人充之。率取年十五以上、二十以下，满四十者出嫁。掖庭令总其籍，时有死出者补之。凡诸宫美女可有七八千……常从行郡国，载之后车；与上同辇者十六人，员数恒使满，皆自然美丽，不假粉白黛黑。侍衣轩者亦如之。上能三日不食，不能一日无妇人；善行导养术，故体常壮悦"。这段话虽出于后人记载，但却是武帝荒淫生活部分真实的写照。武帝"内宠"之多是汉代皇帝中较为少见的。如最初陈皇后阿娇有宠，不久武帝在平阳公主家"幸"讴者卫子夫，即召入宫中"尊宠"，"后色衰，赵之王夫人、中山李夫人有宠"，"后有尹倢伃、钩弋夫人更幸"[1]。汉武帝如此多的"内宠"，必然加剧宫内后妃之间的钩心斗角。而汉武帝为追求长生所进行的迷信活动，则是影响到他与太子之间正常关系的另一个极不稳定的政治因素。老年帝王因为贪恋皇权与猜忌多疑的心态，经常会对接班人极不放心，最后干脆找借口除掉，这种事例在中外历史上比比皆是。

---

[1] 《汉书·外戚传》。

据《史记·封禅书》记载："今天子初即位，尤敬鬼神之祀。"汉武帝一生不断请方士求仙祈求长生，不断上当受骗而终不知悔。在他的提倡下，当时社会上尤其是贵族阶层迷信之风昌盛，统治阶级内部的矛盾斗争，也往往利用迷信的形式进行。另外，武帝晚年，外戚集团势力的膨胀也是他借助巫蛊祝诅案打击与削弱外戚集团的主要原因之一。

汉武帝时代宫廷内部斗争的起因要追溯到很久以前。当汉景帝在位时，最初立的太子不是后来的汉武帝刘彻，而是齐栗姬之子。但是，景帝的姐姐长公主嫖则十分希望将刘彻立为太子，因为她早就想把自己的女儿阿娇嫁给刘彻，如果刘彻被立为太子，阿娇将成为皇后，所以长公主嫖极力怂恿景帝改立刘彻为太子。由于长公主的母亲是那位信奉黄老又喜欢专权的窦太后，长公主的丈夫陈午又是汉初开国功臣陈婴之孙，所以她在宫内、朝中均有很大势力。武帝刘彻的母亲王夫人也极力巴结长公主嫖，企图利用她争得后位。于是，嫖就经常在景帝面前替刘彻鼓吹："日誉王夫人男之美。"在长公主同王夫人勾结下，汉景帝终于废掉原来所立的太子，而立王夫人之子刘彻为太子。"武帝得立为太子，长主有力"①。阿娇被立为武帝后，自然就"时得幸"②而"擅宠娇贵"了。但是，这位贵胄出身的陈皇后在汉武帝身边却"十余年而无子"，而一个出身低微的卫子夫偏偏"得幸"，被武帝"尊宠"，遂使陈皇后不胜其怒。由于嫉妒，陈皇后就以"巫蛊祠祭祝诅"③，妄图暗害卫子夫。

所谓"巫蛊"和"祝诅"，乃是一种巫术迷信活动。这种活动就是利用巫师对某人进行诅咒，或将某人名字刻于木偶上埋之地下，对其诅咒。当时人们相信这样做会给被诅咒对象带来灾难，甚至使之死亡。所以汉代法律规定对进行"巫蛊""祝诅"者给以严厉制裁。元光五年（公元前130年）陈皇后的"巫蛊"活动被武帝得知，遂令侍御史张汤"治陈皇后蛊狱"，张汤受命后"深竟党与"④，大肆株连。在他的"穷

---

① 《汉书·外戚传》。
② 司马相如：《长门赋序》，见《昭明文选》卷十六。
③ 《汉书·外戚传》。
④ 《史记·酷吏列传》。

治"之下，陈皇后被判"大逆无道"之罪，"相连及诛者"竟达"三百余人"。陈皇后的"巫蛊之狱"，实际上是武帝借机诛杀窦太后在宫内余党的一次斗争。如前所述，汉武帝即位之初，窦太后权势很大，在统治思想上坚持黄老之学，同武帝直接对立。她死之后在宫内仍有一批余党，而其中以她的外孙女"擅宠骄贵"①的陈皇后最为尊贵。因此，汉武帝大兴"巫蛊之狱"惩治陈皇后，实则为扫清窦太后在宫内外的势力。这是汉武帝时期统治阶级内部第一次以"巫蛊"的形式进行的大规模残杀。②

历史上称为"巫蛊之祸"的事件，发生在汉武帝征和二年（公元前 91 年）。这次统治阶级内部的残杀，直接影响汉武帝死后的继位人的确定。因此，在历史上有较大的影响。

汉武帝前后共有六个儿子：卫皇后生太子据；赵倢伃生弗陵；王夫人生齐怀王闳；李姬生燕刺王旦、广陵王胥；李夫人生昌邑哀王髆。元狩元年（公元前 122 年）卫皇后所生之子刘据被立为太子。太子据的性格、作风虽与武帝完全不同，但武帝最初对他却特别喜欢。如果没有意外，武帝死后由刘据继位应该是没有问题的。

征和二年（公元前 91 年），卫皇后之姐君孺与丞相公孙贺之子公孙敬声，横行不法，盗用北军钱一千九百万，事发被捕下狱。当时汉政府正在缉拿一名逃犯朱安世，公孙贺请求捕拿朱安世赎其子敬声之罪。后来，朱安世果然被捕。朱安世被捕后在狱中上书，揭发公孙敬声与武帝女阳石公主私通，并在武帝经过之甘泉宫驰道下埋偶人"祝诅有恶言"③，汉武帝得知后，令人将公孙贺父子及其家族处死。卫皇后弟子长平侯伉及诸邑公主、阳石公主皆牵连而被诛。事过之后，汉武帝对"巫蛊"的疑心更大了。当时，各地方士及巫师也多聚于京师，不少女巫往来宫中，有的嫔妃在宫内埋偶人诅咒所嫉妒的仇人，有的则向武帝告发。于是，武帝就将后宫及有牵连之大臣数百名以"巫蛊祝诅"之罪处死。"巫蛊之祸"的范围逐渐扩大，最后竟然

---

① 《汉书·外戚传》。

② 参见林剑鸣著：《秦汉史》，上海人民出版社 2003 年版，第 442—443 页。

③ 《汉书·武五子传》。

株连到太子与卫皇后的头上。

据《汉书·戾太子刘据传》记载，汉武帝二十九岁时喜得太子，十分宠爱，"为立禖，使东方朔、枚皋作禖祝。少壮，诏受《公羊春秋》，又从瑕丘江公受《穀梁》。及冠就宫，上为立博望苑，使通宾客，从其所好"。可见，为了太子的成长教育，武帝倾注了大量的心血。然而正是在武帝"从其所好"的宠爱下，久而久之，在太子周围形成了一股强大的势力集团。太子不仅拥有以大司马、大将军卫青为首的军事集团和以皇后卫子夫为首的后宫势力的鼎力支持，而且还得到了"群臣宽厚长者"们的拥戴。随着太子羽翼的日益丰满，武帝对太子的态度也逐渐发生了变化。另据《资治通鉴》记载：

初，上年二十九乃生戾太子，甚爱之。及长，性仁恕温谨，上嫌其材能少，不类己；而所幸王夫人生子闳，李姬生子旦、胥，李夫人生子髆，皇后、太子宠寖衰，常有不自安之意。上觉之，谓大将军青曰："汉家庶事草创，加四夷侵陵中国，朕不变更制度，后世无法；不出师征伐，天下不安；为此者不得不劳民。若后世又如朕所为，是袭亡秦之迹也。太子敦重好静，必能安天下，不使朕忧。欲求守文之主，安有贤于太子者乎！闻皇后与太子有不安之意，岂有之邪？可以意晓之。"大将军顿首谢。皇后闻之，脱簪请罪。太子每谏征伐四夷，上笑曰："吾当其劳，以逸遗汝，不亦可乎！"上每行幸，常以后事付太子，宫内付皇后。有所平决，还，白其最，上亦无异，有时不省也。上用法严，多任深刻吏；太子宽厚，多所平反，虽得百姓心，而用法大臣皆不悦。皇后恐久获罪，每戒太子，宜留取上意，不应擅有所纵舍。上闻之，是太子而非皇后。群臣宽厚长者皆附太子，而深酷用法者皆毁之。邪臣多党与，故太子誉少而毁多。卫青薨后，臣下无复外家为据，竞欲构太子。上与诸子疏，皇后希得见。太子尝谒皇后，移日乃出。黄门苏文告上曰："太子与宫人戏。"上益太子宫人满二百人。太子后知之，心衔文。文与小黄门常融、王弼等常微伺太子过，辄增加白之。皇后切齿，使太子白诛文等。太子曰："第勿为过，何畏文等！上聪明，不信邪佞，不足忧也！"上尝小不平，使常融召太子，融言"太子有喜色"，上默然。及太子至，上察其貌，有涕泣处，而佯语笑，上怪之；更微问，知其情，乃诛融。皇后亦善自防闲，避嫌疑，虽久无宠，尚被礼遇。①

上述"上用法严，多任深刻吏，太子宽厚，多所平反"，寥寥数语便道出了汉武帝与太子据在内外方略上存在的巨大分歧。可以说，太子的言行举措不仅仅代表着他个人，而且也代表着拥戴和支持太子的整个势力集团。所以每当太子劝谏武帝不要征伐四夷时，武帝虽能笑言相慰说："吾当其劳，以逸遗汝，不亦可乎！"但是武帝内心十分清楚，太子势力已构成了他施政的障碍。

另一方面，太子刘据自幼便受《公羊春秋》《穀梁》之学，他能不断劝谏武帝征伐四夷事，能对武帝冤狱"多所平反"，能赢得众多大臣和天下百姓的拥戴，足以说明太子绝不是一个庸庸无能之辈，汉武帝说他"材能少"是难以服人的。相反，正是太子才能出众，才成了汉武帝施政的潜在反对者。太子势力的存在与壮大已经构成了对武帝统治的威胁，这应是汉武帝对太子的态度由宠爱到嫌恶的原因。②

从另一种意义上说，上述汉武帝安慰卫青、皇后和太子的那一番话，很可能是汉武帝对太子举措的不满和婉言的警告。江充之所以能得到武帝的重用，并屡屡向太子发难，正是武帝假江充之手来打击和抑制太子的高明之举，如果没有武帝的暗中支持和默许，江充如何敢开罪太子和皇后呢？

元封五年（公元前106年），大将军卫青薨，太子势力顿减。太始三年（公元前94年），昭帝降生，号钩弋子。"妊身十四月乃生，上曰：'闻昔尧十四月而生，今钩弋亦然。'乃命其所生门曰尧母门。"③这一命名显然表明了武帝欲将帝位传与刘弗陵的意向。加之此时皇后卫子夫年老色衰，早已不得武帝的欢心，江充等人又趁机发难，以治巫为名，将祸水有意地引向太子、皇后，太子的地位岌岌可危。于是一场

---

① 《资治通鉴·卷第二十二·汉纪十四》。
② 参见张小锋著：《西汉中后期政局演变探微》，天津古籍出版社2007年版，第16、17页。
③ 《汉书·外戚传》。

以铲除太子势力为目的的血腥大屠杀，隐隐吹响了前奏曲。

江充本名江齐，字次倩，邯郸人，有妹嫁与赵太子丹，因而江齐得幸于赵敬肃王。后因得罪赵太子丹被追捕，遂改名江充投奔长安，向汉武帝告发赵太子丹"奸乱"等罪，并自愿出使匈奴，归来后拜为直指绣衣使者，"督三辅盗贼，禁察逾侈"，甚得武帝欢心。有一次江充遇到太子据家人在只准皇帝行走的甘泉宫驰道行走，太子据请求江充勿告武帝，充不听，向武帝报告。武帝大为赞赏，"大见信用，威震京师"①。江充敢于开罪太子据，并非此人真正维护法纪，而是见到"武帝末，卫后宠衰"②，才敢这样做的。当时，汉武帝正命江充负责搜查巫蛊，江充即大肆株连收捕，"坐而死者前后数万人"③。由于得罪了太子，江充惧怕以后太子继位对自己不利，就利用搜查巫蛊之机诬陷太子，先向武帝报告说宫中有蛊气，然后从不得宠的妃子夫人宫中搜查，再至卫后宫中，据说果然在太子宫中找到桐木人。于是江充即向武帝报告。太子据得知此消息后，向武帝"请问皆不报"④，在十分紧张的情绪影响下，与太后商议矫诏发兵捕杀江充，并攻入丞相府。汉武帝派丞相刘屈氂领兵围捕太子，并返回建章宫亲自督战。结果太子兵败，卫后自杀。太子的家人多被杀死。太子据本人东逃到湖（今河南阌乡境），藏在贫民家，不久被官府发觉，自刭而死。

太子据死后，高寝郎田千秋替太子申冤。武帝遂擢田千秋为丞相，"族灭江充家"⑤，并将逮捕太子之官吏一一处死。征和三年（公元前90年）李广利奉命击匈奴，广利为武帝妃李夫人弟，而广利之女又为丞相刘屈氂之妻。李广利出兵前曾与刘屈氂暗谋：立李夫人之子昌邑王髆为太子。后治巫蛊之狱，内者令郭穰报告说丞相夫人亦为巫蛊咒诅皇帝。追查之下又发现刘屈氂与李广利的阴谋。于是武帝下令诛刘屈氂全家、捕李广利妻子。当时李广利正在前线，听到这一消息后，即投降匈奴，

---

① 《汉书·蒯伍江息夫传》。
② 《汉书·武五子传》。
③ 《汉书·蒯伍江息夫传》。
④ 《汉书·武五子传》。
⑤ 《汉书·武五子传》。

致使战争大败。

经过这场由汉武帝与太子矛盾引发、由江充推波助澜的"巫蛊之祸",前后被杀者数万人,朝中威胁皇权的卫氏集团(主要是以卫皇后,太子刘据,诸邑、阳石、当利三公主,武帝姊平阳公主,丞相公孙贺,太仆公孙敬声,大将军卫青,骠骑将军霍去病等人为首的利益集团)与李氏集团(主要是以李夫人、昌邑哀王刘髆、贰师将军李广利、丞相刘屈氂、重合侯莽通、侍中莽何罗、御史大夫商丘成、直指绣衣使江充等人为首的利益集团)被铲除。表面上看,所谓巫蛊之祸,是江充身后的李氏集团为维护本集团利益而采取的旨在彻底打垮卫氏集团的政治行动,但背后的真正主宰之手却是汉武帝本人。汉武帝正是这场最高统治集团内部权力斗争的最后胜利者。

事实上,从汉武帝将汉昭帝降生之地命名为"尧母门"的那一刻起,武帝便在为昭帝的嗣位逐步清除障碍。当时,在汉武帝的六个儿子中,齐怀王闳立八岁就死去,按次序应由燕王旦为太子,但燕王旦继位心切,主动上书求宿卫,后又犯法,使武帝厌恶。广陵厉王胥"好倡乐逸游""动作无法度"[1],亦不为武帝所喜爱,昌邑王髆则因李广利、刘屈氂的缘故当然也不能立。因此,当太子刘据失宠及冤死后,昭帝嗣位已经水到渠成。

不仅如此,因昭帝年幼,武帝恐日后女主专政,还特地将昭帝之母钩弋夫人赐死,并制诏皇太子,其文如下:

> 朕体不安,今将绝矣!与地合同,众(终)不复起。谨视皇大(天)之筍(嗣),加曾(增)朕在。善禺(遇)百姓,赋敛以理;存贤近圣,必聚诸士;表教奉先,自致天子。胡核(亥)自次(恣),灭名绝纪。审察朕言,众(终)身毋久。苍苍之天不可得久视,堂堂之地不可得久履,道此绝矣!告后世及其孙子,忽忽锡锡(惕惕),恐见故里,毋负天地,更亡更在,去如舍庐,下敦间

---

[1] 《汉书·武五子传》。

里。人固当死，慎毋敢佞。[1]

最重要的是，汉武帝床前托孤，以光禄大夫霍光为大司马、大将军，以金日磾为车骑将军，以上官桀为左将军，以桑弘羊为御史大夫，与丞相田千秋等大臣共辅少主刘弗陵。

在汉武帝物色的几位辅政大臣中，尤以霍光特别受到信任。

霍光是霍仲孺之子，仲孺曾以县吏给事平阳侯家，与侯家侍者卫少儿通而生霍去病，仲孺归家后又娶妇生霍光。后来卫少儿之妹卫子夫嫁给武帝立为皇后，霍去病也以"皇后姊子贵幸"。去病知道仲孺为己父后，即给仲孺买田宅奴婢，并将霍光接至长安，始任郎，继迁诸曹侍中。去病死后，霍光为奉车都尉、光禄大夫，"出入禁闼二十余年，小心谨慎，未尝有过，甚见亲信"。武帝去世前"察群臣唯光任大重，可属社稷"，决意让他辅佐少子弗陵，并赐给他一幅周公负成王朝会见诸侯的图画，表示对霍光的信赖和希望。武帝对霍光说："立少子，君行周公之事。"[2] 在立太子时，武帝下令处死钩弋夫人，也无非是为霍光执政扫除可能的障碍。因此，昭帝即位时在这几位辅政大臣中，"未任听政，政事一决大将军光"[3]。"大将军光秉政，领尚书事，车骑将军金日磾，左将军上官桀副焉"[4]。桑弘羊虽也受遗诏辅政，但比其他几人地位稍低。因此，朝政实际上皆操于霍光的手中。在汉昭帝即位初期，实际上是霍光秉政。[5]

二、轻徭薄赋　与民休息

经过汉武帝大规模开疆拓土与大兴事功，加上他大兴土木、建造苑囿，生活铺张、奢侈，国家开支巨大，农民负担加重，在他统治的晚期，对匈奴的战争连年失

---

[1]　参见张小锋著：《西汉中后期政局演变探微》，天津古籍出版社 2007 年版，第 24 页。

[2]　《汉书·霍光金日磾传》。

[3]　《汉书·武五子传》。

[4]　《汉书·昭帝纪》。

[5]　参见林剑鸣著：《秦汉史》，上海人民出版社 2003 年版，第 447 页。

利，农民流亡与民间动荡的情况频有发生。同时，统治阶级内部矛盾尖锐，由此而引起的巫蛊之祸给汉代政治稳定带来了一场灾难。汉武帝晚年已经认识到了这一点，"武帝末年，悔征伐之事，乃封丞相为富民侯。下诏曰：'方今之务，在于力农。'"①在严重危机面前，汉武帝下轮台诏，断然悔过，改弦更张，从此不复用兵，推行富民政策，安排组建中央政府新的领导班底，这为其后的昭、宣中兴创造了条件。汉昭帝正是在阶级矛盾和统治阶级内部矛盾均已开始紧张的情况下继位的，他"承孝武奢侈余敝师旅之后，海内虚耗，户口减半"的破弊局面，在霍光等人的辅助下，"知时务之要，轻徭薄赋，与民休息"②，"因循守职，无所改作"③，从而促成了昭宣中兴局面的出现。

汉昭帝时期，汉政府提倡农耕，实行"轻徭薄赋"的政策，以减轻农民的负担，积极发展生产。始元元年（公元前86年）己亥，"上耕于钩盾弄田"，并在九月闰月"遣故廷尉王平等五人持节行郡国，举贤良，问民所疾苦、冤、失职者"。这是汉昭帝更始政策的开始。汉昭帝一即位就表示"亲耕籍田"，这是政府要改弦更张以经济建设为中心的一个重要政治信号。接着，始元二年（公元前85年）三月，汉昭帝就"遣使者振贷贫民毋种、食者"；八月又下诏："往年灾害多，今年蚕麦伤，所振贷种、食勿收责，毋令民出今年田租。"这是自汉文帝十三年（公元前167年）以来七十二年间第二次免除全国田租的重大举动。始元六年（公元前81年），汉昭帝又"令民得以律占租"④，即宣布凡制度以外的苛捐杂税一律免除，只准按规定收租，将武帝时的繁重赋税进行清简。

除减免田租以外，汉昭帝时对其他各种赋税也不断宣布废除或减免。如对于口赋，曾多次减免。口赋因是按人口征税，"民年七岁至十四出口赋钱"，不依土地和财产的多寡，所以实为农民的沉重负担。元凤四年（公元前77年），汉昭帝宣布"毋

---

① 《汉书·食货志上》。
② 《汉书·昭帝纪》。
③ 《汉书·循吏传》。
④ 《汉书·昭帝纪》。

收四年、五年口赋。三年以前逋更赋未入者，皆勿收"。元平元年（公元前74年），汉昭帝又下诏："日者省用，罢不急官，减外徭，耕桑者益众，而百姓未能家给……其减口赋钱。""有司奏请减什三，上许之"①。不仅如此，昭帝时期为减少"谷贱伤农"给农民带来的损失，还曾宣布可以用粟当赋上缴，不必换成钱，如元凤二年（公元前79年）"三辅、太常郡得以菽粟当赋"；元凤六年（公元前75年）又下诏"今三辅、太常谷减贱，其令以菽粟当今年赋"。最高统治者经常注意减少农民的负担，对于促进农业生产的积极作用自然不言而喻。

与此同时，其他杂税也在不断减免。元凤四年（公元前77年），汉昭帝下诏"三年以前逋更赋未入者，皆勿收"。元凤二年（公元前79年），"郡国无敛今年马口钱"，等等。一些不利于生产的徭役及禁令，也在被废除之列，如始元四年（公元前83年），汉昭帝下诏："比岁不登，民匮于食，流庸未尽还，往时令民共出马，其止勿出，诸给中都官者，且减之。"②即减少或免除民众供给政府马匹的徭役负担，同时解除景帝时禁止马匹出关的规定。所有这一切，无疑都促进了农业生产的恢复和发展。

经过汉昭帝"轻徭薄赋，与民休息"政策的实施，汉武帝时期一度遭到破坏的农业生产秩序再度得以恢复，社会生产迅速发展，汉武帝末年的凋敝状况，到昭帝时已经有了很大改变。"昭帝时，流民稍还，田野益辟，颇有蓄积。"③"至始元、元凤之间，匈奴和亲，百姓充实"④。这种局面的出现不能不说与统治阶级的政策转变有着相当大的关系。

三、盐铁会议的分歧

汉昭帝始元六年（公元前81年），执政的霍光以昭帝名义发布诏书，命御史大

---

① 《汉书·昭帝纪》。
② 《汉书·昭帝纪》。
③ 《汉书·食货志上》。
④ 《汉书·昭帝纪》。

夫桑弘羊、丞相田千秋，召集贤良文学六十多人于朝廷，以问"民所疾苦，教化之要"①为议题，对政府现行政策举行一次大规模讨论会。这就是西汉历史上著名的"盐铁会议"。

"盐铁会议"召开的原因，是为了解决统治集团内部在政治上严重的分歧和对立。但是，会议的结果，不仅未能解决这个问题，反而进一步激化了矛盾，最终政见不同者采取以流血斗争的形式结束了这一争论。

原来，汉武帝在弥留之际所确定的几位辅政大臣，其政治主张并不完全一致，尤其是霍光与桑弘羊之间，对于武帝死后应当执行何种政策，存在着严重的分歧。霍光主张继续执行汉武帝末年在轮台诏书中宣布的"当今务在禁苛暴，止擅赋，力本农，修马复令以补缺，毋乏武备而已"②。但是，御史大夫桑弘羊则对汉武帝的轮台之诏无动于衷，尽管在这一诏令中武帝否定了桑弘羊等人关于加重口赋和屯田轮台的建议，并指出这是"扰劳天下"，"重困老弱孤独"的办法，然而并未使桑弘羊认识到应当改变汉武帝时期所推行的那种加重赋税、严刑峻法、兴师动众、好大喜功的政策。因此，在武帝死后，霍光实行的"与民休息"政策首先必然遭到桑弘羊的反对。

霍光和桑弘羊在政见上的对立，反映了统治集团内部在治国理政问题上所存在的分歧。

早在太子刘据尚未被害之时，在当朝大臣中，就以主张采取缓和政策的刘据为焦点，分成"宽厚长者"和"深酷用法者"两派，前者"皆附太子"，后者对太子"皆不悦"甚至"毁之"。后来，太子据虽然因"巫蛊之祸"而死，但在大臣中的政治分歧并未因此而解决。而作为御史大夫的桑弘羊，在制定和执行西汉政府的重大策略和政策方面，又居于举足轻重的地位。尽管霍光大权在握，推行"与民休息"的"轻

---

① 《汉书·食货志下》。
② 《汉书·西域传》。

徭薄赋"政策，但桑弘羊同上官桀等人联合起来，"皆数以邪枉干辅政"①，与霍光唱反调。这样，在汉昭帝即位后的几年中，统治集团内部两种不同的治理路线始终在进行着激烈的斗争。

为了解决这一问题，昭帝始元五年（公元前 82 年），霍光根据杜延年的建议，以汉昭帝的名义，发布举贤良文学的诏书。次年（公元前 81 年），又以汉昭帝的名义，命令御史大夫桑弘羊、丞相田千秋，召集上年所举的那批贤良文学六十多人于朝廷，进行辩论。贤良文学按照霍光的意图，对桑弘羊进行猛烈的围攻和抨击。桑弘羊也作了针锋相对的激烈答辩。由于争论的中心与政府是否实行盐铁专卖有关，所以历来把西汉中期这次关于国家政策与治理路线的大辩论称为"盐铁会议"。

这次会议，以贤良文学为一方，以众多官僚，即大夫、御史等为另一方，围绕汉政府实行的盐铁、平准、均输等政策进行辩论，涉及的范围非常之广。其主要内容可归纳为下列四个方面：

1. 关于盐铁官营的问题

盐铁官营是桑弘羊在汉武帝时代提出的解决政府财政危机的一种措施，这种措施在当时的确起过一定作用，保障了对匈奴战争的后勤供应，加强了中央集权。可是，与此同时也出现不少流弊。由于经营盐铁者"攘公法，申私利，跨山泽，擅官市"②，大发横财，但广大农民所得到的则是价高质差的恶铁苦盐，以致不少贫苦农民"木耕手耨，土櫌啖食"③，对社会生活和生产的影响很大。如果说，这些问题在进行战争时急于解决财政危机的情况下，还不太突出的话，那么，在对匈奴的大规模战争暂时停止，特别是在昭帝即位以后，就显得十分严重了。

在盐铁会议上，贤良文学首先提出罢盐铁、酒榷、均输等官营事业，说盐铁官营是民生疾苦的根源。桑弘羊则坚持不能罢，虽然他也承认在盐铁官营中"吏或不

---

① 《汉书·昭帝纪》。

② 《盐铁论·刺权第九》。

③ 《盐铁论·水旱第三十六》。

良，禁令不行，故民烦苦之"①，但认为这是政府财政的主要收入，不仅是养战士，而且在赈灾、修水利等方面的经费也要靠盐铁的收入，同时也是为了防止地方豪强势力膨胀的一种重要手段。因此，盐铁官营不能废弃。

2. 关于同匈奴和战的问题

同匈奴的关系是西汉政权建立以来面临的重要的问题。在武帝以前，汉对匈奴采取妥协、退让的政策，在汉武帝时经过大规模的反击战争，匈奴势力大大削弱，已不能构成对汉王朝和中原地区的严重威胁，形势有了根本改变。

在盐铁会议上，贤良文学提出同匈奴"偃兵休士，厚币结和亲"②，这是符合当时"与民休息"的方针的。不过，贤良文学认为"武力不如文德"，主张"罢关梁，除障塞，以仁义导之"③来感化匈奴，维持和平的局面，这在汉军对匈战争已取得明显成果的情况下，显然不符合当时的客观实际情况。桑弘羊认为，匈奴"反复无信，百约百叛"④，只有通过战争才能使其降服；并指出匈奴虽"挫折远遁"⑤，但由于汉武帝死后"群臣不并力，上下未谐"⑥，并未使匈奴降服，因此应该将战争进行到底，彻底迫使匈奴臣服大汉帝国。桑弘羊的看法尽管有一定道理，却并未考虑到汉武帝后期形势的变化以及百姓急需休养生息的实际情况，因而也是不合时宜的。

3. 关于法治和德治的问题

"德"和"法"本来是中国传统治国理政的"两柄"，如车之两轮，鸟之两翼，相互配合，相辅相成，缺一不可。

这是一条重要的统治经验。

贤良文学在盐铁会议上向当政的桑弘羊等人提出："严刑峻法，不可久也。"⑦"政

---

① 《盐铁论·复古第六》。
② 《盐铁论·击之第四十二》。
③ 《盐铁论·世务第四十七》。
④ 《盐铁论·和亲第四十八》。
⑤ 《盐铁论·诛秦第四十四》。
⑥ 《盐铁论·伐功第四十五》。
⑦ 《盐铁论·诏圣第五十八》。

宽则下亲其上，政严则民谋其主。"①并指出单纯依靠法治给社会造成的恶果，如株连酷刑"一人有罪，州里惊骇，十家奔亡"②，不仅百姓深受其害，更重要的是动摇了国家统治的基础。因此，应当推行德治政策。贤良文学的这种主张，在汉武帝时董仲舒、主父偃、严安、徐乐的上书和东方朔的言论中就已提出过。不过，那时因社会矛盾尚未发展到尖锐化的程度，这种主张并未引起武帝的重视，而到汉武帝末期和昭帝即位之初，转变政策，推行德政，"禁苛暴""缓刑罚"就显得十分必要了。

桑弘羊则坚持要推行以暴力镇压为主的法治政策。他认为严刑峻法的威力是无穷的，"令严而民慎，法设而奸禁"③，不主张实行缓和社会矛盾的德治政策。这不仅同那些对民间疾苦有一定了解的贤良文学形成对立，也不符合汉武帝轮台诏令的主张。因此，桑弘羊在政治上不免陷入被动地位。

4."仁义"和"权利"观点的问题

在盐铁会议上，贤良文学和御史、大夫之间的争论，自始至终贯串着"仁义"和"权利"两种不同观点的分歧。

贤良文学对盐铁、匈奴及刑罚提出的看法，都是基于儒家"仁政"的观点："王者行仁政，无敌于天下。"④这种看法尽管有些迂腐，但也是针对汉武帝多年兴兵、推行扰民的种种政策提出来的，在国家与民众需要休养生息的当时，倒不失为一剂良方。

桑弘羊等人则主张："今夫越之具区，楚之云梦，宋之巨野，齐之孟诸，有国之富而霸王之资也。人君统而守之则强，不禁则亡。"⑤"无法势，虽贤人不能以为治，无甲兵，虽孙、吴不能以制敌。"⑥这种观点同霍光所主张的"与民休息"政策显然是

---

① 《盐铁论·周秦第五十七》。

② 《盐铁论·申韩第五十六》。

③ 《盐铁论·刑德第五十五》。

④ 《盐铁论·本议第一》。

⑤ 《盐铁论·刺权第九》。

⑥ 《盐铁论·申韩第五十六》。

对立的。①

总之，盐铁会议所争论的问题涉及西汉政府对内、对外政策的各个方面，但基本内容不出上述四个方面。盐铁会议是汉昭帝统治时期统治集团内部关于国家治理政策、方针和指导思想的一场辩论。在辩论中，贤良文学对汉武帝时期治国理政的得失进行了总结，指出了一些应该改进与调整的地方。桑弘羊等人的主张虽然也有可取的地方，但一味坚持汉武帝下轮台诏之前的主张，显然不符合当时已经变化了的政治、社会的实际需要。盐铁会议上，虽然主持会议的丞相田千秋对双方的观点并未作出明确的结论，但这次会议并非没有结果。从总体上看，盐铁会议的辩论，符合执政的霍光等人意图。由于贤良文学的辩论与坚持，汉武帝轮台诏令中提出的"明休息，思富养民"②的方针得以继续贯彻实施。而贤良文学在会上提出的部分措施，如将公田赋予贫民耕种，对还归的流民租给公田，贷给种子、口粮，免除赋税徭役，降低盐价，整顿吏治等也都陆续付诸实行。盐铁会议后，以桑弘羊为代表的"深酷用法者"的官僚集团并未因这场辩论而退出政治舞台，政见不同的双方仍然在暗流涌动，从而为汉昭帝时期的政局走向奠定了基调。

四、统治集团内部的斗争

汉昭帝即位之初，不仅在执政的大臣中有不同政见的斗争，而且在皇室内部也存在着深刻的矛盾。这种矛盾终于以燕王旦和盖长公主勾结谋反，以及被镇压的流血形式爆发出来。

第一，武帝死后，昭帝的统治受到严重的威胁。这种威胁首先来自于燕王旦、宗室中山哀王子刘长、齐孝王孙刘泽等人。

在汉武帝的诸子中，燕王刘旦"为人辩略，博学经书、杂说，好星历、数术、

① 参见林剑鸣著：《秦汉史》，上海人民出版社2003年版，第451—453页。

② 《汉书·西域传》。

倡优、射猎之事，招致游士"①，是一位颇有才干且富有野心的王子。早在汉武帝未死之时，当太子据因"巫蛊之祸"而死，齐怀王又早亡，刘旦自忖太子之位非己莫属，竟然上书主动要求宿卫，俨然以汉武帝继承人自居。不料，汉武帝却因此而对他十分讨厌，不仅未立其为太子，而且还将其使者下狱，并借别的理由削去燕王良乡、安次、文安三县，警告燕王旦知道规矩，这使燕王旦大失所望。

汉武帝崩逝，昭帝继立，赐诸侯王玺书，而垂涎皇位已久的燕王旦在得到昭帝的玺书时说："玺书封小，京师疑有变。"并派遣宠幸大臣寿西长、孙纵之、王孺等人"以问礼仪为名"入长安打探消息，他们详细地询问"帝崩所病，立者谁子，年几岁"，之后，"归以报王"。燕王在确信武帝已崩、昭帝被立的情况下，再次派遣中大夫入京师，以"请立庙郡国"为名，刺探霍光等人的动向。实际上，此次入京的真正目的是向秉政大臣霍光显示自己的实力，并暗示霍光，拥立自己为帝。然而，受汉武帝顾命之托的霍光在权衡时局之后，没有理睬燕王的暗示，仅"褒赐燕王钱三千万，益封万三千户"。这引起了燕王的极大不满，他怒气冲冲地说："我当为帝，何赐也！"此时，燕王明白京师是不会有人拥立自己为帝的，于是便与宗室中山哀王子刘长、齐孝王孙刘泽等结谋，企图武装叛乱。一方面，"诈言以武帝时受诏，得职吏事，修武备，备非常"，并极力勾结"郡国奸人"，不断壮大反叛力量；另一方面，四处扬言"我亲武帝长子，反不得立，上书请立庙，又不听。立者疑非刘氏"，又"与刘泽谋为奸书，言少帝非武帝子，大臣所共立，天下宜共伐之。使人传行郡国，以摇动百姓"②。一场政治阴谋正在秘密酝酿。如果燕王等人的密谋不被发现，那势必会演绎成一场大的政治风波。事实上，昭帝初立之际，其声誉和地位极为微弱，在蠢蠢欲动的燕王等人以"少帝非武帝子"为借口而策动的阴谋威胁下，统治极不稳固。由此可见，燕王旦的存在始终构成了昭帝统治的强大威胁。

第二，蠢蠢欲动的广陵王刘胥也对昭帝的统治造成了一种威胁。

---

① 《汉书·武五子传》。
② 《汉书·武五子传》。

据《汉书·武五子传》记载：

> 始，昭帝时，胥见上年少无子，有觊觎心。而楚地巫鬼，胥迎女巫李女须，使下神祝诅。女须泣曰："孝武帝下我。"左右皆伏。言"吾必令胥为天子"。胥多赐女须钱，使祷巫山。会昭帝崩，胥曰："女须良巫也！"杀牛塞祷。及昌邑王征，复使巫祝诅之。后王废，胥寖信女须等，数赐予钱物。宣帝即位，胥曰："太子孙何以反得立？"复令女须祝诅如前。又胥女为楚王延寿后弟妇，数相馈遗，通私书。后延寿坐谋反诛，辞连及胥。有诏勿治，赐胥黄金前后五千斤，它器物甚众。胥又闻汉立太子，谓姬南等曰："我终不得立矣。"乃止不诅。后胥子南利侯宝坐杀人夺爵，还归广陵，与胥姬左修奸。事发觉，系狱，弃市。相胜之奏夺王射陂草田以赋贫民，奏可。胥复使巫祝诅如前。
>
> 胥宫园中枣树生十余茎，茎正赤，叶白如素。池水变赤，鱼死。有鼠昼立舞王后廷中。胥谓姬南等曰："枣水鱼鼠之怪甚可恶也。"居数月，祝诅事发觉，有司按验，胥惶恐，药杀巫及宫人二十余人以绝口。公卿请诛胥，天子遣廷尉、大鸿胪即讯。胥谢曰："罪死有余，诚皆有之。事久远，请归思念具对。"胥既见使者还，置酒显阳殿，召太子霸及子女董訾、胡生等夜饮，使所幸八子郭昭君、家人子赵左君等鼓瑟歌舞。王自歌曰："欲久生兮无终，长不乐兮安穷！奉天期兮不得须臾，千里马兮驻待路。黄泉下兮幽深，人生要死，何为苦心！何用为乐心所喜，出入无悰为乐亟。蒿里召兮郭门阅，死不得取代庸，身自逝。"左右悉更涕泣奏酒，至鸡鸣时罢。胥谓太子霸曰："上遇我厚，今负之甚。我死，骸骨当暴。幸而得葬，薄之，无厚也。"即以绶自绞死。及八子郭昭君等二人皆自杀。天子加恩，赦王诸子皆为庶人，赐谥曰厉王。立六十四年而诛，国除。

由此可见，广陵王胥对昭帝也有不臣之心，虽然这种祝诅的反叛方式苍白无力，掀不起多大的政治风波，但却能煽动人心，不利于昭帝的统治稳定。

第三，汉昭帝的统治还受到另一股势力的威胁，这便是戾太子集团的残存。戾太子冤死于"巫蛊之祸"之后，举国上下，无不怜慕，殷切盼望给太子沉狱洗冤的那一天，然昭帝即位后，对太子案却不闻不问，这引起了戾太子残余势力的极大不满，于是便出现了始元五年（公元前 82 年）的"假太子案"和元凤三年（公元前 78 年）"公孙病已立"的谶言，由此可见这种威胁是多么的巨大。

在汉昭帝的皇权受到挑战的同时，"受遗诏辅少主"的顾命大臣霍光的处境也同样十分艰难。武帝病榻托孤之事是在内室之中进行的，其具体经过和细节只有当事人清楚，以致《汉书》记载亦前后不一。武帝死后，侍中王忽对遗诏托孤之事产生怀疑，扬言说："帝崩，忽常在左右，安得遗诏封三子事，群儿自相贵耳。"尽管王忽因此而丧生，此言却对霍光等人造成了极大的威胁。王忽之所以敢如此扬言，说明霍光在当时的政治地位尚不巩固，其威信尚不足以震慑朝野。霍光初始辅主之时，虽政由己出，但仍不能完全控制朝廷。《汉书·霍光传》曾记载了这样一件事情："殿中尝有怪，一夜群臣相惊，光召尚符玺郎，郎不肯授光。光欲夺之，郎按剑曰：'臣头可得，玺不可得也！'光甚谊之。"尚符玺郎为了保护符玺，与霍光弄到了剑拔弩张的地步，除了他本人耿直勇敢的性格因素外，也反映了霍光此时还难以从容操纵朝野政局的实际情况。

正因为汉昭帝即位未稳以及霍光尚不能专权，因此，当燕王旦得到武帝崩的消息及昭帝益封诸王的玺书后，大怒，声称"我当为帝"①。于是与宗室中山哀王子刘长、齐孝王孙刘泽等密谋，伪称曾受武帝诏修武备，开始作谋反准备。但是，事未举而消息已走漏。昭帝元年八月，青州刺史隽不疑收捕刘泽，并向皇帝报告。朝廷审讯刘泽牵连出燕王刘旦。结果，处刘泽等死刑，而刘旦因至亲之故，昭帝特许勿治。这次谋反，虽未开始就被粉碎，但刘旦的野心并未因此而稍敛，很快他又同盖长公主与上官桀勾结起来。

盖长公主为武帝长女，食鄂邑，故称鄂邑盖长公主，她是昭帝和燕王旦之姊。盖长公主有男宠丁外人，而丁外人与上官桀之子上官安往来甚为密切。上官安娶霍光之女为妻生一女。始元三年（公元前 84 年），此女刚五岁，上官安就欲送入宫为

———————

① 《汉书·武五子传》。

昭帝后，被霍光拒绝。但上官安不死心，就通过丁外人，使盖长公主入宫活动，果然如愿以偿，安女被召入宫为婕仔，次年立为皇后，上官安为车骑将军。

上官桀、上官安父子为报答丁外人的人情，欲为其求封侯，均为霍光所阻，由此而使盖长公主与霍光有怨。加之上官桀早在武帝时即为九卿，位在霍光之上，对光心怀嫉恨。而御史大夫桑弘羊也因政见不同，对霍光不满。于是，这些反对霍光的势力在燕王旦的旗帜下很快地联合了起来。

元凤元年（公元前80年），盖长公主、上官桀父子、桑弘羊等各种反对霍光的力量已纠集在一起。燕王旦不断派人持金宝与上述诸人联络。上官桀又暗中指使人为燕王上书，向皇帝控告霍光"专权自恣，疑有非常"，请求入京宿卫。上书者趁霍光休沐日上官桀当值时将书奏上，上官桀与桑弘羊原拟借昭帝名义将霍光执退，没想到十四岁的汉昭帝竟然不听其摆布，看出奏书有诈，次日，霍光上朝，昭帝亲自宣布霍光无罪，并下令逮捕伪造奏书者。结果，上官桀等暗害霍光的第一个阴谋彻底破产。

但更大的计划还在后面。

上官桀见诬陷霍光不成，更与盖长公主密谋宴请霍光，并在酒宴中伏兵刺之，然后再废昭帝，迎燕王旦为天子。燕王旦也早已同上官桀等密信往来，暗许桀为王。但上官安的野心更大，据说他计划诱杀燕王旦而立上官桀为帝。为此，甚至连他自己已成为昭帝皇后的女儿都弃之不顾。这一群谋反分子各怀异心，其失败的下场是显而易见的。果然，事未举而有盖主舍人父稻田使者燕仓向大司农杨敞揭发。杨敞是一贯谨慎怕事的官僚，得此消息后吓得装病不出，而将此消息告知谏大夫杜延年，杜延年向昭帝上奏。于是当年九月，汉昭帝下诏将上官桀、上官安、桑弘羊、丁外人等逮捕并族诛之。燕王旦自缢而死。这一谋反集团终于以失败而告终。元凤元年（公元前80年）以后，几位辅政大臣独存内朝势力霍光一人，由武帝亲自选定托孤大臣以构筑内外互相牵制的政治格局完全失去了它最初的作用。此后，霍光更新了内外朝人员，牢牢地掌握了政权和兵权，就连皇帝本人也对霍光敬惮几分，这表明霍光独揽大权"政事一决于光"[①] 的局面最终确立，从而奠定了内朝势力极致扩展以至操纵朝政的政治格局。

五、昌邑王被废之因素

元平元年（公元前74年）夏四月，汉昭帝薨，时年仅二十一岁，无子。

终昭帝一朝，随着诸侯王反对汉昭帝和霍光的斗争渐趋平息，霍光专权之局逐步形成。然而，元平元年夏四月年轻而又无嗣的汉昭帝猝崩，却将霍光与群臣、诸侯王之间一度平息的矛盾斗争重新激活，霍光业已确立的专权之局受到新的挑战。

据《汉书·霍光传》记载：

> 元平元年，昭帝崩，亡嗣。武帝六男独有广陵王胥在，群臣议所立，咸持广陵王。王本以行失道，先帝所不用。光内不自安。郎有上书言："周太王废太伯立王季，文王舍伯邑考立武王。唯在所宜，虽废长立少可也。广陵王不可以承宗庙。"言合光意。光以其书视丞相敞等，擢郎为九江太守。即日承皇太后诏，遣行大鸿胪事少府乐成、宗正德、光禄大夫吉、中郎将利汉迎昌邑王贺。

由上述史料可知，尽管霍光势力已遍布朝野，可左右宫廷内外，然而面对群臣所议，仍然有所顾忌。广陵王"以行失道，先帝所不用"，恐怕仅仅是霍光不愿拥立他的一个借口而已。实际上，"巫蛊之祸"后，汉武帝之所以未立燕王旦和广陵王胥的真正原因，很可能在于燕王旦、广陵王胥皆已羽翼丰满，汉武帝不愿再立一个能威胁自己统治安危的成年皇子，养虎为患。如果说，燕王旦、广陵王胥不为汉武帝所立，是时局使然的话，那么昭帝无嗣而薨后，立广陵王则为水到渠成之事，因为此时燕王已死，武帝之子仅存广陵王而已。然当群臣"咸持广陵王"时，霍光却惴惴不安，顾虑重重。这是因为：（1）广陵王与霍光、昭帝之间素存芥蒂。广陵王始

---

① 《汉书·霍光金日䃅传》。

终对昭帝心怀不满，同时也对专擅朝政的霍光心存怨怼，对此，霍光是有所察觉的。昭帝初立之时，燕王旦蠢蠢欲动，扬言"今立者乃大将军子也"①，煽动天下，旨在不臣，为了安抚广陵王和宣示昭帝的恩泽，在益封燕王旦的同时，霍光也不得不"益封胥万三千户"。元凤中（即燕王旦伏诛两三年后），霍光又一次厚加封赏，"复益万户，赐钱二千万，黄金二千斤，安车驷马宝剑"。诚然，昭帝和霍光对广陵王刘胥的两次厚赏均宣示了他们的恩惠，而更为重要的是出自对政局的透彻理解，为安抚广陵王而不得不采用的一种笼络策略而已。（2）广陵王于武帝元狩六年（公元前117年）获封，至此时已长达四十四年之久，有了一定的政治势力和治国经验，立其为帝，显然不会被轻易控制。正是基于上述原因，霍光才"内不自安"，采纳一无名郎官"广陵王不可以承宗庙"的建议，与丞相杨敞匆忙商定，以太后之名，派人火速征立昌邑王。由此可见，立昌邑王，完全是霍光为了排斥广陵王的势力而使出的一招杀手铜而已。

然而，昌邑王即位仅仅二十七日，就被霍光以"淫乱"而废黜。《汉书·宣帝纪》说："癸巳，光奏王贺淫乱，请废。"《汉书·昌邑哀王刘髆传》说："王受皇帝玺绶，袭尊号。即位二十七日，行淫乱。大将军与群臣议，白孝昭皇后，废贺归故国。"其实，刘贺被废，"行淫乱"无德只不过是霍光掩饰其以臣废君行为的堂皇理由而已，根本原因则是因为昌邑王不愿充当霍光的傀儡，昌邑群臣与霍光势不两立，密谋铲除霍光，反而被霍光抢先下手而已。

昌邑王即位后到底采取了什么样的政治举措，史籍记载不详，但可以从《汉书·霍光传》中找到一些端倪：（1）昌邑王"取诸侯王、列侯、二千石绶及墨绶、黄绶以并佩昌邑郎官者免奴……发御府金钱刀剑玉器采缯，赏赐所与游戏者……独夜设九宾温室，延见姊夫昌邑关内侯"，"引内昌邑从官驺宰官奴二百余人，常与居禁闼内敖戏"。显然，这样做的目的在于大力培植私人势力，力图改变霍光党羽"根据朝廷"的格局。（2）"变易节上黄旄以赤"，其目的在于通过改变调兵符信，收夺霍

① 《史记·三王世家》。

氏独掌的调兵权。(3)私自拜祭先父昌邑哀王髆，"祖宗庙祠未举，为玺书使使者持节，以三太牢祠昌邑哀王园庙，称嗣子皇帝"。昌邑王贺以侄子的身份，过继昭帝的统嗣，在皇位缵序中，他已是昭帝的嗣子，自应割断与昌邑一系的昭穆关系。然刘贺公然自称为昌邑哀王髆嗣子，意味着否认他与昭帝上官皇后的母子关系，暗示对昭帝时期霍光专擅朝政的不满。(4)筹策铲除霍光计划。昌邑被废，群臣以"亡辅导之谊"而遭霍光悉诛之时，昌邑群臣号呼市中，曰"当断不断，反受其乱"。在昌邑被废数年之后，贺与故扬州太守卒史孙万世交通，万世曾问贺："前见废时，何不坚守毋出宫，斩大将军，而听人夺玺绶乎？"贺曰："然，失之。"①昌邑群臣之所以号呼市中，昌邑王之所以悔言"失之"，皆因未能把握时机，不曾"早杀光等"，反而为霍光抢先得手。由此可推知，昌邑即位后，便密谋铲除霍光等人的计划，而政治嗅觉格外灵敏、心腹遍布朝野的霍光对此早有察觉。正是昌邑王以上几项举措，使得霍光坐卧不宁，决心废黜之。②

霍光初立昌邑王的用意，一是绝有势力的广陵王称帝之路；二是希望昌邑王能俯首听命，便于自己专擅朝政。然而即位后昌邑王的举动，却使霍光的计划落空，因此霍光不得不废黜昌邑王，另立戾太子孙刘病已为新帝。其间刀光剑影、你死我活的斗争惊心动魄，《汉书·霍光传》对此的记述很是清楚：

> 贺者，武帝孙，昌邑哀王子也。既至，即位，行淫乱。光忧懑，独以问所亲故吏大司农田延年。延年曰："将军为国柱石，审此人不可，何不建白太后，更选贤而立之？"光曰："今欲如是，于古尝有此不？"延年曰："伊尹相殷，废太甲以安宗庙，后世称其忠。将军若能行此，亦汉之伊尹也。"光乃引延年给事中，阴与车骑将军张安世图计，遂召丞相、御史、将军、列侯、中二千石、大夫、博士会议未央宫。光曰："昌邑王行昏乱，恐危社稷，如何？"群臣皆惊愕失色，莫敢发言，但唯唯而已。田延年前，离席按剑，曰："先帝属将军以幼

---

① 《汉书·武五子传》。
② 参见张小锋著：《西汉中后期政局演变探微》，天津古籍出版社 2007 年版，第 67、68 页。

孤，寄将军以天下，以将军忠贤能安刘氏也。今群下鼎沸，社稷将倾，且汉之传谥常为孝者，以长有天下，令宗庙血食也。如令汉家绝祀，将军虽死，何面目见先帝于地下乎？今日之议，不得旋踵。群臣后应者，臣请剑斩之。"光谢曰："九卿责光是也。天下匈匈不安，光当受难。"于是议者皆叩头，曰："万姓之命在于将军，唯大将军令。"

光即与群臣俱见白太后，具陈昌邑王不可以承宗庙状。皇太后乃车驾幸未央承明殿，诏诸禁门毋内昌邑群臣。王入朝太后还，乘辇欲归温室，中黄门宦者各持门扇，王入，门闭，昌邑群臣不得入。王曰："何为？"大将军跪曰："有皇太后诏，毋内昌邑群臣。"王曰："徐之，何乃惊人如是！"光使尽驱出昌邑群臣，置金马门外。车骑将军安世将羽林骑收缚二百余人，皆送廷尉诏狱。令故昭帝侍中中臣侍守王。光敕左右："谨宿卫，卒有物故自裁，令我负天下，有杀主名。"王尚未自知当废，谓左右："我故群臣从官安得罪，而大将军尽系之乎？"顷之，有太后诏召王，王闻召，意恐，乃曰："我安得罪而召我哉！"太后被珠襦，盛服坐武帐中，侍御数百人皆持兵，期门武士陛戟，陈列殿下。群臣以次上殿，召昌邑王伏前听诏。光与群臣连名奏王……皇太后诏曰："可。"光令王起拜受诏，王曰："闻天子有争臣七人，虽无道不失天下。"光曰："皇太后诏废，安得天子！"乃即持其手，解脱其玺组，奉上太后，扶王下殿，出金马门，群臣随送。王西面拜，曰："愚惷不任汉事。"起就乘舆副车。大将军光送至昌邑邸，光谢曰："王行自绝于天，臣等驽怯，不能杀身报德。臣宁负王，不敢负社稷。愿王自爱，臣长不复见左右。"光涕泣而去。群臣奏言："古者废放之人屏于远方，不及以政，请徙王贺汉中房陵县。"太后诏归贺昌邑，赐汤沐邑二千户。昌邑群臣坐亡辅导之谊，陷王于恶，光悉诛杀二百余人。出死，号呼市中曰："当断不断，反受其乱。"

光坐庭中，会丞相以下议定所立。广陵王已前不用，及燕刺王反诛，其子不在议中。近亲唯有卫太子孙号皇曾孙在民间，咸称述焉。光遂复与丞相敞等上奏曰：《礼》曰：'人道亲亲故尊祖，尊祖故敬宗。'大宗亡嗣，择支子孙贤者为嗣。孝武皇帝曾孙病已，武帝时有诏掖庭养视，至今年十八，师受《诗》、《伦语》、《孝经》，躬行节俭，慈仁爱人，可以嗣孝昭皇帝后，奉承祖宗庙，子万姓。臣昧死以闻。"皇太后诏曰："可。"光遣宗正刘德至曾孙家尚冠里，洗沐赐御衣，太仆以轺猎车迎曾孙就斋宗正府，入未央宫见皇太后，封为阳武侯。已而光奉上皇帝玺绶，谒于高庙，是为孝宣皇帝。

总之，刘贺的废立表面上看是因为个人淫乱无德、行为不合礼法，实则是西汉中期皇权与相权之间矛盾发展，最高权力斗争此长彼消博弈的结果。霍光之所以当初要昌邑王刘贺登临大宝，就是看中他在朝野内外没有羽翼，力量单弱，便于控制。但是，霍光没有想到，昌邑王刘贺刚刚即位就要对他下手。于是，霍光先下手为强，操纵朝臣制造"行淫乱"的罪名而将他废除。这说明，在废立昌邑王的过程中，霍光始终是以个人的政治利益为前提的，如果昌邑王即位后能甘心做傀儡，任霍光专擅朝政，纵使他再怎么行为不轨，恐怕霍光也不会多加干涉，更不会将他旋立旋废的。

六、汉宣帝时期的政治

汉宣帝刘询统治共二十五年（公元前 73 年—公元前 49 年），这期间的政治基本上是昭帝时期治理路线的延续。

（一）汉宣帝对国家的治理

刘询得以登上皇帝宝座，也是统治集团内部矛盾斗争的结果。

汉昭帝死后，因无后，群臣举武帝诸子中当时尚在世的广陵王刘胥继位，但遭到霍光等权臣的反对，于是又改迎昌邑王刘贺继位。但刘贺即位后立刻与权臣集团发生矛盾，六月受皇帝玺绶，不到一月就又被霍光等废黜。当时皇族近亲中，死的死，被株连的被株连，唯有刘询最近。刘询为武帝太子刘据之孙。刘据原有三男一女。当"巫蛊之祸"刘据被害死时，刘询仅出生数月，其父也被处死。询被廷尉监邴吉保护并送至民间收养，遇赦，始归掖庭养亲，被称为皇曾孙，暴室啬夫许广汉以女妻之。询自幼在民间，后又入掖庭，与诸王不同，左右无众多心腹幕僚，当时又只有十八岁。这对于专权的霍光来说，无疑是较为理想的皇帝人选。于是，当元平元年（公元前74年）七月昌邑王刘贺被废后，刘询就即帝位，是为汉宣帝。

汉宣帝即位初期，霍光依旧专权。宣帝对霍光"内严惮之，若有芒刺在背"[1]，但在为政方针上二人并无分歧。霍光去世后，宣帝亲政，"励精为治"[2]，治国"以霸王道杂之"，政策既有文帝的平和，也有武帝的开拓。总的来看，终宣帝之世，其统治政策基本上是昭帝时代的继续，保持着为政以宽的精神，使"民安其业"[3]，社会进一步稳定，生产有一定的发展。

1. 继续推行"轻徭薄赋"的政策

汉宣帝时期曾多次减免全国或部分地区的租赋。

据统计，汉宣帝时仅减免"田租"或"租赋"的明确记载就有六次，是西汉王朝各代皇帝中最多的。其他如算赋、口赋也屡有减免，如地节三年（公元前67年），诏"流民还归者，假公田，贷种食，且勿算事"[4]；甘露二年（公元前52年），"减民算三十"；五凤三年（公元前55年），"减天下口钱"。宣帝之世还将公田借给贫民耕种，地节元年（公元前69年），"假郡国贫民田"并贷给种子、食物；地节四年（公元前66年），又下诏"减天下盐贾"；五凤四年（公元前50年），又设常平仓以给北边，"省转漕"[5]。另外在徭役方面也较为轻省。

2. 重视吏治

与昭帝统治时期比较，宣帝时的治国理政尤以吏治最为突出。

① 《汉书·霍光金日磾传》。
② 《资治通鉴·卷第二十四·汉纪十六》。
③ 《汉书·宣帝纪》。
④ 《资治通鉴·卷第二十五·汉纪十七》。
⑤ 《汉书·宣帝纪》。

汉宣帝与西汉许多皇帝不同，因其"兴于闾阎，知民事之艰难"①，所以特别注重吏治。汉宣帝在民间时对百姓的疾苦有所了解，深知地方官吏有无德能、是否忠勤职守，直接关系到百姓能否安定。每当任命刺史、郡守一级的大员，汉宣帝总是亲自召见，询问他们对施治的见解，观察其人的才学，到任后又考察他们是否言行一致。凡施治有能的郡守，宣帝都下诏褒奖，增加其薪俸，赏赐金帛，甚至封侯，朝中大臣出缺也由这些受褒奖的官员升任。

汉宣帝认为官吏不廉洁，就无从谈治国之道。任右扶风的尹翁归病逝，"家无余财"，宣帝下诏表扬他的廉洁，并赏赐给其子黄金百斤。宣帝也注意解决官吏俸禄中的实际问题，他下诏说，低级官吏最辛苦，俸禄却最低，而他们直接与百姓打交道，要想让他们不鱼肉百姓很难。宣帝下令对俸禄在百石以下的官吏，一律再增加其俸禄的一半。

汉宣帝很重视官吏的选拔，尤其是对刺史、太守的委任和考察更为认真，常常亲自过问，要求自丞相以下的各级官吏奉公守职。他还亲自考察官吏的政绩，分别优劣，予以奖惩。汉宣帝还认为，"太守，吏民之本，数变易则下不安"②，不宜经常变动，否则"下不安"，所以，二千石吏有治绩者，"辄以玺书勉厉，增秩赐金，或爵至关内侯"③。

汉宣帝很注意对地方官吏的督察。"诏使丞相、御史问郡国上计长史、守丞以政令得失。"④"自丞相以下各奉职奏事，敷奏其言，考试功能。侍中、尚书功劳当迁及有异善，厚加赏赐，至于子孙，终不改易。枢机周密，器式备具，上下相安，莫有苟且之意。及拜刺史、守、相，辄亲见问，观其所由，退而考察所行以质其言，有名实不相应，必知其所以然。"⑤当时有"上计"制度，即由县、郡等地方官吏在

---

① 《资治通鉴·卷第二十四·汉纪十六》。
② 《资治通鉴·卷第二十四·汉纪十六》。
③ 《汉书·循吏传》。
④ 《资治通鉴·卷第二十五·汉纪十七》。
⑤ 《资治通鉴·卷第二十四·汉纪十六》。

年终将当地的户口、垦田、钱谷出入等情况汇总编为计簿，提交朝廷，作为考核地方官吏政绩的根据。久而久之上计流为形式，不少人谎报浮夸。宣帝针对此弊下诏指出，"上计簿，具文而已"①，下令要御史严格审核，如发现疑点须详细调查，不容许鱼龙混杂。公元前62年，宣帝派太中大夫李强等十二名官吏巡视各地，"察吏治得失"；公元前54年，宣帝再次派丞相和御史的掾属二十四人巡视各地，专门检查地方官员是否执法过严。

汉宣帝很注意防范官吏以不正当手段获取虚誉。他曾下诏令地方官不得擅自征用民夫，不准随意提高过往使者、官员食宿的待遇。宣帝指出，这是越职犯法，想以此获取虚誉而追求功名利禄，就好比站在河中的薄冰上等太阳，十分危险，倒霉就在眼前。

经过一系列的整顿吏治，宣帝时代出现了较多贤能的官吏，故所谓"良吏"在西汉一代以宣帝时为最多，如赵广汉、韩延寿、尹翁归、严延年、张敞、王成、黄霸、朱邑、龚遂、郑弘、召信臣等，皆为宣帝时期有名的"循吏"，这些"循吏"执法公平，重视"教化"，结果"郡中翕然，盗贼亦皆罢"②。

3. 宽刑省罚

汉宣帝时期的法令、刑狱也较武帝时为清平。据《汉书·刑法志》记载：宣帝时"廷史路温舒上疏，言秦有十失，其一尚存，治狱之吏是也。"因此宣帝特下诏置"廷平"以防止"决狱不当""不辜蒙戮"。于是选于定国为廷尉，举以"明察宽恕"著称之黄霸为廷平。不仅如此，汉宣帝还常常驾临未央宫之宣室殿，亲自审理重大刑狱。

总之，在汉宣帝统治时期，继续延续昭帝的治国理政路线，"与民休息"③，"综核名实，政事文学法理之士咸精其能"④，"用吏多选贤良，百姓安土，岁数丰穰"⑤，出现

---

① 《汉书·宣帝纪》。
② 《汉书·循吏传》。
③ 《汉书·循吏传》。
④ 《汉书·宣帝纪》。
⑤ 《汉书·食货志上》。

了自武帝晚期以来未有的升平景象。历史上将这一时期称为"昭宣中兴"。

（二）宣帝时外戚势力的滋长

西汉后期的外戚之祸，追本溯源，始于宣帝，然很多人以为宣帝乃"中兴"之主，躬亲万机，五日一听政事，当不会有豢养外戚之失。"然则元帝之信任恭、显，成哀时外戚之贵盛，其源皆自宣帝启之。当汉世极盛之时，已伏家国覆亡之渐，此亦读史者所宜知也。"[1] "宣帝由侧陋而登至尊，根基浅薄，权在外家，政由冢宰，霍氏势力遍布朝野，为确保皇位之不失，宣帝自即位之日起，便不断拔擢微故旧恩，并在左右，以此形成私己势力来与霍氏党徒相抗衡，而外家史、王、许等人，恰恰就是其倚重之势力，如铲除霍氏势力时，史、许子弟代替霍氏诸婿执掌诸兵、平恩侯许广汉出入省禁与谋政议、史高发举霍禹谋反阴谋等，都是铲除霍氏势力得以成功的重要因素。这样就使三家外戚势力悄然成长起来。"[2]

汉宣帝即位之初，便昭雪祖父戾太子冤狱，对史、王二外家，施以恩宠。"及宣帝即尊位，恭已死，三子，高、曾、玄。曾、玄皆以外属旧恩封，曾为将陵侯，玄平台侯，高侍中贵幸，以发举反者大司马霍禹功封乐陵侯。"[3] 宣帝即位后，立微时故妻许广汉女为皇后，欲借此机会封许广汉为侯，慑于霍光势力，仅得将其封为昌成君而已。地节三年，霍光已死，宣帝借立皇太子一事，"乃封太子外祖父昌成君广汉为平恩侯，位特进。后四年，复封广汉两弟，舜为博望侯，延寿为乐平侯"[4]。据《汉书·王吉传》记载：宣帝"时外戚许、史、王贵宠，而上躬亲政事，任用能吏"，王吉上书言得失，认为"外家及故人可厚以财，不宜居位"，宣帝以其言"迂阔"，"不甚宠异"，而王吉也只好谢病归琅邪。

正是在这样的政治环境中，史、王、许三家外戚势力日渐染指朝廷政事。"元

---

① 杨树达著：《汉书窥管》卷一《宣帝纪第八》，上海古籍出版社 1984 年版，第 77 页。

② 张小锋著：《西汉中后期政局演变探微》，天津古籍出版社 2007 年版，第 119 页。

③ 《汉书·史丹传》。

④ 《汉书·孝宣许皇后传》。

康中，匈奴遣兵击汉屯田车师者，不能下，上与后将军赵充国等议，欲因匈奴衰弱，出兵击其右地，使不敢复扰西域。"魏相上书劝谏说："愿陛下与平昌侯、乐昌侯、平恩侯及有识者详议乃可。"[①] 臣下上朝廷之文书，用语极为严谨，不容有半点疏漏，此处明言宣帝应当与"平昌侯、乐昌侯并平恩侯"等人商议能否出击匈奴这样极端重要的国家大事，足见外戚势力早已过问朝廷政务。据《汉书·赵充国传》记载，元康、神爵年间，西羌作乱，在处理羌患问题上，赵充国与辛武贤政见不一，赵主安抚，辛主征剿，宣帝起初同意辛武贤主张，"上乃拜侍中乐成侯许延寿为强弩将军，即拜酒泉太守武贤为破羌将军，赐玺书嘉纳其册"[②]，下令发兵围剿。尽管后来宣帝采纳了赵充国的治羌之策，但是从宣帝拜"许延寿为强弩将军"一事，可以看出宣帝对外戚之信任，此事也说明了外戚势力已开始染指国家兵权。另外，《汉书·孝宣许皇后传》中还记载有"宣帝以延寿为大司马车骑将军，辅政"。《汉书·史丹传》中有"宣帝疾病，拜高为大司马、车骑将军，领尚书事"等，都透露出在宣帝朝政中，外戚势力已日渐滋长，地位愈来愈重要。

不过，宣帝时外戚势力虽然日渐增长，但终宣帝一朝，并无外戚擅权之实，这与宣帝对外戚势力的刻意防范密不可分。以宣帝之英明，自然对外戚擅权之危害有着清醒的认识，因此虽一再重用外戚，但也对其防范甚严，绝不允许形成外戚擅权摄主的局面。故宣帝时期，外戚势力始终在宣帝的有效控制范围之内。

七、执政集团人才构成的变化

汉宣帝尊崇儒学，曾经于甘露三年（公元前 51 年）诏诸儒讲论《五经》异同，并且亲自称制临决。同时，增列《易》《尚书》及《春秋》博士。太学的规模，在昭宣时期也有了成倍的增长。

---

① 《汉书·魏相传》。
② 《汉书·赵充国传》。

西汉前期的丞相，多是功臣或功臣子弟；而西汉后期诸朝丞相，已经以掾史文吏和经学之士为主。

西汉丞相共计四十五人。历朝丞相的出身：高帝朝一人，惠帝朝三人，高后朝一人，文帝朝四人，都是功臣。景帝朝四人，其中功臣子三人，其他一人。武帝朝十二人，其中功臣子五人，外戚宗室三人，掾史文吏一人，其他三人。昭帝朝三人，都是掾史文吏。宣帝朝五人，其中掾史文吏四人，经学之士一人。元帝朝二人，都是经学之士。成帝朝五人，其中外戚宗室一人，掾史文吏一人，经学之士三人。哀帝朝五人，其中掾史文吏一人，经学之士四人。平帝朝一人，经学之士。①

很显然，正是从昭宣时代起，政府高级官员的成分发生了重要的变化。掾史文吏和经学之士在上层决策机构人员中占有较大的比重，反映了当时政治文化形势的重要演变。

西汉后期诸朝丞相，以掾史文吏和经学之士为主。

齐鲁是儒学产生和发展的基地，是当时的文化重心地区。齐鲁人出任丞相者为多，说明儒学的政治影响力显著增强。这一文化现象，显然是和昭宣以来朝廷推崇儒学的努力分不开。

汉时民间曾流行"秦汉以来，山东出相，山西出将"的说法。《汉书·地理志下》又说："汉兴以来，鲁、东海多至卿相。"自昭宣时期到西汉末年，历任丞相中齐、鲁、东海人多达十一人、十二人次，人数约占 52.38%，以人次计则高达约 54.55%。儒者在高级文官集团中终于成为多数，说明儒学对政治生活的影响愈益深刻。②

汉宣帝虽然以尊崇的态度对待儒学，但是在行政实际运作方面，仍然比较注重任用有实际管理能力、熟悉法令政策的所谓"文法吏"，并且以刑名为基准考核臣下。曾经有一些地位很高的官僚因罪处死，太子刘奭（即后来的汉元帝）以为持刑过于严酷，建议重用儒生主持政法。他曾对宣帝说："陛下持刑太重，宜用儒生。"汉宣

① 参见王子今著：《秦汉史》，中信出版社 2017 年版，第 180 页。
② 参见王子今著：《秦汉史》，中信出版社 2017 年版，第 181 页。

帝则严厉训斥道："汉家自有制度，本以霸王道杂之，奈何纯任德教，用周政乎！且俗儒不达时宜，好是古非今，使人眩于名实，不知所守，何足委任！"由此预感道："乱我家者，太子也！"①

---

① 《汉书·元帝纪》。

第五章　元成哀平时期的国家治理

西汉的盛衰，宣帝和继位的元帝之间应是一个分界线。汉宣帝直接贻患于其后代的，是重用宦官和外戚。宣帝时外戚史氏、许氏、王氏等家族权势炙手可热。宣帝虽然重用外戚，亲信中书宦官，重用中书令弘恭、中书仆射石显，但他治国"以霸王道杂之"，重视刑罚的作用，尚能维持最高统治集团的势力平衡。但后任者汉元帝却不懂得这种朝局平衡之术，军国之事无论大小，都由石显裁决，元帝及其后，外戚、宦官长期把持朝权，西汉政治从此走向黑暗。政局之变动，往往与统治者统治思想之调整如影随形。随着"纯任儒术"元帝的登场，宣帝的"中兴"辉煌渐成泡影。自元帝始，西汉王朝走上了衰亡之路。随着元帝"纯任德教"治国理论的贯彻和元、成二帝对外戚势力的失控，儒生势力与外戚势力迅速成长起来，这两股势力的发展和结合，成为导致西汉王朝衰亡的重大隐患。王莽代汉并不仅仅是由王莽个人野心所导致，而是儒生政治与外戚专权相结合的必然产物。

一、宣帝托孤与高层统治集团的内争

黄龙元年（公元前49年）十二月癸酉（六日），"及宣帝寝疾，选大臣可属者，引外属侍中乐陵侯史高、太子太傅望之、少傅周堪至禁中，拜高为大司马车骑将军，望之为前将军光禄勋，堪为光禄大夫，皆受遗诏辅政，领尚书事"[1]。甲戌（七日），宣帝崩于未央宫，癸巳（二十六日），年已二十六岁的太子刘奭即位，是为汉元帝。

宣帝病榻托孤史、萧、周三人，奠定了元帝初年的政治格局。史高与萧望之，政见不一，难以共处。萧望之，"好学，治《齐诗》，事同县后仓且十年。以令诣太常受业，复事同学博士白奇，又从夏侯胜问《论语》、《礼服》。京师诸儒称述焉"[2]。周堪，"与孔霸俱事大夏侯胜。霸为博士。堪译官令，论于石渠，经为最高，后为太子少傅"[3]。萧、周二人均曾事大夏侯胜，又皆经术高深，为元帝老师，持儒术以辅政的政治旨趣自当相同。史高，虽不能确知其辅政思想之倾向，但从其与弘恭、石显关系的非同一般，不难推定史高与恭、显二人政治旨趣相投。《汉书·萧望之传》说，宣帝"不甚从儒术，任用法律，而中书宦官用事。中书令弘恭、石显久典枢机，明习文法，亦与车骑将军高为表里，论议常独持故事，不从望之等"。《汉书·盖宽饶传》说："是时，上方用刑法，信任中尚书宦官。"《汉书·佞幸传·石显传》亦载："宣帝时任中书官，恭明习法令故事，善为请奏，能称其职。恭为令，显为仆射。"物以类聚，人以群分。既然恭、显二人皆为文吏之徒，其处理政务自然以刑法为本，史高亦然。事实上，"宣帝深所依仗的外戚许、史，政治态度与弘、石相近"[4]。既然史高与萧、周二人的政治旨趣全然相悖，其辅政自然也就不能同心，那么，宣帝又何以会选中代表两类互不相容的政治势力的人物组成元帝的辅政

---

① 《汉书·萧望之传》。

② 《汉书·萧望之传》。

③ 《汉书·儒林传》。

④ 阎步克著：《士大夫政治演生史稿》，北京大学出版社1996年版，第362页。

班底呢？要回答这一问题，必须从宣帝的统治思想入手。宣帝治国，素以"霸王道杂之"①，在临终托孤一事上，当然要贯彻这一方针。"霸道"与"王道"相对而言，"霸道"所依赖的治国角色是文法能吏，"王道"所依赖的治国角色是经学之士。史高与萧望之、周堪恰恰是贯彻"王霸杂之"统治策略的最佳人选。明乎此，便不难理解宣帝在托孤大臣的人选问题上所隐藏的真正用心。汉宣帝临终所以如此定策，一是对太子"纯任德教"的治国之道不甚放心，二是要在最高权力集团内部架构一个新的互相监督与平衡机制，以确保皇权不被架空。

既然元帝的辅政大臣由政见不同的两类人组成，二者之间便不可避免地要发生权力争夺和斗争。《汉书·萧望之传》载："望之、堪本以师傅见尊重，上即位，数宴见，言治乱，陈王事。望之选白宗室明经达学散骑谏大夫刘更生给事中，与侍中金敞并拾遗左右。四人同心谋议，劝道上以古制，多所欲匡正，上甚乡纳之。"《汉书·刘向传》亦载："元帝初即位，太傅萧望之为前将军，少傅周堪为诸吏光禄大夫，皆领尚书事，甚见尊任。更生年少于望之、堪，然二人重之，荐更生宗室忠直，明经有行，擢为散骑、宗正、给事中，与侍中金敞拾遗于左右。"萧、周二人何以会举荐刘更生，重用金敞，其原因值得深入研究。元帝即位之初，萧、周二人虽受宣帝之托、元帝之尊，但其辅政地位则无法与大司马车骑将军乐陵侯史高相抗衡，这应是萧、周援引、举荐、重用刘更生、金敞的主要原因。因为史高、许嘉、弘恭、石显等人，结为一体，共同进退，势力十分强大。萧、周二人要想"劝道上以古制"，实现自己的政治理想，必须首先巩固自己的辅政地位。而要巩固自己的辅政地位，就必须不断荐引旨趣相投的人以为同党，从而扩充自己的势力。继荐引宗室刘更生以为同党之后，萧、周二人又"数荐名儒茂材以备谏官"。显然，萧、周二人"数荐"人才，其意在扩充自己的势力。面对萧、周此举，史高自然不会无动于衷。这样，就形成了元帝初政时期的基本政治格局。在这场高层统治集团的权力斗争中，主张以儒术治国的"朝臣"派被以主张重法的"宦官"派战胜。萧望之死后，支持他的

---

① 《汉书·元帝纪》。

几个重臣贾捐之、周堪和学者京房等也相继被害，凡与石显有隙者，皆被杀或治罪，"自是公卿以下畏显，重足一迹"。不久弘恭也病死，从此石显势力独大，元帝反而"事无大小，因显白决"，还要不断对其封赏，讨好于他，"赏赐及赂遗訾一万万"[①]。在元帝统治的十余年中，实际就是宦官石显专权的年代。历史的发展，没能遵照汉宣帝巩固皇权的思路前进。汉元帝懦弱无能，使得宦官专权，导致统治集团内部的矛盾斗争更加激烈，这也是西汉末期皇权衰落的一个重要原因。

王夫之说："朋党之兴，始于元帝之世，流风所染，千载不息。"[②]可见汉元帝时期党争对后世政治所造成的影响。

二、元帝"纯任德教"与儒生势力的滋长

自幼受诸多儒生教诲的元帝，与其父宣帝的政治作风截然不同。他对宣帝"持刑太深"、不用儒生的治国方略，深为不满，即位之后，便将自己的治国方略付诸实施。《汉书·匡衡传》说："时，上好儒术文辞，颇改宣帝之政。"元帝的治国思想，诚如宣帝对他的指责，可谓"纯任德教"。在这一治国思想的指导下，大批儒生涌入国家行政机构，并以自己的经学师法影响着元帝的治国理政。元帝"纯任德教"治国主要表现在以下方面。

（一）重用儒生

当世名儒萧望之、周堪、刘向及周堪弟子张猛皆曾为元帝所重用。《汉书·元帝纪》说元帝"少而好儒，及即位，征用儒生，委之以政，贡、薛、韦、匡迭为宰相"。《汉书·郊祀志》说："元帝好儒，贡禹、韦玄成、匡衡等相继为公卿。"凡此种种，均说明了元帝重用儒生、以"德教"治国之实情。

---

① 《汉书·佞幸传》。
② 王夫之著：《读通鉴论》，中华书局 1975 年版，第 104 页。

（二）为政宽弛

《后汉书·崔寔列传》说："及元帝即位，多行宽政。"宣帝时，涿郡太守郑昌建言"删定律令"，从而使"愚民知所避，奸吏无所弄"，宣帝未及修正。元帝初立，就修改了宣帝的治理路线："夫法令者，所以抑暴扶弱，欲其难犯而易避也。今律令烦多而不约，自典文者不能分明，而欲罗元元之不逮，斯岂刑中之意哉！其议律令可蠲除轻减者，条奏，唯在便安万姓而已。"①《后汉书·梁统传》载梁统上疏光武帝曰："臣窃见元哀二帝轻殊死之刑以一百二十三事，手杀人者减死一等。"另据《汉书·元帝纪》记载，初元五年有"省刑罚七十余事""除光禄大夫以下至郎中保父母同产之令"等，由此可知元帝减轻刑罚之举措，并非虚语。

（三）迷信儒家的谶纬学说

自董仲舒上《天人三策》以来，天命理论便甚嚣尘上，一发而不可收拾。然而天命理论本身是一把双刃剑。它既强调君主的权威性，要求民众绝对服从君主，同时又宣扬上天对君主统治的约束与监督。这一理论在不同的君主手中，发挥着不同的作用。诚如董仲舒所言，君主圣明，治国有道，则上天呈现祥瑞，以嘉勉之；相反，若君主昏暗失道，则"天乃先出灾害以谴告之，不知自省，又出怪异以警惧之，尚不知变，而伤败乃至"②。若君主不能很好地履行上天的命令，则应退位让贤。武、宣二帝，并非全任儒术，自然对董仲舒的思想并不全部相信，仅对天命理论的一半感兴趣，即君主圣明，天呈祥瑞。反过来，天呈祥瑞，则证明君主圣明。正因如此，武帝对这一学说采取了为我所用的态度，对于福物、祥瑞，大大地宣传、颂扬，对于灾害、怪异，则回避得干干净净。当董仲舒强调灾异的谴告作用时，竟遭到武帝的训斥，还差一点丢了性命。宣帝即位本身就与怪异天象有关，故对祥瑞灾异，尤

① 《汉书·刑法志》。

② 《汉书·董仲舒传》。

其是祥瑞，备加颂扬。《廿二史札记》卷三"两汉多凤凰"条云："两汉多凤凰，而最多者，西汉则宣帝之世，东汉则章帝之世。本纪所载：本始元年五月，凤凰集胶东千乘。四年五月，集北海安邱、淳于。地节二年夏，凤凰集鲁郡，群鸟从之。元康元年，凤凰集泰山、[陈留]。二年三月，凤凰又集。三年，神爵数集雍。又五色鸟万数飞过属县，翱翔而舞，欲集未下。四年，神爵五采万数集长乐、未央、北宫等处，乃改元神爵。神爵二年，凤凰集京师，群鸟从之者万数。四年，凤凰又集京师，又集杜陵者十一。五凤三年，鸾凤集长乐宫东阙中树上，飞下地，文章五采，留十余刻。甘露三年，凤凰集新蔡，群鸟四面行列，皆向凤凰立，以万数。此宣帝时事也……案宣帝当武帝用兵劳扰之后，昭帝以来与民休息，天下和乐；章帝承明帝之吏治肃清，太平日久，故宜皆有此瑞，然抑何凤凰之多耶？观宣帝纪年以神爵、五凤、黄龙等为号，章帝亦诏曰：'乃者鸾凤仍集，麟龙并臻，甘露宵降，嘉谷滋生。'似亦明其得意者，得无二帝本喜符瑞，而臣下遂附会其事耶？案宣帝时，黄霸守颍川，颍川凤凰尤数现。后霸入为丞相，会有鹖雀自京兆尹张敞舍飞集丞相府，霸以为神爵，欲奏闻，后知从敞舍来，乃止。当日所谓凤凰者，毋乃亦鹖雀之类耶？又东汉桓帝时，济阴言有五色大鸟见于已氏；灵帝时，河南言凤凰见新城。以衰乱之朝而凤凰犹见，可知郡国所奏符瑞，皆未必得实也。"真正的凤凰，本不存在，而当时所谓的"凤凰"，大概为某种稀有鸟类而已，它的出现与现实政治并无必然联系，然宣帝为了借天命理论来宣扬自己统治由圣赐，便对祥瑞数加称颂。上有所好，下必甚焉，自然之理。既然宣帝热衷于此，臣民便更加努力，不仅刻意观察自然界的变化，而且还主观附会，这也就是宣帝时期何以多"凤凰"的原因。相比而言，自幼便沉浸于儒家经典中的元帝，却是一位将儒家所宣扬的天命理论奉为圣典，对各种祥瑞灾异，尤其是灾异倍加重视的书生皇帝。他不是将儒术作为统治国家的手段，而是像一个宗教徒那样虔诚信仰、顶礼膜拜，真心相信儒家的天命理论。

汉元帝的"纯任德教"，实质上就是放弃儒法兼用的治国传统，单独以儒家的仁义道德来治国，这就是真正意义上的"独尊儒术"。汉元帝的这一统治思想，产生了下列三种社会后果。

第一，是造成后来外戚专政的直接原因。

汉武帝既重用外戚，又以严刑峻法来诛杀危及皇权的外戚，而元帝只知以"仁义"给外戚王氏施恩德，废弃以法严惩外戚违法的传统，最终导致了元帝皇后王政君家族长期把持朝政。元帝死后，成帝继立，封元舅王凤为大司马大将军，领尚书事。王凤死后，王音、王商、王根、王莽依次接任大司马大将军一职，牢牢控制了汉廷政权，历元成哀平四朝，王氏家族势力日炽，最终篡代了刘汉皇统。可见，外戚专权并最后篡夺汉朝政权就是从元帝开始的。

第二，造成了豪强地主经济恶性发展，形成了士族门阀地主特权阶层。

汉元帝"纯任德教"，不用法治，促进了豪强地主势力的发展与膨胀。武帝即位之初，土地兼并与豪强地主势力的发展已较严重。汉武帝及昭宣时期继承了汉初迁徙东方六国强族、豪杰于关中地区的办法，三次强行使他们迁徙关中。但元帝却以"使天下咸安土乐业，亡有动摇之心"[①]为理由，废弃了迁徙豪强的政策。另一方面，武、昭、宣时期任用酷吏打击豪强，元帝以后也放弃了这一措施。元帝对豪强政策的转变，遂使土地兼并和豪强地主经济恶性发展起来，士族门阀特权阶层开始出现。他们在拥有庞大经济实力之后逐渐染指政权并且最终决定了汉代国家命运的走向，在政权组成上日益取得垄断地位，成为国家政治上的支配力量。东汉豪强地主和魏晋时期士族门阀地主的兴起，当由此肇端。

第三，在政治上出现了复古潮流。儒家学派的创始人孔子"信而好古"，认为三代尤其是西周是中国历史上最为美好的时期。西周以后，王道大坏，社会一天不如一天。后来孟子主张行"仁政"，就是恢复"乡里同井"的井田制。随着元帝时期儒生势力的滋长和各种社会矛盾的激化，儒生们对现实政治提出了种种批判，正如汉宣帝所说："俗儒不达时宜，好是古非今。"在汉元帝"纯任德教"政策下，复古思潮日益发展起来。王莽改制就是以西周的土地国有制为蓝本，推行王田制，恢复井田制。王莽新朝的建立，标志着汉代儒家理想主义达到顶峰。王莽改制的失败，正

① 《汉书·元帝纪》。

反映出"俗儒"理想的不切实际和在国家治理上的迂阔。①

总之，上述三个方面都是导致西汉政权走向灭亡的重要原因。自从汉元帝"纯任德教"信用儒家后，汉帝国即开始不能振作。儒家的反功利思想，导致汉政府不能实行进取性政策，无法充分发展综合国力。而以儒生为首的新生政治利益集团为了得到更高的权力，又借儒家的迂阔理想在官方宣布厚古薄今理论，制造影响，进一步造成了人们思想的混乱。鉴古知今，我们应该认真探讨历史昭示的一些细微的道理。

三、成帝即位与王氏势力的膨胀

汉宣帝甘露三年（公元前 51 年），时为太子妃的王政君生子于甲馆画堂，宣帝得孙，十分宠爱，名之曰骜，字太孙，常置左右。元帝初元二年（公元前 47 年）四月丁巳，立年仅五岁的刘骜为太子，立其母为皇后。刘骜"壮好经书，宽博谨慎"②，甚得"少而好儒""纯任德教"的元帝之欢心，诏令重臣史丹悉心呵护。然而后来由于太子"幸酒，乐燕乐"③，前吊中山王而有"不哀"④之举，元帝遂生不满，常有以定陶共王刘康代立之意。时定陶共王刘康之母傅昭仪正承欢宠，太子地位受到严重威胁。

自初元二年（公元前 47 年）立为太子到竟宁元年（公元前 33 年）嗣为皇帝，太子刘骜能屡屡渡过难关，主要得力于史丹、匡衡、王商、王凤、石显等人的极力拥护。"中山哀王薨，太子前吊。哀王者，帝之少弟，与太子游学相长大。上望见太子，感念哀王，悲不能自止。太子既至前，不哀。上大恨曰：'安有人不慈仁而可奉宗庙为民父母者乎！'"针对太子前吊中山王"不哀"而引发元帝不满的情况，史丹

---

① 参见张小锋著：《西汉中后期政局演变探微》，天津古籍出版社 2007 年版，第 145—154 页。

② 《汉书·成帝纪》。

③ 《汉书·元后传》。

④ 《汉书·史丹传》。

巧为掩饰。他说:"臣诚见陛下哀痛中山王,至以感损。向者太子当进见,臣窃戒属毋涕泣,感伤陛下。罪乃在臣,当死。"[1] 为太子刘骜保驾护航。太子少傅匡衡亦上书劝谏说:"礼之于内也,卑不逾尊,新不先故,所以统人情而理阴气也。其尊嫡而卑庶也,嫡子冠乎阼,礼之用醴,众子不得与列,所以贵正体而明嫌疑也……如当亲者疏,当尊者卑,则佞巧之奸因时而动,以乱国家。故圣人慎防其端,禁于未然,不以私恩害公义。"[2]《汉书·王商传》也说:"元帝时,至右将军、光禄大夫。是时,定陶共王爱幸,几代太子。商为外戚重臣辅政,拥佑太子,颇有力焉。"《汉书·佞幸传·石显传》载:"元帝晚节寝疾,定陶共王刘康爱幸,显拥佑太子颇有力。"可见,成帝终得以保住太子之位,实得以上诸人之力颇多。

竟宁元年(公元前 33 年),汉元帝病渐入膏肓,傅昭仪及定陶王常在左右,而太子及皇后却很少有面见元帝的机会。元帝多次向尚书询问"景帝时立胶东王故事",其易嗣之意,昭然若揭。此时,太子长舅阳平侯王凤为卫尉、侍中,与皇后、太子惊慌失措。史丹以亲密臣得侍视疾,乘无人之际,直入元帝卧床之下,涕泣而言:"皇太子以嫡长立,积十余年,名号系于百姓,天下莫不归心臣子。见定陶王雅素爱幸,今者道路流言,为国生意,以为太子有动摇之议。审若此,公卿以下必以死争,不奉诏。臣愿先赐死以示群臣!"[3] 面对史丹以死谏诤,元帝知道改易嗣皇帝之策终不可行,遂最终打消了易立定陶王的念头。五月壬辰,汉元帝崩于未央宫。六月己未,太子即位,是为汉成帝。

如上所述,汉成帝最终能嗣立为皇帝,与史丹、匡衡、王商、石显之极力拥佑不无关系,而成帝舅王凤等人所起的作用也不容忽视。王夫之说:"成帝之在东宫也,既为元帝之所憎而孤危甚,摇摇于废立之间者将十年。匡衡、史丹亦但以大义规元帝,而非必与成帝为腹心。所窃窃然忧、翕翕然私语而计者,徒王凤耳。元后

---

[1]《汉书·史丹传》。

[2]《汉书·匡张孔马传》。

[3]《汉书·史丹传》。

宠衰，而忧祸之及，所与窃窃然忧、翕翕然私语而计者，亦凤兄弟耳。人情出危险之中而思故时之同患者，未有不深信而厚倚也。故成帝一立，而顾瞻在廷，无有如凤之亲己者，岂复忧他日之攘己乎？呜呼！"①

汉成帝即位后，为了确保自己的地位稳固，对有拥立之功的史丹、王商、王凤等人数加封赏。建始三年（公元前30年），封王商为左将军，一年后迁为执金吾，后代匡衡为丞相。成帝初即位，擢史丹为长乐卫尉，建始四年（公元前29年），迁右将军，赐爵关内侯，食邑三百户，给事中。河平三年（公元前26年），又迁左将军、光禄大夫。鸿嘉元年（公元前20年），诏封丹为武阳侯，丹"有子男女二十人，九男皆以丹任并为侍中诸曹，亲近在左右"②。

竟宁元年（公元前33年）六月己未，成帝封长舅侍中卫尉王凤为大司马大将军，领尚书事，益封五千户。建始元年（公元前32年），"封舅诸吏光禄大夫关内侯王崇为安成侯。赐舅王谭、商、立、根、逢时爵关内侯"③，"王氏之兴自凤始"④。河平二年（公元前27年），封舅王谭为平阿侯、商成都侯、立红阳侯、根曲阳侯、逢时高平侯。五人同日封侯，世谓之"五侯"。从此之后，王氏势力日见滋长。

史丹、王商、王凤三人皆为外戚，又皆以拥佑成帝而为成帝所倚重，然而由于三人与成帝关系远近的不同及各自政治品性之差异，其日后的政治际遇也不同，正如班固所说："自宣、元、成、哀外戚兴者，许、史、三王、丁、傅之家，皆重侯累将，穷贵极富，见其位矣，未见其人也。阳平之王多有材能，好事慕名，其势尤盛，旷贵最久。然至于莽，亦以覆国。王商有刚毅节，废黜以忧死，非其罪也。史丹父子相继，高以重厚，位至三公。丹之辅道副主，掩恶扬美，傅会善意，虽宿儒达士无以加焉。及其历房闼，入卧内，推至诚，犯颜色，动寤万乘，转移大谋，卒成太

①　王夫之著：《读通鉴论》，中华书局1975年版，第113页。
②　《汉书·史丹传》。
③　《汉书·成帝纪》。
④　《汉书·元后传》。

子，安母后之位。'无言不雠'，终获忠贞之报。傅喜守节不倾，亦蒙后凋之赏。哀、平际会，祸福速哉！"①成、哀之际，外家众多，为了各自的政治利益，彼此之间多有倾轧，最后王凤一族借元后之势，攀援而上，逐渐控制朝野，遂成汉室祸患。其时，宗室刘向（即刘更生）见王凤专国权，其兄弟七人皆封为列侯，"时数有大异，向以为外戚贵盛，凤兄弟用事之咎"。前后上书数次，"其言多痛切，发于至诚"②。然成帝虽每每为刘向赤诚之情所感动，但因为优柔寡断终不能从其议。自建始元年（公元前32年）到阳朔三年（公元前22年），王凤以大司马大将军身份领尚书事，但其权力并不十分稳固，成帝有机会也有能力加以控制，但他均未能认真对待，屡屡姑息养奸，遂使王凤权力日渐滋长，最终成尾大不掉之势，成帝亦反受其制。朝政自此乱，外戚之势自此成，汉室事遂不可为。

四、哀帝对外戚势力的操纵与抑制

自汉成帝"建始以来，王氏始执国命"③，"王氏子弟皆卿、大夫、侍中、诸曹，分据势官满朝廷"，"郡国守相、刺史皆出其门"④，可以说王氏势力遍布朝野，君主权力极其衰微。哀帝以外藩身份嗣立为皇太子，一年后登临帝位，根基浅薄。面对即位后的政治局势，哀帝有两条道路可供选择：一是安于现状，甘为傀儡，继续委政于王氏家族；一是欲有所作为，匡正汉室，排抑王氏外戚，加强君主权力，从而把中央集权的帝国体制带向正途。二者之中，汉哀帝选择了后者。那么，他是如何排抑外戚王氏势力，加强君主权力的呢？最终结局又是如何呢？

1.汉哀帝即位前后的政治形势

汉元帝共有三子，王皇后生成帝刘骜，傅昭仪生定陶共王刘康，冯昭仪生中山

① 《汉书·王商史丹傅喜传》。

② 《汉书·楚元王传》。

③ 《汉书·成帝纪》。

④ 《汉书·元后传》。

王刘兴。在成帝为太子时，由于傅昭仪受宠，加之刘康聪慧多知，元帝屡屡有以刘康代太子之意，幸亏大臣史丹和元舅王凤等人拥佑，刘骜才得以保住太子之位，并顺利继承皇位。可以说，从刘康母子受宠的那时起，便与成帝及其母王皇后、元舅王凤等人结下了怨隙。按宫廷权力斗争的一般原则推论，随着汉成帝的即位，定陶王刘康母子总会受到成帝母子或多或少的报复，但事实却是，定陶王母子不但未受惩罚，反而受到成帝的礼遇，史载成帝对定陶王"厚遇异于它王"①，"定陶共王来朝，太后与上承先帝意，遇共王甚厚，赏赐十倍于它王，不以往事为纤介"②。不仅如此，成帝与刘康兄弟情重，并因久无子嗣常有以定陶王嗣尊之意，只因元舅大司马王凤的极力反对而作罢。阳朔二年（公元前23年），定陶共王刘康薨，次年，子刘欣继立为定陶王。成帝十九岁登皇位，在位二十五年，竟无一继嗣，这使成帝十分不安，为了汉室皇权的顺利延续，也为了消除朝廷大臣的不安，成帝决定从外藩诸侯王中选立一人作为皇太子。当时最为合适的人选，自然是成帝侄定陶王刘欣和成帝弟中山王刘兴。《汉书·孔光传》载："绥和中，上即位二十五年，无继嗣，至亲有同产弟中山孝王及同产弟子定陶王在。定陶王好学多材，于帝子行。而王祖母傅太后阴为王求汉嗣，私事赵皇后、昭仪及帝舅大司马骠骑将军王根，故皆劝上。"成帝召丞相翟方进、御史大夫孔光、右将军廉褒、后将军朱博入禁中，与大司马骠骑将军王根一起商议立储一事。除孔光一人反对外，其余诸人皆赞同立定陶王刘欣为太子。绥和元年（公元前8年），十八岁的刘欣被立为太子。翌年，成帝暴病而死，刘欣嗣位，这就是汉哀帝。

从刘欣被立为太子到即位之时，朝廷内部发生了巨大的变化。

（1）就在刘欣被立为太子的同一年，汉成帝对朝廷宰相制度作了重大调整，把以丞相为主、地位与权力不平等的三公，改变为地位与权力平等、鼎立的三公。王夫之说："汉置相，而闻政专归于大将军，承秦之分，而相无戎政之权，大将军总经

---

① 《汉书·定陶共王刘康传》。

② 《汉书·元后传》。

纬之任。故何武有戒心焉，分置三公，以大司马参司空、司徒之间，冀以分王氏之权。"①

（2）就在刘欣被立为皇储的同年七月甲寅，大司马骠骑将军王根"乞骸骨"，推荐自己年已三十八岁的侄子王莽代替自己的职务。十一月丙寅，成帝拔擢王莽为大司马。同年，右将军廉褒、后将军朱博二人亦被免为庶人。

（3）绥和二年（公元前7年）二月壬子，丞相翟方进自杀；三月丙戌，孔光于成帝大行前拜为丞相。

（4）成帝突然死亡。在王莽等人的逼问之下，赵昭仪自杀，赵皇后也陷入非常尴尬的境地。②

刘欣从被立为太子到登临大统，仅仅一年时间，还未来得及在朝廷中培植自己的心腹大臣，而几位曾在拥立自己为皇储的过程中起过重要作用的权要人物又都相继死、免或面临困境，惟王氏势力丝毫未损。汉哀帝就是在这样的环境中登上皇位的。

2. 汉哀帝政治举措以及与外戚傅、王之争

在汉成帝二十五年统治时期，外戚王氏势力迅速崛起，构成了对刘汉皇权的严重威胁；另外，社会矛盾与阶级矛盾也进一步激化，动摇了汉王朝的统治基础。对此，汉哀帝早已有所觉察。"孝哀自为藩王及充太子之宫，文辞博敏，幼有令闻。睹孝成世禄去王室，权柄外移，是故临朝娄诛大臣，欲强主威，以则武、宣。"③

汉哀帝即位后，"躬行节俭，省减诸用，政事由己出"④，决心匡正成帝时期的积弊，抑制王氏势力，加强君主权威，试图重建武帝和宣帝时期的政治辉煌。在汉哀帝的短祚统治中，其治理核心就是贬抑外戚王氏势力，铲除强臣，提高君主权威。为达此目的，哀帝一面贬抑王氏势力，一面拔擢丁、傅势力。哀帝于绥和二年（公元

---

① 王夫之著：《读通鉴论》，中华书局 1975 年版，第 122 页。

② 参见张小锋著：《西汉中后期政局演变探微》，天津古籍出版社 2007 年版，第 181—183 页。

③ 《汉书·哀帝纪》。

④ 《汉书·孔光传》。

前7年）"五月丙戌，立皇后傅氏……尊定陶太后曰恭皇太后，丁姬曰恭皇后，各置左右詹事，食邑如长信宫、中宫"①，并对傅、丁两家悉加封赏。汉哀帝令祖母傅太后食邑与王太后相等，显然是在极力拔擢外家势力，这种行为无形中威胁到了王氏势力，当然为其所不容。于是，王太后与王莽姑侄二人便及时地导演了一场"乞骸骨"事件。王莽姑侄之所以如此，目的是为了"避帝外家"。事实上，"避帝外家"并不是这起事件的真正目的。王太后与哀帝"外家"间并无怨隙，更何况定陶之立，王家还起过重要作用，又何须躲避。王莽姑侄的真正用心，在于试探哀帝对王家的态度。哀帝既然嗣成帝后，就应该像成帝一样尊宠王太后，不能以父之礼对待定陶王，自然也不能让哀帝外家权势超出王太后。对于王莽姑侄的心迹，刚刚即位的哀帝十分清楚，尽管对王氏的骄盛"心不能善"②，但为了稳定政局，不得不委曲求全，采取安抚的态度，不但遣使请求王莽姑侄收回"辞呈"，并让王莽继续担任大司马一职，而且对王氏家族还屡加封赏，"其益封根二千户，舜五百户，莽三百五十户。以莽为特进，朝朔望。又还红阳侯立京师"③。然而一月后，司隶校尉解光弹劾王根罪行，哀帝借此机会将王根赶出京师，免王根兄子王况为庶人，并将王根及王况父王商所举荐的官吏，全部罢免，这对王氏势力来说，不啻一次严厉打击。后来，哀帝欲尊宠祖母傅太后和母亲丁姬，高昌侯董宏窥破哀帝此意，于是上书，引《春秋》"母以子贵"之义，建议朝廷应立哀帝生母为帝太后，此议一出，立即遭到了大司马王莽、丞相孔光及左将军师丹的反对。哀帝由于新即位，根基不稳，慑于压力，只好以免董宏为庶人而平息此事。"后日，未央宫置酒，内者令为傅太后张幄，坐于太皇太后坐旁。莽案行，责内者令曰：'定陶太后藩妾，何以得与至尊并！'撤去，更设坐。"④绥和二年（公元前7年）十一月丁卯，大司马王莽罢归就第。建平二年（公元前5年），后宫之中王太后独尊的地位被傅、丁、王、赵四人并立所代替，加之赵太后又与傅、

---

① 《汉书·哀帝纪》。

② 《汉书·元后传》。

③ 《汉书·元后传》。

④ 《汉书·王莽传上》。

丁太后团结一体，王太后在后宫中的权威被削夺。同年，丞相朱博提议将王莽免为庶人。然而，哀帝念及王莽与太皇太后的姑侄关系，并未免其为庶人，仅将其排挤出京师，这为王莽复出重执国柄埋下了隐患。

元寿元年（公元前2年），哀帝念王太后年事已高，才将王莽及平阿侯王仁召还京师，侍奉王太后。元寿二年（公元前1年）六月戊午（六月二十六日），哀帝突崩。王太后闻知哀帝死讯后，迅速移驾未央宫，部署王氏子弟控制中枢：第一，派使者急召王莽入未央宫；第二，派王闳立即控制大司马董贤，夺取玺绶；第三，下诏将所有宫廷调兵之权，由王莽所统。庚申（六月二十八日），王莽复任大司马。此后，在王莽姑侄的操纵下，迎立年仅九岁的平帝，彻底肃清朝中的异己势力，完全控制刘汉政权。八年后，王莽顺利代汉为新。

第六章　王莽时期的治国理政

面对西汉末年尖锐的社会矛盾和严重的政治危局，王莽正式取得帝位之后，即附会古礼，托古改制，冀求以儒家理想为社会改革的灵魂，调整执政者与民众的关系，改善国家效能，以恢复政局的稳定与重建社会秩序。但是，王莽新政的试验没有成功。新莽政权经常颁布一些改革政策，往往只注重形式，对具体执行如何则不甚重视，将更多的精力用在讨论修改条令的文辞优美与否、是否符合经典规范上，主观认为只要形式上符合"先王之道"，"三代盛世"的辉煌就会重现。可以说，盲目照抄照搬儒家理想政治的教条是新莽政权失败的重要原因。在民族关系方面，王莽深受"夷夏之辨"思想的影响，实行民族歧视政策，轻启边衅，不顾客观条件地追求儒家所谓的"王者无外"的大一统境界，这也是引发危机的一个重要因素。王莽新政试验的失败表明，儒家学说因其迂阔与空想而不能成为治国理政的主体部分。儒学的本质在于把上古三代以及周代制度理想化，以为现实政治提供一个说教的模式，它的真正意义在于文化熏陶作用，用"修齐治平""仁义礼智信"来激励人生。历史表明，盲目照抄照搬儒家理想政治方案，本身就是一件不靠谱的事情。汉虽然矫秦之失，但总体上是秦果汉收，全面继承。汉武帝虽然在意识形态上"独尊儒术"，但在治国理政方面是"霸王道杂之"，儒法互补兼用。从汉元帝开始"纯任德教"，儒生以古非今，追求三代理想政治逐渐成为潮流，这是王莽以新代汉得以成功的社会历史条件，也是西汉政权走向衰弱的重要诱因。

一、王莽代汉

再次出来秉政的王莽，权力较第一次秉政时更加扩大和巩固。朝廷上下，对王莽的所作所为，几乎没有人敢说半个不字。在王莽看来，他的实际权力已经远远超过大司马大将军所应有的职责，因而也就得陇望蜀，希望再往前跃进一步。于是，在平帝元始元年（公元1年）正月，王莽附会《尚书》记载的越裳氏向周天子献白雉的古例，指使益州官员讽喻西南少数民族首领以越裳氏的名义向朝廷献白雉、黑雉为符瑞，以便据此加以发挥，谋取新的名号。当白雉一只、黑雉二只献到朝廷，王莽要求元后下诏，把白雉献到宗庙，祭告祖宗，以表示汉皇朝在王莽佐治下达到了西周成王那样的兴盛之境。王莽党徒们也群起纷纷向元后上书，一齐称颂王莽的巍巍功德"致周成白雉之瑞"，是什么"千载同符"的盛事，应该像成王封周公一样地封王莽为"安汉公"，以便"上应古制，下准行事，以顺天心"。就在元后下诏要尚书就封赏的具体事宜拟定条文时，王莽抢先上书元后，大大谦让了一番，以表示有功不受赏的风格，同时要求封赏孔光等人，将自己除外："臣与孔光、王舜、甄丰、甄邯共定策，今愿独条光等功赏，寝置臣莽，勿随辈列。"[1] 在王莽为首的群臣表演下，元后下诏进行了西汉历史上空前隆重的封赏：

> 大司马新都侯莽三世为三公，典周公之职，建万世策，功德为忠臣宗，化流海内，远人慕义，越裳氏重译献白雉。其以召陵、新息二县户二万八千益封莽，复其后嗣，畴其爵邑，封功如萧相国。以莽为太傅，干四辅之事，号曰安汉公。以故萧相国甲第为安汉公第，定著于令，传之无穷。[2]

在西汉历史上，丞相萧何之功可谓大矣，两次封赏，仅得万户。霍光在昭、宣

---

① 《汉书·王莽传上》。
② 《汉书·王莽传上》。

两朝权倾朝野，两次封赏，也就是两千户。王莽一次封赏就达二万八千户，加上前两次的封赏，封户已达三万户。这在西汉历史上是绝无仅有的。这次封赏，无论在内容和形式上都使王莽高升了一步，成为西汉历史上享此殊荣的第一人。

王莽在得到了"安汉公"的封号以后，一方面更进一步不厌其烦地用歌功颂德的办法来讨元后的欢心，另一方面，又以保护元后的健康为名，一步步地悄悄侵袭元后的权力。他首先指示其爪牙，上书元后，说是太后至尊之体，春秋又高，不宜过度操劳。元后感到有些道理，于是下了一道诏书，把封爵之外的一切国家大事统统交王莽处理："自今以来，惟封爵乃以闻。他事，安汉公、四辅平决。州牧、二千石及茂才吏初除奏事者，辄引入至近署对安汉公，考故官，问新职，以知其称否。"经此一道诏旨，王莽就把汉朝廷的一切军国大事的处置权，其中包括选官用人的大权一一拿到自己手里。此后，王莽充分利用这一权力，广泛地网罗爪牙，结党营私，"人人延问，致密恩意，厚加赠送，其不合指，显奏免之，权与人主侔矣"[1]。至此，一个以王莽为核心、辅以王氏宗族和依附的文臣武吏组成的当权集团，就牢牢地控制了汉皇朝的一切权力，已成深固不摇之势。

元始三年（公元3年），王莽又将自己的女儿嫁作年仅十一岁的汉平帝的皇后，进一步巩固自己的地位和权力。

元始四年（公元4年），王莽又指示党徒上书元后，要求授其一颗"宰衡太傅大司马印"。书中说："《穀梁传》曰：'天子之宰，通于四海。'臣愚以为，宰衡官以正百僚平海内为职，而无印信，名实不副。臣莽无兼官之材，今圣朝既过误而用之，臣请御史刻宰衡印章曰：'宰衡太傅大司马印'，成，授臣莽，上太傅与大司马之印。"[2]在王莽看来，一枚印章虽只是形式，但却是他前进路上的新标志，也是他行使宰衡权力的一个凭据。因此，尽管其他东西都可以辞让，这个东西却非要不可。宰

---

① 《汉书·王莽传上》。

② 《汉书·王莽传上》。

衡这个官职是王莽及其党羽的一个创造，在此之前的中国历史上从来没有这个官职。王莽想在三公之上再添一个官职由自己担任，就创造出这个新官职。在商周历史上，伊尹称阿衡，周公称太宰，二者各取一字，就成了宰衡，宰的意思是主宰，衡的意思是公正，宰衡的意思就是公正的主宰。王莽取此官名而自任之，就是宣布自己已成了大汉皇朝的主宰。由此也暴露了他取汉皇朝而代之的野心。

王莽得到宰衡的名号之后，又制定了一系列措施来笼络各类知识分子。元始四年（公元4年）底，他下令在京师大兴土木，修建明堂、辟雍、灵台，为太学生筑舍万区，大量招收学生，使得在读太学生达到了万人，创造了汉代太学的全盛时代。同时又立《乐经》，增加博士员，每经由一人增至五人，下令天下凡通一艺并教授十一人以上，以及有逸《礼》、古《书》《毛诗》《周官》《尔雅》、天文、图谶、钟律、月令、兵法、《史篇》文字，并能晓知其意者，都由政府派公车征送京师。还下令网罗天下的异能之士，前后有数千人来到首都，让他们宣讲自己的经传之说，以订正乖谬，统一异说。由此，经过王莽的行政命令和刘歆的努力，古文经学也取得了合法的地位，并成为王莽篡汉自立的有力的理论工具。

元始五年（公元5年）五月，王莽加九锡。十二月，鸩杀汉平帝。

王莽鸩杀平帝以后，本来完全可以直奔龙座，南面称孤，实现他的皇帝梦。但是，这样一来他谋杀平帝一案就会大白于天下，任何巧言如簧的辩护词也无法掩饰事实的真相。王莽思忖再三，觉得还是稳妥为上。于是，他决定先立一个名义上的小皇帝以为自己登基的过渡。当时，平帝死后，元帝以下都已绝嗣，依例必须从宣帝的子孙中选择继承人。当时，宣帝的曾孙中有五个王、四十八个列侯。依兄终弟及的古例，是可以从中选取出皇位继承人的。但是，王莽看到这五十三个人年龄都较大，怕立为新君后不易驾驭，再重演哀帝即位后自己受挫的局面，就以"兄弟不得相为后"为借口摈而不用，而是在宣帝的玄孙中选了一个年龄最小、当时只有二岁的广戚侯子婴作为帝位的继承人。王莽的女儿，一个年仅十六岁的女孩子依例做了皇太后。此后，王莽在党羽们的鼓噪下进一步称"摄皇帝"，在篡汉道路上又前行了一步。

居摄三年（公元8年）十一月，窥透王莽心思的广饶侯刘京、车骑将军扈云、大保属臧鸿，分别奏上显示天意要求王莽做皇帝的符命，王莽高兴地接受下来，并立即上奏元后，说自己在汉室遭遇最大危险的时候，尽最大努力予以匡救。可是，天意非让我做皇帝不可。本月广饶侯刘京上书说，七月中旬，齐郡临淄县昌兴亭长辛当一夜数次做梦，有人对他说："我是天公的使者。天公使我告诉亭长：摄皇帝应做真皇帝。如不相信，这个亭中当有新井为证。"亭长早晨起来察看，亭中果然出现一口新井，井深约百尺。同月，巴郡发现石牛，扶风雍发现刻有文字的石头，皆运来未央宫的前殿。臣与太保安阳侯王舜前去探视，忽然刮起大风，灰尘遮天蔽日，不久，风停了，石前出现了铜符帛图，上面的文字是"天告帝符，献者封侯。承天命，用神令"。骑都尉崔发等看后认为，这是天意要求居摄改元的意思。王莽据此提出要求说：

> 臣莽敢不承用！臣请共事神祇宗庙，奏言太皇太后，孝平皇后，皆称假皇帝。其号令天下，天下奏言事，毋言"摄"。以居摄三年为初始元年，漏刻以百二十为度，用应天命。臣莽夙夜养育隆就孺子，令与周之成王比德，宣明太皇太后威德于万方，期于富而教之。孺子加元服，复子明辟，如周公故事。[①]

这一次王莽本来可以直接即真做皇帝，但他怕元后反对，只是要求称假皇帝，群臣上奏时不言"摄"而直称"皇帝"，并且改元为初始。由于这一要求比之他已经得到的增加不多，还重申了"复子明辟"。元后于是"奏可"。但是，王莽的用意却十分清楚，他示意群臣，这是在即真的道路上迈出的又一小步，他还要继续向前走。

就在王莽筹划再迈进一步的时候，有一个在长安太学读书的梓潼（今属四川）人哀章，看见王莽做了摄皇帝后，把符瑞奉若神明，并且早晚要即真做皇帝，就决心来一次大的政治冒险。他偷偷地做了两检铜匮，一检上写着"天帝行玺金匮图"，另一匮上写着"赤帝行玺某传予皇帝金策书"。《金策书》中说，某者，是高皇帝刘

---

① 《汉书·王莽传上》。

邦的名字，他将把皇帝位子传给王莽，太皇太后应该尊承天命将帝位授予王莽。图和书中写着王莽八个大臣名字，同时加上哀章以及随便胡诌的王兴、王盛的名字，共十一人，每人名下都署上封爵和官名，标明他们都是新朝的辅佐。哀章听说齐井、石牛的符瑞上奏之后，认为时机已经成熟，立即在当日的黄昏，身着黄衣，跑到高帝刘邦的祀庙，把两检铜匮交给了仆射。仆射立即向王莽报告。第二天早晨，王莽便郑重其事地来到高帝庙，朝拜了陈放铜匮的神坛。之后又戴上皇冠去拜元后，向她报告符瑞的情况，表明自己应天命做皇帝的决心。最后来到未央宫前殿，在党徒们发疯般的欢呼声中登上龙座，宣布了即天子位的诏书：

> 予以不德，托于皇初祖考黄帝之后，皇始祖考虞帝之苗裔，而太皇太后之末属。皇天上帝隆显大佑，成命统序，符契图文，金匮策书，神明诏告，属予以天下兆民。赤帝汉氏高皇帝之灵，承天命，传国金策之书，予甚祗畏，敢不钦受！以戊辰直定，御王冠，即真天子位，定有天下之号曰"新"。其改正朔，易服色，变牺牲，殊徽帜，异器制，以十二月朔癸酉为建国元年正月之朔，以鸡鸣为时。服色配德上黄，牺牲应正用白，使节之旄幡皆纯黄，其署曰"新使五威节"，以承皇天上帝威命也。①

不难看出，王莽的这个即位诏书显然是急就章，它文短而又粗糙，看得出来没有经过仔细斟酌、推敲和润色。其中条列的王莽代汉立新做皇帝的理由，无非是两条：一是我王莽是黄帝的苗裔，虞舜的后代；二是昊天上帝降符瑞，高祖皇帝显神灵，统治天下百姓是"承天受命"。当时王莽手下，并不乏刘歆之类的文章里手，稍假时间，他们就能够炮制出雍容典雅、富丽堂皇、词彩灿然的即位诏书。为什么这个具有重大历史意义的即位诏书，竟是如此干瘪无文的急就章呢？答案非常简单，时间太仓促了。那位"素无行，好为大言"的无赖之徒哀章，当时还不是王莽的党徒，他的活动不是由王莽及其党徒安排的，因此，他的突兀而来的献符，完全出乎

---

① 《汉书·王莽传上》。

王莽及其党徒的意料之外，打乱了王莽及其党徒拟定的代汉立新的日程表。在王莽上奏齐井、石牛那一天，他在奏文中提出的要求还仅仅是在朝见太皇太后和平帝皇后时取消"臣"字，代之以"假皇帝"，臣下向他奏事时取消"摄"字。而在同一奏文中他还特别申明决不篡汉，重申他一再表明的"孺子加元服，复子明辟"的保证。这一切都表明，在王莽及其党徒拟定的代汉立新的日程表中，即真的日期还是排在后面的。其目的是为了要有充裕的时间，以便能够仔细地制作符命，协调各方面的关系，推敲诏书文字，部署登基礼仪，以便搞得有条不紊，从容不迫，有更多的回旋余地。

谁知哀章在王莽上书的当天黄昏就来了个献铜匮，这对王莽不啻一个突然袭击。王莽及其党徒在得到仆射的报告以后，立即连夜进行紧张的策划。是立刻即真做皇帝，还是按照原来计划的日程安排？虽然后者在时间和准备上都充裕一些，但这样做就必须对哀章献出来的符命表示否定态度，而以后再即真时怎么办？立即接受符命即真吧，那就只能仓促上阵。究竟怎么办更好呢？王莽及其党徒经过彻夜研究，反复权衡利弊，最后决定还是借着哀章的符命提前即真。因此，尽管刘歆等人有妙笔生花的本事，也难以在一夜之间就炮制出丰赡富丽的长篇即位诏书。事情决定之后，第二天，王莽一面到高帝庙拜领符命，一面派人通知元后他将即真做皇帝。之后，他拜谒元后，表明他即真的决心。在这突然的事变面前，元后的震惊是可以想象的。因为就在前一天，王莽还在奏书中保证将来要"还政于孺子"，怎么一夜之间就变了卦，要立刻即真做皇帝了呢？王莽这位年逾八十岁的老姑母，长期以来一直相信王莽爪牙王舜等人对她说过的话，王莽要"安汉公"的名号，要"居摄"的位子，要"假皇帝"的头衔，无非是想增加自己的权力。元后几乎是有求必应，几年之内，把朝廷的权力都分期分批地送给了王莽。王莽难道要恩将仇报，竟敢残忍地废掉他的姑母的太皇太后位子而篡汉自立吗？然而，今天王莽的篡汉毕竟铁铸一般地摆到了元后的面前，并且已经到了她无论用什么办法也无法改变这种局面的地步了。[①]

---

① 参见孟祥才著：《王莽传》，人民出版社 2016 年版，第 169—173 页。

王莽宣布即真做皇帝以后，便命令王舜去元后那里强行索取传国玉玺。元后大骂：

> 而属父子宗族蒙汉家力，富贵累世，既无以报，受人孤寄，乘便利时，夺取其国，不复顾恩义。人如此者，狗猪不食其余，天下岂有而兄弟邪！且若自以金匮符命为新皇帝，变更正朔服制，亦当自更作玺，传之万世，何用此亡国不祥玺为？而欲求之？我汉家老寡妇，旦暮且死，欲与此玺俱葬，终不可得。[①]

客观而言，王莽篡汉之所以顺利成功，元后实不能辞其咎。因为正是在元后的庇荫下，王氏宗族才得以发展起来。不过，元后虽然绝对相信娘家人并把朝政全部委托给王氏宗族，但她并不希望由娘家人来改变皇统。因为饱受儒家三从四德熏陶的王政君，自认为是刘氏皇统的捍卫者，她显然认为刘氏皇统在自己手里断送是一种奇耻大辱，她的良心因而受到难以言喻的苛责。不过，请神容易送神难。她自己酿下的这杯苦酒，最终还要由她自己喝下去。在王舜软硬兼施下，元后最后还是被迫交出了玉玺。

王莽以篡政的方式代汉立新之所以顺利地获得成功，其原因比较复杂。汉元帝"纯任德教"治国政策的发展，元后王政君"历汉四世为天下母，飨国六十余载，群弟世权，更持国柄，五将十侯，卒成新都，位号已移于天下"[②]等都是重要原因。然当时的客观历史条件造成了地主阶级对改朝换代的向往，而王莽执掌汉皇朝大权后的所作所为，使他几乎成为社会各阶级所属望的改朝换代的唯一人选，则是最根本的原因。

由于汉帝国自文、景到汉武帝以来，一直对食封的同姓诸侯王和军功地主采取打击削弱的政策，这种措施虽然对巩固和加强西汉中央集权的统治起了一定的作用，但同时也给豪族地主和富商大贾势力的膨胀提供了某些便利条件。自汉元帝开始，

---

① 《汉书·元后传》。
② 《汉书·外戚传下》。

经济上占优势的豪族地主和富商大贾日益在政治上形成了左右一切的力量。王氏外戚集团正是作为这个阶级的代表而执掌汉帝国朝政的。他们每家都是占有大量土地的官僚地主，同时又与富商大贾保持着十分密切的联系。王莽、王立等人拥有的土地之多是一般地主无可比拟的。四川大商人罗裒在京师和其他各郡的经商活动就是得到王家支持的。王氏外戚集团几十年辅政的结果，迅速地发展壮大了自己的力量，成为西汉末期不可动摇的政治重心，从而为王莽以不流血的方式实现代汉创造了比较有利的条件。

在王莽全权当政的汉平帝时期，汉帝国虽然未能挽回日渐衰落的颓势，但却相对地保持了政治上的稳定和社会秩序的安宁。尽管小规模的农民起事也发生了一些，饥荒也有一点，却并未妨碍较稳定的大局。此一时期，王莽虽然事事专权，然而毕竟不像傅、丁外戚集团和董贤在哀帝时期那么昏妄荒唐。他对地主阶级的各个集团和阶层，除了政治上的反对派之外，大部分都采取了安抚或收买的政策。正因为如此，在经过哀帝当国时期的混乱之后，王莽的当政及其取得的成就令人刮目相看。地主阶级的各个阶层和集团几乎都把稳定统治秩序的重任属望于王莽，以便在和平和安定的环境中继续保持他们的既得利益。而王莽在平帝时的行政措施，也的确给了他们这种希望。因此，即使对王莽抱有根深蒂固的偏见，对他口诛笔伐不遗余力的班固，对王莽在这一时期的活动也有赞誉之声："孝平之世，政自莽出，褒善显功，以自尊盛。观其文辞，方外百蛮，亡思不服，休征嘉应，颂声并作。"[1] 当然，王莽的代汉之所以成功，除了客观必然性外，他的策略和手段也起了重要的作用。王莽不仅是西汉末年豪族地主和富商大贾的政治代表，而且广建辟雍、学舍，征召"异能之士"，通过这些办法，为广大中小地主阶级的知识分子提供了更多的做官从政的机会。这样，王莽就在很大程度上扩大了统治基础，赢得了地主阶级各个阶层的好感。王莽篡政前后，一大批儒生鞍前马后地为之服务，说明他的活动吸引了广大知识分子。对于宗室贵族，王莽在即真之前也采取了一系列的笼络手段，其中最重

---

[1] 《汉书·平帝纪》。

要的是用爵位利禄进行收买，因而相当一批汉宗室贵族也把王莽当成了他们利益的代表。所以，当王莽即真做皇帝的时候，就出现了"汉诸侯王厥角稽首，奉上玺绶，惟恐在后，或乃称美颂德，以求容媚"的奇怪现象。加上王莽数让封邑，献田献钱，救济贫民，惠及孤寡，还曾逼使杀死奴婢的儿子自杀偿命，等等，也无疑赢得了民众的拥护。所有这一切，在一定程度上反映了民心所向。

班固说：

> 王莽始起外戚，折节力行，以要名誉，宗族称孝，师友归仁。及其居位辅政，成、哀之际，勤劳国家，直道而行，动见称述。岂所谓"在家必闻，在国必闻"，"色取仁而行违"者邪？莽既不仁而有佞邪之材，又乘四父历世之权，遭汉中微，国统三绝，而太后寿考为之宗主，故得肆其奸慝，以成篡盗之祸。推是言之，亦天时，非人力之致矣。①

总之，王莽代汉是历史的选择，是西汉立国以来外戚专权积累发展的产物，是西汉儒生理想政治膨胀的必然结果。王莽从绥和元年（公元前 8 年）任大司马大将军，到始建国元年（公元 9 年）代汉立新，历时十七个年头，他也由三十八岁的风华壮年变为五十五岁的饱经风霜的老翁。十七年中，除了汉哀帝当国的五年间，王莽稍受了一点挫折之外，其余时间可以说基本上是一帆风顺。王莽经过长时间的攀登，终于达到他梦寐以求的境界。然而，登上权力顶峰之后的前景并不像他想象的那样理想与美好，等待他的是更多的艰难险阻、血雨腥风与身败名裂。

二、新政：礼制改革

太平盛世，制礼作乐，教化万民，从而实现国家的长治久安，是儒家理想政治的重要内容。周公辅助幼主成王，"摄政六年，致太平，述文武之德，制周官及仪礼，

---

① 《汉书·王莽传下》。

以为后王法"①，这些都对王莽具有极大的政治诱惑力。因此，礼学出身的王莽，在辅政和执政时期不仅十分注重征召礼学之士，刘歆、王舜、扬雄、桓谭、平晏都是著名的礼学专家，得到王莽的重用，而且他还推行了全方位的礼制改革运动。

王莽的礼制改革是其理想政治设计中极其重要的一个环节，是王莽实现其理想政治的根本途径。

西汉自高祖立国至王莽，已经二百余年，然而礼制并不健全，这也是王莽发动礼制改革运动深厚的社会背景。王莽对西汉立国以来礼制的严重缺失一直心存不满。《汉书·食货志》载："（王莽）狭小汉家制度，以为疏阔。"在代汉称制之前，王莽一直恪守儒家的宗法礼制，为维护儒家宗法礼制进行不懈的努力。新莽政权建立之后，王莽更是以《周礼》为蓝本，大规模地制礼作乐，包括改革郊庙制度，建明堂、辟雍、张太学，建殊礼等。

1. 郊制改革

所谓郊制就是天子的祭天制度。古代天子在登基后或在重大场合，为证明自己是承天命而王，代表天统治万民，显示政权合法性和神秘色彩，常常举行郊祀大典。

董仲舒在《春秋繁露·郊祭》中向汉代统治者论述了郊祀的重要性。他说："《春秋》之义，国有大丧者，止宗庙之祭，而不止郊祭，不敢以父母之丧废事天地之礼也。父母之丧，至哀痛悲苦也，尚不敢废郊也，孰足以废郊者，故其在礼亦曰：'丧者不祭，唯祭天为越丧而行事。'夫古之畏敬天而重天郊如此甚也。"郊祀作为中国古代最高统治者的特权，是统治者制造神秘气氛、宣扬"君权天授"、论证统治合法性的重要手段，备受中国古代统治者的高度重视。《晋书·肃宗明帝纪》说："郊祀天地，帝王之重事。"汉代的祭祀制度几经变革，高祖刘邦确立了以"五帝神"为核心的郊祀制度；文帝在此基础上又在渭阳建五帝庙和长门五帝坛；汉武帝对郊祀制度进行重大变革，确立以"太一神"为核心的新的郊祀制度，又增加了对后土地神的祭祀；元、成时期，汉武帝确立的郊祀制度遭到儒士经生强烈质疑，再次发生重

---

① 《通典》卷四十一《礼一序》。

大变革，直到王莽统治时期，最终形成了长安南北郊制度。

王莽十分笃信阴阳五行学说，他首先根据阴阳说改定了南北郊制，又根据五行说和《周礼》中"兆五帝于四郊"①的说法，改定了对群神的祭祀，在长安近郊建立"五郊兆"，开创了中国五郊兆制度的先河，首次在祭祀典礼中，将《周礼》"兆五帝于四郊"从理论上的设想变成了现实。具体做法是"分群神以类相从为五部，兆天地之别神"：第一，中央黄帝、黄灵、后土畤及日庙、北辰、北斗、填星、中宿中宫于长安城之未地兆（"未"照十二辰的方位，在西南角）。第二，东方帝太昊、青灵勾芒畤，及雷公庙、风伯庙、岁星、东宿东宫于东郊兆。第三，南方炎帝、赤灵祝融畤，及荧惑星、南宿南宫于南郊兆。第四，西方帝少皞、白灵蓐收畤，及太白星、西宿西宫于西郊兆。第五，北方帝颛顼、黑灵玄冥畤，及月庙、雨师庙、辰星、北宿北宫于北郊兆。②王莽将群神以类相从，避免重复祭祀，这些做法有其合理性，所以他的这些建议悉数被平帝采纳。平帝元始五年，行南北郊之礼。

2. 庙制改革

宗庙制度是古代帝王为崇拜和祭祀祖先而建立起来的一套礼仪制度。王莽辅政及新朝以降，在庙制改革上主要有以下几项：

第一，立刘氏七庙。平帝元始三年（公元3年），王莽为大司马时所为。刘氏七庙即高帝庙、文帝庙、武帝庙、宣帝庙、元帝庙、成帝庙、平帝庙，并改高帝庙为文祖庙。

第二，立王氏九庙。王莽在《自本》中伪造家族世系。《汉书·元后传》说：

> 莽自谓黄帝之后，其《自本》曰：黄帝姓姚氏，八世生虞舜。舜起妫汭，以妫为姓。至周武王封舜后妫满于陈，是为胡公，十三世生完。完字敬仲，奔齐，齐桓公以为卿，姓田氏。十一世，田和有齐国，二世称王，至王建为秦所灭。项羽起，封建孙安为济北王。至汉兴，安失国，齐人谓之"王家"，因以

---

① 《周礼·春官宗伯》。
② 参见陈忠锋著：《王莽理想政治研究》，上海三联书店2017年版，第152—153页。

为氏。

王莽通过伪造家世，既神化了出身又扩大了王氏社会基础。始建国元年（公元9年），王莽下诏：

> 自黄帝至于济南伯王，而祖世氏姓有五矣。黄帝二十五子，分赐厥姓十有二氏。虞帝之先，受姓曰姚，其在陶唐曰妫，在周曰陈，在齐曰田，在济南曰王。予伏念皇初祖考黄帝，皇始祖考虞帝，以宗祀于明堂，宜序于祖宗之亲庙。其立祖庙五，亲庙四，后夫人皆配食。郊祀黄帝以配天，黄后以配地。[①]

王莽所立王氏九庙，即五祖庙——黄帝太初祖庙、帝虞始祖昭庙、陈胡王统祖穆庙、齐敬王世祖昭庙、济北愍王王祖穆庙，四亲庙——济南伯王尊祢昭庙、元城孺王尊祢穆庙、阳平顷王戚祢昭庙、新都显王戚祢穆庙。

第三，立新室文母太后庙。西汉孝元皇后王政君是王莽的姑姑，新朝建立以后，王莽封她为"新室文母太皇太后"。王莽毁坏汉元帝庙，为孝元皇后起长寿宫，长寿宫即孝元皇后生祠，王莽始建国五年（公元13年）二月，"文母皇太后崩，葬渭陵，与元帝合而沟绝之。立庙于长安，新室世世献祭。元帝配食，坐于床下。"[②]王莽煞费心机封孝元皇后为"新室文母"，不惜开罪王太后，毁坏孝元皇帝庙，合葬孝元皇后于元帝渭陵时又"沟绝之"。王莽改王太后为"新室文母太皇太后"，并且为其单独立庙，又用皇帝配食于皇后庙，目的是要割断王太后与汉的关系。王莽的此项改革在历史上绝无仅有。

3. 定祧庙之制

王莽定祧庙是在居摄期间，始建国元年（公元9年），王莽曾经提及此事。《汉书·王莽传》载王莽言："予前在摄时，建郊宫，定祧庙，立社稷。"何谓祧？即远祖的庙。《礼记·祭法》曰："远庙为祧。"古代帝王七庙，辈分远的其神主要迁入祧庙，

称"祧"。始祖之神主永远不迁，称为"不祧"。王莽定的祧庙之制，史书中没有记载具体的内容。

4. 祫祭与助祭制度

所谓"祭"也就是合祭。汉代的祫祭制度是在元帝永光四年（公元前40年）韦玄成等人上毁庙之议中提出的。《汉书·韦贤传》载："祫祭者，毁庙与未毁庙之主皆合食于太祖，父为昭，子为穆，孙复为昭，古之正礼也。"平帝元始年间，王莽对汉代"祫祭"实行了改革，实行"助祭"制度，作为祫祭礼的一部分。汉平帝元始五年（公元5年）正月，王莽"祫祭明堂，诸侯王二十八人，列侯百二十人，宗室子九百余人，征助祭。礼毕，封孝宣曾孙信等三十六人为列侯，余皆益户赐爵，金帛之赏各有数"①。

王莽通过立刘氏七庙，并且改高帝庙为文祖庙，以示对其尊敬，行祫祭助祭礼，带有明显的拉拢、抚慰刘氏贵族的色彩，此举减少了刘氏宗族的反抗，在建国初期，有利于新莽政权的稳固；王莽立王氏九庙，将姚、妫、陈、田、王五姓的人都列为同族，试图扩大新莽政权的统治基础。然而改革本身就是一把双刃剑，王莽大规模的庙制改革和大兴礼制建筑，也带来严重的消极作用，王莽九庙建成后不久就被毁之一炬，就是最好的说明。②

5. 建灵台、立明堂、设辟雍、张太学

《汉书·平帝纪》说：

（平帝元始四年二月）安汉公（王莽）奏立明堂、辟雍。

《汉书·王莽传》载引张竦语：

（王莽）建辟雍，立明堂，班天法，流圣化，朝群后，昭文德，宗室诸侯，咸益土地。

---

① 《汉书·王莽传上》。

② 参见陈忠锋著：《王莽理想政治研究》，上海三联书店2017年版，第162—168页。

《汉书·王莽传》载：

　　（王莽）起明堂、辟雍、灵台，为学者筑舍万区。

6. 其他机制改革

　　王莽的礼制改革绝不仅局限于上述的改革郊庙制度，建明堂、辟雍、太学等，还有许多礼制改革措施，如建九赐殊礼、准备实行巡狩制度与封禅大典、立官稷、改革车服与婚丧制度等，甚至有些礼仪制度还没有来得及实行，新莽政权就灭亡了。

　　毫无疑问，王莽制礼作乐是其治国理政的重要部分。王莽时期的礼制改革运动直接发端于西汉后期元帝、成帝、哀帝时期断断续续的礼制改革。礼制改革运动虽然由于多方势力的阻挠，多次中断，然而至王莽时，终于成为不可阻挡的历史潮流。王莽的礼制改革既是对西汉后期礼制改革的继承，也是汉儒追寻的礼制改革的顶峰。王莽的主观动机是企图实现"三代盛世"的辉煌。礼制的最终目的是维护等级秩序，巩固君主专制统治。王莽的礼制改革也不例外，它不但是王莽理想政治的重要内容，也满足了儒生经士"复礼"的愿望与要求，获得了他们的狂热支持，这些儒生经士成为王莽代汉称制道路上的重要推动力量。然而，王莽没有正确把握当时社会发展的主要任务和历史的取向，王莽所处的时代并不是什么太平盛世，而是王朝末年的衰世，社会发展的主要任务并不是"形而上"的粉饰太平问题，而是切切实实地解决现实民生问题。大规模的制礼作乐并不是当时社会需要解决的首要任务。相反，大规模的制礼作乐，加重民众的经济负担，激化了本已经十分严重的社会矛盾，其结局是不言而喻的。但王莽推行的礼制改革在中国礼制史上占有极其重要的地位，产生了深远影响。

三、新政：王田私属

　　西汉末年社会问题的症结，是土地问题和奴婢问题。西汉末期，土地兼并日趋严重，大量农民失去土地，为了生存被迫卖身为奴。元帝初即位，贾捐之就上奏说："今天下独有关东，关东大者独有齐、楚，民众久困，连年流离，离其城郭，相枕席于道路。人情莫亲父母，莫乐夫妇，至嫁妻卖子，法不能禁，义不能止，此社稷之忧也。"[①]成帝时期，外戚王氏五侯拥有僮奴都以千数，王商有私奴以千数，史丹有童奴也以百数。除上述私奴外，西汉政府还有大量的官奴婢。西汉末年奴婢数量到底有多少，谁也不能准确统计，但农民奴婢化的严重形势构成了对社会的巨大威胁：农民转化为奴婢，必然减少农业劳动力，影响农业生产；农民的奴婢化减少了国家的纳税人口，影响了国家的财政收入；奴婢处在社会最底层，是社会最弱势群体，低下的社会地位激化了他们与贵族官僚地主阶级的矛盾，增加了社会的不稳定因素。

汉哀帝时，师丹辅政，曾经建议以限田、限奴婢的形式缓和社会矛盾。汉哀帝发布诏书说，诸侯王、列侯、公主、吏二千石及豪富民聚集奴婢、田宅，没有限制，与民争利，百姓往往失业，重困不足。他指示朝臣制定予以限制的条例。丞相孔光、大司空何武随即制定了限定的额度和限制的措施，规定贵族官僚及一般民众皆得名田，诸王、列侯得名田于国中，列侯在长安者及公主得名田于县道，关内侯、吏民名田的数额不得超过三十顷。占有奴婢的限定数量，诸侯王为二百人，列侯、公主为一百人，关内侯、吏民为三十人。以三年为期，"犯者没入官"，即违反这一规定的要受到严厉的惩处。然而这一设想遭到了当政的外戚、官僚利益集团的激烈反对，并没有能够真正得到贯彻实施。

王莽称制后，也认识到土地问题和奴婢问题的严重性。

王莽在始建国元年（公元9年）下令，更名天下田为"王田"，奴婢为"私属"，都严禁买卖。他又参照孟子曾经说到的"井田制"，一夫一妇授田百亩的原则，宣布凡男口不满八人而土地超过一井（九百亩）的，应当分余田予九族邻里乡党中无田和少田的人。没有田的民户，则按照一夫百亩的制度受田。王莽说：

---

① 《汉书·贾捐之传》。

古者，设庐井八家，一夫一妇田百亩，什一而税，则国给民富而颂声作。此唐、虞之道，三代所遵行也。秦为无道，厚赋税以自供奉，罢民力以极欲，坏圣制，废井田，是以兼并起，贪鄙生，强者规田以千数，弱者曾无立锥之居。又置奴婢之市，与牛马同兰，制于民臣，颛断其命。奸虐之人因缘为利，至略卖人妻子，逆天心，悖人伦，缪于'天地之性人为贵'之义。《书》曰：'予则奴戮女。'唯不用命者，然后被此辜矣。汉氏减轻田租，三十而税一，常有更赋，罢癃咸出，而豪民侵陵，分田劫假。厥名三十税一，实什税五也。父子夫妇终年耕芸，所得不足以自存。故富者犬马余菽粟，骄而为邪；贫者不厌糟糠，穷而为奸。俱陷于辜，刑用不错。予前在大麓，始令天下公田曰井，时则有嘉禾之祥，遭反虏逆贼且止。今更名天下田曰'王田'，奴婢曰'私属'，皆不得卖买。其男口不盈八，而田过一井者，分余田予九族邻里乡党。故无田，今当受田者，如制度。敢有非井田圣制，无法惑众者，投诸四裔，以御魑魅，如皇始祖考虞帝故事。①

孔子说："丘也闻有国有家者，不患寡而患不均，不患贫而患不安。盖均无贫，和无寡，安无倾。夫如是，故远人不服，则修文德以来之；既来之，则安之。"② 把"不均"视为治国之大患者。实现"均平"是儒家的美好政治理想。王莽的上述措施，明显是对先秦儒家政治思想的继承与实践，意图在于缓和土地兼并造成的矛盾，同时防止农民奴隶化。但是诏书颁布之后，分田授田的规定并不能够真正落实，仅仅只是冻结了土地和奴婢的买卖，地主、官僚和工商业主当时违禁继续买卖土地和奴婢以致获罪的不可胜数，于是纷起反对。王莽无力坚持，只得在始建国四年宣布买卖土地和奴婢不再治罪，承认了这项改革尝试的失败。

纵观王莽的理想政治改革，"王田制"是其最为短命的一项措施，然而它却是王莽理想政治中的极为重要的内容，是为实现社会"均平"而进行的政治尝试。因为

① 《汉书·王莽传中》。
② 《论语·季氏》。

土地兼并导致的严重的贫富不均是西汉中后期以来社会动乱的重要因素，王莽和汉儒一样，都把"井田制"当作解决这一问题的唯一方案。

地皇三年，王莽在新朝政权崩溃的前夕，最后废除了关于王田、私属的法令。

四、新政：五均六筦

始建国二年（公元 10 年）二月，王莽下令依照《周礼》等儒家经典中的古制，实行"五均"。《汉书·食货志下》说："夫《周礼》有赊贷，《乐语》有五均，传记各有斡焉。今开赊贷，张五均，设诸斡者，所以齐众庶，抑并兼也。"这是王莽代汉后调整经济政策的重要措施。

五均即平抑物价。其具体办法是：

> 于长安及五都立五均官，更名长安东西市令及洛阳、邯郸、临菑、宛、成都市长皆为五均司市师……置交易丞五人，钱府丞一人……诸司市常以四时中月实定所掌，为物上中下之贾，各自用为其市平，毋拘它所。众民卖买五谷布帛丝绵之物，周于民用而不雠者，均官有以考检厥实，用其本贾取之，毋令折钱。万物卬贵，过平一钱，则以平贾卖与民。其贾氏贱减平者，听民自相与市，以防贵庾者。①

根据上述记载，"五均"的内容可以概括为以下几个方面。

（1）在长安及洛阳、邯郸、临菑、宛、成都等城市，设五均官。长安分东西市，设令，各市有长，令和长皆兼五均司市，称为"五均司市师"。

（2）各城市置交易丞五人，钱府丞一人。

（3）工商各业，按其经营向市中申报，钱府按时向他们征税。

（4）各司市在每季度的第二个月评定出各种物价之法定价格。五谷布帛等物，

---

① 《汉书·食货志下》。

民众如有卖不出的，五均司市师可按法定价钱收买。如果某种物品市价高于官价，政府就将所控制之物资出售，以平抑物价，如果市价低于官价，则听百姓自由交易。

赊贷，即向民众贷款。赊贷的具体办法是：

> 民欲祭祀、丧纪而无用者，钱府以所入工商之贡但赊之。祭祀无过旬日，丧纪毋过三月。民或乏绝，欲贷以治产业者，均授之，除其费，计所得受息，毋过岁什一。①

赊贷的要点可以概括为：

（1）百姓若因祭祀丧事等无钱可向政府赊贷。政府以钱府之收入借贷之，不取利息，但归款期限因祭祀而贷款者不得超过十天，因丧事者不得超过三月。

（2）因生产用钱也可借贷。年收利息不超过十分之一。②

在实行五均赊贷的同时，王莽又于始建国二年，在经济上"设六筦之令。命县官酤酒，卖盐铁器，铸钱，诸采取名山大泽众物者税之。又令市官收贱卖贵，赊贷予民，收息百月三。牺和置酒士，郡一人，乘传督酒利"③。"筦"即"管"，就是由朝廷对酒、盐、铁专卖，铜冶、钱布由官家铸造，名山大泽由国家管理，加之五均赊贷，共六种。这六种有关国计民生的重要经济活动全由国家统制把持，或课以重税，或由国家专卖，以防商人把持，投机牟利。

五均赊贷及"六筦"是王莽改制在经济方面的重要措施。从当时实际情况来看，可称得上是一场改革。五均的目的在于平抑物价，杜绝奸商投机、居奇、垄断物价；赊贷的目的是为了打击商人、地主的高利贷，而"六筦"的总目标就是由政府对经济实行有效的控制。

然而，五均赊贷及"六筦"政策同"王田""私属"一样是违反经济规律的做法。

---

① 《汉书·食货志下》。

② 参见林剑鸣著：《秦汉史》，上海人民出版社2003年版，第628、629页。

③ 《汉书·王莽传中》。

它们的推行，不仅未能解决豪富、地主、商人、高利贷者鱼肉百姓的社会问题，反而成为他们用以掠夺财富的新手段。尽管王莽认识到当时的经济问题的严重性，但他采取的方法却是从古代"先圣""先贤"的古训中找出路，企图用复古的方法来挽救时局，其结果自然是缘木求鱼，南辕北辙。

"五均六筦"实行了十数年，并没有取得理想的效果。到王莽地皇二年，设计和主持"五均六筦"的刘歆、鲁匡在朝廷议政时受到公开指责。王莽"以百姓怨非故"，考虑到"众意"的压力，将鲁匡降职，对"五均六筦"政策表露出否定的倾向。然而这一政策还没来得及正式废除，王莽的新朝政权就覆亡了。

五、新政：币制改革

王莽在"居摄"时期，曾经进行过货币改革。新莽政权代汉后，也数次涉及货币的改革。

早在"居摄"时期，王莽就对货币改革有着极浓厚的兴趣。

汉少帝居摄二年（公元 7 年）五月，王莽下令：在西汉原来流行的五铢钱以外"更造货：错刀，一直五千；契刀，一直五百；大钱，一直五十，与五铢钱并行"①。这就是说除汉武帝元狩五年开始铸造的五铢钱继续流通外，又另外增加三种钱：（1）值五千钱的错刀；（2）值五百钱的契刀；（3）值五十钱的大钱。刀币是战国时期就流行于部分地区的货币，秦统一中国后，曾明令取消，而以统一的币制代之，这是符合经济发展和货币由复杂趋向简单、由繁多趋向统一、由实物而变为金属，最后由低级金属而变为贵金属的发展规律的。然而，王莽却反其道而行之，人为地使货币复杂化。据班固在《汉书》中记载：

> 王莽居摄，变汉制，以周钱有子母相权，于是更造大钱，径寸二分，重

---

① 《汉书·王莽传上》。

十二铢，文曰："大钱五十。"又造契刀、错刀。契刀，其环如大钱，身形如刀，长二寸，文曰："契刀五百。"错刀，以黄金错其文，曰"一刀直五千"。与五铢钱凡四品，并行。①

从上述史料可见，王莽改革币制也是依托古制而行。《汉书·食货志》载："周景王时患钱轻，将更铸大钱……文曰'宝货'，肉好皆有周郭，以劝农澹不足，百姓蒙利焉。"这本是距王莽执政已经一千多年的周代政情，王莽却偏要搬到汉末来推行，其结果自然可想而知。

> 是时，百姓便安汉五铢钱，以莽钱大小两行难知，又数变改不信，皆私以五铢钱市买。讹言大钱当罢，莫肯挟。莽患之，复下书："诸挟五铢钱，言大钱当罢者，比非井田制，投四裔。"于是农商失业，食货俱废，民人至涕泣于市道。及坐卖买田宅、奴婢、铸钱，自诸侯、卿、大夫至于庶民，抵罪者不可胜数。②

居摄时期王莽实行的"币制改革"，结果是使"民人至涕泣于市道"。但是，王莽并未接受教训，反而在代汉之后更加大规模地进行币制改革，结果使货币混乱得一塌糊涂，终至不可收拾。

始建国元年（公元6年），王莽下诏：罢契刀、错刀和五铢钱，更作小钱，径六分，重一铢，文曰"小钱直一"，与以前使用的"大钱五十"并行。

这次改币制同以往一样，并不是从经济发展需要出发，而是根据一个十分荒唐的理由：因王莽的帝位是从刘汉王朝那里夺来的，而刘字为卯、金、刀三字组成（"劉"），所以王莽对卯、金、刀这三个字怀有极大的恐惧。错刀、契刀像是悬在他头上的一把刀，五铢钱为汉朝通用货币，在他看来这些货币都有汉朝刘姓的阴影，必须使它们早日绝迹。为此王莽下诏：

---

① 《汉书·食货志下》。
② 《汉书·王莽传中》。

今百姓咸言皇天革汉而立新，废刘而兴王。夫"刘"之为字"卯、金、刀"也，正月刚卯，金刀之利，皆不得行。博谋卿士，金曰天人同应，昭然著明。其去刚卯莫以为佩，除刀钱，勿以为利。①

《汉书·食货志下》中也说：

莽即真，以为书"刘"字有"金"、"刀"，乃罢错刀、契刀及五铢钱，而更作金、银、龟、贝、钱、布之品，名曰"宝货"。小钱径六分，重一铢，文曰"小钱直一"。次七分，三铢，曰"幺钱一十"。次八分，五铢，曰"幼钱二十"。次九分，七铢，曰'中钱三十'。次一寸，九铢，曰"壮钱四十"。因前"大钱五十"，是为钱货六品，直各如其文。

黄金重一斤，直钱万。朱提银重八两为一流，直一千五百八十。它银一流直千。是为银货二品。

元龟岠冉长尺二寸，直二千一百六十，为大贝十朋。公龟九寸，直五百，为壮贝十朋。侯龟七寸以上，直三百，为幺贝十朋。子龟五寸以上，直百，为小贝十朋。是为龟宝四品。

大贝四寸八分以上，二枚为一朋，直二百一十六。壮贝三寸六分以上，二枚为一朋，直五十。幺贝二寸四分以上，二枚为一朋，直三十。小贝寸二分以上，二枚为一朋，直十。不盈寸二分，漏度不得为朋，率枚直钱三。是为贝货五品。

大布、次布、弟布、壮布、中布、差布、厚布、幼布、幺布、小布。小布长寸五分，重十五铢，文曰"小布一百"。自小布以上，各相长一分，相重一铢，文各为其布名，直各加一百。上至大布，长二寸四分，重一两，而直千钱矣。是为布货十品。

凡宝货五物，六名，二十八品。

---

① 《汉书·王莽传中》。

为推行其新币，王莽特派谏大夫五十人至各郡国铸钱，但新币仍不能流行。至此，王莽仍不思改弦更张，仍然大行其道。他在始建国二年（公元 10 年）冬十二月，又下诏：

> "民以食为命，以货为资，是以八政以食为首。宝货皆重则小用不给，皆轻则僦载烦费，轻重大小各有差品，则用便而民乐。"……于是造宝货五品。[①]

王莽下令颁行的"宝货五品"，是中国历史上最混乱的一批货币。所谓"五品"，即"钱货""银货""龟货""贝货""布货"五种，每种货币之中又有形状、币值各不相同的所谓"六名，二十八品"。这种货币制度，品种太多，过于复杂，一般老百姓在商品交易中难以换算，使用起来很不方便。因此这些"宝货"受到百姓的抵制，百姓私下仍以五铢钱进行交易。王莽又下令将带五铢钱的人作为惑众者流放到边远地区去。当时因买卖田宅奴婢和铸钱而犯罪的人从公卿到百姓，多得无法统计。王莽知道这事不可强行，同意只用"小钱直一"和"大钱五十"两种钱，龟贝布以及其他钱全都收起来。

天凤元年（公元 14 年），王莽再次重申货币改革，仍要推行金银龟贝这类宝货，取消大小钱，改为货布与货泉。这次币制改革的要点是：（1）"罢大小钱，改作货布。"（2）行"货布""货泉"两种新币。（3）货布的形制"长二寸五分，广一寸，首长八分有奇，广八分。其圜好径二分半，足枝长八分，间广二分，其文右曰'货'，左曰'布'，重二十五铢，直货泉二十五"。（4）货泉的形制是："径一寸，重五铢，文右曰'货'，左曰'泉'，枚直一，与货布二品并行。"（5）"又以大钱行久，罢之，恐民挟不止，乃令民且独行大钱，与新货泉俱枚直直一，并行尽六年，毋得复挟大钱矣。"[②]

王莽进行的数次货币改革，其目的是打击货币持有者，增加政府财政收入，但

---

① 《汉书·王莽传中》。

② 《汉书·食货志下》。

其结果却是事与愿违，给社会造成空前的混乱，给经济带来了严重后果，正如《汉书·食货志》所说："每壹易钱，民用破业，而大陷刑。"

王莽从摄政到代汉、灭亡，实际掌权十八年。十八年间，他数次推行货币改革。第一次在他摄政时，除五铢钱外，新增大钱五十和契刀、错刀三种。第二次在他篡权时，取消错刀、契刀和五铢钱，改用"宝货"二十八品，大钱五十作为其中一品被保留下来。第三次改革取消二十八品的复杂货币，只留小钱和大钱两品，实际上是对第二次改革的纠正。第四次改革取消大小钱，改为货布、货泉，又恢复"宝货"，实际上是对第三次改革的否定。

王莽的货币改革照抄照搬周代货币制度，所作改革不切实际，且又反复无常，给混乱的币制又添了新乱。伴随每一次货币改革，很多中产以上的富农大贾因此破产，而百姓也因此大批陷入刑狱。王莽规定私铸钱的为死罪，抵制新货币的"投四裔"，即流放到边远地区。后来私铸钱，由死罪改为与妻子都没入为官奴婢。并用连坐法，一人犯罪，同伍的人不举告，同罪，其地方官吏也一样受罚。因此，罪人越来越多。这些人用槛车铁锁，押送去长安，一路上死去的占十分之六七。王莽当政的一段时间里，天下人口减少了一半，其中有相当一部分的人死于钱上。可以说，货币改革所造成的社会动荡，是王莽统治危机的重要表现之一。

六、税制改革

西汉初年，高帝、惠帝、文、景时代都提倡节约，轻徭薄赋，三十税一。汉武帝时，开始"外事四夷，内兴功利"，费用增加，国库空虚，以盐铁官营赚钱来补充财政。武帝末年，重视农业生产，封丞相为富民侯。以赵过为搜粟都尉，提倡先进的农业生产技术，使农民"用力少而得谷多"[1]，农业生产很快得到恢复和发展。昭宣时期，政府也很重视发展经济，稳定社会秩序，因而出现了中兴局面。元帝、哀帝

---

[1] 《汉书·食货志上》。

以后，政治松弛，经济、社会危机出现，国家财政出现严重危机。

王莽代汉以后，对汉制采取否定的态度，企图用新政来彻底实现改朝换代的目的。在税制方面，王莽根据《周官》来制定税制。主要内容如下：

> 以《周官》税民：凡田不耕为不殖，出三夫之税；城郭中宅不树艺者为不毛，出三夫之布；民浮游无事，出夫布一匹。其不能出布者，冗作，县官衣食之。诸取众物鸟兽鱼鳖百虫于山林水泽及畜牧者，嫔妇桑蚕织纴纺绩补缝，工匠医巫卜祝及它方技商贩贾人坐肆列里区谒舍，皆各自占所为于其在所之县官，除其本，计其利，十一分之，而以其一为贡。敢不自占，自占不以实者，尽没入所采取，而作县官一岁。[1]

《周礼·地官·载师》说："凡宅不毛者有里布，凡田不耕者出屋粟，凡民无职事者，出夫家之征。"《周礼·地官·闾师》又说："凡无职者出夫布。"这就是说，住宅的院子里不种树木蔬菜的要交"里布"。田地抛荒，没种庄稼的要交"屋粟"。这里"布"与"粟"对应，似指布帛。后来，布帛也当货币使用，所以有时布亦指钱。这是古代用赋税的经济手段督促生产，使地尽其用，人尽其才。

王莽的税制实际上就是两条。

第一条，田地没有耕种的，叫"不殖"，这要出三夫之税。男子从二十岁左右到六十岁左右有劳动能力的，要为政府服役、纳税。男子要在政府那里登记造册，称为"夫"。按夫所收的税，叫夫税、夫布，即劳动力人口税。不殖者，要出三夫之税，比种地者增加两倍。城镇居民的住宅中不种树的称为"不毛"，不毛者出"三夫之布"。游手好闲而没有职业者，就是无业游民，要交一夫税再加一匹布。"布帛广二尺二寸为幅，长四丈为匹"[2]。如交不起，或不愿交，可到官府去打杂、服役，由官府提供衣食。这是收拢无业游民的办法，对稳定社会治安是有好处的。

---

① 《汉书·食货志下》。
② 《汉书·食货志下》。

第二条，对所有有收入的民众征收所得税。"取众物鸟兽鱼鳖百虫于山林水泽及畜牧者"，这包括农民、渔民、猎户及林业、畜牧业的生产者。"嫔妇桑蚕织纴纺绩补缝"，这包括衣服生产线上各个环节的劳动者，从种桑养蚕、纺纱织布到缝纫衣服，还包括印染、刺绣之类。"工匠医巫卜祝及它方技商贩贾人坐肆列里区谒舍"，这包括工业、商业、自由职业、服务行业。工匠指手工业者，包括土木建筑以及铁器、陶器工人。医生、巫卜祝都是从事迷信职业的。其他方技指有各种技能的人，包括气功、杂技以及民间艺人。商贩是指流动商人，有大批倒卖的巨商，也有穿街走巷、肩挑叫卖的小贩。贾人坐肆列里，是定点商人，包括大商店和小摊。谒舍、客舍，相当于客栈、旅馆。以上这些行业，只是列举出主要的，实际上是指一切有实际收入的人。王莽要求每人都要对自己的收入作一下估价，向官府申报，除去本钱，计算出纯利，然后分为十一份，自己留十，一份上交官府。这相当于现在的个人收入所得税。如果不申报，或者申报不实，全部没收所得，并要在官府服役一年。

应该说，王莽的十一税一，比西汉政府的三十税一提高了近两倍。收税面也扩大了。汉代"不殖""不毛"都不征税，而王莽要收"三夫之税"。税面扩大，税额增加，是王莽税制的主要特点。[1]

七、禄制改革

王莽在官制方面，实行分封与郡县并存，因此有授爵与任职的差别。

始建国四年（公元 12 年），王莽到明堂授诸侯茅土。明堂中有一土坛，是天子大社，由五色土组成，南方赤土，东方青土，西方白土，北方黑土，中央黄土。分封诸侯时，按封地所在方向取坛上一色土，用茅草包裹，带到封地去立社。茅草包

---

[1] 参见周桂钿著：《周桂钿文集·秦汉思想研究（陆）·秦汉思想史（上）》，福建教育出版社 2015 年版，第 279—281 页。

的一色土，就叫茅土，是受封者立社用的。

王莽按《禹贡》分为九州，按周朝分爵五等。设诸侯、附城各一千八百员，用于赏有功者。公、侯、伯、子、男五等爵，公爵封万户，土方百里；侯、伯一国，五千户，土方七十里；子、男一则，二千五百户，土方五十里。附城大的九百户，土方三十里，小的只有十里。当时王莽授茅土的有十四公、九十三侯、二十一伯、一七一子、四九七男，共七百九十六人。附城一千五百一十一人。

虽授了这么多爵位，而且给了茅土，但因为地理图籍尚未确定，受封者不能到封地去立社建国收税，只好停在京师等待，由朝廷发给少量的生活费，一个月只有数千文钱。"诸侯皆困乏，至有庸作者"。受封者生活困难，甚至有人去打短工。在新莽政权时期，封侯者贫困到需要打短工才能度日，这已经很能说明国家财政是出现了严重问题的。财政节支到这种程度，官场腐败便不可避免。一些官员自己想办法创收，但更多的官员是通过贪污受贿、假公济私，来改善自己的生活，并且趁机发财致富。财政节约开支的结果，只是将吏禄的负担转嫁给百姓，本来应由政府发给的俸禄，却要官吏自己通过不正常的手段向民众索取。这种索取没有指标定额，谁作风不正，谁就发财，谁清廉，谁就贫困。在利益的引诱下，官吏竞相贪污受贿，社会风气日益衰败。

实际上，朝廷给的俸禄少，也减少了对官吏的影响力和控制力。为此，天凤三年（公元 16 年）五月，王莽颁布了"吏禄制度"："四辅公卿大夫士，下至舆僚，凡十五等。僚禄一岁六十六斛，稍以差增，上至四辅而为万斛云。"僚是最低级，四辅是最高级，俸禄相差一百多倍。这是行政官吏由国库发给的俸禄。封侯的就靠封地内收税来供养，"岁丰穰则充其礼，有灾害则有所损，与百姓同忧喜也"。丰收年，收入多，在礼仪上就充足些。有灾害的年份，收入就少，各方面都要削减一些。封侯的人与封地百姓同忧喜。以四辅为代表，承包四方的部郡。东岳太师立国将军保东方三州一部二十五郡；南岳太傅前将军保南方二州一部二十五郡；西岳国师宁始将军保西方一州二部二十五郡；北岳国将卫将军保北方二州一部二十五郡。大司马、大司徒、大司空"三公"也有所承包。各级官吏都随上司的损益而增减俸禄。王莽的本意是想让百官俸禄与丰歉相联系，与百姓同苦乐。但是，这种制度烦碎，会计难以计算，当官的收入不稳定，经常满足不了生活工作的实际需要，只好"各因官职为奸，受取赇赂以自共（供）给"。所谓靠山吃山，靠水吃水，官员利用自己手中的权力假公济私，收取贿赂，来弥补俸禄的不足。

为了防止不正之风，王莽派遣能干的官员像侯霸那样到各地去进行督察，每郡都有一名督察员。各级官吏俸禄少，营私舞弊，地方长官实权最大，得利最多，郡尹和县宰"家累千金"，都先富起来。王莽下令详细考察始建国二年以来，军吏和边疆各郡县的官吏通过不正当手段发财的人，没收所有财产的五分之四，作为边防经费。王莽希望这种措施可以起到禁奸的作用。但实际上却导致官吏告长官，奴婢告主人，社会更加不稳定。禁奸的结果，奸情实际上更严重。

王莽时，哪个地方如实反映情况，就要增加负担，经济困难，人民生活下降。哪个地方隐瞒产量收入，经济情况就会好些，人民的日子也会好过一点。有些官员实报邀功，给百姓留下苦难。当各地瞒产成为普遍现象时，有一个官吏田况向王莽报告，说各郡县上报民众的财产不确实。王莽认为田况忠言忧国，将其爵位提到伯爵，又奖给二百万钱。本来，表彰忠良，树立典型，会起到榜样的作用。当政治不合理、不公正，即无道的时候，谁受表扬谁挨人骂。田况受王莽表彰，却挨百姓骂，"众庶皆詈之"。詈，就是骂。青州、徐州的百姓很多人抛乡离井，流亡逃荒，老弱者经不起冻饿，死于道路之上，强壮者难忍饥寒，入伙盗贼，寻求生机。田况有忠勇之心、将帅之才，能够从实际出发，讲真话，办实事，却无法在那崇尚虚假的时代发挥应有的作用。

国家财政收入有一定量，供养行政官员和军队，一般是没有问题的。财政紧张往往与大灾有关，或者与战争、兴功、滥封滥赏有关。文景之治，就没有这些问题，武帝时外事四夷、内兴功利，所以需要盐铁专营来补充。王莽采用六莞，收入更多，却舍不得发出去，吏禄定得低，还经常借口灾害扣除吏禄。官吏因俸禄不足，贪污受贿成风，把负担转嫁给民众，败坏世风。

地皇元年（公元20年），在"府帑空虚，百姓匮乏"的情况下，王莽还大兴土木，毁汉宫，建九庙，并亲自举筑奠基。就在这一年，太傅唐尊新上任，就认为"国虚民贫，咎在奢泰"。他穿着短衣小袖，乘坐母马拉的柴车，以稻草铺床，用瓦器吃饭，又用瓦器盛食品招待各位公卿。出门看见男女一起走路的，他就下车用赭幡去污染他们的衣裳，象征耻辱。王莽听说后很高兴，封唐尊为平化侯，并要各公卿向他看齐。身居太傅，位极人臣，有没有必要如此节俭呢？一个人可以做到，却不能要求天下官吏都如此。《庄子·天下篇》批评墨子的节约时说："墨子虽独能任，奈天下何！"西汉司马谈也说："墨者俭而难遵。"[①] 在有条件享受的情况下，不能充分享受人生，克制各方面生理欲望，是违背人性的。虽然少数人或个别人能够做到，但多数人却不愿意那样。因此，王莽、唐尊虽然高居尊位时能节俭，却不能使天下官吏都节俭，也不能因此给普通百姓带来什么好处。

在政府财政困难的时候，吏禄较低，是可以接受的，时间应尽可能短暂。财政正常以后，吏禄就应该提高。用"重禄"来防"贪欲"，使各级官员靠俸禄生活很充足，就不会去跟百姓争利。在重禄下，也有官吏贪污受贿，但那是极少数，也容易惩治。在薄禄下，绝大多数官吏贪污受贿，难以全部撤换，即使全部换新人，也无法防止贪污受贿，或者受贿更严重。薄禄使循规蹈矩、遵纪守法者清苦不堪，而使投机取巧、营私舞弊者生活优裕，人人称羡。官风影响民风，世风自然日下。薄禄为害，重禄防贪，"昔周之衰也，大夫无禄，诗人刺之；暴秦之政，始建薄奉；亡新之乱，不与吏除。三亡之失，异世同术"[②] 王莽发明只授茅土不给封地的办法，使封侯者在京师艰难度日，不但不能起到激励的作用，相反引发了更大的政治和社会问题。[③]

八、新政：分州定域

汉代州、郡县名称和区划的改变从汉武帝开始，设立司隶校尉和十三州刺史。

---

① 《史记·太史公自序》。

② 崔寔著：《政论》，严可均辑《全后汉文》卷四十六引《群书治要》，中华书局1958年版，第726页。

③ 参见周桂钿著：《周桂钿文集·秦汉史想研究（陆）·秦汉思想史（上）》，福建教育出版社2015年版，第281—285页。

最初，州并未成为一级政区，后来才逐渐固定为郡以上的政区。

平帝元始四年（公元 4 年）王莽摄政时认为十三州与经典不合，乃依《尚书·尧典》改为十二州，至称帝以后，于始建国四年（公元 12 年）又下诏曰："其以洛阳为新室东都，常安（即长安）为新室西都"，"州从《禹贡》为九"①。即以洛阳、长安为东西两都，据《禹贡》记载全国划为九州。王莽的九州区划如何，史书缺载。考《尚书·禹贡》所载之九州为：冀、兖、青、徐、荆、扬、豫、梁、雍州；《吕氏春秋·有始览》有幽州而无梁州；《周礼·职方》有幽、并州，而无徐、梁州；《尔雅·释地》有幽、营，而无青、梁州。各书所载之九州颇不一致，王莽之九州当从《尚书·禹贡》。但王莽在同一诏书中又说："《禹贡》之九州无并、幽，《周礼·司马》则无徐、梁。帝王相改，各有云为。"②学者林剑鸣认为王莽的九州为：兖州、青州、徐州、荆州、扬州、豫州、梁州、雍州、并州。③

与州名和区划改变相关，新莽时代地方政权组织也有相应的变化。西汉地方行政区域为郡、县两级，后来逐渐形成州、郡、县三级，王莽时则改为州、部、郡、县四级。王莽又把封地、赐官作为笼络人的手段，常常将一些郡县分割，建立新的郡县。因此，在王莽时代出现了不少新地名，其中有改旧名的，亦有原来根本没有旧名而新建的行政区域。总计西汉时郡国有一百三十，县、邑、道有一千三百四十六，侯国有二百四十一。新莽时郡则有一百二十五，县、邑、道有二千二百零三，侯国、附城二千五百零七（其中诸侯国七百九十六，附城一千五百一十一）。郡之数目虽相差无几，但有的经王莽割裂剖碎，有的则拆散重建，已不复为西汉时原状。如西汉之陈留郡本有十七县，而天凤元年（公元 14 年）七月王莽下诏曰："制诏陈留大尹、太尉，其以益岁以南付新平。新平，故淮阳。以雍丘以东付陈定。陈定，故梁郡。以封丘以东付治亭。治亭，故东郡。以陈留以西

---

① 《汉书·王莽传中》。

② 《汉书·王莽传中》。

③ 林剑鸣著：《秦汉史》，上海人民出版社 2003 年版，第 642 页。

付祈隧。祈隧，故荥阳。陈留已无复有郡矣。大尹、太尉，皆诣行在所。"①陈留郡被
拆散，原来的大尹、太尉只好回京城等待重新任命。

王莽时从各旧郡划出的新郡，可考者有：

翼平郡——分自北海。

夙夜郡——分自东莱。

寿良郡——分自东郡。

祁隧郡——原荥阳及陈留以西之地。

赏都郡——自汝南分出。

阿阳郡——自天水郡分出。

延城郡——自沛郡分出。②

西汉之旧郡名至新莽时期几乎全部改变，县名也多数改变，有的郡县名，不仅
百姓弄不清楚，有时连官吏也不甚了了，于是朝廷每次颁布诏书涉及地方政策时，
不得不在新地名后说明原先地名，可见其理政混乱之一斑。

九、新政：东都规划

王莽获得最高权力不久，就曾经宣布所谓"置五威司命，中城四关将军"的政
治军事举措。关于"中城四关将军"的任命，《汉书·王莽传》记载，前、后、左、
右"四关"，分别位于商洛山、太行山、崤山、陇山山地的"固""厄""险""阻"
之处，其防卫的方向分别为荆楚、燕赵、郑卫、戎狄。事实上，王莽心目中政治统
治最基本的根据地，已经不仅仅是关中，在一定意义上可以说也包括了河洛地区。

王莽又为先祖帝王修治陵园，七处致祭之地中，仅一处在关西，其余均在关东。
也就是说，和秦王朝与西汉王朝不同，王莽新朝将统治重心转移到了东方。洛阳在

---

① 《汉书·王莽传中》。

② 参见林剑鸣著：《秦汉史》，上海人民出版社 2003 年版，第 642 页。

历史上曾经据有相当重要的地位。周秦汉数千年的发展，使得洛阳成为"富冠海内"的"天下名都"。王莽"于长安及五都立五均官"，"五都"为洛阳、邯郸、临菑、宛、成都，均位于关中以外的地区，而"洛阳称中"。

王莽时代，开始在洛阳经营所谓"东都"。

王莽始建国四年，曾经正式宣布：周王朝有东都、西都之居。现今受命，仍旧遵照周代制度，以洛阳为新室东都，常安（长安）为新室西都。于是洛阳已经具有了与长安相并列的地位。第二年，王莽又策划迁都于洛阳，也就是以洛阳取代长安，使其成为唯一的正式国都。这一决定一时在长安引起民心浮动。据史书记载，当时，长安城中百姓听说王莽准备迁都洛阳，不肯修缮房屋，有的甚至不惜将原有住宅拆毁。王莽于是借口以符命为根据，预定在三年之后，即始建国八年，正式迁都于洛阳；并宣布在此之前，西都长安的城市建设不能受到影响。不过，历史上却没有出现所谓"始建国八年"，因为在第二年，王莽就决定改元为"天凤"。天凤元年（公元 14 年）正月，王莽又宣示天下，要从二月起"行巡狩之礼"。这一"巡狩之礼"，将完成东巡、南巡、西巡、北巡，在北巡之礼完毕之后，就要将政治重心转移到"土中"，正式定居于"洛阳之都"。也就是说，原定迁都于洛阳的时间表又将大大提前。王莽"一岁四巡"的计划被大臣们以为不可行而提出反对。王莽于是又推迟了迁都洛阳的计划，迁都计划预定将在地皇二年（公元 21 年）正式实施。由于民众反抗运动的迅速爆发和蔓延，王莽以洛阳为都的计划没有能够真正落实，但是洛阳的地位在这一时期仍然在上升。如地皇三年（公元 22 年），在农民军威势日益壮大的情况下，王莽发军征抚东方，以洛阳作为主要的指挥中心与后勤基地。在当时的战争形势下，实际上洛阳已经被赋予仅次于长安的另一政治军事中心的地位。[1]

王莽的东都计划虽然因为新莽政权的灭亡并没有能够实现，但是在某种意义上仍然为东汉定都洛阳初步奠定了根基，为此后全国经济和政治文化重心的东移准备了必要的条件。

---

[1] 参见王子今著：《秦汉史》，中信出版社 2017 年版，第 211—213 页。

十、新政：治边思想

王莽的治边思想完整地体现在他的边疆政策上。天下一统是儒者一向孜孜追求的目标，也是儒者难以割舍的政治情怀。而"大一统"的理论与实践则首先表现为国家领土的统一，民族的融合，以达到"王者无外"的理想境界，这是王莽治理边疆政策的理论依据。礼学出身的王莽，其灵魂深处烙印着儒家修身、齐家、治国、平天下的用世情怀。新莽政权建立后，王莽不仅对内全面复古，而且还将大一统思想运用到处理与边疆少数民族的关系上，梦想实现儒家所谓的"王者无外""四夷宾服"的理想目标。

古代王道政治的重要特征之一就是实现包括少数民族在内的大一统。《国语·周语上·祭公谏穆王征犬戎》说：

> 夫先王之制：邦内甸服，邦外侯服，侯、卫宾服，蛮夷要服，戎、狄荒服。甸服者祭，侯服者祀，宾服者享，要服者贡，荒服者王。日祭、月祀、时享、岁贡、终王，先王之训也。

《春秋公羊传》把这种民族统一的要求称为"王者无外"。秦汉以降，随着中央集权制度的进一步加强，这种思想也获得进一步的发展。西汉武帝时，著名文人司马相如说：

> 夷狄殊俗之国，辽绝异党之域，舟车不通，人迹罕至，政教未加，流风犹微，内之则犯义侵礼于边境，外之则邪行横作，放杀其上，君臣易位，尊卑失序，父兄不辜，幼孤为奴，系累号泣。①

---

① 《汉书·司马相如传》。

在此，司马相如提出了要实现包括华夏族和夷狄在内的"大一统"的目标。

武帝时期，另外一位大儒，公羊学家董仲舒进一步发展了这种学说，并作了理论上的论证，使大一统思想成为一个包括政治统一、思想文化统一、民族统一在内的有机整体，对汉武帝时期的民族政策产生深远的影响。董仲舒的"大一统"政治思想侧重于思想文化方面，此后不久，他又提出"罢黜百家，独尊儒术"的主张，对武帝时期的思想文化政策产生了重大影响，也将传统的"大一统"思想进一步发展与完善。武帝时期将实现对"夷狄"在内的国家统一作为执政的"急务"，以期实现"遐迩一体，中外祸福"的目的。自武帝元光三年（公元前133年），到征和三年（公元前90年），近四十年间，武帝对匈奴进行了十三次大决战，尤其是元朔元年（公元前128年），汉武帝派卫青、李息率兵北上，重创匈奴，取得了对匈奴战争的决定性胜利，虽然付出了沉重代价，但却维护了多民族国家的统一。汉武帝又派彭吴东进，迫使东秽脱离卫氏朝鲜，归服汉朝，设置了苍海郡（今朝鲜江原道）。元封三年（公元前108年），汉武帝灭亡卫氏朝鲜，设置了真番、临屯、乐浪、玄菟四郡，不仅恢复了燕秦在朝鲜半岛的所辖区域，而且在此基础上还有所扩大。

王莽代汉立新后，为了显示新朝的国威，从古书上将周边少数民族称为"蛮夷戎狄"的观念出发，推行民族歧视政策。

首先，王莽在名号上大做文章，实行降杀、贬黜的民族政策。据《汉书·王莽传》记载，王莽"更名匈奴单于曰：降奴服于"。始建国元年（公元9年），王莽命使臣收缴西汉时发给的"匈奴单于玺"，而代之以"新匈奴单于章"，不但在匈奴前加以"新"字，且以"章"代"玺"，表明王莽试图降低匈奴单于的政治地位，将匈奴从前与汉天子的平等关系降为与王莽新室诸王同样的地位，视匈奴为新室的附庸，这种政治挑衅行为引起匈奴单于的强烈不满，北方边境开始紧张起来，战争一触即发。新莽与西域、西南、东北各族的关系也是如此。根据《汉书·王莽传》《汉书·匈奴传》等文献的记载，以及一些出土的简牍证明，王莽对西域各族也采取了"降杀"的政策。王莽代汉以后，不仅更改匈奴单于之名号，而且还将匈奴分裂为十五部，分封十五位单于，同时将西域各国的王改封为侯，从而引起了西域诸国的普遍不满。此后，王莽在一系列同西域的关系问题上也都处置失当，导致西域诸国先是互相征伐，继而攻杀西域都护。

其次，轻启边衅。王莽对少数民族实行降杀、贬黜的同时，还轻启边衅，使自己付出了沉重的代价。始建国二年（公元10年），新莽与匈奴发生大规模的战争，匈奴开始侵扰边塞，边境地区吏民被掠杀者不计其数，形成了千里无人烟、无鸡鸣犬吠之声的局面。王莽派孙建等十二位将军，征发全国各地精兵三十万人，带足三百天的粮草，准备分十路同时并进歼灭匈奴，甚至欲分匈奴土地民众为十五，立呼韩邪子孙十五人为单于。王莽动员全国的财力、物力，并下令将丁男及死罪囚吏民奴隶发往北方，将全国吏民三分之一的财产资助军费开支，准备同匈奴长期作战。匈奴乌珠留单于则针锋相对，出兵侵扰，大肆杀掠。北方自汉宣、元帝以来较为安定的局势被彻底破坏。《汉书·匈奴传》说：

> 初，北边自宣帝以来，数世不见烟火之警，人民炽盛，牛马布野。及莽挠乱匈奴，与之构难，边民死亡系获，又十二部兵久屯而不出，吏士罢弊，数年之间，北边虚空，野有暴骨矣。

王莽对匈奴采取的政策，导致了严重的后果，不仅新莽政权与匈奴的关系处于紧张状态，而且还引起西域诸国的不满，使西域与匈奴重新联合起来，共同劫掠新朝边境。

天凤三年（公元16年），王莽派五威将王骏等人率兵出征西域，被焉耆等西域诸国联合袭杀，几致全军覆没。

王莽还远征高句丽，始建国四年（公元12年）甚至下诏"更名高句骊为下句骊，布告天下，令咸知焉"[1]。

王夫之在《读通鉴论》卷五《王莽》中认为："莽之召乱，自伐匈奴始。"王莽的灭亡就是从攻打匈奴开始的。王莽的民族政策目的就是试图通过"降杀"和征伐，

---

[1] 《汉书·王莽传中》。

实现"四夷宾服"，天下"远近小大若一"的太平之治，树立新朝权威。然而，事与愿违，王莽的民族政策，"造成了中原鼎沸，而三边蛮夷尽扰的局面，王莽很快陷入了四面楚歌的困境，其所求的为仙之道、圣人之道、英雄之道及暴君之道成了泡影"①。王莽的民族政策自以为是遵王者之道，立太平之治，实则加速了自己灭亡的步伐。王莽在国内大规模实行改制，已经触犯了社会各阶层的利益，内忧已经显现，同时又轻启边衅，恶化了与边疆地区各少数民族的关系，内忧导致了外患，外患又加剧了内忧，新莽王朝的最终灭亡已经不可避免。②

十一、新政：文化政策

在文化政策方面，王莽统治时期，主要是想通过扩大太学规模，完善太学教学机制；对太学生诱之利禄；征召异能之士和"通一艺者"；点校古籍，统一异说等手段，以达到统一士人思想的目的。

1. 扩大太学规模、完善太学教学机制

平帝时，"莽奏起明堂、辟雍、灵台，为学者筑舍万区"。这是我国历史上大规模建筑太学校舍的开始，极大地改善了太学诸生的居住条件。王莽又立《左氏春秋》《毛诗》《逸礼》《古文尚书》为博士，其后又增设《乐经》为官学，形成儒家《易经》《书经》《诗经》《礼经》《乐经》《春秋》六经并存为官学的局面。

早在汉武帝建元五年（公元前 136 年），武帝置五经博士，后屡经变易形成五经十四博士，他们分别讲授《施氏易》《孟氏易》《梁丘易》《京氏易》《欧阳书》《大夏侯胜书》《小夏侯胜书》《齐诗》《鲁诗》《韩诗》《大戴礼》《小戴礼》《严氏春秋》《颜氏春秋》。平帝时，每经置五名经学博士，六经设三十名博士，后又为太子设《六经》祭酒，这是王莽新设立的学官，除《六经》祭酒外，王莽还增设讲学大夫。除前已立

---

① 木芹著：《两汉民族关系史》，四川民族出版社 1988 年版，第 151 页。
② 参见陈忠锋著：《王莽理想政治研究》，上海三联书店 2017 年版，第 300—306 页。

的今文经外，王莽还立《左氏春秋》《毛诗》《古丈尚书》《周官》等古文经。王莽代汉后，为了维护新朝统治，除遵循古礼外，他还比附古代制度，在经学、政治、思想、学术领域推行改制。

2．以利禄笼络士人

王莽始建国三年（公元 11 年），"为太子置师友各四人，秩以大夫。以故大司徒马宫为师疑，故少府宗伯凤为傅丞，博士袁圣为阿辅，京兆尹王嘉为保拂，是为四师；故尚书令唐林为胥附，博士李充为犇走，谏大夫赵襄为先后，中郎将廉丹为御侮，是为四友。又置师友祭酒及侍中、谏议、《六经》祭酒各一人，凡九祭酒，秩上卿"①。

在汉代，博士弟子可以免除本人的徭役赋税，还有俸禄，由太常直接补选的博士弟子，享受官俸，国家负担其食宿费用。博士弟子学成之后必须通过考试，能精通一经以上的，可以补充文学掌故的空缺，那些成绩优秀、品第高的可以担任郎中，由太常编选名册奏上，如果成绩特别优异，出类拔萃，不受此限制，直接具名上奏。王莽新朝上卿秩中两千石，祭酒远高于汉代博士秩禄。由于利禄的引诱，太学生日益成为王莽政治斗争的工具。

3．点校古籍，统一异说

王莽重用和征召儒生，让天下儒生又看到了大展宏图的希望，一大批儒生成了王莽的坚定支持者。

汉平帝原始四年（公元 4 年），王莽"征天下通一艺教授十一人以上，及有逸《礼》、古《书》、《毛诗》、《周官》、《尔雅》、天文、图谶、钟律、月令、兵法、《史篇》文字，通知其意者，皆诣公车。网罗天下异能之士，至者前后千数，皆令记说廷中，将令正乖谬，一异说云"②。征召儒生，将从各地收集来的图书典籍进行增删，当然是王莽加强政治思想控制的一个重要手段。

---

① 《汉书·王莽传中》。
② 《汉书·王莽传上》。

　　总之，上述王莽的兴学之举大大满足了儒生们的从政治平愿望，在王莽代汉立新的道路上，太学诸生以及征召的所谓"异能之士"，纷纷依附王莽，扮演了重要角色，起了推波助澜的作用。王莽立古文经为学官，大量增加博士及博士弟子员数，广建学舍，征召"异能之士"，诱以利禄仕途，因此笼络了一大批知识青年，扩大了政权统治基础。在王莽新朝中，太学经师诸生占据重要地位。即使在王莽政权灭亡前夕，仍有大批儒生追随王莽。在王莽政权灭亡后，儒生群体出现极度的失望和困惑，他们中除一部分人改换门庭、追随刘秀外，许多持有改革理想的儒生仍坚定不移地支持王莽的事业而为之殉道。另外一些儒生则在王莽失败后拒绝进入汉朝廷服务，他们宁愿退隐以保持自身道德的纯洁。[①] 这也从另一个方面说明，王莽对士人的笼络是成功的。

---

① 参见陈忠锋著：《王莽理想政治研究》，上海三联书店 2017 年版，第 312、315、316、319 页。

第七章　光武帝时期的国家治理

在中国君权政治发展史上，光武帝刘秀写下了极为重要的篇章。他所采取的一系列强化皇权的政治措施，在总结先辈经验和汲取历史教训基础上，于温情脉脉中顺利进行，但其背后所凭借的依然是铁腕。他的一些做法，对当时的治国理政来说，不失为一种创举；对后世来讲，也产生了重要的影响。如果说重新实现统一是刘秀的重要历史贡献的话，那么，他运用政治智慧成功地加强了中央集权统治，则应是其人生事业的又一个巅峰。历史赋予光武帝刘秀的政治使命主要有三点：（1）解决自元帝以来西汉末年积累起来的社会危机。（2）对王莽政权及军阀战争带来的全面破坏进行拨乱反正。（3）恢复与巩固汉武帝时的中央集权与皇权至尊。概括而言就是要恢复大汉雄风，重建社会秩序，开创新世太平。经济上，刘秀政权实行与民休息、释放奴婢、减免赋税、简政宽刑等政策措施，恢复与发展遭受动乱与战争洗劫的社会经济。其治理应该说是成功的。政治上，刘秀以柔道治国，退功臣，进文吏，事归台阁，抑制贵戚，健全刺史，加强皇权与中央集权，在重建国家政治秩序的道路上充分发挥了其政治智慧。文化上，刘秀重视太学建设，建立《五经》十四博士制度，以儒学治国，都取得了一定的成就与较好的治理效果。如果说有所不足的话，就是刘秀未能使中央政权摆脱对豪强地主在经济政治上盘根错节的依赖，"度田令"的失败，说明刘秀政权也不得不屈服于豪强地主集团的强大力量，不得不与之妥协，这是导致后来东汉皇权一直柔弱不振的一个重要原因。

一、光武帝治理国家的指导思想

刘秀于公元 25 年六月在鄗鄗（今河北柏乡北固城店）称帝，建东汉政权，改元建武，十月，定都洛阳，史称"东汉"。在随后的十数年中，刘秀首先镇压了反莽的赤眉这一重要的农民军队伍，又陆续消灭了渔阳的彭宠、南郡的秦丰、梁地的刘永、齐地的张步、庐江的李宪、东海的董宪、汉中的延岑、夷陵的田戎、陇西的隗嚣、安定的卢芳和巴蜀的公孙述等军阀割据势力，基本上实现了全国统一。

汉光武帝刘秀，"长于民间，颇达情伪，见稼穑艰难，百姓病害"①，以及鉴于前汉王朝诸侯霸道、权臣跋扈及外戚篡权的深刻教训，于即位后即采取种种措施，恢复社会经济，发展民生事业，进一步加强专制主义中央集权的政治体制，以求实现东汉王朝的长治久安。

东汉政权是在王莽改制失败以及反莽战争和军阀割据战争的废墟上重新建立起来的。这个政权面临着西汉后期累积起来的一系列社会矛盾，主要是土地兼并和自耕农沦为奴婢问题，这些社会矛盾由于王莽改制的失败而更加激化，此外还有荒芜的田园、残破的城市和饥饿、动荡的民众等困境。当时，粮价高涨，一斤黄金只能换到五升小豆。在经过兵燹后的城邑，一片残垣断壁。不仅中原残破，边陲地区也是一片萧条。一度繁荣的丝绸之路上，到处是破坏的鄣塞、废弃的亭堠。面对满目疮痍、百废待兴的景象，刚登上帝位的刘秀比较清醒地认识到社会问题的症结所在，思考着如何在废墟上重建汉王朝。

刘秀虽然出身贵族，但在民间和兵荒马乱的社会动荡中，经历了无数坎坷和血雨腥风的考验，深知底层社会的各种艰辛与困苦，因而具有坚韧不拔的精神。他不像老祖宗刘邦那样出身草莽，不通文墨，而是精通经史的太学生，无论对历史还是对现实都有较为深刻的理解，比较善于总结历史经验教训。他在重建汉王朝时有比

---

① 《后汉书·循吏列传》。

较明确的指导思想，这就是简政以安民、进贤以励治、集权以统一、法治以秩序。以这一原则为指导，努力重建完备且高效的国家体制，发展生产，恢复经济与社会秩序。建设是在废墟之上进行的。摧毁原有庞大而衰朽的上层建筑的任务，主要是千百万农民用他们的锄头完成的。然而农民阶级不可能独立实现重建庞大、复杂而又精巧的新的上层建筑体系这一目标。刘秀虽然因缘际会，建立东汉政权并且取得了军事上的最后胜利，但他不可能改变君主专制国家机器的结构和本质，只能在秦汉帝国政治基础上重建一个在效能上有别于前朝的国家机器。王莽改制的失败让人们开始怀念起运行了二百余年的汉家制度，"新朝"末年规模巨大的农民战争，也为重新建立新的国家政权与进行国家治理清理出了基地，刘秀则是这新王朝大厦的设计者和建造者。[①]

　　建武十七年（公元41年）冬，刘秀回家乡，"修园庙，祠旧宅，观田庐，置酒作乐，赏赐"。当时宗室诸老于酒酣耳热之际，相互议论说："文叔（刘秀字）少时谨信，与人不款曲，惟直柔耳；今乃能如此！"刘秀听到后，哈哈大笑说："吾理天下，亦欲以柔道行之。"[②]应该讲，这反映了刘秀治国理政的基本精神。光武中兴正是在"以柔道治国"的思想指导下实现的。

二、偃武修文

　　刘秀自二十八岁起兵反莽，三十岁称帝建制，到四十三岁实现天下统一，戎马倥偬十余年。不管怎么说，战争总归是残酷的。长时间的鞍马劳顿，必然会使人产生一种厌战的情绪。早在建武六年（公元30年）春，天下初定之时，刘秀有感于隗嚣遣子内侍，公孙述远据边陲，便"且当置此两子于度外"，"因休诸将于洛阳，分

---

① 参见甘黎明、刘新光著：《宏基初奠——秦汉改革及其因果成败》，南京大学出版社2000年版，第196、197页。

② 《后汉书·光武帝纪下》。

军士于河内",很有些刀枪入库、马放南山的味道。其所以如此,盖"积苦兵间"①之故也。

当汉军平灭公孙述,实现统一之后,刘秀的厌武可以说达到了极致。"帝在兵间久,厌武事,且知天下疲耗,思乐息肩,自陇、蜀平后,非警急,未尝复言军旅。皇太子尝问攻战之事,帝曰:'昔卫灵公问陈(阵),孔子不对,此非尔所及。'……偃干戈,修文德,不欲功臣拥众京师,乃去甲兵,敦儒学。"②刘秀的这种厌武修文心理,在很大程度上影响了东汉帝国的政策。他所谓的柔道治国,与此不无关系。当然,厌武只是一种主观的愿望,而客观上能不能真正偃武,还是另外的问题。事实上,自东汉统一后,其在国内镇压反叛的"武事",基本上就不曾中断过。例如:

建武十六年(公元40年),"郡国群盗处处并起,郡县追讨,到则解散,去复屯结,青、徐、幽、冀四州尤甚"。③

建武十七年(公元41年),"妖贼李广攻没皖城,遣虎贲中郎将马援、骠骑将军段志讨之。秋,九月,破皖城,斩李广"。④

建武十八年(公元42年),"二月,蜀郡守将史歆反,攻太守张穆,穆逾城走;宕渠杨伟等起兵以应歆。帝遣吴汉等将万余人讨之……吴汉发广汉、巴、蜀三郡兵,围成都百余日,秋,七月,拔之,斩史歆等。汉乃乘桴治江下巴郡,杨伟等惶恐解散。汉诛其渠帅,徙其党与数百家于南郡、长沙而还"。⑤

建武十九年(公元43年),"妖巫单臣、傅镇等反,据原武(今江苏邳县西北),遣太中大夫臧宫围之。夏四月,拔原武,斩臣、镇等"。

建武二十一年(公元45年),"四月,安定属国胡叛,屯聚青山,遣将兵长史陈

---

① 《资治通鉴·卷第四十二·汉纪三十四·建武六年》。
② 《资治通鉴·卷第四十三·汉纪三十五·建武十三年》。
③ 《资治通鉴·卷第四十三·汉纪三十五·建武十六年》。
④ 《资治通鉴·卷第四十三·汉纪三十五·建武十七年》。
⑤ 《资治通鉴·卷第四十三·汉纪三十五·建武十八年》。

诉讨平之"①。

上举诸例"武事"，动辄历时数月，有些甚至跨州连郡，如果再加上帝国同周边各族之间的战争，应该说"武事"还是频繁不断的。显然，从"厌武"的愿望变为"偃武"的事实，确实不太容易。不过从总体上看，这时的"武事"毕竟和东汉帝国统一前已经不可同日而语。特别是作为皇帝的刘秀，他本人由"厌武"而向"偃武"的努力，不失为明智务实之举，对实现国家治理的转型具有积极意义。

建武二十七年（公元51年），朗陵侯臧宫与扬虚侯马武联名上书，建议刘秀趁匈奴"人畜疫死，旱蝗赤地，疲困乏力"之机，从左右两路出兵，彻底消灭"北虏"。值得注意的是，他们在上书中写有这样的话："福不再来，时或易失，岂宜固守文德而堕武事乎……臣恐陛下仁恩不忍，谋臣狐疑，令万世刻石之功不立于圣世。"② 在此，上书者谏劝刘秀不可"固守文德而堕武事"，不可一味"仁恩不忍"，实际上正好说明了刘秀的偃武修文、以柔道治国的主旨。③

对于两位大臣的上书，刘秀在诏报中回答说：

《黄石公记》曰："柔能制刚，弱能制强。"柔者德也，刚者贼也，弱者仁之助也，强者怨之归也。故曰有德之君，以所乐乐人；无德之君，以所乐乐身。乐人者其乐长，乐身者不久而亡。舍近谋远者，劳而无功；舍远谋近者，逸而有终。逸政多忠臣，劳政多乱人。故曰务广地者荒，务广德者强；有其有者安，贪人有者残。残灭之政，虽成必败。今国无善政，灾变不息，百姓惊惶，人不自保，而复欲远事边外乎？孔子曰："吾恐季孙之忧，不在颛臾。"且北狄尚强，而屯田警备，传闻之事，恒多失实。诚能举天下之半以灭大寇，岂非至愿！苟非其时，不如息人。④

---

① 《后汉书·光武帝纪下》。
② 《资治通鉴·卷第四十四·汉纪三十六·建武二十七年》。
③ 参见黄留珠著：《刘秀传》，人民出版社2003年版，第271页。
④ 《后汉书·臧宫列传》。

显而易见，诏报从理论和现实两个层面论述了之所以必须"守文德而堕武事"的依据。就理论而言，刘秀引《黄石公记》之言，通过对"柔""刚""弱""强"的分析，指出治国理政必须行"逸政"而不可行"劳政"，必须"舍远谋近"而不可"舍近谋远"，必须"广德"而不可"广土"，必须"安"而不可"残"。这里，刘秀把儒家思想与黄老思想杂糅在一起，对所实行的偃武国策作出了理论上的阐释。就现实而言，刘秀总结当时的情况是："国无善政""灾变不息""百姓惊惶""人不自保"。从前文所列举的建武十三年统一之后东汉境内所发生的"武事"来看，这个总结还是实事求是的。刘秀还指出，如果用国家二分之一的力量能灭掉匈奴，那自然是求之不得的；可是当时匈奴力量尚强，而许多传闻之事都是不可靠的，在这种情况下，"欲远事边外"，实在不是时候，还不如让国人休养生息为好。这个诏报，实际等于刘秀决心"守文德而堕武事"的宣言书，"自是诸将莫敢复言兵事者"[1]。

总之，由"厌武"到"偃武"的转变，是刘秀以柔道治国理政的一个重要方面。

三、轻徭薄赋

王莽统治时期，由于频繁的复古改制，搞得民穷财尽，社会经济近于崩溃。刘秀建立东汉政权后，出于巩固皇权、维护统治的需要，力所能及地推行轻徭薄赋、救灾恤贫的政策措施。

建武五年（公元 29 年），刘秀消灭了淮阳和齐地的割据者，就在这一年，"诏复济阳二年徭役"[2]。济阳是其父当过县令而又是他出生地的一个小县，本不足道。但是，此一举措却是一个重要信号，它表明民生问题已进入刘秀的思考范围，而当时的条件也已经允许他考虑解决此类问题了。果然，由此开始，刘秀加快了轻徭薄赋、救灾恤贫的步伐。

---

① 《后汉书·臧宫列传》。

② 《后汉书·光武帝纪上》。

建武六年（公元 30 年）正月丙辰，刘秀下诏"改春陵乡为章陵县，世世复徭役，比丰、沛，无有所豫"，以显示对自己故乡的关切之情。辛酉，下达了在全国恤贫的诏令："往岁水旱蝗虫为灾，谷价腾跃，人用困乏。朕惟百姓无以自赡，恻然愍之。其命郡国有谷者，给禀高年、鳏、寡、孤、独及笃癃、无家属贫不能自存者，如律。二千石勉加循抚，无令失职。"①

建武六年（公元 30 年）十二月，刘秀又下达了一个恢复田租三十税一的诏令。而在此以前，刘秀在其统治区实行的是什一之税。诏书说："顷者师旅未解，用度不足，故行什一之税。今军士屯田，粮储差积。其令郡国收见田租三十税一，如旧制。"②这一诏令，是刘秀调整赋税政策的重大举措。这一税收制度的实行，毫无疑问增强了民众对东汉政权的向心力，对于社会的稳定起着至关重要的作用。

建武十九年（公元 43 年）九月，刘秀南巡至汝南南顿（今河南项城西），在该地吏民的请求下，他答应"复南顿田租岁"③，即减免该县两年的田租。

建武二十年（公元 44 年），刘秀又下诏"复济阳县徭役六岁"④。

建武二十二年（公元 46 年）九月，南阳发生地震，刘秀立即下诏，对受灾百姓进行救济："日者地震，南阳尤甚。夫地者，任物至重，静而不动者也。而今震裂，咎在君上。鬼神不顺无德，灾殃将及吏人，朕甚惧焉。其令南阳勿输今年田租刍稿。遣谒者案行，其死罪系囚在戊辰以前，减死罪一等；徒皆弛解钳，衣丝絮。赐郡中居人压死者棺钱，人三千。其口赋逋税而庐宅尤破坏者，勿收责。吏人死亡，或在坏垣毁屋之下，而家赢弱不能收拾者，其以见钱谷取佣，为寻求之。"⑤

建武二十九年（公元 53 年）二月庚申，刘秀下诏"赐天下男子爵，人二级；鳏、

① 《后汉书·光武帝纪下》。
② 《后汉书·光武帝纪下》。
③ 《后汉书·光武帝纪下》。
④ 《后汉书·光武帝纪下》。
⑤ 《后汉书·光武帝纪下》。

寡、孤、独、笃癃，贫不能自存者粟，人五斛"①。

建武三十年（公元 54 年）五月，刘秀下诏重申建武二十九年（公元 53 年）二月庚申的诏令内容。

建武三十一年（公元 55 年）五月戊辰，刘秀下诏"赐天下男子爵，人二级；鳏、寡、孤、独、笃癃，贫不能自存者粟，人六斛"②。

中元元年（公元 56 年）四月，刘秀下令"复嬴、博、梁父、奉高，勿出今年田租刍稿"③。

总之，刘秀通过以上诸项政策措施的实施，在相当大的范围内调整了生产关系中与生产力不相适应的部分。这个调整，有的是恢复被王莽废除的西汉的制度与政策，有的是废除王莽的制度与政策，还有的是根据新的情况制定的新的政策措施。通过调整，王莽时期极度紧张的社会矛盾和阶级矛盾得以缓和，社会恢复了稳定，百姓的生活环境和生产条件得到了改善，为东汉初期生产的恢复发展和经济的繁荣创造了条件。通过上述这些政策措施，为民众特别是广大农民创造一个较好的生产条件与生活环境，以促进生产的发展和社会的安定。应该说，刘秀的这个目的基本上是达到了。

四、下宽上严

刘秀有明确的治国思想，那就是实行"以柔道行之"的战略方针；有正确的政治模式，那就是采取"宽猛相济""上严下宽"的施政策略。

刘秀的治国理政是对汉政与王莽新政的扬弃，既是对西汉"霸王道杂之"模式的继承与发展，同时又汲取了王莽理想政治的残酷教训，在施政中摈弃了理想主

① 《后汉书·光武帝纪下》。
② 《后汉书·光武帝纪下》。
③ 《后汉书·光武帝纪下》。

义色彩，多了些理性思维的风格，从而稳定了东汉政局，奠定了东汉二百年历史的基础。

（一）对下以宽仁为怀

所谓"下宽"，就是指对民众行施惠政，以宽松治民，给百姓以安定的生活。刘秀实行对下以宽仁为怀的治国方略是有其现实原因和长远思考的。至光武中兴，百姓虚耗，十有二存。"光武长于民间，颇达情伪，见稼穑艰难，百姓病害，至天下已定，务用安静，解王莽之繁密，还汉世之轻法。"[①]

刘秀在民间成长的特殊经历，政治上的阶级矛盾日趋尖锐，社会经济上的残破不堪，都决定了实行宽仁政策是其必然的选择。西汉末年，以改制为号召的王莽在万民期待中代汉称制，然而王莽理想政治实践的结果却事与愿违，不但未能建成现实中的古代理想社会，缓和日益紧张的社会矛盾，巩固新莽政权，反而脱离社会现实，触犯了几乎社会各阶层的利益，各地反莽运动此起彼伏，军阀混战，民不聊生。因此东汉初期，鉴于王莽事务繁多，法律严酷，使人民不知所措的为政失败之道，光武帝刘秀决定实行宽政，减轻刑罚，减免赋税，释放奴婢等以恢复国力。从乱世到治世，千头万绪，百废待举。然刘秀从地皇三年（公元 22 年）起兵反莽，仅用不到三年时间就建立了东汉政权，又历经十余年，统一全国，天下太平。这的确与刘秀宽仁为怀的政策是分不开的。正是在危机严重的社会局势下，刘秀深知顺应民心的极端重要性，因而实行宽仁政策，拨乱反正，由乱而治，实现了汉室中兴。其中缘由，颇耐人寻味。

（二）对上以严猛为政

刘秀治国，对下以宽仁为怀，对各级官吏则是以严猛为政。

所谓"上严"是针对各级官吏而言，要求他们勤于职守，严守法度。

---

① 《后汉书·循吏列传》。

光武帝对官吏的管理十分严格。《后汉书·第五伦传》说："光武承王莽之余，颇以严猛为政，后代因之，遂成风化。"

光武帝虽精于儒术，但绝不迂腐，长年的军旅生活也养成他为政严猛的风格。刘秀非常注重对官吏的选拔与任用，颁布"四科取士"的诏书，严格按照四项标准选拔官吏。第一科是品德高尚；第二科是通经治用；第三科是熟悉律典；第四科是独当一面。刘秀要求各地刺史、二千石必须选拔年轻、贤行、廉洁、平正之人，授予官职。由于刘秀选拔官吏制度严格，强调"良吏"（指官吏的道德操守）和"善政"（指官吏的政治才能），东汉政府确实网罗到一大批品行端正、廉洁奉公、才华出众的治理之才。

众所周知，政治的好坏，制度建设是根本，施政者是关键。制度再好，也要合适的人去执行与管理。如果各级施政者结党营私，藏污纳垢，上欺下骗，中饱私囊，再好的惠民制度也会变成残害民众的暴政、陋政。《后汉书·光武帝纪》记载了刘秀对各级官吏的要求："有司修职，务遵法度。"

建武十一年（公元 35 年），光武帝刘秀恢复了西汉时设立的刺史制度。各州刺史上承皇帝的命令，代表中央巡视地方，清查各地冤狱，考核官吏的政绩优劣，决定官吏的升迁。刘秀对各州刺史既严格要求，又赋予他们极大的权力。如果说刘秀的"四科取士"制度保证了官吏的选拔质量，那么刺史制度的恢复则保证了官吏的施政质量。

宋代司马光对刘秀吏治政策颇为赞许：

> 光武即位之初，群雄竞逐，四海鼎沸，彼摧坚陷敌之人，权略诡辩之士，方见重于世，而独能取忠厚之臣，雄循良之吏，拔于草莱之中，寘诸群公之首，宜其光复旧物，享祚久长，盖由知所先务而得其本原故也。①

刘秀的吏治原则也因此成为后世明君的楷模。

―――――――――――

① 《资治通鉴·卷第四十·汉纪三十二》。

总之，刘秀实行"以柔道行之"的治理方针，确立"宽猛相济"的政治模式，汲取王莽理想政治失败的教训，把"霸王道杂之"的汉代治国思想加以继承和发展。历史证明，这是当时正确的选择。光武帝刘秀实现了中兴汉室的伟业之后，东汉又进入明章之治。明帝在位期间一切遵奉光武制度，大力提倡儒学，注重刑名文法，为政颇为苛察，因此政治清明，经济繁荣。章帝在位期间，一方面继续奉行宽厚政策，用优惠政策募民垦荒，减轻徭役赋税，另一方面注重选拔廉能之吏，打击豪强地主兼并土地。政治制度没有因人而弃，是东汉前期持续繁荣的关键。历史似乎经过奇妙的轮回，又回到了它的原点。①

五、选举贤良

选举贤良，也是刘秀以柔道治国的一个重要方面。

"贤"的本义是多财的意思，后来引申为专指有才能和德行的"贤人"，而其本义反而鲜为人知了。西汉刘向在《说苑·尊贤》篇中说："人君之欲平治天下而垂荣名者，必尊贤而下士……夫朝无贤人，犹鸿鹄之无羽翼也，虽有千里之望，犹不能致其意之所欲至矣！"其意是说，国君要想成就一番事业，就必须礼贤下士，否则就好比鸿鹄之没有羽翼，虽然有高飞千里的愿望，却难以达到目的。这种敬贤礼贤，从五帝时代就已经成为社会的风尚。刘秀当然懂得这样的道理，所以在他创业的过程中，对选举贤良、礼贤敬贤始终予以高度的重视。

建武元年（公元 25 年），刘秀刚当皇帝不久，便请来了一个叫卓茂的七十多岁的老人。卓茂字子康，南阳宛（今河南南阳）人，出身于官宦家庭，曾就学长安，事博士江翁，学习《诗》《礼》及历算，"究极师法，称为通儒"。他生性宽仁恭爱，恬荡乐道，雅实不为华貌，不好争竞。初任丞相府史，被丞相孔光称为长者。一次卓茂驾车外出，有人指认说驾车的马是他丢失的。卓茂问："子亡马几何时？"意谓你

---

① 参见陈忠锋著：《王莽理想政治研究》，上海三联书店 2017 年版，第 338—344 页。

的马丢了多长时间。对方答说："月余日矣。"意即一个多月。卓茂有马已经数年，心里知道那个人把马认错了，却不作分辩，默默把马给了那人，自己挽车而去，只是回过头来说："若非公马，幸至丞相府归我。"意谓如果不是你的马，希望到丞相府把马还我。不久，那人找回了所丢失的马，于是到丞相府还马认错，"叩头谢之"。其后，卓茂以儒术迁升，官至密县（今属河南）县令。"劳心谆谆，视人如子，举善而教，口无恶言，吏人亲爱"。曾有人控告部亭长收其米肉，犯了受贿罪。经他仔细了解情况，耐心开导，终于使上告者澄清了认识，亦使亭长洗刷了赃名，还之以清白。正所谓"人纳其训，吏怀其恩"。卓茂初到任时，人们对他的一套做法不理解，笑其无能。不想数年后，"教化大行，道不拾遗"。平帝朝，闹蝗灾，河南郡的二十多个县皆受其害，据说蝗虫"独不入密县界"。是时王莽秉政，置大司农六部丞，劝课农桑，卓茂被调任京部丞，"密人老少皆涕泣随送"，充分反映他在当地享有极高的威望。王莽居摄，茂以病免归郡。及更始立，他出任侍中祭酒，后以年老乞归。刘秀素闻其名，故"初即位，先访求茂"，请他出来做官。刘秀在颁布的诏书中说："前密令卓茂，束身自修，执节淳固，诚能为人所不能为。夫名冠天下，当受天下重赏，故武王伐纣，封比干之墓，表商容之闾。今以茂为太傅，封褒德侯，食邑二千户，赐几杖车马，衣一袭，絮五百斤。"[1]这里，刘秀把自己访求卓茂，与当年周武王封比干之墓、表商容之闾相提并论，无非认为这些行为的性质相同，都是新生政权对贤者的礼敬与表彰。按汉制，太傅位在三公之上，金印紫绶，掌以善导，无常职，完全是一种荣誉性官位。显然，刘秀对卓茂拜官封侯，主要具有象征与宣传方面的意义。刘秀治国之初，树立了一个完全不争的人做百官的榜样，其中透露的信息意味深长。

刘秀礼贤敬贤的对象，除了像卓茂这样的忠厚长者外，另一种便是所谓的隐士逸民。《论语》里有"举逸民天下归心"的说法，君主们大概是受了此说的影响，所以就把征举隐逸看得特别重要。史称："光武侧席幽人，求之若不及，旌帛蒲车之所

---

[1] 《后汉书·卓茂列传》。

征赍，相望于岩中矣。"①大意是说，刘秀向往隐逸之人，寻求他们惟恐找不到，派出迎接受征隐士逸民的专车，在偏僻的村野都可以互相望得见。

这之中最著名的受征者，要数周党和严光二人。

周党字伯况，太原广武（今山西代县西南）人，家产千金。少孤，虽被宗人收养，但却不以礼相待；当他长大时，又不还其财。周党遂到乡县讼告，这样才把家产要了回来。随后他把财产散与宗族，并释放了所有的奴婢，自己到京师长安游学。当初，乡佐曾在大庭广众之中侮辱周党，周党怀恨已久。后来他读《春秋》，明白了复仇的真义，便辍讲而还，与乡佐相约，确定了决斗的日期。双方交手后，周党为乡佐所伤，陷于困顿之中。乡佐佩服周党的侠义，把他带回家中将养，数日才苏醒过来，但当他搞清事情的原委后，立即就离开了。"自此敕身修志，州里称其高。"新莽时，他托病不仕。新莽末年天下大乱，但各路人马闻知他的贤名，均过广武而不入城。刘秀即位后，征拜议郎，旋以病去职，与妻子居黾池（今河南渑池西）。后再次被征，使者三聘，迫于不得已，才穿着短布单衣，着谷皮绡头，去见尚书。当刘秀召见时，他"伏而不谒"，自我表白"愿守所志"，亦即不做官，只为民。刘秀当场答应了他的要求。博士范升看不惯周党那副傲慢的样子，上奏道："党等文不能演义，武不能死君，钓采华名，庶几三公之位。臣愿与坐云台之下，考试图国之道。不如臣言，伏虚妄之罪。而敢私窃虚名，夸上求高，皆大不敬。"言下之意是要与周党在云台下进行一场考试比赛，看看他是否有真本事，如果周党失败，便判以虚妄的罪名，予以法律制裁。不料刘秀把范升的奏书传示公卿，并下诏说："自古明王圣主必有不宾之士。伯夷、叔齐不食周粟，太原周党不受朕禄，亦各有志焉。其赐帛四十匹。"②意谓自古以来著名的帝王、圣明的君主必定都有不归顺的士人；伯夷、叔齐不吃周朝的粮食，太原周党不接受朕的俸禄，是各有其志；赐给周党帛四十匹。刘秀的这道诏书，无异给范升当头一棒。其实，气盛的范升哪里知道，刘秀这么做

---

① 《后汉书·逸民列传》。

② 《后汉书·逸民列传·周党》。

正是"千金市骨"，以此表示自己敬贤礼贤的诚意，试图招揽更多的人才。后来周党便隐居黾池，著书上下篇而终。邑人敬重这位超脱世俗的隐者，立祠以纪念之。

严光字子陵，又名遵，会稽余姚（今属浙江）人。少年时便有高名，曾与刘秀同游学。刘秀称帝后，他更姓改名，隐身不见。刘秀思念其贤，遂命令画出他的形貌按图察访，务必找到。后齐国上言，称"有一男子，披羊裘钓泽中"，与要察访之人有点像。刘秀怀疑此人可能就是老同学严光，于是备安车玄纁，派遣使者前往聘请。先后去了三次，才把他请到京师，安排住在北军的高档驿馆里，"太官朝夕进膳"①。当天，刘秀便来到馆驿看望老同学严光。不想严光睡卧不起，刘秀干脆走进卧室，抚摸着严光的肚皮说："咄咄子陵，不可相助为理邪？"严光还是睡着不应声，过了很长一段时间，才张目熟视，说道："昔唐尧著德，巢父洗耳；士故有志，何至相迫乎！"刘秀叹道："子陵，我竟不能下汝邪？"只好惋惜而去。复引严光入宫，刘秀与他"论道故旧，相对累日"。刘秀从容问严光："朕何如昔时？"严回答："陛下差增于往。"意谓刘秀比过去略有点长进。当晚，两人共睡一床，严光的脚竟然压在刘秀的肚子上。第二天，太史上奏，称"客星犯御坐甚急"。刘秀笑着说："朕故人严子陵共卧耳。"②遂拜为谏议大夫，但严光坚辞不受，乃耕于富春山，后人把他垂钓的地方取名严陵濑。建武十七年（公元41年），刘秀再次特征，仍不至。后活到八十岁，终老于家。刘秀闻讯非常伤惜，诏下郡县赐钱百万、谷千斛。③

再如京兆长安（今陕西西安）人宋弘，以清行致称，刘秀征拜太中大夫，旋迁大司空。刘秀向他询问通博之士，于是他推荐了才学出众的桓谭。桓谭弹得一手好琴，刘秀每逢宴饮，"辄令鼓琴，好其繁声"。宋弘知道后很生气，便把桓谭找来，批评了一顿。后大会群臣，刘秀又让桓谭鼓琴，谭见宋弘，失其常度。刘秀感到奇怪

---

① 《后汉书·逸民列传·严光》。

② 《后汉书·逸民列传·严光》。

③ 参见黄留珠著：《刘秀传》，人民出版社2003年版，第273—277页。

而询问原因。这时宋弘离席免冠道谢说："臣所以荐桓谭者，望能以忠正导主，而令朝廷耽悦郑声，臣之罪也。"刘秀听后"改容谢"，以后再也不让桓谭鼓琴了。一次，宋弘当宴见，御坐是画着美女的新屏风，刘秀忍不住多次回头看那美女像。宋弘严肃地说："未见好德如好色者。"其意在批评刘秀好女色。刘秀马上便令人把美女屏风撤掉，笑着对宋弘说："闻义则服，可乎？"意谓听到正确意见立即就改，这样可以吗？宋弘答道："陛下进德，臣不胜其喜。"意谓皇帝用道德规范行为，做臣子的高兴极了。当时刘秀的姐姐湖阳公主新寡，要重新择婿，于是刘秀便当着姐姐的面议论大臣，看看有没有她的意中人。公主说："宋公威容德器，群臣莫及。"言下之意是看中了宋弘。刘秀觉得姐姐的眼力不错，但他也深知宋弘难说话，便对姐姐说："方且图之。"意思是容我慢慢来办这件事。其后宋弘被引见，刘秀让公主坐在屏风后面偷听。刘对宋讲："谚言贵易交，富易妻，人情乎？"宋回答："臣闻贫贱之知不可忘，糟糠之妻不下堂。"刘秀清楚宋弘是一个把原则看得高于一切的人，所以对姐姐说："事不谐矣！"[①] 按说，在两汉这样一个官贵盛行多妻的时代，刘秀完全可以用皇帝的权力命令宋弘接受这桩婚姻，然而他却没有这么做。相反，刘秀表现出了一种超常的宽容精神，之所以如此，应该说与他深谙贤者对治理国家的重要性是分不开的。

人君之度，旨在得人，吏治的质量与政治的清明息息相关。光武中兴，与刘秀对人才的网罗与重视有着很大的关系。

建武六年（公元 30 年）十月丁丑，刘秀恢复了西汉选举贤良方正的旧制。为此，刘秀特地下诏说：

> 吾德薄不明，寇贼为害，强弱相陵，元元失所。《诗》云："日月告凶，不用其行。"永念厥咎，内疚于心。其敕公卿举贤良、方正各一人；百僚并上封事，无有隐讳；有司修职，务遵法度。[②]

---

① 《后汉书·宋弘列传》。
② 《后汉书·光武帝纪下》。

推举贤良、方正的诏令与裁并郡国、三十税一的诏令几乎同时颁布，体现了刘秀国策重心的转移。广致人才与淘汰冗官是相辅相成的两项措施，目的都在于形成清明的吏治，激活整个帝国的运行机制。

建武七年（公元31年），刘秀再度下诏求贤，要求公卿、司隶、州牧每人推举贤良、方正各一人，派公车迎接，皇帝将亲自考核。这次求贤的范围明显扩大：拥有推举权的官员从三公九卿扩大至司隶校尉和十二州牧，推选贤良、方正的范围从中央扩大到了地方。

此后，求贤的诏命继续不定期地发布，表明了刘秀对贤良之士的渴求。而文官的吸收更多地依赖于定期的选举，这些人选就是孝廉和茂才。

郡国每年选举二名孝廉已是西汉的成规，尽管这项制度不考虑郡国人口的疏密，但在道德方面却起到了标榜名节、风化乡里的作用。刘秀孝廉之选，专用儒学文吏，建武时期的尚书郎多由孝廉担任，亦可看出光武帝对品格学养的重视。被举荐的孝廉在担任一段时间的郎官之后，就可以授予一定的官职。从更深的影响来看，西汉以贤良方正为主、孝廉为辅的求贤制度，一变而为东汉以孝廉为主的选才标准，这与刘秀大批任用孝廉的措施很有关系。据《后汉书》统计，东汉一朝孝廉人数为二百六十余人，出自经学士族与仕宦家庭者为一百三十九人，隶籍关东者一百六十九人，其身份背景和地域集中，和东汉初年的政权背景有密切的关系。[①]

建武十二年（公元36年），刘秀又设立了举荐茂才、廉吏的制度，由三公、光禄勋、御史中丞、司隶校尉、十二州牧每年在现任政府官员中举荐十八名茂才；由三公、光禄勋、二千石官、廷尉、大司农和将军等负责举荐若干廉吏。一旦被选为茂才或廉吏，自然就有美好的前程，可以得到晋升和重用。相对而言，廉吏的职位比茂才的职位要低一些，但人数则比较可观。

建武时期的选举制度增设了敦朴、有道、贤能、直言、独行、高节、质直、清

---

① 参见颜晨华著：《细说光武帝》，上海人民出版社2014年版，第122、123页。

白、敦厚等科目，其用意十分清楚，就是想方设法选拔到气节高尚、学养深厚、熟诸律令、遇事善断和黜虚华、进淳朴，名实相符的真正通晓治理的人才。治理国家以得贤为本。刘秀以武将取天下、靠文臣治江山的治国之道，他的选拔贤良、任贤致治的政策，都成为光武中兴的驱动力。

六、兴学讲经

兴学讲经，同样反映了刘秀以柔道治国的施政精神。

刘秀十分重视太学的教育。早在"宫室未饰，干戈未休"的建武五年（公元29年），他便急不可待地恢复太学。东汉太学较之西汉，规模更加庞大。陆机《洛阳记》载："太学在洛阳城故开阳门外，去宫八里；讲堂长十丈，广三丈。"由于刘秀青年时曾受业太学，所以对太学更有一种特殊的感情。这年十月，刘秀风尘仆仆刚从齐地归来，得知太学建成，当即亲临视察，"稽式古典，修明礼乐，焕然文物可观矣"①。

洛阳太学，"立《五经》博士，各以家法教授"，"凡十四博士，太常差次总领焉"②。其《五经》十四博士的具体情况如下：

《易》，四家：施，孟，梁丘，京；

《尚书》，三家：欧阳，大、小夏侯；

《诗》，三家：齐，鲁，韩；

《礼》，二家：大、小戴；

《春秋》，二家：严，颜。

上述光武朝建立的《五经》十四博士制，基本是沿用西汉宣帝时的制度而略有损益。终东汉之世，此制一直延续下来。很显然，太学是当时国家的礼义之宫、教化之地，是培养官吏的摇篮。

---

① 《资治通鉴·卷第四十一·汉纪三十三·建武五年》。
② 《后汉书·儒林列传序》。

建武七年（公元 31 年），太仆朱浮上书，指出当时选用博士，"更试五人，惟取见在洛阳城者"，其范围明显过于狭小；认为"国学既兴，宜广博士之选"；建议"广求详选，爰自畿夏，延及四方"①。其建议被刘秀采纳。

刘秀不仅重视太学建设，对地方的郡国学也给予相当的关注。而这种关注，主要是通过他所任命的一批地方官来实现的。早在建武初，刘秀拜寇恂为汝南太守，即"修乡校，教生徒，聘能为《左氏春秋》者"。"素好学"的寇恂甚至"亲受学焉"②。又，卫飒任桂阳太守，刚一到职，便"修庠序之教"，"期年间，邦俗从化"③。建武六年（公元 30 年），李忠迁任丹阳太守，以该地"越俗不好学，嫁娶礼仪，衰于中国，乃为起学校，习礼容，春秋乡饮，选用明经，郡中向慕之"。④任延拜武威太守，"造立校官，自掾史子孙，皆令诣学受业，复其徭役；章句既通，悉显拔荣进之；郡遂有儒雅之士"⑤。上举各例，从地区看，既有中原的，也有南方及东南的，还有西北的，涵盖面较广。这反映出东汉郡国学的兴建具有相当的普遍性。班固《东都赋》说"四海之内，学校如林"，虽不免有文学夸张的色彩，但所言学校之多，倒基本上符合实际。

兴学与读经是紧密相关的。因为不论是太学或是郡国学，所学皆为经学。上面所述《五经》十四博士，亦即说明了太学设立的经学门类。《后汉书·儒林列传序》说："昔王莽、更始之际，天下散乱，礼乐分崩，典文残落。及光武中兴，爱好经术，未及下车，而先访儒雅，采求阙文，补缀漏逸。先是四方学士多怀协图书，遁逃林薮；自是莫不抱负坟策，云会京师。"⑥

关于刘秀重视儒学教育的作用，清代赵翼曾有一段精彩的论述。

---

① 《后汉书·朱浮列传》。
② 《后汉书·寇恂列传》。
③ 《后汉书·循吏列传·卫飒》。
④ 《后汉书·李忠列传》。
⑤ 《后汉书·循吏列传·任延》。
⑥ 参见黄留珠著：《刘秀传》，人民出版社 2003 年版，第 279—282 页。

西汉开国，功臣多出于亡命无赖，至东汉中兴，则诸将帅皆有儒者气象，亦一时风会不同也。光武少时，往长安，受《尚书》，通大意。及为帝，每朝罢，数引公卿郎将讲论经理。故樊准谓帝虽东征西战，犹投戈讲艺，息马论道。是帝本好学问，非同汉高之儒冠置溺也。而诸将之应运而兴者，亦皆多近于儒。如邓禹，年十三，能诵《诗》，受业长安，早与光武同学游，相亲附，其后佐定天下。有子十三人，使各守一艺，修整闺门，教养子孙，皆可为后世法。寇恂性好学，守颍川时，修学校，教生徒，聘能为《左氏春秋》者，亲受学焉。冯异好读书，通《左氏春秋》、《孙子兵法》。贾复少好学，习《尚书》，事舞阴李生。生奇之，曰："贾君容貌志气如此，而勤于学，将相之器也。"后佐定天下，知帝欲偃武修文，不欲武臣典兵，乃与邓禹去甲兵，敦儒学。帝遂罢左右将军，使以列侯就第。复阖门养威重。耿弇父况，以明经为郎，学《老子》于安丘先生。弇亦少好学，习父业。祭遵少好经书，及为将，取士必用儒术。对酒设乐，常雅歌投壶。李忠少为郎，独以好礼修整称。后为丹阳太守，起学校，习礼容，春秋乡饮，选用明经，郡中向慕之。朱祜初学长安，光武往候之，祜不时见，先升舍，讲毕乃见。后以功封鬲侯，帝幸其第，笑曰："主人得无舍我讲乎？"郭凉虽武将，然通经书，多智略。窦融疏言："臣子年十五，教以经艺，不得观天文谶记。"他如王霸、耿纯、刘隆、景丹，皆少时游学长安。是光武诸功臣，大半多习儒术，与光武义气相孚合。盖一时之兴，其君与臣本皆一气所钟，故性情嗜好之相近，有不期然而然者，所谓有是君即有是臣也。[①]

赵翼这段话的意思很明显，东汉开国之君是儒君，开国功臣是儒臣。由儒君儒臣组成的朝廷，其兴学讲经，自然是情理中的事了。东汉由刘秀开启的这种儒君儒臣君臣格局，在中国古代政治文化史上具有重要的研究价值。

---

① 《廿二史札记》卷4《东汉功臣多近儒》。

七、简政宽刑

刘秀的以柔道为治、与民休息政策，也表现在简政宽刑上面。

建武六年（公元30年）六月辛卯，刘秀颁布诏书说："夫张官置吏，所以为人也。今百姓遭难，户口耗少，而县官吏职所置尚繁，其令司隶、州牧各实所部，省减吏员。县国不足置长吏可并合者，上大司徒、大司空二府。"① 设置官吏，本为民众；现今百姓蒙受劫难，户口大为减少，而县级官吏设置仍然很多，司隶与各州牧认真核查所属各县，精简机构，裁减人员；凡不足设置长吏可以合并的县与侯国，上报大司徒、大司空二府审批。这里有一些统计数字，可以帮助我们更好地理解这道诏书。据《汉书·地理志》，汉平帝时全国"民户千二百二十三万三千六十二，口五千九百五十九万四千九百七十八"，"凡郡国一百三，县邑千三百一十四，道三十二，侯国二百四十一"。东汉建立之后，据《续汉书·郡国志》注引《帝王世纪》记载，光武末才有"民户四百二十七万千六百三十四，口二千一百万七千八百二十人"，"百姓虚耗，十有二存"。在这种情况下，东汉中央政府绝不可能再按原来西汉的郡国县道数去设置官吏，其实行精兵简政，势在必行。史载，建武六年诏令实施的结果，"并省四百余县，吏职减损，十置其一"②。这样一来，县级行政机构的数目与当时民户人口的比例，基本才相适应。

除了对县一级的合并裁减外，又有对郡、州的省并。据《后汉书·光武帝纪》所载，这类省并有：建武十年（公元34年），省定襄郡；十一年，省朔方牧，并并州；十二年，省金城郡（后又复置）；十三年，省并西汉九国（即广平属钜鹿，真定属常山，河间属信都，城阳属琅邪，泗水属广陵，淄川属高密，胶东属北海，六安属庐江，广阳属上谷）；二十年，省五原郡。另外还有其他简政举措，如建武六年刘

---

① 《后汉书·光武帝纪下》。
② 《后汉书·光武帝纪下》。

秀采纳朱浮建言，简化牧守代易手续；十一年省大司徒司直官等。当然，在省并官府、简化吏事的同时，根据实际需要，光武朝也新设置了一些官职，如建武九年（公元33年），初置青巾左校尉官（后改为越骑校尉）。亦有省罢、复置兼行者，如仍在建武九年，省关都尉，复置护羌校尉官。不过应该看到，当时简政是绝对的主流，而新设置的官，少之又少，完全可以忽略不计。①

刘秀在地方行政方面着力实行精兵简政的政策，裁并县级机构，减少官吏员额，以便减少行政运作费用和提高工作效率。在郡、县、诸侯王国等的机构设置、职司分工以及行政法规等方面则基本上继承西汉，没有大的变动。刘秀登基以后，充分利用原有的基层政权和基层官吏为自己服务，在较短的时间内建立起一套从上到下的行政系统，理顺了上下左右的关系，使东汉皇朝的各种政令得以顺利贯彻执行。这对于刘秀政权迅速有效地实行对全国的统治，较快地稳定秩序，安定民生，发展生产，都是十分重要的。②

刘秀起于社会底层，曾"避吏新野"，对官府利用刑狱残虐百姓，有切肤之痛，故而他以柔道治国，在宽刑赦囚方面，也十分重视。

第一，刘秀从当时的社会实际出发，深知经过长期动乱与战争劫难，民众迫切需要休养生息，所以"务用安静，解王莽之繁密，还汉世之轻法"③。如果说刘秀即位时大赦天下，还主要是出于一种形式上的需要的话，那么，建武二年（公元26年）三月的大赦，就完全是实质性的行为了。其大赦的诏令中说："顷狱多冤人，用刑深刻，朕甚愍之。孔子云：'刑罚不中，则民无所措手足。'其与中二千石、诸大夫、博士、议郎议省刑法。"④诏令引用孔子《论语》之言，说明当时刑法过重、狱多冤枉的现实，并责成有关官员商议简省刑法的问题。不难推见，这次"议省刑法"的核心，当是"解王莽之繁密，还汉世之轻法"。按照古人的解释，"王莽之繁密"主要指"春

---

① 参见黄留珠著：《刘秀传》，人民出版社2003年版，第295—296页。

② 参见安作璋、孟祥才著：《汉光武帝大传》，中华书局2008年版，第221页。

③ 《后汉书·循吏列传序》。

④ 《后汉书·光武帝纪上》。

夏斩人于市，一家铸钱，保伍人没入为官奴婢，男子槛车，女子步，铁锁银铛其颈，愁苦死者十七八"；"汉世之轻法"则指"高祖约法三章，孝文除肉刑"之类。此后，在同年六月，三年正月、六月，四年正月，五年二月，七年四月，中元元年，刘秀又发布诏令，大赦天下，体现了一种宽大为怀的刑法精神。

第二，刘秀根据形势的发展及各地不同的情况，不断进行司法调整，以切实减轻刑法。例如，建武三年（公元27年）七月诏书规定："吏不满六百石，下至墨绶长、相，有罪先请。男子八十以上，十岁以下，及妇人从坐者，自非不道、诏所名捕，皆不得系。当验问者即就验。女徒雇山归家。"① 秩禄六百石以下的基层官吏有罪，需先向上级请示再作处理；男子八十岁以上十岁以下及妇女受牵连犯罪的，只要不是大逆不道之罪或诏书有名而特捕的，都不得逮捕系狱；应当审理的案件立即审验，不可拖延；女犯人只要雇山（即每月出钱雇人上山伐木），就可以放她们回家。再如建武十八年（公元42年）四月，针对边郡的具体情况颁布诏令："今边郡盗谷五十斛，罪至于死，开残吏妄杀之路，其蠲除此法，同之内郡。"这样就大大改变了以往边郡刑法偏重的现象，使之与内地刑律趋同。

第三，多次赦免囚徒，体现了一种恤刑精神。建武五年（公元29年）五月，刘秀下诏说："久旱伤麦，秋种未下，朕甚忧之。将残吏未胜，狱多冤结，元元愁恨，感动天气乎？其令中都官、三辅、郡、国出系囚，罪非犯殊死一切勿案，见徒免为庶人。"原来当时大旱，而且闹蝗灾，刘秀认为这是由于官员执法不当、冤狱过多、百姓仇恨、惹怒老天爷而造成的。所以他命令京师诸官府、三辅及各郡国清理狱中的囚徒，凡不是死罪囚一律释放，现在的徒隶都免为身份自由的庶人。此后刘秀又多次下诏释囚减刑，其较为重要的，如建武六年（公元30年）五月诏："惟天水、陇西、安定、北地吏人为隗嚣所诖误者，又三辅遭难赤眉，有犯法不道者，自殊死以下，皆赦除之。"同年九月，"赦乐浪谋反大逆殊死已下"。建武七年（公元31年）正月，"诏中都官、三辅、郡、国出系囚，非犯殊死，皆一切勿案其罪；见徒免为庶人；

① 《后汉书·光武帝纪上》。

耐罪亡命，吏以文除之"。建武十八年七月，"赦益州所部殊死已下"。建武二十二年（公元 46 年）九月，因地震制诏："遣谒者案行，其死罪系囚在戊辰以前，减死罪一等；徒皆弛解钳，衣丝絮"①。建武二十八年（公元 52 年）十月，"诏死罪系囚皆一切募下蚕室，其女子宫"。建武二十九年（公元 53 年）二月，"遣使者举冤狱，出系囚"。同年四月，"诏令天下系囚自殊死已下及徒各减本罪一等，其余赎罪输作各有差"。建武三十一年（公元 55 年）九月，"诏令死罪系囚皆一切募下蚕室，其女子宫"②。除上述直接的赦囚减刑之外，刘秀又将自汉武帝以来设置的中都官狱二十六所全部省罢，只保留了廷尉和洛阳的诏狱。这样，犯人的数量随着监狱的减少也自然减少。

第四，坚持宽刑轻法。建武十二年（公元 36 年），太中大夫梁统上疏，"以为法令既轻，下奸不胜，宜重刑罚，以遵旧典"。刘秀把梁的奏章交给三公和廷尉讨论，"议者以为隆刑峻法，非明王急务"③，结果否定了这个意见。建武十四年（公元 38 年），一些反对轻刑的大臣又上言："古者肉刑严重，则人畏法令；今宪律轻薄，故奸轨不胜。宜增科禁，以防其源。"刘秀将此奏章交给公卿讨论，光禄勋杜林表示坚决反对。他引用孔子所说的"导之以政，齐之以刑，民免而无耻，导之以德，齐之以礼，有耻且格"这句话，阐明"古之明王"何以"动居其厚，不务多辟"的道理；又把西汉初"蠲除苛政"后"海内欢欣"的情况，与西汉末法网严密所造成的"国无廉士，家无完行"的情况进行对比，从而认为："宜如旧制，不合翻移。"④杜林的意见得到了刘秀的支持。这样又一次否定了那些试图改变轻刑的动议，使宽刑轻法政策得以继续实行。⑤

---

① 《后汉书·光武帝纪下》。
② 《后汉书·光武帝纪下》。
③ 《后汉书·梁统列传》。
④ 《后汉书·杜林列传》。
⑤ 参见黄留珠著：《刘秀传》，人民出版社 2003 年版，第 291—294 页。

八、释放奴婢

释放奴婢也是刘秀以柔道治国的一项重要内容。

奴婢问题曾经是西汉最为严重的社会问题之一，西汉末及王莽统治时期则更加尖锐。造成这样一个社会问题的原因自然是多方面的，但其中有两点最值得注意：一是随着土地兼并的日益严重，大量自耕农失去土地，其一部分投靠大地主，成为半奴隶式的依附农民，一部分则完全沦为奴隶。特别是遇到天灾人祸，卖身为奴的现象就更为普遍。二是随着法制的严苛与法网的严密，民众动辄犯禁，成为徒隶——一种官奴隶。此现象尤以王莽统治时期最为突出。刘秀政权接手的是自新莽末以来兵荒马乱的烂摊子，社会上大量存在的官、私奴婢，始终是令当政者深感头疼的难题。因为这些人的增多，意味着政府征税对象的减少，如此则直接影响国家的财政收入，与统治者的切身利益息息相关。再者，大量的劳动人手被迫离开社会生产，变成奴婢，主要从事家务性劳动，严重破坏了生产力中最重要的组成部分，加之连年战乱，人口锐减，劳动力尤显不足，新政权发展生产，势必要在大量的奴婢身上寻找出路。这些因素综合起来，就构成刘秀政权释放奴婢的重要原因。

刘秀统治时期先后颁布了六次解放奴婢、三次禁止虐杀奴婢的诏令。

建武二年（公元 26 年）六月，刘秀发布第一道释放奴婢的诏令："民有嫁妻卖子欲归父母者，恣听之；敢拘执，论如律。"[①]那些被卖掉的妻子儿女，如果愿意重新回到丈夫或父母身边，必须听从本人的意愿；主人若敢拘留阻拦，按律治罪。这里虽未明言奴婢，但那些被卖的妻子儿女，实际就是奴婢。

建武六年（公元 30 年）十一月，刘秀再次颁诏，规定"王莽时吏人没入为奴婢不应旧法者，皆免为庶人"[②]。这道诏令适用的范围比较小，限定在王莽时"没入为奴

---

① 《后汉书·光武帝纪上》。
② 《后汉书·光武帝纪下》。

婢"的"吏人"之中，而且必须符合"不应旧法"这个条件。所谓"旧法"，当指新莽之前的西汉法律。此诏令的意思是说，对于王莽时期那些不符合原汉法规定被没入为奴婢的吏人，一律免为庶人。而那些符合规定的，自然不在此列。

建武七年（公元 31 年）甲寅，刘秀"诏吏人遭饥乱及为青、徐贼所略为奴婢下妻，欲去留者，恣听之；敢拘制不还，以卖人法从事"①。这道诏令也有一定的适用范围，限于因遭受饥荒战乱以及被青州、徐州割据武力所掳掠成为奴婢、下妻的"吏人"。不过吏人遭饥乱而为奴婢下妻者的范围，显然要宽泛一些。

建武十二年（公元 36 年）三月，刘秀"诏陇、蜀民被略为奴婢自讼者，及狱官未报，一切免为庶人"②。意谓陇、蜀两地的老百姓被掳掠为奴婢而自己提出诉讼的，以及狱官没有申报的，一律都免为庶人。此诏适用的地域非常明确，应是对陇、蜀的特别政策。

建武十三年（公元 37 年）十二月，刘秀"诏益州民自八年以来被略为奴婢者，皆一切免为庶人；或依托为人下妻，欲去者，恣听之；敢拘留者，比青、徐二州以略人法从事"。这显然是对益州的特诏，限定于该地自建武八年以来被掳掠为奴婢的人，以及依托为人下妻（即妾媵）打算离去者。所谓"比"，是古代的一种法律形式。律无专条，取其近似者比附用之，故名。"比青、徐二州以略人法从事"，亦即比照前述建武七年诏书中对青、徐二州"以卖人法从事"的法律规定去处理。

建武十四年（公元 38 年）十二月，刘秀"诏益、凉二州奴婢，自八年以来自讼在所官，一切免为庶人，卖者无还直"③。此诏距离前诏仅一年，不过地区却从单一的益州扩大到益、凉二州。具体限制条件是建武八年以来向所在地官府提出自我申请的奴婢，处理办法则是一律免为庶人，并且卖身为奴的钱不用归还。

至于刘秀禁止残害奴婢的诏令，则集中颁布于建武十一年（公元 35 年）。是年

---

① 《后汉书·光武帝纪下》。

② 《后汉书·光武帝纪下》。

③ 《后汉书·光武帝纪下》。

二月，刘秀下诏："天地之性人为贵，其杀奴婢，不得减罪。"八月，又下诏："敢炙灼奴婢，论如律，免所炙灼者为庶人。"十月，"诏除奴婢射伤人弃市律"①。这三道诏令，首先禁止杀奴，其次禁止伤奴，再次具体解除了一条对奴婢十分苛刻的律令。贯穿其间的主导思想则是"天地之性人为贵"。

毋庸讳言，刘秀释放奴婢具有相当大的局限性。六道释奴诏令中，除了建武二年诏看不出明显的限制条件外，其他各诏，或限时间，或限地区，或地区、时间均限，这说明刘秀在释放奴婢过程中遇到了不小的阻力。刘秀的释放奴婢政策，使相当大的一批奴婢获得了解放，这对增加社会劳动力、缓和阶级矛盾，具有一定的积极作用。"卖人法""略人法"等禁令的重申，也在一定程度上阻止了自耕农沦为奴隶的趋势。总之，东汉一代奴婢问题较西汉有所缓和，时代前进的因素固然重要，但刘秀多次释放奴婢的影响，显然也不可低估。②

九、度田风波

建武十五年（公元 39 年）六月，光武帝诏令天下度田："诏下州郡检核垦田顷亩及户口年纪，又考实二千石长吏阿枉不平者。"③

所谓度田，就是以清丈全国土地、核实户口年龄为主的经济普查。农民在定居之后上报家庭所拥有的实际土地数目，政府通过户口登记承认其占有土地的合法性，并于每年仲秋之月定期检核户口、年龄，形成"案户比民"的制度，以此作为赋役制度的基础。

刘秀之所以下令度田，是东汉政府需要掌握确切的土地及人口数字，以便征收赋税和征发徭役。当然，这里面也含有限制豪强大家兼并土地和奴役人口数量的目

---

① 《后汉书·光武帝纪下》。
② 参见黄留珠著：《刘秀传》，人民出版社 2003 年版，第 298—300 页。
③ 《后汉书·光武帝纪下》。

的。而其深层的原因，无疑仍与强化皇权有关。刘秀试图通过这种方式，实现在全国经济领域的集权。然而显然，刘秀低估了度田的难度。当度田令颁布之后，立即为社会各方面所抵制，执行的情况非常糟糕。

第一，从农民的情况来看，两汉之间，农民通过战争的暴力手段，从地主手中夺得了大量土地，不少人还挣脱束缚，获得人身解放。现在东汉政府实行度田，清查土地和户口，试图重新控制他们，把枷锁再度套在他们身上，这自然要遭到他们的反对。

第二，从豪强地主的情况来看，他们本来就是大量土地的占有者，尤其是那些大地主，差不多都拥有武装，号称"大姓""兵长"，所隐瞒的田地和依附的人口很多。政府度田，他们自然不愿意被清查，故而极力反对。不过他们一般都是与官府相勾结，采取谎报等手段蒙混过关。而地方官惧怕他们，或贪于贿赂，或利害相连，所以也心甘情愿与他们沆瀣一气。

第三，从州郡官员的情况来看，他们既是度田令的执行者，又大多兼有豪强地主的身份，或与当地豪族有着这样那样的关系，所以势必不肯如实丈量土地、呈报户口。[1]甚至更可怕的是州郡官员以度田为名，不仅丈量农民的田地，还将房舍、里落都作为田地进行丈量，从而把负担转嫁到百姓的头上，从而导致"百姓嗟怨，遮道号呼"[2]，许多地方发生了民变。

由于土地兼并的加剧及大姓的隐瞒，登记在册的垦田、编户数目远远少于实际数目，致使国家的财政收入受到影响。刘秀认为各地的百姓大多没有如实上报自己实际占有的土地数量，而且户口年纪互有增减，赋税之数不够准确，所以诏令州郡官员进行全国性的土地清丈和户籍普查。

度田之举可以视为光武帝与世家大族的一次较量，在具体实施的过程中必然会遇到重重的阻力。尽管他雷厉风行，处死了一批枉法的地方长官，然而度田之举还

---

① 参见黄留珠著：《刘秀传》，人民出版社 2003 年版，第 334—335 页。

② 《后汉书·刘隆列传》。

是以失败告终。

两汉之交，各地豪强起兵、宗族蚁附的蜂拥之景，光武帝历历在目。光武集团之所以能夺取天下，得益于南阳、颍川、河北、河西地区士族的支持。这些士族拥有政治和经济方面的雄厚实力，士族中人不少具有较高的文化修养和政治才能，为世人看重，非一般人物可比；没有士族的合作，根本无法重建一个稳定的新的政权。刘秀本人的外祖樊氏和妻家阴氏，都是拥有田亩数百顷、家产数百万的鼎食之家。士族豪强在土地占有和依附人口的数量上，享受着优越的现实利益，而刘秀毅然进行度田，自然是要与朝廷权贵和郡国的势族争夺利益，风险之大远远超过了他的预想。

度田从一开始就遇到了巨大的阻力。地方的豪强大姓占尽良田美宅，却隐瞒了实际占有的大量土地，而负责度田的官吏不敢得罪地方的权贵，因而也不可能对他们拥有的土地进行如实的统计。度田进行得颇不顺利。据史料记载：

> 是时，天下垦田多不以实，又户口年纪互有增减。（建武）十五年，诏下州郡检核其事，而刺史太守多不平均，或优饶豪右，侵刻羸弱，百姓嗟怨，遮道号呼。时诸郡各遣使奏事，帝见陈留吏牍上有书，视之，云"颍川、弘农可问，河南、南阳不可问"。帝诘吏由趣，吏不肯服，抵言于长寿街上得之。帝怒。时显宗为东海公，年十二，在幄后言曰："吏受郡敕，当欲以垦田相方耳。"帝曰："即如此，何故言河南、南阳不可问？"对曰："河南帝城，多近臣，南阳帝乡，多近亲，田宅逾制，不可为准。"帝令虎贲将诘问吏，吏乃实首服，如显宗对。于是遣谒者考实，具知奸状。[①]

上面史料说明，迫于朝廷的压力，地方长官只能采用弄虚作假的方法，巧立名目，欺凌百姓。州牧、太守多以度田为名，把百姓赶出家门，聚民于田野之中，把百姓的房屋、里落都算作田亩之数，以此来增加垦田的数目。这种手法极大地侵害

---

① 《后汉书·刘隆列传》。

了百姓的利益，各地民众嗟怨不已，拦在道路上啼哭呼喊，抗议官吏的恶劣行径。于是风波骤起，各地都发生了激烈的骚动。光武帝在审阅各郡奏事时，发现在陈留郡的吏牍上写有"颍川、弘农可问，河南、南阳不可问"的字句。他读了之后感到不解，便诘问有关官吏，官吏回答说这是在洛阳长寿街上得来的。光武帝知其有意搪塞，非常愤怒。这时光武帝年仅十二岁的儿子刘阳（阴丽华所生，时封东海公）在帷幄之后说："河南帝城，多近臣；南阳帝乡，多近亲；田宅逾制，不可为准。"意谓这是使吏所受郡太守的教诫，让他按"颍川、弘农可问，河南、南阳不可问"的原则，去求问其他郡垦田之数，来与自己郡的垦田数作比较，以防止所上奏的数字偏低或偏高。很明显，此乃地方官员应付朝廷的一种"对策"。刘秀听罢，便派虎贲中郎将去查问，果然证实了刘阳的判断。刘秀又派谒者再去调查，终于了解了度田不实的真相。

度田过程中优饶士族大姓的普遍现象是刘秀所不能容忍的。面对度田令实施过程中严重的营私舞弊行为，刘秀龙颜大怒，决心严厉惩处。就在颁布度田令当年的冬天，大司徒欧阳歙被抓进监狱，罪名是"前为汝南太守，度田不实，臧罪千余万"①。这是刘秀为度田问题而处置的第一位大臣。建武十六年（公元40年），刘秀又对度田不实的郡太守大开杀戒，"河南尹张伋及诸郡守十余人，坐度田不实，皆下狱死"②。这次的严惩还涉及功臣南郡太守刘隆，因他在度田中有严重的舞弊行为，被征下狱。刘秀念其既是宗室，又是功臣，才"特免为庶人"③。

刘秀这次所杀郡国守、相比较多，他希望通过此举起到某种震慑作用。然而刘秀万万没有料到，他的高压政策不仅没能使度田令顺利实施，相反所带来的竟是以民变形式出现的武装对立与地方抗争，"郡国大姓及兵长、群盗处处并起，攻劫在所，害杀长吏"。这就是所谓的"度田事件"。在"并起"的反抗者队伍中，"大姓""兵

① 《资治通鉴·卷第四十三·汉纪三十五·建武十五年》。

② 《后汉书·光武帝纪下》。

③ 《后汉书·刘隆列传》。

长"属于豪强地主一类。他们反抗是为了保护自身的既得利益。而"群盗"则属于另一类，即农民大众，他们反抗是反对官员借度田之名转嫁负担、胡作非为。如此两类反抗交织在一起，令整个事件的性质更加复杂化。刘秀命令"郡县追讨"，可是"到则解散，去复屯结"①，军事镇压几乎无能为力。青、徐、幽、冀四州的民情尤为怨烈，骚乱的范围越来越大。民间动荡的严重事态证明刘秀的度田之举已导致社会矛盾的普遍激化，建武中期刘秀与士族豪强地主争利的恶果终于通过度田事件反映了出来。

民间的动荡使刘秀想起十多年前自己也是一个造反的平民，竟得龙袍加身，富有四海，并非皇天有意眷顾他刘秀一人。如今他身处九五之尊，靠什么力量来维护他的江山社稷，他还是知道的。民不畏死，则大危至矣。形势迫使他放弃严厉镇压的举措而作出妥协。

建武十六年（公元 40 年）冬，光武帝诏令各郡国：群盗若能互相揭发，五人共斩一人者，可免除罪名。郡县官吏以前故意回避以至纵容者，朝廷既往不咎，听以日后擒讨为效，唯以藏匿盗贼者加罪。这一怀柔性的诏命下达之后，各地的反抗果然纷纷平息，豪族与百姓各自回归原先的生业，各项度田措施也再无下文。一场规模不小的民间动乱，终于被刘秀以软硬兼施的明智办法妥善处理。

度田风波对刘秀刺激不小，他不安的心情亦在无意中流露出来。建武十九年（公元 43 年），他巡幸南顿之时免除了当地一年的田租，父老乡亲请求增至十年，光武帝答道："天下重器，常恐不任，日复一日，安敢远期十岁乎！"②这种居安思危的心理，对于建武后期政治空气的缓和，起了一定的作用。

在大批豪强士族已成为东汉政权基础的和平时期，光武帝试图以度田的手段解决大土地所有者对土地的超额占有，与既得利益集团争利，是注定失败的尝试。一方面，他身在统治集团的内部，无法超越自己的阶级属性，不可能损害贵族、官僚、

---

① 《后汉书·光武帝纪下》。
② 《后汉书·光武帝纪下》。

豪强、地主的根本利益。另一方面，豪强地主经济已经成为维护东汉帝国政权的经济基础，所谓牵一发而动全身。作为政治家的刘秀尽管看到了问题之所在，但也只能如西汉末年的政治改革一样，无法真正解决社会各阶级、各阶层、各利益集团之间的利益冲突，他只能依靠温和的手段来缓和因土地兼并与贫富分化所导致的社会矛盾。这是刘秀的无奈，也是历史的局限。[①]

十、总揽朝纲

（一）退功臣而进文吏

刘秀和他的老祖宗刘邦一样，都是典型的"马上"皇帝。由"马上"得天下，自然不是一人之力所能办得到的，势必要有一大批忠诚的追随者与之共同奋斗，经过一刀一枪的拼杀，战胜一个又一个对手，最终方才获得成功。当得到天下之后，这些追随者便是所谓的功臣。一个新王朝建立之后，如何处置这些功臣，确实是个关系重大的问题。

公元 25 年，刘秀称帝，建立东汉政权。但是，刘秀称帝后的相当一段时期内，割据势力尚在，国家尚未统一，还需要不断地南征北战，东伐西讨，芟夷群雄，这自然需要使用功臣。但当建武十三年（公元 37 年），大司马吴汉自蜀振旅而还，国家统一大业宣告完成之后，刘秀便立即动手解决功臣问题。不过，刘秀的做法与其先祖刘邦截然不同。他的办法是既不杀戮，也不任官，而是采用了一种全新的功臣政策，叫作"高秩厚礼，允答元功"[②]。这就是说，朝廷用极高的秩禄和隆重的礼仪之类经济性和荣誉性的东西，回报功臣元勋。具体来看，其实施步骤主要有：

第一，建武二年（公元 26 年），刘秀"悉封诸功臣为列侯"[③]，"封功臣皆为列侯，

---

① 参见颜晨华著：《细说光武帝》，上海人民出版社 2014 年，第 154—156 页。

② 《后汉书·朱景王杜马刘傅坚马列传》。

③ 《资治通鉴·卷第四十·汉纪三十二·建武二年》。

大国四县，余各有差"①。这是刘秀称帝后首次大封功臣。如果和刘邦封功臣相比，其食邑明显增多。这引起博士丁恭的异议，他说："古者封诸侯不过百里，强干弱枝，所以为治也；今封四县，不合法制。"这里，丁恭是以古制衡量今事，批评刘秀封功臣四县，不符合"法制"。刘秀反驳说："古之亡国皆以无道，未尝闻功臣地多而灭亡者。"②意谓自古以来都是因为无道而亡国，还没有听说由于功臣封地多而亡国的实例。于是"遣谒者即授印绶"，并下诏告诫受封功臣说："人情得足，苦于放纵，快须臾之欲，忘慎罚之义。惟诸将业远功大，诚欲传于无穷，宜如临深渊，如履薄冰，战战栗栗，日慎一日。""在上不骄，高而不危，制节谨度，满而不溢；敬之戒之，传尔子孙，长为汉藩。"③意思是让诸功臣小心谨慎，有节制不骄傲，将爵位荣誉子子孙孙传下去，永远做汉帝国的藩属。

第二，建武十三年（公元 37 年），"功臣增邑更封，凡三百六十五人"④。"定封邓禹为高密侯，食四县；李通为固始侯，贾复为胶东侯，食六县；余各有差，已殁者益封其子孙，或更封支庶"⑤。这是刘秀第二次大封功臣，其时间是在实现统一之后。与前次不同者，此为"增邑更封"，即在原来食邑的基础上再增加食邑并重新册封。经这次"更封"，功臣所受列侯名号，即为"定封"。从具体情形看，所授食邑已经突破四县而有六县者。

第三，建武十三年（公元 37 年），刘秀再次分封功臣时，明确了"列侯非宗室不宜复国"的政策。有关的情形，《资治通鉴》记载得很是详细，特录如下：

> 朱祐奏："古者人臣受封，不加王爵。"丙辰，诏长沙王兴、真定王得、河间王邵、中山王茂皆降爵为侯。丁巳，以赵王良为赵公，太原王章为齐公，鲁王兴为鲁公。是时，宗室及绝国封侯者凡一百三十七人。富平侯张纯，安世之

---

① 《后汉书·光武帝纪上》。
② 《资治通鉴·卷第四十·汉纪三十二·建武二年》。
③ 《后汉书·光武帝纪上》。
④ 《后汉书·光武帝纪上》。
⑤ 《资治通鉴·卷第四十三·汉纪三十五·建武十三年》。

四世孙也，历王莽世，以孰谨守约保全前封；建武初，先来诣阙，为侯如故。于是有司奏："列侯非宗室不宜复国。"①

第四，建武十三年（公元 37 年），刘秀"罢左右将军官"②，"去甲兵，敦儒学"。在"增邑更封"之后，刘秀立即开始收缴功臣手中的权力，其中首先是兵权。有关这个过程，《资治通鉴》说：

> 邓禹、贾复知帝偃干戈，修文德，不欲功臣拥众京师，乃去甲兵，敦儒学。帝亦思念，欲完功臣爵土，不令以吏职为过，遂罢左右将军官。耿弇等亦上大将军、将军印绶，皆以列侯就第，加位特进，奉朝请。邓禹内行淳备，有子十三人，各使守一艺，修整闺门，教养子孙，皆可以为后世法，资用国邑，不修产利。贾复为人刚毅方直，多大节，既还私第，阖门养威重。朱祐等荐复宜为宰相，帝方以吏事责三公，故功臣并不用。是时，列侯唯高密、固始、胶东三侯与公卿参议国家大事，恩遇甚厚。帝虽制御功臣，而每能回容，宥其小失。远方贡珍甘，必先遍赐诸侯，而太官无余，故皆保其福禄，无诛谴者。③

从上述史料可以看出，邓禹、贾复了解刘秀要偃武兴文，不希望功臣拥兵众于京师的心理，便自动交出兵权，一心向学；刘秀也考虑，希望保全功臣们的爵土，不让他们担任吏职以避免其犯过错，于是省罢了左右将军；耿弇等也主动交出大将军、将军的印绶，仅以列侯加特进的身份待在家中，奉朝请而已。从上述明显可以看出，刘秀之收权，功臣之交权，基本上是互动的，似乎功臣们都迎顺着皇帝的心思自觉自愿地去做。其实，问题不会那么简单。在此背后起主要作用的，无疑还是刘秀的实力。一则是刘秀称帝建制，拥有合法号令一切的权力资源；一则是天下已定，"马上"时代已经过去，治理国家，需要懂晓治平的人才去实行。顺势者昌，逆

---

① 《资治通鉴·卷第四十三·汉纪三十五·建武十三年》。

② 《后汉书·光武帝纪下》。

③ 《资治通鉴·卷第四十三·汉纪三十五·建武十三年》。

势者亡，众功臣只能遵循刘秀的主张而别无选择。关于功臣们退出政治舞台以后的情况，不妨以带头交权的邓禹、贾复为例来观察。邓禹"有子十三人，各使守一艺，修整闺门，教养子孙，皆可以为后世法"；贾复"既还私第，阖门养威重"。一个"教养子孙"，一个"阖门养威重"，两人都不离一个"养"字。由此不难推见其他功臣，应该也同样离不开一个"养"字吧！

总的说来，刘秀制御功臣的办法是成功的。《资治通鉴》说刘秀"虽制御功臣，而每能回容，宥其小失；远方贡珍甘，必先遍赐列侯，而太官无余；有功，辄增邑赏，不任以吏职，故皆保其福禄，终无诛谴者"，这应该是刘秀比其先辈们高明的地方。关于刘秀如此处置功臣，明末清初的思想家王夫之曾予以评价说："光武终不任将帅以宰辅，诸将亦各安于鞿靮而不欲与于鼎铉，呜呼，意深远矣！故三代以下，君臣交尽其美，惟东汉为盛焉。"①刘秀不任用为他打天下的将帅做宰辅官，而将帅们也都安于现状不作非分之想，这当中所包含的意义相当深远。自古以来君臣之间能保持善始善终的完美关系，刘秀之外，唯有北宋宋太祖赵匡胤可以与之媲美。②

（二）权归尚书台

与"退功臣而进文吏"旨趣相通的是，刘秀进一步把中央三公拥有的权力，转移至尚书台，使之成为实际上的最高决策施政机构，这就是仲长统所说的："光武皇帝惩数世之失权，忿强臣之窃命，矫枉过直，政不任下，虽置三公，事归台阁。自此以来，三公之职，备员而已。"③

一般认为，秦汉三公是指丞相、太尉、御史大夫。丞相掌丞天子助理万机，为百官之长，是最高的行政长官。太尉掌武事，为最高的武官。御史大夫掌副丞相，主管监察。不过，实际上秦及西汉初并没有设置三公。武帝及其后，因受今文经学

---

① 《读通鉴论》卷六《光武》。
② 参见黄留珠著：《刘秀传》，人民出版社2003年版，第311—316页。
③ 《后汉书·仲长统列传》。

的影响，才有以丞相、太尉、御史大夫为三公的习称。西汉后期，仿古制设立三公官，并最终确立以大司马、大司徒、大司空为三公的定制。严格说来，所谓秦汉三公官是这时才有的。概而言之，大司马基本沿承太尉而来，由于当时权臣都冠此头衔，所以其实际职掌是集军政大权于一体的。大司徒虽由丞相改名而来，但其实权已大大削减。大司空更是特殊，表面看此职是从御史大夫更名来的，实际上其已经完全不承担御史大夫的职责，而成为专管土木工程的官员。新莽及东汉均设三公。建武二十七年（公元 51 年），刘秀改大司马为太尉，大司徒、大司空均去"大"字为司徒、司空。如此以太尉、司徒、司空为三公的格局，一直沿用到东汉末年。

在丞相、太尉、御史大夫这样一种习称的三公时期，三公权力很大，且其人选基本由功臣垄断。特别是丞相，位极人臣，皇帝也需让他三分。西汉初曾发生这样一件事：景帝打算封皇后的哥哥王信为列侯，与丞相周亚夫商议；周认为王信无功而侯，违背高帝之约，故不赞成；景帝也只好作罢。可见当时皇帝遇事，需征得丞相同意后方能进行。由于相权如此之重，所以武帝时大力削弱相权，以强化皇权。他的具体做法，除了亲自过问一切政务，令诸卿不通过丞相直接奏事外，又提拔了一批中下层官员，作为侍从和助手，替自己出谋划策，发号施令。如此形成了中（内）朝和外朝。中朝主要由尚书、侍中、给事中、散骑、诸吏等皇帝近臣组成，是实际的决策机构。外朝以丞相为首，反而成为执行一般政务的机关。

这当中，对尚书的利用是最值得注意的一件事。

尚书的官名，始见于秦。秦制，尚书属少府，已初步形成自己的办事机构，但地位并不重要，仅是皇帝与丞相之间的一个传达吏而已。西汉初年尚书的所属及职掌，基本与秦相同。至汉武帝时，出于削弱相权、强化君权的需要，便更多地使用尚书这个设于禁中的办事机构，并任用宦官为尚书，称作中书。尚书（中书）既为近臣，办事又日益增多，自然也日渐重要。不过武帝是帝王中的强者，他虽利用尚书而权力却不失控，所以整个武帝时期尚书（中书）的地位虽然重要但并不特别尊崇。武帝之后，随着君权的发展与皇帝的无能，尚书的职权不断扩大。成帝时设三公官，以前由丞相总理的中央政府，变成三公分权的中央政府；原来统一的丞相职权一分为三，且三公互不统辖。这样一来，皇帝更是独揽大权。然而皇帝一人总不能尽揽天下之事，于是不得不进一步委政于近侍尚书，如此就促成尚书权力的新扩展。其具体体现，即尚书五曹体系的建立。

常侍曹——主丞相御史等公卿事。

二千石曹——主刺史郡国二千石事。

民曹（户曹）——主吏民庶人上书事。

客曹（主客曹）——主外国夷狄事。

三公曹——主断狱事。

如上所述的尚书五曹，较之秦及西汉初尚书仅有左右曹的情况，其结构显然已大为完善。就各曹所主之事来看，从中央到地方，从官府到民间，从内地到边境，所有的事都管到了，足以说明其职权范围之广。不过应该看到，尽管此时尚书所掌章奏、封奏及上传下达等权，已经干预了某些政务，但其实权仍不算很大，还没有达到总理国家政务中枢的地步。

刘秀亲历了王莽代汉的经过，往事历历在目，记忆犹新，所以他当了皇帝之后，惟恐臣下篡位，不信任大臣，要自己独揽大权。他借鉴武帝起用中下层官员襄政的做法，于"退功臣而进文吏"之外，又大力削弱三公权力，加强尚书的权力，使之成为"众务悉归"的"渊薮"①。尚书官微人轻，大多在朝廷没有盘根错节的关系网，可谓招之即来，挥之即去。因此，他们对皇帝只能毕恭毕敬，惟命是从。刘秀使用这样的驯服工具，既省心又放心。如此，大权自然便紧紧握在了他的手中，实现了"政不任下"的目的。从表面来看，东汉一代尚书始终"文属少府"，即为少府的属官，但实际上已经独立出来，变为直接隶属于皇帝的机关，州做尚书台。因其在禁中，故又名中台。凡尚书，则统称为台官。

为了适应日益繁忙的政务，刘秀扩大尚书台的组织机构，并适当提高其秩级。

---

① 杜佑：《通典》卷二十二《职官四》。

扩大后的尚书台，设尚书令一人为最高长官，"总典纲纪，无所不统"①，秩别由六百石提高为千石。设尚书仆射一人为副长官，主文书启封，"令不在，则奏下众事"②，秩六百石。其下分六曹办事，每曹设尚书一人，秩与仆射同，为该曹负责人；下辖侍郎六人、令史三人，为办事人员。六曹的具体分工是：

三公曹——掌天下岁尽集课州郡。

吏曹——掌选举斋祠。

二千石曹——掌中都官水火、盗贼、辞讼、罪法。

民曹——掌缮理功作，监池苑囿。

南主客曹——掌羌胡朝贺，法驾出则护驾。

北主客曹——同上。

此外，尚书令之下还有左、右丞各一人，秩各四百石，为令与仆射的佐官，相当于现今的助理。

"汉典旧事，丞相所请，靡有不听。"但从刘秀"事归台阁"，沿承自汉武帝以来利用尚书加强皇权统治的传统，并把其发挥到了极致，使之成为皇帝实行独裁政治、高居于由三公九卿组成的中央政府之上的御用机构以来，"三府任轻，机事专委尚书"，"选举诛赏，一由尚书，尚书见任，重于三公，陵迟以来，其渐久矣"③的局面已经形成。在当时所谓的"三台"（指尚书台、御史台、谒者台）之中，尚书台地位最为重要；在所谓的"三独坐"（指尚书令、司隶校尉、御史中丞。每逢朝会，这三官皆专席坐，以示尊重，故名）之中，尚书令的地位亦最为显赫。从刘秀开始，朝政权力集中于尚书台，而尚书台则直接听命于皇帝。"今陛下之有尚书，犹天之有北斗也。斗为天喉舌，尚书亦为陛下喉舌……尚书出纳王命，赋政四海，权尊势重，责之所归。"④尚书台实际上就是东汉皇帝决策和发号施令的中枢机关，三公、九卿只受

---

① 应劭：《汉官仪》。

② 《续汉书·百官志》本注。

③ 《后汉书·郭陈列传·陈忠传》。

④ 《后汉书·李固列传》。

成事而已。应劭《汉官仪》说："三公、列卿、将、大夫、五营校尉行复道中，遇尚书令、仆射、左右丞，皆回车豫避。卫士传不得连台官，台官过，乃得去。"① 东汉权臣，必须加"录尚书事"的头衔，才算真正抓到了实权。东汉的尚书台即后世尚书省的前身，六曹亦即后世吏、户、礼、兵、刑、工六部的雏形。

从某种角度来看，尚书台似可视为刘秀进用文吏的一个典型。当时，刘秀手下所用文吏，差不多都是由他亲自选举，而且要求极其严格，所谓"峻文深宪，责成吏职"②，以致有"职事过苦"③之叹。尤其对于近臣尚书，更是苛刻，"至乃捶扑牵曳于前"④。尚书令申屠刚实在看不过眼，犯颜极谏，刘秀不仅不听，反而把他贬出京城，外放平阴县令。这件事足以表明，被外界视为无比高贵握有大权的台官们，在刘秀那里不过是一群任他打骂摆布的奴仆而已。由此不难窥见刘秀进用文吏"事归台阁"最具本质性的一些东西。⑤

（三）加强监察制度

刘秀总揽权纲强化皇权，其措施是多方面的。强化对百官的监察即是其加强皇权措施的一部分。为了加强对臣僚的监督控制，刘秀大力加强监察制度。其具体做法是：

1. 建立以御史中丞为主官的御史台，掌管对百官的监察

秦汉时期，国家的最高监察官员是御史大夫。御史大夫属员御史中丞是具体执行监察权力的官员。成帝时，御史大夫改为司空，成为正式的三公后，他本身的监察职能反而严重弱化，而中央的最高监察官员实际上也就是御史中丞了。东汉建立后，御史中丞成为少府的属官，其监察的职能却没有改变。"御史中丞一人，千石。

---

① 《汉官六种》。

② 《后汉书·朱景王杜马刘傅坚马列传·论》。

③ 《后汉书·申屠刚列传》。

④ 《续汉书·百官志》本注。

⑤ 参见黄留珠著：《刘秀传》，人民出版社 2003 年版，第 320—325 页。

本注曰：御史大夫之丞也。旧别监御史在殿中，密举非法。及御史大夫转为司空，因别留中，为御史台率，后又属少府。"①

东汉时期的御史中丞虽属少府，但实际上有相当大的独立性。

原来自御史大夫改称大司空、司空之后，虽号三公，但实际职掌却发生变化，东汉时则明确为掌水土之官。刘秀让原是御史大夫的属官御史中丞主管御史台，实际上等于恢复了以往御史大夫监察的功能；然而御史中丞仅为秩千石的小官，皇帝驾驭起来自然就容易多了。

刘秀赋予御史中丞很高的地位和权力。御史中丞与尚书令、司隶校尉在朝会时享有"专席独坐"的权力，他领导的御史台也是与尚书台、谒者外台鼎足而立的三台之一，又称宪台。他的职责除掌握国家的图籍秘书（由兰台令史具体负责）外，主要任务是行监察大权。他外督部刺史，监察地方郡县官吏，内领侍御史，对中央的各级官员进行监察，"掌察举非法，受公卿群吏奏事，有违失举劾之。凡郊庙之祠及大朝会、大封拜，则二人监威仪，有违失则劾奏"②。御史中丞的中心任务就是监察，从宫内到宫外，从殿中到官府，从中央到地方，所有朝廷命官全在其监察之列。

2. 复置司隶校尉

此官始置于武帝时，"掌察举百官以下，及京师近郡犯法者"③，成帝朝省罢。哀帝时复置，但名司隶，属大司空。刘秀则完全恢复其原来名称，并扩大其职权范围，使兼领一州事，还掌兵权，不过却将其秩级由二千石降为比二千石。设从事史十二人，主管察举中央百官犯法者和本部各郡事务。司隶校尉既是京官，又是地方官。参与议论朝政时，位在九卿之上；朝贺时，处于公卿之下。其监察之权，除三公之外，"无所不纠"④。《后汉书·百官志四》记载其职责与属吏的情况是：

---

① 《后汉书·百官志三》。

② 《后汉书·百官志三》。

③ 《续汉书·百官志》本注。

④ 《通典》卷三十二《职官十四》。

司隶校尉一人，比二千石。本注曰：孝武帝初置，持节，掌察举百官以下，及京师近郡犯法者。元帝去节，成帝省，建武中复置，并领一州。从事史十二人。本注曰：都官从事，主察举百官犯法者。功曹从事，主州选署及众事。别驾从事，校尉行部则奉引，录众事。簿曹从事，主财谷簿书。其有军事，则置兵曹从事，主兵事。其余部郡国从事，每郡国各一人，主督促文书，察举非法，皆州自辟除，故通为百石云。假佐二十五人。本注曰：主簿录阁下事，省文书。门亭长主州正。门功曹书佐主选用。《孝经》师主监试经。《月令》师主时节祠祀。律令师主平法律。簿曹书佐主簿书。其余都官书佐及每郡国，各有典郡书佐一人，各主一郡文书，以郡吏补，岁满一更。司隶所部郡七。

3. 恢复西汉时的刺史制度

据《后汉书·百官志五》记载：

外十二州，每州刺史一人，六百石。本注曰：秦有监御史，监诸郡，汉兴省之，但遣丞相史分刺诸州，无常官。孝武帝初置刺史十三人，秩六百石。成帝更为牧，秩二千石。建武十八年，复为刺史，十二人各主一州，其一州属司隶校尉。诸州常以八月巡行所部郡国，录囚徒，考殿最。初岁尽诣京都奏事，中兴但因计吏。皆有从事史、假佐。本注曰：员职略与司隶同。无都官从事，其功曹从事为治中从事。

汉武帝分天下为十三州部，各置刺史一人，为秩六百石的小官，负责省察所部郡国六方面的情况，叫作"六条问事"。这是一种典型的以小官监督大官的做法。成帝时，更名州刺史为州牧，升秩二千石。建武十八年（公元42年），刘秀罢州牧，复置秩六百石的刺史十二人各主一州，余一州属司隶校尉。刺史于每年八月巡行所部郡国，录视囚徒，考绩长吏优劣，年终上奏朝廷。其属官与司隶校尉略同。[①]

---

① 参见黄留珠著：《刘秀传》，人民出版社2003年版，第325—326页。

通过上述措施，刘秀强化了东汉政府的监察职能，这对于澄清吏治、强化皇权，皆具有重要的治理意义。

（四）罢郡国兵

刘秀是"马上"得天下，所以深知军队对于他统治的重要性。前面所述"退功臣"，实际上主要就是解除功臣的兵权。而在此之前，刘秀很早便已经开始了这方面的部署，目标就是"罢郡国兵"，集军权于皇帝之手，彻底消灭地方军事叛乱的隐患。

建武六年（公元 30 年），刘秀"罢郡国都尉官"①，无都试之役②。

建武七年（公元 31 年）二月，罢护漕都尉官。同年三月，罢郡国轻车、骑士、材官、楼船士，以及军中临时设置的军吏，让他们还复为民。是岁，省长水、射声二校尉官。

建武九年（公元 33 年），省关都尉。

这期间虽然因为边郡多事，刘秀也有在建武九年"初置青巾左校尉官""复置护羌校尉官"③等举措，但撤销武官省罢军队，特别是省罢郡国军队一项，显然值得注意。这其中，固然含有"偃武"的意味，但更重要的无疑还在于削弱地方的军权。

刘秀削减地方的兵权，很显然有他的顾虑。原来秦汉时期，地方军队在帝国的军队中一直都是不可忽视的重要力量，"其占整个军队的比例最多，规模最为庞大"④。统治者调用它们，动辄几万、几十万。地方军的兵种，有轻车（车兵）、骑士（骑兵）、材官（步兵）、楼船士（水兵）之分，因地制宜，置于不同的郡国，既是牵制朝臣的保障，同时也是动乱不安定的源头。刘秀称帝之后，大抵沿用西汉各种制度，因此郡国拥有的军队数量相当可观，这就使他很不放心。特别是郡国每年秋天举行的都试——或称校阅、秋射，即大规模的军事演习，常常被地方官利用，以起事作

---

① 《后汉书·光武帝纪下》。

② 《续汉书·百官志》。

③ 《后汉书·光武帝纪下》。

④ 黄今言著：《秦汉军制史论》，江西人民出版社 1993 年版，第 155 页。

乱。如当年东郡太守翟义借都试之日起兵反叛王莽，而刘秀本人最初也曾计划利用都试的机会劫持南阳地方官以发难。所以建武六年（公元 30 年）天下初定后，刘秀便首先在撤掉郡武官都尉、并其职于太守的同时，取消了都试制度，以防止有人依葫芦画瓢，也利用秋射搞反叛活动。紧接着在建武七年索性把郡国兵亦裁掉，使地方不再拥有庞大的武装力量。

经过上述的省罢整顿，东汉郡国之兵所剩已经寥寥无几，加上没有都试之类的演习操练，战斗力大大减弱，一般都不能作战；每遇战事，必须依靠中央的军队。当时中央军主要有四支。其中两支在首都，即南军和北军。南军又分为两部，一部归光禄勋（九卿之一）管辖，下设七署，就是五官中郎将、左中郎将、右中郎将、虎贲中郎将、羽林中郎将、羽林左监、羽林右监，掌宿卫宫殿门户和侍从；另一部归卫尉（亦九卿之一）管辖，掌宫门内的守卫。北军负责京师卫戍，主要由北军中侯所监五营校尉，即屯骑、越骑、步兵、长水、射声校尉，分掌其兵。余两支分屯地方。一为黎阳营，合幽、冀、并三州兵骑而成，驻黎阳（今河南浚县东），主要任务是守卫黄河以北，作为首都洛阳北面的屏障。一为雍营，驻地雍（今陕西凤翔），主要任务是守卫三辅，以为首都洛阳西面的屏障。[①]

南北两军互不统属，但在执行任务时则彼此协同。北军由中尉（后改称执金吾）统率，担任首都长安及周围（三辅）地区的警卫，兵员较多。北军士兵由征自三辅地区的正卒组成，而南军士兵多征自国内其他郡县。这样，守卫京师的中央军就分成两支，而其成员又分别来自不同的地区，这显然是为了使之互相牵制。宋朝人山斋易氏已经看出汉代统治者如此安排的苦心，他说："汉之兵制莫详于京师南北两军之屯，虽东西两京沿革不常，然皆居重驭轻，而内外自足以相制，兵制之善者也。盖是时兵农未分，而南北两军实调诸民，犹古者井田之遗意。窃疑南军以卫宫城，而乃调之于郡国；北军以护京城，而乃调之于三辅，抑何远近轻重之不伦耶？尝考之司马子长作《三王世家》，载公户满意之言曰：'古者天子必内有异姓大夫，所以正

① 参见黄留珠著：《刘秀传》，人民出版社 2003 年版，第 327—328 页。

骨肉也；外有同姓大夫，所以正异族也。'……郡国去京师为甚远，民情无所适莫，而缓急为可恃，故以之卫宫城，而谓之南军；三辅距京师为甚迩，民情有闾里墓坟族属之爱，而利害必不相弃，故以之卫京城，而谓之北军，其防微杜渐之意深矣。"①

从军事改革来看，一方面，刘秀"罢郡国兵"，取消地方军事力量；另一方面，刘秀又将大司马大将军改称太尉，让其权柄进一步加重。太尉既是皇帝的军事顾问，又综理全国军政事务，权力超过了丞相。刘秀的军事改革固然对于集权朝廷便于控制有莫大好处，但从整体上削弱了东汉王朝的军事力量，东汉王朝再也没有了西汉王朝时期那样的开拓与进取的雄风。

（五）抑制贵戚

抑制权贵与外戚，亦是刘秀强化皇权的措施之一。

中国历代王朝，都有一个由皇帝的母族、妻族以及公主的夫家组成的外戚集团。这个集团中人，凭借与皇帝的裙带关系，通过皇帝的封赏，迅速成为富贵一时的暴发户。他们往往利用权势横行不法，贪污受贿，成为当时社会重要的腐败根源之一。在皇帝周围，除外戚外，还有由高官显宦组成的勋贵集团，这些人及其子弟宗族亦往往凭其权势攫取法外特权，成为另一个腐败根源。历史上一切明智的皇帝都明白，为了抑制腐败之风的蔓延，维持社会的安定，获得百姓的拥护，必须对外戚勋贵及其家族的活动加以严格约束。

东汉承继西汉的郡国并行制，分封了相当一批诸侯王，以及大量的列侯。这么做，固然体现了一种共享天下的浩荡皇恩，或从某种意义上起到一些有限的藩屏作用，但其副作用也是显而易见的。特别是那些诸侯王，受茅土，立社稷，置官吏，完全是国中之国；尽管他们较西汉早期诸侯王的势力已不能同日而语，可还是容易成为对抗朝廷的独立势力。因此，刘秀一方面利用分封来巩固刘氏江山，另一方面在分封的同时，也在想方设法削弱他们。

----

① 《文献通考·卷一五〇·兵二》。

建武十三年（公元 37 年），朱祜上奏，认为"古者人臣受封，不加王爵"。此奏正符合了刘秀削弱诸侯王的心意，于是"诏长沙王兴、真定王得、河间王邵、中山王茂皆降爵为侯"，又"以赵王良为赵公，太原王章为齐公，鲁王兴为鲁公"①。其后一段时间内，最高的爵级只有公，而没有王。建武十七年（公元 41 年），刘秀又恢复了王爵。除了这种称号上的降格之外，刘秀更注意防范王侯私养宾客，广结朋党。建武二十四年（公元 48 年），刘秀"诏有司申明旧制阿附蕃王法"②，以禁止人们阿曲附益王侯，并诏令郡县"收捕诸王宾客"，以使诸王及其宾客行为检点，"各循法度"③。

为了避免西汉末年外戚王莽代汉的历史重演，刘秀对外戚实行了严格的防范限制措施。其主要做法是从外戚赖以产生的源头着手，大力精简后宫。

古代帝王的后妃制度，按照《周礼》所述，"王者立后，三夫人，九嫔，二十七世妇，八十一女御，以备内职焉"。"秦并天下，多自骄大，宫备七国，爵列八品"④。"汉兴，因秦之称号，帝母称皇太后，祖母称太皇太后，适称皇后，妾皆称夫人，又有美人、良人、八子、七子、长使、少使之号焉；至武帝制倢伃、娙娥、傛华、充依，各有爵位，而元帝加昭仪之号，凡十四等云"⑤。如此庞大的后妃群体，势必产生大量的外戚。东汉建立后，刘秀注意限制后宫的规模。"及光武中兴，斫雕为朴，六宫称号，惟皇后、贵人。贵人金印紫绶，奉不过粟数十斛。又置美人、宫人、采女三等，并无爵秩，岁时赏赐充给而已。"⑥

建武十七年（公元 41 年）刘秀废郭后，立阴后，表面原因是因为郭后"怀执怨怼，数违教令，不能抚循它子，训长异室；宫闱之内，若见鹰鹯。既无《关雎》之德，而有吕、霍之风，岂可托以幼孤，恭承明祀"，实则是因为"阴贵人乡里良家，

---

① 《资治通鉴·卷第四十三·汉纪三十五·建武十三年》。
② 《后汉书·光武帝纪下》。
③ 《后汉书·光武十王列传》。
④ 《后汉书·皇后纪》。
⑤ 《汉书·外戚列传》。
⑥ 《后汉书·皇后纪》。

归自微贱"①的缘故。郭后性格强硬霸道，且有家族背景，而阴氏出身"微贱"的"乡里良家"，不像郭氏拥有强大的家族势力背景，且对于权力欲望不大，如此也就难以形成威胁皇权的外戚集团，这才是问题的关键所在。刘秀更换皇后之举，与西汉初平灭诸吕之后，功臣集团以代王刘恒母家薄氏"忠厚长者"非"恶戾"之家而共推他为帝，可谓是异曲同工之理。由此可见，刘秀的废郭后立阴后，实是他抑制外戚的一项用意深远的举措。

对于权贵与外戚，刘秀是信任和重用的。东汉政权建立初期，他封赏的外戚恩泽侯就多达四十五人。如舅父樊氏--家五人封侯，妻子阴氏一家四人封侯。外戚中有些人被委任为侍中、卫尉，参与机密，"委以禁兵"。帝婿梁松任虎贲中郎将，刘秀对其"宠幸无比"，临死前，还要他"受遗诏辅政"②。但是，作为中兴之主的刘秀对待外戚权贵毕竟是清醒的，对他们的信任和重用是有原则的。刘秀在位期间，外戚的官位严格限制在九卿以下。同时，对犯法的外戚及其宾客一般不曲予回护，并支持主管官员对其绳之以法。如董宣任洛阳令时，湖阳公主苍头白日杀人，藏匿公主府中，官吏无法将其逮捕归案。董宣乘这个苍头为公主驾车外出之际，"于夏门亭候之，乃驻车叩马，以刀画地，大言数主之失，叱奴下车，因格杀之"③。湖阳公主恼羞成怒，跑到刘秀那里告状，刘秀派人召来董宣，"欲箠杀之"。《后汉书·董宣传》以十分传神的笔调记叙了刘秀、董宣和湖阳公主三个人的一番对话：

> 宣叩头曰："愿乞一言而死。"帝曰："欲何言？"宣曰："陛下圣德中兴，而纵奴杀良人，将何以理天下乎？臣不须箠，请得自杀。"即以头击楹，流血被面。帝令小黄门持之，使宣叩头谢主，宣不从，强使顿之，宣两手据地，终不肯俯。主曰："文叔为白衣时，臧亡匿死，吏不敢至门。今为天子，威不能行一令乎？"帝笑曰："天子不与白衣同。"因敕强项令出。赐钱三十万，宣悉以

① 《后汉书·皇后纪》。
② 《后汉书·梁统列传·梁松传》。
③ 《后汉书·董宣列传》。

班诸吏。由是搏击豪强，莫不震慄，京师号为"卧虎"。歌之曰："枹鼓不鸣董少平。"

这里，刘秀认识到"天子不与白衣同"，说明他意识到作为总揽全局的皇帝必须公平执法，对外戚勋贵的偏私必然导致民心离散的后果。他对董宣的褒奖等于向外戚勋贵们示意，任何人违背汉家法度都将受到惩罚。当时还有一个广汉太守蔡茂，也是一位颇有政绩的官吏，"时阴氏宾客在郡界多犯吏禁，茂辄纠案，无所回避"①。刘秀对董宣的处置使蔡茂似乎摸到了刘秀的脉搏，他不失时机地上书刘秀，提出了"欲令朝廷禁制贵戚"的建议：

> 臣闻兴化致教，必由进善；康国宁人，莫大理恶。陛下圣德系兴，再隆大命，即位以来，四海晏然。诚宜夙兴夜寐，虽休勿休。然顷者贵戚椒房之家，数因恩势，干犯吏禁，杀人不死，伤人不论。臣恐绳墨弃而不用，斧斤废而不举。近湖阳公主奴杀人西市，而与主共舆，出入宫省，逋罪积日，冤魂不报。洛阳令董宣，直道不顾，干主讨奸。陛下不先澄审，召欲加箠。当宣受怒之初，京师侧耳；及其蒙宥，天下拭目。今者，外戚骄逸，宾客放滥，宜敕有司案理奸罪，使执平之吏永申其用，以厌远近不缉之情。②

刘秀认为蔡茂的建议很有道理，遂即予以采纳。此后，尽管外戚勋贵作奸犯科之事仍时有发生，但刘秀从不姑息纵容，一般都能支持地方官依法严惩。建武二十四年（公元48年），又一董宣式的人物虞延当上了洛阳令。京师是达官贵人麇集的地方，他们横行不法的事自然层出不穷。外戚阴氏有一宾客马成，"常为奸盗"，被虞延收审。阴氏屡屡致书虞延，为马成求情。虞延不仅不为所动，而且每获一书，即对马成加笞二百。阴皇后之弟阴就十分生气，遂向刘秀告状，"谮延多所冤枉"。刘秀为察看实情，"临御道之馆，亲录囚徒"。虞延出迎，向刘秀报告人犯案情，并

---

① 《后汉书·蔡茂列传》。
② 《后汉书·蔡茂列传》。

向人犯宣布：凡案情可从轻发落者居东，从重发落者居西。马成立即趋向东列，虞延上前抓住他，怒斥曰："尔人之巨蠹，久依城社，不畏熏烧。今考实未竟，宜当尽法！"马成大呼冤枉，执戟的郎吏以戟刺虞延，喝令他放开马成。刘秀明白虞延是秉公执法，对马成说："汝犯王法，身自取之！"支持虞延对他的惩办。数天后，马成依法伏诛。刘秀此举产生了良好的效果，"于是外戚敛手，莫敢干法"[①]。

比较而言，刘秀一朝的外戚、功臣大都能约束自己的亲属和宾客，行动还算谨慎，违法乱纪之事相对于东汉后期少得多。例如，郭后的兄弟郭况为帝之妻弟，封阳安侯，任大鸿胪。"帝数幸其第，会公卿诸侯亲家饮燕，赏赐金钱缣帛，丰盛莫比，京师号况家为金穴"[②]。或许是由于郭后被废为中山太后的原因，这位国舅爷尽管受到刘秀宠幸，但谨慎小心，唯恐有违法乱纪之事发生。

刘秀外戚中最显赫的两家是樊氏与阴氏。这两家除阴氏宾客马成一案外，其他宗族宾客大都在严格约束下循规蹈矩地生活，没有做出太多犯法之事。樊宏是刘秀的舅舅，在故乡湖阳（今河南新野东）有相当大的影响。刘秀称帝，"拜光禄大夫，位特进，次三公"，封长罗侯，后又转封寿张侯，受到很高的礼遇。但樊宏"谦柔畏慎，不求苟进"，不敢仗势胡作非为。他还时常告诫儿子说："富贵盈溢，未有能终者。吾非不喜荣势也，天道恶满而好谦，前世贵戚皆明诚也。保身全己，岂不乐哉！"他是一个似乎参透了富贵盈虚的人物，在权势荣华面前一直保持着清醒的头脑，在刘秀面前，恭谨地尽臣子之礼；在群臣面前，不显示丝毫的特殊性和优越感。每当朝会，辄迎期先到，俯伏待事，时至乃起。"所上便宜及言得失，辄手自书写，毁削草本。公朝访逮，不敢众对。"正由于樊宏处处小心，事事留意，以身作则，所以"宗族染其化，未尝犯法"。樊宏的行为赢得了刘秀的敬重。樊宏病重时，刘秀亲自登门探视，并在其家留宿。当刘秀问他还有什么要求时，他诚恳地说："无功享食

---

① 《后汉书·虞延列传》。
② 《后汉书·皇后纪》。

大国，诚恐子孙不能保全厚恩，令臣魂神惭负黄泉，愿还寿张，食小乡亭。"① 樊宏这段话为自己画上了一个圆满的句号，正因为他一生谦恭谨慎，才能做到生荣死哀，成为严格自我约束、长保富贵的典型。

刘秀废郭后为中山太后之后，立阴丽华为皇后，其外家阴氏自然尊贵莫比了。不过，阴丽华的兄弟们一般都还能自我约束，成为与樊宏相伯仲的典型。阴识是阴皇后同父异母的兄长，建武元年（公元25年）被任骑都尉，封阴乡侯，随刘秀征伐。第二年，"以征伐军功增封"，这在别人乃是求之不得的事，阴识却叩头婉言谢绝，理由是："天下初定，将帅有功者众，臣托属掖廷，仍加爵邑，不可以示天下。"刘秀十分欣赏他的谦逊风格，任命他为关都尉，委以镇守函谷关的重任。建武十五年（公元39年），改封原鹿侯。刘庄立为太子后，刘秀又升任阴识为执金吾，同时负辅导太子之责。对这位国舅爷，刘秀的信任超出一般，"帝每巡郡国，识常留镇守京师，委以禁兵"。尽管如此荣宠，但阴识仍然恪守臣规，"入虽极言正议，及与宾客语，未尝及国事"。正因为如此，阴识得到刘秀的特别敬重，"常指识以敕戒贵戚，激励左右焉"②。阴识的弟弟阴兴，是阴皇后的同母兄弟。建武二年（公元26年），任黄门侍郎，守期门仆射，跟随刘秀南征北战，无微不至地照料刘秀，特别是饮食起居。"兴每从出入，常操持小盖，障翳风雨，躬履涂泥，率先期门。光武所幸之处，辄先入清宫，甚见亲信"。他"虽好施接宾，然门无侠客"。他虽重朋友之情，但举荐人才讲究原则。同郡的张宗、上谷的鲜于裒与他的私人感情都不好，可是，阴兴了解他们的才干对国家有用，还是毫无保留地推荐他们，使各得其职。张汜、杜禽是和他感情融洽的好朋友，但"华而少实"，不堪大用。他只是在钱财上接济二人，却始终不推荐他们做官，"是以世称其忠平"。他个人生活节俭，不事奢华，"第宅苟完，裁蔽风雨"。建武九年（公元33年），升任侍中，赐爵关内侯。不久，刘秀召见阴兴，欲实封他为列侯，将印绶摆到他面前，却被他婉言谢绝了。理由是："臣未有先登陷

① 《后汉书·樊宏列传》。
② 《后汉书·阴识列传》。

阵之功，而一家数人并蒙爵土，令天下触望，诚为盈溢。臣蒙陛下、贵人恩泽至厚，富贵已极，不可复加，至诚不愿。"刘秀见阴兴的态度十分真诚，也就没有坚持封赏。事后，他的姐姐阴丽华问他为什么坚辞到手的富贵，他说："贵人不读书记邪？'亢龙有悔。'夫外戚家苦不知谦退，嫁女欲配侯王，取妇盼眄公主，愚心实不安也。富贵有极，人当知足，夸奢益为观听所讥。"①阴丽华被其弟的这段极富哲理的话深深感动，以后，不仅自己"深自降挹"，在后宫谦恭礼让，而且也不再为自己的宗亲谋取高官厚禄。建武十九年（公元43年），阴兴升任卫尉，负责皇宫的守卫，并辅导皇太子。第二年夏天，刘秀因患风眩病，怕不久于人世，即命阴兴领侍中，受顾命之托。不久，刘秀康复，召见阴兴，打算以他代吴汉为大司马。面对三公的高位，阴兴"叩头流涕"，坚决辞谢，说："臣不敢惜身，诚亏损圣德，不可苟冒。"②刘秀见阴兴的辞让发自至诚，也就没有勉强他。实在说来，阴兴当时无论就资历、威望、战功和能力，都不足以当大司马的重任，他的辞让应该说是明智之举。

刘秀在位的三十多年中，由于他接受外戚王莽篡政的教训，有意识地抑制外戚势力的膨胀，也由于樊、阴等外戚之家接受历史上外戚贪权暴富、极奢而亡的教训，也有意识地谦让自抑，再加上东汉初年的社会环境，政风比较清廉，民风比较纯朴，所以整个外戚勋贵集团的腐败之风处于被抑制的状态。这对于强化皇权，无疑是有利的。③

十一、迷信谶纬

深入光武帝刘秀的内心世界，可以发现一个神秘的幽灵总是阴魂不散。他极其迷恋当时的一种神秘文化——谶纬，痴迷的程度远远地超过了汉帝国的任何一位君

---

① 《后汉书·阴兴传》。

② 《后汉书·樊阴列传·阴兴传》。

③ 参见安作璋、孟祥才著：《汉光武帝大传》，中华书局2008年版，第209—212页。

王。这种对谶纬的痴迷，与刘秀出众的政治理性，神奇地构成了既矛盾又统一的精神世界的两面。

从文化角度而言，谶是一种假托神灵、预决凶吉的隐语，预言人间的祸福，文字晦涩深奥。谶语的起源，似可远溯至上古的《河图》《洛书》和《周易》，不少古代学者认为它和孔子的弟子也有一定的关系。

在周秦时代就已出现谶语，所谓的"赵谶"和"秦谶"就是著名的例子。《史记·赵世家》说秦穆公曾得疾病，昏迷了七天，醒来之后说他在梦里见到了天帝，天帝告诉他："晋国将大乱，五世不安，其后将霸。"后来赵简子得了同样的疾病，大臣们都十分担心，名医扁鹊诊断之后却认为不足为怪，并援引秦穆公的旧事，推测赵简子醒后必有所言。赵简子昏迷七日之后醒来，果然说他在梦里听到了"晋国且世衰，七世而亡"的预言。

早期的谶语，虽然不过片言只语，但它的无形力量却可以影响人们对形势与命运的判断，左右着人们的精神意志。秦始皇三十二年，燕人卢生奉使出海归来，上奏《录图书》中有"亡秦者胡也"的谶语，秦始皇遂令将军蒙恬领三十万大军，筑长城以备匈奴。几年之后，又出现了"始皇帝死而地分""今年祖龙死""亡秦必楚"之类的预言，虽为几条神秘的谶语，却真实反映了人心的向背，表明了社会各阶层的愤怒和不满，这对天下的动乱起到了推波助澜的作用。

谶纬的成熟和兴盛，则是在两汉之交。郑樵在《通志·艺文略》里说："谶纬之学起于前汉，及王莽好符命，光武以图谶兴，遂盛行于世。"顾炎武的《日知录》也说："谶记之兴，实始于秦人，而盛于西京之末也。"

西汉后期，儒术独尊，经学盛行，方士儒生将谶语附会儒家经典，产生了纬书。谶与纬虽有先后之别，然而内容大同小异。汉代的谶纬编杂了古代的神话传说、神学秘典、灾异祥瑞，也包含了许多神化孔子及弟子的怪诞之说，又与阴阳五行、天人感应之说融为一体，在西汉末年形成了包罗万象、体系完整的谶纬之学。

谶纬之学不仅以神学色彩提高经学的权威，巩固经学的一统地位，而且这种神学的迷雾，也弥漫在汉代的政治空气中。建平二年（公元前 5 年），待诏夏贺良等上言汉哀帝，说《赤精子》中有"汉家历运中衰，当再受命"的谶语，汉哀帝遂于六月甲子下诏改建平二年为太初元将元年，改帝号为陈圣刘太平皇帝，以应谶语。王莽为了篡夺汉朝的天子之位，征集大批通晓天文、图谶、月令、兵法的异能之士，大量编造谶语符命，为他居摄称帝制造舆论，遂使谶纬之学广泛流传，大兴于两汉之交。

当西汉末年社会发生巨变前夕，各种谶纬、符命和舆论如空穴来风，从社会的各个角落铺天盖地而来，一时王莽代汉在人们心中似乎找到了合法性依据。但当新莽政权不能解决社会问题，满足社会各阶层需要时，各种谶纬之说就又变成了民变与推翻新莽政权的星星之火。各种反叛力量都利用谶纬这一神秘力量，标榜正统，争取民心，兴风作浪。有的人清醒地利用它，有的人深信不疑地把谶纬当作王者受命的根据。刘秀就属于兼而有之者。他在衣食不愁的情况下，经过深思熟虑，加入起义的洪流。在他起兵之前，有两条谶文对他起了重要的影响。如果说宛城的那位蔡少公所说"刘秀当为天子"的谶语，只是拨动了刘秀深处的心弦，那么李通在宛密谋起事时所讲的"刘氏复起，李氏为辅"[1]的谶文，则大大鼓动了刘秀的雄心，壮大了他的意志。

建武元年（公元 25 年）刘秀在称帝之前也曾有过一段时间的思索和彷徨，然而一遇到当初在长安时的老同学强华"自关中奉《赤伏符》"，立刻使他的犹豫荡然无存。"刘秀发兵捕不道，四夷云集龙斗野，四七之际火为主"[2]的谶文，坚定了刘秀君臣称帝建制的决心，东汉政权由此诞生。

时隔不久发生的刘扬事件，也证明了刘秀对图谶的极端重视。真定王刘扬举兵十万归附刘秀，并把自己的外甥女郭圣通嫁给了刘秀，可谓仁至义尽，但建武二年他编造的"赤九之后，瘿扬为主"谶文却把自己推向了绝路。汉高祖九世孙的宝座早已被刘秀占了，而现在这个脖子上有瘿瘤的刘扬却要做天下的主人，岂能不让刘秀

---

① 《后汉书·光武帝纪上》。
② 《后汉书·光武帝纪上》。

感到针芒在脊。所以尽管刘扬并无谋反之实，但这一惑众的谶文却成了要命的利器。

正因为图谶的地位在刘秀的心中牢不可破，所以当益州太守公孙述引用图谶为自己称帝作宣传时，刘秀便坐卧不宁了。《后汉书》说：

> （建武）六年，（公孙）述遣戎与将军任满出江关，下临沮、夷陵间，招其故众，因欲取荆州诸郡，竟不能克。是时，述废铜钱，置铁官钱，百姓货币不行。蜀中童谣言曰："黄牛白腹，五铢当复。"好事者窃言王莽称"黄"，述自号"白"，五铢钱，汉货也，言天下当并还刘氏。述亦好为符命鬼神瑞应之事，妄引谶记。以为孔子作《春秋》，为赤制而断十二公，明汉至平帝十二代，历数尽也，一姓不得再受命。又引《录运法》曰："废昌帝，立公孙。"《括地象》曰："帝轩辕受命，公孙氏握。"《援神契》曰："西太守，乙卯金。"谓西方太守而乙绝卯金也。五德之运，黄承赤而白继黄，金据西方为白德，而代王氏，得其正序，又自言手文有奇，及得龙兴之瑞。数移书中国，冀以感动众心。帝患之，乃与述书曰："图谶言'公孙'，即宣帝也。代汉者当涂高，君岂高之身邪？乃复以掌文为瑞，王莽何足效乎！君非吾贼臣乱子，仓卒时人皆欲为君事耳，何足数也。君日月已逝，妻子弱小，当早为定计，可以无忧。天下神器，不可力争，宜留三思。"署曰"公孙皇帝"。述不答。[1]

公孙述好为符命瑞应之事，妄引谶记。他也确实找到了几条对他有用的谶文。如《录运法》上说："废昌帝，立公孙。"《括地象》上说："帝轩辕受命，公孙氏握。"《援神契》上说："西太守，乙卯金。"这些文字都成了公孙述企图取代刘氏的依据。公孙述又以五德之说来证明自己称帝是名正言顺的：黄承赤而白继黄（汉以火为德，尚赤；新莽以土为德，尚黄），金据西方为白德，取代王莽，得其正序。公孙述还声称自己的掌心中有奇异的纹路，是"龙兴之瑞"。公孙述引用谶文来阴谋篡权的举动让刘秀大伤脑筋，他费了很多功夫来寻找反驳的根据。以至于刘秀在写给公孙述的

---

[1] 《后汉书·公孙述列传》。

书信里说："图谶上说的'公孙'是孝宣皇帝，并不是指足下。足下以掌文为瑞，王莽何足为效；仓促之时人都想当皇帝，又何足数也。足下年岁已高，妻子弱小，当从早计议。天下神器，不可力争，劝君三思。"手握皇权强缨在手的光武帝刘秀，竟然要在文字游戏上与对手一争高下，足见谶文对他内心的影响。而光武帝在信上称公孙述为公孙皇帝，更透露了他内心的复杂和矛盾。在这种情况下，公孙述的命运与结局便可想而知了。

在国家最高行政官员的选任上，光武帝也参考图谶来封官晋爵，甚至不考虑是否用人得当。他即位之后，在考虑大司空的人选时，忽然想到《赤伏符》上有一句"王梁主卫作玄武"的谶文，光武帝就让野王县的县令王梁当了大司空。从前卫元君曾徙于野王，玄武为水神之名，对应水土之官大司空。就凭这样一番牵强附会的解释，王梁便从野王令一跃而为宰相，还封了武强侯。但王梁毕竟立有战功，众人亦无话可说。当光武帝又根据"孙咸征狄"的谶文委任其名不显的平狄将军孙咸为大司马时，众将都纷纷表示不满，在大家的推选之下，光武帝才被迫改任战功显赫的吴汉为大司马。

在光武政权建立与巩固的过程中，谶纬一直充当着活跃的角色。光武帝不仅耗费大量时间和精力，博览谶记之文，乐此不疲，读而忘倦，而且在处理疑难之事时，他也喜欢和大臣们一起参考谶纬中的文字来解决问题。那些通晓谶纬的大臣如朱浮、梁松之辈自然备受光武帝的重用，而一些对图谶表示反感的官员则因此断送了自己的前程。

议郎给事中桓谭曾上疏光武帝，反对迷信图谶。他说：

> 臣前献瞽言，未蒙诏报，不胜愤懑，冒死复陈。愚夫策谋，有益于政道者，以合人心而得事理也。凡人情忽于见事而贵于异闻，观先王之所记述，咸以仁义正道为本，非有奇怪虚诞之事。盖天道性命，圣人所难言也。自子贡以下，不得而闻，况后世浅儒，能通之乎！今诸巧慧小才伎数之人，增益图书，矫称谶记，以欺惑贪邪，诖误人主，焉可不抑远之哉！臣谭伏闻陛下穷折方士黄白

之术，甚为明矣；而乃欲听纳谶记，又何误也！其事虽有时合，譬犹卜数只偶之类。陛下宜垂明听，发圣意，屏群小之曲说，述《五经》之正义，略雷同之俗语，详通人之雅谋[①]。

桓谭是东汉著名的思想家，他的著作《新论》闪烁着唯物论的光辉；对包括谶纬在内的神学迷信，他都旗帜鲜明地加以驳斥批判。但在光武帝的身边，"不识时务"的桓谭却难以发挥自己的才识，可谓生不逢时。

刘秀召集群臣，讨论灵台应建何处，他问桓谭："吾欲以谶决之，何如？"

桓谭沉默良久，才回答说："臣不读谶。"

刘秀问其原由，"谭复极言谶之非经"。

刘秀大怒曰："桓谭非圣无法，将下斩之。"[②]

桓谭大惊失色，连忙叩头求饶，额头上淌满了鲜血。过了很久，光武帝才宽恕了他，贬他为六安郡丞。桓谭受此惊吓和打击，郁郁不乐，在赴任的途中病死。

再如太中大夫郑兴也是一位对图谶不太恭敬的耿直之臣。有一次光武帝与他议论郊祀之事，光武帝说："吾欲以谶断之，何如？"谁知郑兴的回答与桓谭一模一样："臣不为谶。"光武帝大怒："卿之不为谶，非之邪？"郑兴十分惶恐，连忙说自己对图谶没有研究，并无非议，这才平息了光武帝的怒火。郑兴敦守儒学，文章典雅，为官正直，却因为排斥图谶而始终不能得到光武帝的重用。

刘秀生前的最后一件大事——封禅泰山，也和谶纬密切相关。

据史书记载：

（建武）三十二年正月，上斋，夜读《河图·会昌符》，曰："赤刘之九，会命岱宗。不慎克用，何益于承。诚善用之，奸伪不萌。"感此文，乃诏松等复案

① 《后汉书·桓谭传》。
② 《后汉书·桓谭列传》。

索《河》《雒》谶文言九世封禅事者。松等列奏，乃许焉 ①。

刘秀夜读的《河图·会昌符》，是一种谶书。谶文所言"赤刘之九"，指的就是刘秀。因其为刘邦的九世孙，故称。"岱宗"即泰山。整个谶文的大意是说，赤帝刘邦的九世孙，际会天命于泰山；如不及时完成这件事（指"会命岱宗"），对于承继汉统将无益处；若能很好地完成它（仍指"会命岱宗"），奸伪的行为将不会萌发。有了如此明确的谶言依据，刘秀立即命梁松等人收集整理《河图》中有关赤汉九世当封禅的谶文，而梁松等也很快就找到有关实例三十六事。于是司空张纯等复奏请封禅，遂被立即批准。

事实上，在封禅一事上，刘秀犹豫和克制了多时，但终究无法抗拒《河图·会昌符》中"帝刘之九，会命岱宗"这一谶文的诱惑，终于决定东封泰山。在封禅的碑文中，不仅刻录了刘秀所钟爱的《河图·会昌符》中"刘秀发兵捕不道，四夷云集龙斗野，四七之际火为主"的谶文，还大量援引其他谶记，以证明刘秀称帝系天命所归，是王者正统，封禅泰山更是理所应当。

> 《河图·会昌符》曰："赤帝九世，巡省得中，治平则封，诚合帝道孔矩，则天文灵出，地祇瑞兴。帝刘之九，会命岱宗，诚善用之，奸伪不萌。赤汉德兴，九世会昌，巡岱皆当。天地扶九，崇经之常。汉大兴之，道在九世之王。封于泰山，刻石著纪，禅于梁父，退省考五。"
>
> 《河图·合古篇》曰："帝刘之秀，九名之世，帝行德，封刻政。"
>
> 《河图·提刘予》曰："九世之帝，方明圣，持衡拒，九州平，天下予。"
>
> 《雒书·甄曜度》曰："赤三德，昌九世，会修符，合帝际，勉刻封。"
>
> 《孝经·钩命决》曰："予谁行，赤刘用帝，三建孝，九会修，专兹竭行封岱青。" ②

---

① 《后汉书·志·祭祀上》。
② 《后汉书·志·祭祀上》。

中元元年（公元 56 年），刘秀诏令"宣布图谶于天下"①，谶纬篇录已定，天下之人不得增损文字，更不得私自编造。这标志着神秘莫测的图谶已经具有了合法性地位，成为东汉政治生活中很重要的一部分。"及光武尤信谶言，士之赴趋时宜者，皆骋驰穿凿，争谈之也。故王梁、孙咸名应图箓，越登槐鼎之任，郑兴、贾逵以附同称显，桓谭、尹敏以乖忤沦败，自是习为内学，尚奇文，贵异数，不乏于时矣。"②

由于刘秀对谶纬的重视，汉明帝、汉章帝的继续倡导，学者争学谶纬，引以释经（汉明帝诏东平王刘苍结合谶纬校正《五经》章句），学术思想与神学迷信合为一体，更为朝野上下所尊崇，这使东汉一代的政治思想文化始终笼罩着神学的迷雾，难以取得有价值的发展和进步。③

① 《后汉书·光武帝纪下》。
② 《后汉书·方术列传·序》。
③ 参见颜晨华著：《细说光武帝》，上海人民出版社 2014 年版，第 261—267 页。

第八章　明章和诸帝时期的国家治理

在东汉王朝一百九十五年的历史中，从汉光武帝刘秀经明帝刘庄、章帝刘炟，到和帝刘肇统治时期，约八十年的时间，是东汉政权较为稳定时期。尤其是和帝时，东汉政治、经济发展到了全盛时代。和帝死后，东汉政治便开始江河日下。由于明帝、章帝、和帝基本上皆"遵奉建武制度"，类似于西汉初年的"萧规曹随"，均采取"俱存不扰"的统治政策，因而东汉前期的八十年中，社会秩序稳定，生产得到较快的发展，民众的生活也在不同程度上有所改善，所谓"后之言事者，莫不先建武、永平之政"。

一、继续加强对诸侯王及皇室贵族的控制

刘秀在位三十余年中，不仅创建了东汉王朝，而且还为其身后政治格局的奠定与发展打下了坚实的基础。公元57年，六十二岁的刘秀死于南宫前殿，由第四子刘庄继位，称为汉明帝。在明帝、章帝、和帝统治时期，国家治理基本沿袭刘秀制定的轨道继续向前发展，最终使东汉王朝达到了鼎盛的阶段。

君权国家制度有两个重要特点：皇权不可分割及皇位不可转移。这样就形成皇帝一人政治独断和家天下的统治。然而按照宗法制的传统，分享权力的家天下，却与皇帝个人专断存在着不可调和的矛盾，在皇族内部侵夺皇权和争夺皇位的斗争，贯穿于整个君权社会，而皇权则往往是中央集权和专制国家统一的象征。因此，东汉政权建立以后，诸侯王势力虽远不如西汉时强大，但刘秀仍将防止诸侯王及宗室贵族势力膨胀作为国家治理中的头等大事。明帝以后继续执行这一方针，进一步加强对这些威胁中央集权的豪族地主势力的控制。

1.减少诸侯王的食封

东汉时代的诸侯王，从始封时起，对其领地就无政治统治权，只有食封的经济权。从汉明帝开始，进一步减少了诸侯王的食封收入，以增加朝廷的财政收入。

据史料记载：永平十五年（公元72年）汉明帝"案地图，将封皇子，悉半诸国。后见而言曰：'诸子裁食数县，于制不已俭乎？'帝曰：'我子岂宜与先帝子等乎？岁给二千万足矣。'"[①]这就是说，从明帝永平十五年起，所有诸侯王所食之租税均较光武帝时减少了一半。诸侯王所食之"租税"，是指封区人户缴纳的地税，所以其收入多少与所属地区大小、土地肥瘠有直接关系，如在此之前光武帝所封的楚国有九或十县，淮阳国所属十县。明帝所封的巨鹿国是七县，广平国是八县，乐成国是九县。减半后，巨鹿王只食三四县，广平王四县，乐成王四至五县。

---

① 《后汉书·皇后纪》。

汉章帝时，诸侯王的"租入"有所增加，据记载："建初三年，有司奏遣羡与巨鹿王恭、乐成王党俱就国。肃宗性笃爱，不忍与诸王乖离，遂皆留京师。明年，案舆地图，令诸国户口皆等，租入岁各八千万。"[1] 这时，诸侯王的租入突然增加了四倍，其原因首先是章帝时户口总数比明帝时有所增加，同时，谷价也比原来降了很多。另外，明帝的皇子封地都有所扩大。这些原因使章帝时每个诸侯王食封所得由"二千万"增加到"八千万"。不过，尽管如此，明帝、章帝所封诸王的食封也比不上光武帝刘秀初封时的水准了，而且章帝以后，所封之诸侯王均是小国，所得"租入"远不如章帝时各诸侯王，许多诸侯王的"租入"相当"鲜薄"[2]。

减少诸侯王的食封收入，不仅具有经济意义，更重要的在于政治意义。范晔在《后汉书·孝明八王列传》论中写道："晏子称：'夫人生厚而用利，于是乎正德以幅之，谓之幅利。'言人情须节以正其德，亦由布帛须幅以成其度焉。明帝封诸子，租岁不过二千万，马后为言而不得也。贤哉！岂徒俭约而已乎！知骄贵之无厌，嗜欲之难极也！故东京诸侯鲜有至于祸败者也。"把"东京诸侯鲜有至于祸败者也"完全归结为"俭约"，其结论显然值得讨论。不过，东汉前中期，诸侯王食封的多少，全凭皇帝"恩赐"的事实的确反映了皇权的强大，说明了朝廷对各诸侯王拥有绝对的控制权。西汉初期那种诸侯王割据的形势已再无法重演。所以，诸侯王尽管"骄贵"，也终无力与皇帝分庭抗礼了。

2. 对诸侯王实施宽和政策

东汉明、章、和帝虽然各人的性格不同，但对于诸侯王的控制却一致采取了恩威并施的政策。东汉前期的皇帝，不像西汉时期的皇帝那样对违法越制的诸侯王动辄"除国"或处以极刑，而多采取宽容态度。这并非皇权无力，而是当时诸侯王的势力已不足以构成对皇权的威胁。

明帝时，东海靖王政"淫欲薄行，后中山简王薨，政诣中山会葬，私娶简

---

[1] 《后汉书·孝明八王列传》。

[2] 《后汉书·章帝八王列传》。

王姬徐妃，又盗迎掖庭出女。豫州刺史、鲁相奏请诛政，有诏削薛县"。东海靖王刘政竟然趁中山简王丧礼之际私娶其妃。按中山简王刘焉系东海靖王刘政之叔，娶其妃，若以汉制应属"禽兽行"。西汉时期为此而被处以极刑的宗室贵族有许多人，故东汉时，豫州刺史鲁相据法请求将刘政处以死刑，但皇帝却决定仅削去薛县的食邑就算了结。这一类事例相当多，又如济南安王康"在国不循法度，交通宾客。其后，人上书告康招来州郡奸猾渔阳颜忠、刘子产等，又多遗其缯帛，案图书，谋议不轨。事下考，有司举奏之，显宗以亲亲故，不忍穷竟其事，但削祝阿、隰阴、东朝阳、安德、西平昌五县"。济南安王刘康的行为已构成谋反之罪，若在西汉，早就被处以极刑。但汉明帝也仅以削五县作为惩罚，这并非由于皇帝的"仁慈"，而是当时的形势不同于西汉时的郡国，刘康的"交通宾客""议谋不轨"绝不至于对朝廷造成威胁。汉明帝心中是有数的。因此对其行为采取宽容态度，并非反映皇权衰落，而是皇权加强的表现。又如阜陵质王刘延"性骄奢而遇下严烈。永平中，有上书告延与姬兄谢弇及姊馆陶主婿驸马都尉韩光招奸猾，作图谶，祠祭祝诅，事下案验，光、弇被杀，辞所连及，死徙者甚众，有司奏请诛延"，明帝则"特加恩，徙为阜陵王，食二县"[1]。刘延的行为也构成大罪，西汉武帝时戾太子就因此而被处死，但汉明帝仍以徙封作为处罚，并不深究。

和帝时，汝南王刘畅"少贵骄，颇不遵法度。归国后，数有恶梦，从官卞忌自言能使六丁，善占梦，畅数使卜筮，又畅乳母王礼等，因此自言能见鬼神事，遂共占气，祠祭求福，忌等谄媚，云神言王当为天子，畅心喜，与相应答。永元五年，豫州刺史梁相举奏畅不道，考讯，辞不服。有司请征畅诣廷尉诏狱，和帝不许。有司重奏除畅国，徙九真，帝不忍，但削成武、单父二县"。至于对那些不危及皇权的"不法"行为，更是"宽厚"。如广平思王钧"多不法，遂行天子大射礼。性隐贼，喜文法，国相二千石不与相得者，辄阴中之。憎怨敬王夫人李仪等，永元十一年，遂

---

① 《后汉书·光武十王列传》。

使客陨久杀仪家属。吏捕得久，系长平狱，钧欲断绝辞语，复使结客篡杀久，事发觉，有司举奏，钧坐削西华、项、新阳三县。十二年，封钧六弟为列侯。后钧取掖庭出女李娆为小妻，复坐削圉、宜禄、扶沟三县"①。

一般地说，东汉皇帝对违法越制的诸侯王是不处以死刑的，也不轻易削王夺爵，只是削减食邑。而这种怀柔政策确也收到单纯镇压所得不到的效果。那些被削夺食邑的诸侯王，原本就无力与皇帝对抗，被宽大处理后，只有怀着惶愧的心情对"皇恩"感激涕零。例如汝南王刘畅犯法被宽免后，上疏辞谢道："自谓当即时伏显诛，魂魄去身，分归黄泉。不意陛下圣德，枉法曲平，不听有司，横贷赦臣……上念以负先帝而令陛下为臣收污天下，诚无气以息，筋骨不相连。臣畅知大贷不可再得，自誓束身约妻子，不敢复出入失绳墨，不敢复有所横费。"②刘畅还主动请求减少数县的食邑收入，放出小妻无子者还家，表示决心改过。很明显，这种怀柔的政策之所以对那些诸侯王能起到感化作用，还是由于东汉皇权的强大。所以在东汉初诸侯王中，真正进行谋反的均以失败而告终。③

总之，东汉前期的明、章、和诸帝所奉行的政策大致如上所述，采取"恩""威"并施的政策，是皇权巩固的表现，而这一政策施行的结果，又加强了皇权，从而使专制主义中央集权进一步得到了加强。

二、继续防范外戚专权

西汉末年因外戚势力膨胀，侵夺皇权，最后终于导致王莽代汉。这一前车之鉴，对东汉初年的几代皇帝印象是深刻的。所以光武帝刘秀规定，"后妃之家不得封侯与政"④，以防止外戚专权。明、章二帝继续奉行政治上防范经济上优容的政策，防范外

---

① 《后汉书·孝明八王列传》。
② 《后汉书·孝明八王列传》。
③ 参见林剑鸣著：《秦汉史》，上海人民出版社 2003 年版，第 777—781 页。
④ 《资治通鉴·卷四十五·汉纪三十七》。

戚干政。不过，东汉初外戚的势力远较诸侯王势力大，皇权同外戚的斗争也是相当激烈的。

东汉和帝之前，几代皇帝对外戚所采取的政策，主要是防止其政治势力的扩大而威胁刘氏政权的皇位。此外对外戚的限制是很少的，尤其是在经济上对他们相当优待。如明帝之时，尚书闰章"精力晓旧典"①且久任尚书之职，早就应升迁重任，就是因其二妹为贵人，在明帝一朝却久不被重任。

又如马援，自建武四年（公元 28 年）即随刘秀东征西讨，尤其是在平定羌人和越人叛乱中，屡立大功，建武二十四年（公元 48 年）年已六十二岁，尚率兵击武陵五溪蛮夷。在东汉初的功臣中，是军功较为显赫的一员大将。但因其女为明帝皇后，故明帝时刻注意限制其名声地位，如当时"图画建武中名臣，列将于云台，以椒房故，独不及援，东平王苍观图，言于帝曰：'何故不画伏波将军像'，帝笑而不言"。连名臣的荣誉都不给马援，这是尽量缩小外戚在政治上的影响。但对于他在经济方面的要求，皇帝则给予尽量的满足："援以三辅地旷土沃，而所将宾客猥多，乃上书求屯田上林苑中，帝许之。"②甚至皇帝的上林苑中都准许屯田，不可谓不宽容。皇帝就是这样以满足外戚经济上的要求，来换取他们放弃政治上的野心。

这种政治上防范、经济上宽容的政策开始于光武帝刘秀统治时代，直到和帝以前诸帝一直执行。这种方针在一定时期，即在外戚势力尚不足以侵夺皇权时，是有一定作用的。但是，由于一方面控制外戚在政治上的发展，一方面又纵容甚至支持外戚经济上的膨胀，这就无法制止外戚势力的壮大，当那些外戚在经济上积蓄了足够的实力以后，他们必然要求政治上的地位，以致发展到对皇位的觊觎或干政。所以，东汉前期皇权尚能控制外戚势力在政治上的发展，但随着皇权的衰弱，到东汉后期，外戚的势力已远远超过皇权，并成为控制朝政的主要力量。因此，东汉末年宦官、外戚专权

---

① 《后汉书·皇后纪下》。
② 《后汉书·马援列传》。

的局面，早在东汉初中期就已经伏下了祸根。① 自明帝至和帝时期，外戚的势力虽日益膨胀，然而，一旦皇帝决心铲除外戚势力，终能达到目的。和帝以后，随着外戚势力的增强，皇帝对他们就彻底失去了控制。为了铲除外戚势力，皇帝不得不扶植与依靠宦官势力。从此，宦官势力在东汉朝廷内部不可遏止地发展起来，从而埋下了东汉后期宦官与外戚及官僚集团之间权力斗争的祸根。

三、继续执行轻刑和薄赋政策

自光武至和帝期间，东汉政府统治政策虽时有变化，但基本上都尽量执行轻刑和薄赋的政策，以缓和阶级矛盾，安定民生，发展生产。尤其是自明帝以后至于和帝，基本上都是遵行光武帝时期的轻刑慎罚和轻徭薄赋的政策，从而使东汉政治治理与社会发展达到了巅峰。

《后汉书·章帝纪》说："章帝素知人厌明帝苛切，事从宽厚。感陈宠之义，除惨狱之科，深元元之爱，著胎养之令……平徭简赋，而人赖其庆。"其实，这一段评论也可概括明帝及和帝时期的政策。

尽管明帝被视为"苛切"之君，但其"苛切"主要是对大臣的态度。而于涉及整个国计民生之有关政策，则"遵奉建武制度，无敢违者"②。因此，"平徭简赋"在明帝时也依然是其政策的特点之一，如中元二年（公元57年）明帝刚即位时，就下诏："赐……流人无名数欲自占者人一级；鳏、寡、孤、独、笃癃粟，人十斛。其施刑及郡国徒，在中元元年四月己卯赦前所犯而后捕系者，悉免其刑。又边人遭乱为内郡人妻，在己卯赦前，一切遣还边，恣其所乐。"③ 以后又十一次下诏减轻刑罚或赦免罪犯，减免税赋、徭役，敦促官吏"务平刑罚"，等等。据记载在明帝统治时期，

---

① 参见林剑鸣著：《秦汉史》，上海人民出版社2003年版，第784—785页。

② 《后汉书·章帝纪》。

③ 《后汉书·明帝纪》。

有的年代"天下安平，人无徭役，岁比登稔，百姓殷富，粟斛三十，牛羊被野"①。明帝时都是这样，其他各帝统治时期就更不待言了。

这个时期的立法、司法，除皇帝不断下诏减免罪犯刑罚以外，还修改了若干残酷的法律条文。章帝时从尚书陈宠上书，删除律令中特别惨酷之条文五十余条。章帝元和元年（公元84年）又明令禁止刑讯时用凿钻对犯人进行逼供，诏曰："《律》云'掠者唯得榜、笞、立'。又《令丙》，箠长短有数，自往者大狱已来，掠考多酷，钻鑽之属，惨苦无极。念其痛毒，怵然动心。《书》曰：'鞭作官刑'，岂云若此？宜及秋冬理狱，明为其禁。"②

此外，这一时期自朝廷以下，皆提倡"息事宁人"，反对吏治"苛""刻"，慎用刑罚。如章帝元和二年（公元85年）下诏："其令有司，罪非殊死且勿案验，及吏人条书相告不得听受，冀以息事宁人……夫以苛为察，以刻为明，以轻为德，以重为威，四者或兴，则下有怨心。"③这种主张与光武帝时的"柔道"是一脉相承的。

自明帝至和帝统治时期，曾多次下诏减、免租赋。如仅和帝时发布的对全国性的减、免租赋诏令就有：

永元四年（公元92年）十二月壬辰，诏曰："今年郡国秋稼为旱蝗所伤，其什四以上勿收田租、刍稿；有不满者，以实除之。"

永元十三年（公元101年）九月壬子，诏曰："其令天下半入今年田租、刍稿，有宜以实除者，如故事，贫民假种食，皆勿收责。"

永元十六年（公元104年）七月辛巳，诏曰："令天下皆半入今年田租、刍稿，其被灾害者，以实除之。"

当然，减、免田租受益最大的虽为地主，但对全国为数众多的自耕农来说也是有好处的。

---

① 《资治通鉴·卷第四十五·汉纪三十七》。
② 《后汉书·章帝纪》。
③ 《后汉书·章帝纪》。

东汉政府还贷给农民种粮，遇天灾歉收时，即宣布"勿收责"，如永元十六年（公元104年）春正月己卯，诏曰："贫民有田业，而以匮乏不能自农者，贷种粮。"但至该年七月，因发生灾荒，又下诏曰："贫民受贷种粮及田租刍稿，皆勿收责。"①

值得一提的是，自明帝至和帝统治时期，政府还实行过"假民公田"以解决破产农民无地的问题。

假，就是"租赁"。"假民公田"就是把由国家所控制的荒地及苑囿、山林川泽租借给无地的贫民进行生产。国家在三五年内不向生产者收税，甚至还可以借贷给其种子、粮食和生产工具，但过几年后就要收取"假税"，"假税"有时高达百分之四十以上。生产者若使用国家借给的牛或农具，其税率则更高。此外，还要承担其他的义务。据史书记载：从永平九年（公元66年）至元兴元年（公元105年）的四十年间，东汉宣布"假民公田"的诏令就有二十次之多，每次皆指定将某些"公田"假与贫民，如：

永平九年（公元66年）夏四月甲辰，诏："郡国以公田赐贫人各有差。"②

永平十三年（公元70年）夏四月，诏："滨渠下田，赋与贫人。无令豪右得固其利。"③

建初元年（公元76年）秋七月辛亥，诏："以上林池籞田赋与贫人。"④

元和三年（公元86年）二月壬寅，告常山、魏郡、清河、钜鹿、平原、东平郡太守相曰："今肥田尚多，未有垦辟，其悉以赋贫民，给与粮种，务尽地力，勿令游手。所过县邑，听半入今年田租，以劝农夫之劳。"⑤

永元五年（公元93年）二月戊戌，诏："有司省减内外厩及凉州诸苑马，自京

---

① 《后汉书·和帝纪》。

② 《后汉书·明帝纪》。

③ 《后汉书·明帝纪》。

④ 《后汉书·章帝纪》。

⑤ 《后汉书·章帝纪》。

师离宫果园上林、广成囿，悉以假贫民，恣得采捕，不收其税。"①

实际上，类似的诏令还有一些，在此就不一一赘述了。

"假民公田"的实质，就是将无田的贫民变为租种国家土地的佃农。这种做法最初是有一定积极作用的：一方面国家把部分无用土地"假"给无田"贫民"，可增加大司农和少府管理的部分皇室和国家收入；另一方面也解决了一些破产农民无地可耕的问题，使一些因丧失土地而流亡的农民得到安置。尤其是所给予"假田"的贫民享有在一定时期免除租税的优待，使贫民在一定程度上得到进行正常生产和生活的有利条件。但是，在实行"假民公田"的过程中，豪强地主常常依势侵夺，或垄断"假田"，或兼并国家假与贫民之田。皇帝诏书中宣布的"无令豪右得固其利"，实际上也是一句空话，受益最大的仍是豪强地主。

东汉前期朝廷还不断采取赈济贫民的措施。由于土地兼并问题始终未得到解决，或因天灾，东汉初以来因失去土地而变为流民的数量不断增多；为缓和阶级矛盾，稳定社会秩序，明、章、和三代不断发布安置流民、赈济贫民的诏令，如章帝建初元年（公元 76 年）下诏："流人欲归本者，郡县其实禀，令足还到，听过止官亭，无雇舍宿，长吏亲躬，无使贫弱遗脱，小吏豪右得容奸妄。"②在古代历史上，东汉是赈济贫民最多的一代。虽然这种办法不可能从根本上改变地主的土地兼并和农民破产的现状，但在明、章、和帝时期对缓和阶级矛盾还是有一定作用的。③

---

① 《后汉书·和帝纪》。

② 《后汉书·章帝纪》。

③ 参见林剑鸣著：《秦汉史》，上海人民出版社 2003 年版，第 794—797 页。

第九章　顺桓献诸帝时期汉政权的衰亡

东汉帝国经历光武、明、章、和四代皇帝近八十年的统治后，就结束了其兴盛发展时代。此后的东汉政权像一个早衰的病人蹒跚地走上了通向衰败的、漫长的途程。从殇帝刘隆开始，经安帝刘祜、少帝刘懿、顺帝刘保、冲帝刘炳、质帝刘缵、桓帝刘志、灵帝刘宏、少帝刘辩到献帝刘协，在这十代皇帝一百一十三年的统治过程中，东汉统治阶级内部争权夺利，互相火并，最终导致了统治集团内部宦官与外戚专权、民间动荡以及军人干政。从何进、袁绍与宦官集团的斗争达到高潮开始，东汉皇帝就成为董卓、曹操手中的傀儡，东汉王朝已经名存实亡。东汉王朝的灭亡，标志着自秦以来的大一统局面结束，代之而起的是几个政权并存的割据形势的再现。中国历史迈进了另一个乱世纷争阶段——魏晋南北朝时代。

一、太后临朝与专权

公元 105 年，在位十六年的汉和帝去世。这个二十七岁就死去的皇帝留下二子，长子胜，少子隆。但是，和帝的二十六岁遗孀邓后却不立长子，而将生下刚百余日的少子刘隆扶上了皇帝的御座。

表面看来，和帝死后，"舍长立幼"是因长子刘胜"有疾"①。其实，这正是邓氏为自己专权所下的一步棋。

原来，邓后并非平庸的后妃。

邓后名绥，是开国元勋之一、太傅邓禹的孙女。父邓训，曾任护羌校尉；母阴氏，为光武皇帝后阴丽华从弟之女。出身于贵胄家庭的邓绥，自幼习诗书，诵经典，早年就胸中城府颇深。自永元七年（公元 95 年）十六岁入宫后，先为贵人，委婉周旋于和帝与后妃之间，韬晦待时。永元十四年（公元 102 年）受和帝宠幸的皇后阴氏被废，邓绥得以被立为皇后。当和帝在世之日，邓后表现得十分恭谨，如"是时，方国贡献，竞求珍丽之物，自后即位，悉令禁绝，岁时但供纸墨而已"。她还故意不让外戚邓氏据高位，"帝每欲官爵邓氏，后辄哀请谦让，故兄骘终帝世不过虎贲中郎将"②。这些表现不仅取得了和帝宠信，而且也得到皇室多数贵族拥戴，为此后邓氏擅权创造了条件。

元兴元年（公元 105 年）十二月，殇帝刘隆即位后，邓太后临朝。三个月后，延平元年（公元 106 年）三月，以"恭谨""谦让"闻名的邓后就封兄邓骘为车骑将军、仪同三司。"仪同三司始自骘也"③，实际控制朝政。邓骘的兄弟悝为虎贲中郎将，弘、闿皆为侍中。从此，邓氏一门开始擅权。

---

① 《后汉书·皇后纪》。
② 《后汉书·皇后纪》。
③ 《后汉书·邓寇列传》。

短命的殇帝于延平元年八月即一命归天，对此，邓氏似早有准备，在殇帝死前的数月，朝廷下令诸王在京者皆就国时，惟独留下清河王庆之长子祜。当殇帝一死，邓太后同车骑将军邓骘定策，立即将十三岁的刘祜扶上皇位。邓氏选择刘祜，亦用心良苦。刘祜之父刘庆，原为章帝太子。后因其母宋贵人被窦皇后诬告陷害，庆亦被废黜，从此即小心谨慎，畏事守法，不敢稍有异志。和帝即位后对庆优渥有加，常共议私事，又朝夕问讯以示关怀，使胆小怕事的刘庆对和帝感激涕零，和帝死时"庆号泣前殿，呕血数升，因以发病"①。将这样一个绝无异志的亲王十几岁之幼子接入宫中，又将其生母耿姬送出京师归国，朝政自然依旧掌握在太后邓绥及车骑将军邓骘手中。

从和帝生前、死后邓后的精心安排，可知她是一个颇有心计之人。因此，当公元107年十三岁的刘祜即位为安帝时，虽然朝政控制在外戚邓氏掌中，但邓太后采取了一些措施以避免失败，主要有：

（1）抑制邓氏外戚。邓太后曾诏告外戚贵族较为集中的河南、南阳地方官，要他们严格管束邓氏宗门、姻戚及宾客，有犯禁者"勿相容护"，"自是亲属犯罪，无所假贷"②。当然，这种抑制是不以妨碍邓骘等擅权为前提。

（2）笼络士人，表彰儒学。为取得儒学名士的支持，邓氏有意尊礼三公，荐举有影响之儒生。如华阴人杨震，字伯起，"明经博览，无不穷究"，被诸儒称为"关西孔子杨伯起"，威望甚高。邓骘闻而辟之，举茂才，后又征为太仆，迁太常。杨震又荐举明经名士杨伦等"显传学业，诸儒称之"③。这样做的结果，无疑减少了儒生反对外戚的力量。

（3）关注民情，倡导节俭。邓氏专权后，较为关注民情。史载她"每闻人饥，或达旦不寐，而躬自减彻，以救灾厄"，在其统治期间，曾有平冤狱，省后宫费用，

---

① 《后汉书·章帝八王列传》。
② 《后汉书·皇后纪》。
③ 《后汉书·杨震列传》。

止蜀、汉贡献及绝宫内奢侈品制作等举动，因而被誉为"德政"①。

以上种种措施表明邓氏专权期间尚属开明。因而自和帝死后，至永宁二年（公元 121 年）邓太后去世前十余年间，东汉政权亦称稳定，甚至间或还出现了"岁还丰穰"的景象。但是，和帝以前的兴旺局面，毕竟一去不返了。天灾、人祸，阶级矛盾和民族矛盾充斥，"自太后临朝，水旱十载，四夷外侵，盗贼内起"②，及至邓太后一死，宦官、外戚的矛盾立即激化起来。

邓太后生前虽较谨慎，但对朝政大权始终未曾放松掌握。所以，安帝只是一个傀偶。对于邓太后的擅权，朝廷、贵戚中并非无人反对，然均遭到打击。如永初元年（公元 107 年）颍川定陵（治所在今河南郾城西北）人杜根，刚被举孝廉，为郎中后就上书"安帝年长，宜亲政事"，要求安帝亲政，公然反对外戚专权。结果，被盛怒的太后"盛以缣囊，于殿上扑杀之"③，后被人救出才侥幸得生。就连邓太后的从兄、越骑校尉邓康，也"以太后久临朝政"而"心怀畏惧，托病不朝"④。永初元年司空周章还密谋废太后，诛邓骘，迎立平原王刘胜为帝。但这一次谋划中的宫廷政变未来得及行动即被镇压下去，当年十一月周章被"策免"而"自杀"⑤。

在这样的形势下，邓太后擅政期间，一方面依靠邓氏外戚，另一方面亦不得不寄命于宦官的辅弼。于是，宦官较和帝时有更多的人参与政事，也拥有更大权势。如宦官蔡伦在和帝时即"豫参帷幄"，至邓太后擅权时又加官晋爵，成为邓氏擅权的重要力量。

以安帝为首的反对邓氏专权的政治势力，在宫中也同样依靠一批宦官。早在邓太后未死之前，宦官李闰、江京及安帝乳母王圣就常于帝前发泄对邓太后的不满言论，并传言邓氏欲废安帝而立平原王，使安帝又怕又恨，但亦无可奈何。至永宁二

① 《后汉书·皇后纪》。
② 《后汉书·皇后纪》。
③ 《后汉书·杜栾刘李刘谢列传》。
④ 《后汉书·皇后纪》。
⑤ 《后汉书·孝安帝纪》。

年（公元 121 年）邓太后一死，安帝就根据宦官、宫人的诬奏将邓氏一门彻底铲除：太后弟悝、阊虽早已去世，其子、弟封侯者皆废为庶人。权倾一时的邓骘被免官、抄产。当年五月骘与子凤绝食而死。与此同时，曾迎安帝入京或为诛除邓氏出力的宦官江京、李闰等皆封侯，并迁中常侍。这些宦官中的新贵与安帝乳母王圣及圣女伯荣等"扇动内外，竞为侈虐"①，他们与外戚既勾结又斗争，东汉高层的政治稳定格局从此一去不复。

安帝亲政后，皇后阎氏一门也随之得势。史载阎后"有才色"，元初元年（公元114 年）被选入宫为贵人，"甚见宠爱"。二年，立为皇后，"专房妒忌"。安帝与宫人李氏生皇子保，阎后就用毒酒鸩杀李氏，其骄横嫉妒之性可见一斑。邓太后一死，阎后更无忌惮，兄弟阎显、阎景、阎耀、阎晏"并为卿校，典禁兵"②，阎氏一门外戚取代邓氏外戚当政，其为害则有过之而无不及。此外，还有帝舅耿宝也被封为大将军，监羽林左骑。这些外戚同江京、王圣等宦官、内侍结合在一起将安帝包围，弄权营私，控制朝政，如"帝舅大将军耿宝，皇后兄大鸿胪阎显更相阿党"③。阎氏兄弟不仅自身"颇与朝权"，而且连未成年的诸子也"并为黄门侍郎"④。这个集团的生活也颇腐朽，如王圣女伯荣"出入宫掖，传通奸赂"，还公开与故朝阳侯刘护从兄环通奸，环以伯荣为妻，由于这种肮脏关系，环竟被封为侍中，并世袭了刘护之爵。宦官樊丰、谢恽甚至敢"诈作诏书，调发司农钱谷，大匠见徒材木，各起家舍、园池、庐观，役费无数"⑤。其他得势之宦官、外戚也都有过之而无不及。

宦官、外戚擅权，引起了官僚集团的极力反对，杨震即是其代表人物之一。邓太后刚一死，当王圣、伯荣得势，"内宠始横"之际，杨震为司徒，即直言上书请安帝"宜速出阿母，令居外舍，断绝伯荣，莫使往来"，并劝皇帝"诚慎拜爵，减省献

① 《后汉书·宦者列传》。
② 《后汉书·皇后纪》。
③ 《后汉书·宦者列传》。
④ 《后汉书·皇后纪》。
⑤ 《后汉书·杨震列传》。

御，损节征发"①。但此奏书送到安帝案上之后，这个糊涂皇帝竟然把它送给王圣等人看，其结果可想而知，宦官集团与官僚集团双方斗争进一步白热化，冲突也迅速升级，"震前后所上，转有切至，帝既不平之，而樊丰等皆侧目愤怨，俱以其名儒，未敢加害"②。不过，由于宦官、外戚相互勾结控制皇帝，所以这场斗争的结果不难预料。终于，在延光三年（公元 124 年），樊丰诬杨震"深用怨怼；且邓氏故吏，有患恨之心"得到安帝支持，将震罢官遣归故里。杨震行至城西几阳亭，饮鸩自杀。但两股势力的斗争并未结束。随着他们相互之间的仇恨日益增长，埋伏下后来更大规模的冲突爆发。

阎氏擅政如前所述，邓太后死后，阎氏外戚虽得参政，但在政治上左右朝廷的乃是宦官。自"清"流代表杨震死后，宦官和外戚间的冲突又尖锐起来。冲突的结果，则是宦官势力暂时失败，外戚阎氏擅权。

公元 125 年，汉安帝在巡幸途中突然死于叶县（今属河南），阎后与江京、樊丰等合谋，秘不发丧，以防大臣拥立被废的皇子保继位。四天以后，当载着安帝死尸的车驾回到宫里时，才宣布安帝已死的消息。同时宣告阎太后临朝，后兄阎显为车骑将军仪同三司。为"久专国政"，阎太后与车骑将军阎显等定策禁中，立章帝孙济北惠王之子北乡侯懿为帝，是为少帝。这个被抬上帝位的刘懿，乃是久病不起的小孩子，自然易于摆布。至此，妨碍阎氏专权的就剩大将军耿宝及宦官、内侍的势力了。于是，阎显即示意朝臣控告他的政敌"更相阿党，互作威福，探刺禁省，更为唱和，皆大不道"。结果，耿宝被贬为则亭侯，遣就国，自杀。宦官、中常侍樊丰，虎贲中郎将谢恽，侍中周广皆下狱死。大将军长史谢宓、黄门侍郎樊严处以髡钳之刑，曾权倾一时的王圣母女皆被流放雁门。这样，在少帝即位后的一个月之内，曾擅权于安帝时的宦官、内侍集团主要成员均被消灭，只剩下一个宦官头目江京孤掌难鸣，不得不依附阎氏外戚集团以求自保。于是，东汉政权朝政完全集于阎氏一门，除临

---

① 《后汉书·杨震列传》。

② 《后汉书·杨震列传》。

朝的阎太后及辅政的车骑将军阎显外，太后弟阎景为卫尉、阎耀为城门校尉、阎晏为执金吾，"兄弟权要，威福自由"①。不过，当阎氏擅权达于顶点时，亦是其彻底覆灭之日，在短命的少帝死后，阎氏也结束了他们短暂的擅权历史。②

二、外戚与宦官的权力斗争

东汉中期以后宦官、外戚交替擅权的历史，如果把从和帝后邓氏到安帝后阎氏的外戚—宦官—外戚专政视为第一个阶段的话，那么，从顺帝（公元126—144年）经冲帝（公元144—145年）、质帝（公元145—146年）、桓帝（公元147—167年）到灵帝（公元168—189年）、少帝（公元189年）这六十三年间的外戚、宦官斗争，即可视为第二个阶段。比起第一个阶段，第二个阶段的斗争更加激烈，对东汉政治的危害也更大，直接导致了东汉政权的失控。

汉少帝被扶上帝位二百余天就"疾笃"而病入膏肓。洞悉宫内实情者均预见到将要发生的变故，便纷纷给专权的阎显献策。宦官江京对显说"北乡侯病不解，国嗣宜时有定"，对此"显以为然"③，并准备征济北、河间二王之子来京以供选用。不过，其计划尚未来得及实行，延光四年（公元125年）十月二十七日少帝就已离世。接着，政变发生。

发动政变的是以孙程为首的宦官集团。孙程原为安帝时中黄门、给事长乐宫。当少帝病危时他即与被废的皇子济阴王谒者长兴渠合谋：消灭江京、阎显，扶济阴王为帝。参与其事的还有宦官、中黄门王康，太官丞王国等。在少帝死后，趁阎显等征诸王子尚未至京时，十一月二日，孙程即与王康等十八人截单衣为誓，实行政变。四日夜，程等突然执兵出现在江京等所在的章台门内，并将其斩首。同时胁迫

---

① 《后汉书·皇后纪》。
② 参见林剑鸣著：《秦汉史》，上海人民出版社2003年版，第890—902页。
③ 《后汉书·皇后纪》。

权宦李闰共迎济阴王继帝位，是为汉顺帝。

此时阎氏兄弟虽握有兵权，但皆为无能庸懦之辈。卫尉阎景被孙程派兵生擒，当夜即死于狱中；骄横一时的阎显闻变后"忧迫不知所为"①，也被轻而易举地捕捉入狱。一场宫廷政变就如此迅速地成功了。

十一岁的顺帝刘保封孙程等为侯，并赐以车马金银钱帛等。孙程还擢拜骑都尉。朝政又从阎氏外戚转入到宦官集团的手中。在此期间宦官势力比前一阶段大为膨胀。孙程临死前请求将封国传给其弟，顺帝立即照办，并封孙程养子寿为浮阳侯，开宦官养子袭侯之恶例。甚至永建四年（公元129年），顺帝竟下诏"宦官养子悉听得为后，袭封爵，定著乎令"②，宦官养子袭爵遂成为定制。朝政之混乱，更甚于阎氏外戚专权之时。

宦官擅权给东汉政治统治造成的极度混乱，引起官僚士大夫集团的强烈反对。永建初年（公元126年），左雄上疏，痛陈当时的弊政"巧伪滋萌，下饰其诈，上肆其残"，明确要求以"儒生清白任从政者"。③阳嘉二年（公元133年）李固上疏请去外戚、宦官之权，"使权去外戚，政归国家"，"罢退宦官，去其权重"④。这里，李固虽外戚、宦官并举，而其重点则指斥宦官。因为在他看来，所谓"无功小人，皆有官爵"⑤的原因主要在于宦官"秉威权，容请托"⑥之故。所以，这一派官僚士大夫集团多企图依靠外戚以对抗宦官专权。当时，能够与宦官集团对抗的外戚只有梁氏，士大夫官僚集团遂把希望寄托于外戚梁氏。

汉顺帝的皇后梁妠为梁商之女，梁氏为东汉开国元勋梁统之后，和帝生母梁贵人皆出其门。梁商少以外戚拜郎中，迁黄门侍郎，顺帝即位后，商袭父封为乘氏侯。

---

① 《后汉书·宦者列传》。
② 《后汉书·宦者列传》。
③ 《后汉书·左周黄列传》。
④ 《后汉书·李杜列传》。
⑤ 《资治通鉴·卷第五十二·汉纪四十四》
⑥ 《后汉书·李杜列传》。

永建三年（公元 128 年）十三岁的梁妠与其姑（梁商妹）一同入宫，为十三岁的顺帝之贵人。阳嘉元年（公元 132 年）梁妠被立为皇后，汉顺帝先后拜梁商为执金吾、大将军等，"以戚属居大位"①。

梁商虽居"大位"，但当时外戚的势力尚不足以独揽朝纲。他遂"每存谦柔，虚己进贤"，一方面结交宦官，"以小黄门曹节等用事于中，遂遣子冀、不疑与为交友"②，以取得部分宦官的支持；一方面笼络士大夫官僚集团势力。由于取得皇帝信任和朝臣、士人及一部分宦官的支持，梁商在朝廷的地位日趋稳固，以至不可动摇。东汉的朝政为梁氏一门全部把持。

梁商死后，其子梁冀开始擅政。

建康元年（公元 144 年），年仅三十岁的汉顺帝去世。梁皇后无子，立虞贵人所生年仅二岁的刘炳为帝，是为汉冲帝。刘炳在位不到一年，即于永嘉元年（公元 145 年）正月死去。梁太后又与梁冀定策，迎立八岁的刘缵为帝，是为汉质帝。质帝虽年幼，但"少而聪慧"，对梁冀的专横甚为不满。本初元年（公元 146 年）闰六月的一天，质帝在朝廷上说梁冀是"跋扈将军"，被梁冀知道后，冀就令心腹将毒药放入质帝所吃的"煮饼"（即面条）中，质帝吃后立即死亡。质帝死后，梁冀又力排众议，将年仅十五岁、准备同梁冀之妹结姻的蠡吾侯刘志扶上皇位，是为桓帝。梁太后临朝，梁冀辅政。

梁冀当权后，连皇帝也不得不屈服于其淫威。"冀入朝不趋，剑履上殿，谒赞不名"，"每朝会，与三公绝席。十日一入，平尚书事"。朝廷内外之一切政务，皆由梁冀把持，宫中近侍，全系梁氏心腹。因此，皇帝一举一动，大小官员升迁调补，皆在冀掌握之中。桓帝自不敢拂逆梁冀之喜怒，百官亦唯冀之命是从。稍有违逆者，即遭残害。下邳人吴树为宛（今河南南阳市北）令，因未遵冀之请托，诛杀为害地方者数十人，结果竟被梁冀设酒毒死。辽东太守侯猛，因拜官后未到

---

① 《后汉书·梁统列传》。
② 《后汉书·梁统列传》。

梁府礼谢，也被借故斩首。汝南十九岁的郎中袁著，见冀凶纵，愤然上书，请抑损其权势。冀得知后，密令捕捉袁著。著改名换姓四处逃亡，后无法藏匿，竟伪称病死，市棺殡送，但这也未能逃出梁冀之手，仍被求得而秘密杀害。与袁著友善者胡武亦被株连，全家六十余人皆被杀死。袁著另一好友郝絜也被追捕，自知不能免，遂主动抬棺至冀门前，仰药而死，全家才得幸免。在梁冀擅权达二十余年中，梁氏一门前后有七人封侯，三人为皇后，六人为贵人，二人为大将军，封夫人、女食邑者七人，尚公主者三人，任卿、将、尹、校者五十七人。家门之内简直无人无官，无人无爵，史称"穷极满盛，威行内外，百僚侧目，莫敢违命，天子恭己而不得有所亲豫"[①]。

和平元年（公元 150 年）梁氏的靠山梁太后死去。延熹二年（公元 159 年）梁皇后死去，汉桓帝用单超、具瑗、左悺、徐璜、唐衡五中常侍，诛灭梁冀外戚集团。

梁冀被诛除后，单超、徐璜、具瑗、左悺、唐衡五宦官，因诛除梁氏有功，同日封侯，因而世谓之"五侯"。又封小黄门刘普、赵忠等八人为侯。尚书令尹勋等数十位大臣也都分别受到赐赏，封爵。梁冀被锄掉后的东汉政治并未因而发生转机，"自是权归宦官，朝廷日乱矣"[②]。

桓帝死后，因桓帝无子，乃由窦太后与其父城门校尉窦武定策，立刘苌之子解渎亭侯十二岁的刘宏为帝，是为汉灵帝。在窦后周围的宦官、外戚权争更为激烈。宦官、中常侍曹节、王甫与灵帝乳母赵娆旦夕在窦后身边，深得窦后信任。但外戚窦武及大臣陈蕃对这批宦官、近侍极为愤恨，在他们周围又聚集了一批官僚和名士如尹勋、刘瑜、冯述、李膺、刘猛、杜密、朱㝢、荀翌、陈寔等，这些人虽也是窦太后亲信，但不满宦官专权，遂定计除宦官。

建宁元年（公元 168 年）五月，窦武在陈蕃怂恿之下向窦太后进言：宦官"与政事而任权重，子弟布列，专为贪暴"，"宜悉诛废，以清朝廷"。窦太后虽未能接受

① 《后汉书·梁统列传》。
② 《后汉书·宦者列传》。

其将全部宦官尽行诛废的建议，但还是同意将"颇有才略，专制省内"[①]的中常侍管霸及苏康处死。窦武又请诛大宦官曹节，对于这个出身于"世吏二千石"、因迎灵帝有功而被封的"长安乡侯"[②]，窦太后一时不能下决心，窦武等亦不敢妄动。

是年八月，侍中刘瑜等又鼓动窦武、陈蕃诛锄宦官曹节、王甫等。但窦武等人所上之奏还未呈于太后，即被宦官长乐五官吏朱瑀发现。瑀即扬言：陈蕃、窦武欲谋废灵帝为"大逆"。于是，与共普、张亮等十七人歃血为盟，决心与蕃、武等背水一战。他们找到曹节，以节为首的宦官集团将灵帝拥进德阳殿，乳母赵娆等拥卫左右，以武力威胁尚书官属，令其作诏：拜王甫为黄门令，与郑飒共劫太后，夺其玺印。又使郑飒持节收捕窦武。武不受诏，驰入步兵营，与侄窦绍召北军五校士与宦官所率之军对阵。不到一天的工夫，窦武所率之武装即被击溃。窦武、窦绍皆自杀。尚书令尹勋、侍中刘瑜、屯骑校尉冯述皆被处以族刑。窦太后亦被迁于南宫。年逾七十的陈蕃听到事变消息后，率官属诸生八十余人拔刀突入承明门。陈蕃被执，当日即被处死。故吏皆斥免禁锢。这一场斗争，以宦官得胜暂告结束。曹节迁长乐卫尉、封育阳侯，王甫迁中常侍，朱瑀封都乡侯，其余党羽各皆增邑、封侯，宦官之势大炽。

灵帝时代宦官和外戚间的斗争，是统治集团内部矛盾积累的结果，窦武死后，灵帝即被宦官曹节、王甫等控制。光和四年（公元181年），曹节去世。曹节死后，东汉政权被张让、赵忠、夏恽、郭胜、孙璋、毕岚、栗嵩、段珪、高望、张恭、韩悝、宋典十二宦官所把持，外戚与宦官集团之间的斗争仍在继续。[③]

三、士大夫官僚集团的野心与搅局

面对外戚、宦官对朝政的交替控制，士大夫官僚集团逐渐形成政治上的反对派。

---

① 《后汉书·窦何列传》。

② 《后汉书·宦者列传》。

③ 参见林剑鸣著：《秦汉史》，上海人民出版社2003年版，第884—890页。

到桓、灵帝时期，一部分朝廷上的官僚与在野的士大夫、太学生和郡国生徒联合，形成一股反对外戚宦官的政治势力，最终酿成给东汉政权造成很大统治危机的"党锢之祸"。

汉顺帝（公元 126—144 年）以前，朝廷中就出现一股反对外戚、宦官专权的士大夫官僚势力。不过这时，他们的行动尚未形成气候。

顺帝时，就有不少士大夫官僚因不满政治腐败而相率毁裂冠带，避祸深山。至桓、灵帝时期，在外戚宦官把持下的朝政更加腐败，引起太学生、郡国生徒以及官僚集团的极大不满。"逮桓灵之间，主荒政缪，国命委于阉寺，士子羞与为伍，故匹夫抗愤，处士横议，遂乃激扬名声，互相题拂，品核公卿，裁量执政，婞直之风，于斯行矣。"①

本来，自西汉以来实行的选官制度，给在野的士大夫和太学生、郡国生徒等知识分子进入仕途敞开了大门，但自外戚宦官把持朝政以来，太学生和郡国生徒不能按正常途径进入政治舞台，盘踞要津的则多是那些依靠裙带关系、凭借财产和请托权门而成为要员者。据记载："桓灵之世，柄去帝室，政在奸臣，网漏防溃，风颓教沮。抑清德而扬谄媚，退履道而进多财。力竞成俗，苟得无耻。或输自售之宝，或要人之书；或父兄显贵，望门而辟命……"时谚有"举秀才，不知书。察孝廉，父别居。寒素清白浊如泥，高第良将怯如鸡"②，反映了当时官吏的素质低劣和选官制度之混乱。而对政治及自己前途特别敏感的知识分子，对这种情况则强烈不满，他们议论政治，品评人物，对外戚宦官进行猛烈攻击。于是，朝廷上的"清流"官僚，和在野的士大夫、太学生、郡国生徒就联合起来形成了外戚宦官专权的反对派。

东汉桓帝时，太学生已有三万余人，其中以郭太和贾彪为首领。他们把攻击的矛头主要指向宦官，在太学中进行反对当时腐朽、黑暗政治的宣传、鼓动，大造舆论。"清议"是抨击当时腐败政治的一种方式，也是党人制造舆论的重要手段。对于

---

① 《后汉书·党锢列传》。
② 《抱朴子外篇》卷 2 《审举》。

朝廷施政的臧否、官吏人品的高低，以及吏治的清浊，这些知识分子都指责评论，相互呼应，而这种"清议"往往又传为乡谣，乃至广为播扬，在社会上引起了很大的反响。随着外戚宦官的权势日炽，士大夫官僚集团及在野的知识分子对他们的攻击愈加激烈，在桓、灵时期，形成当权的宦官势力同不当权的党人间公开对立，两者的斗争终于白热化，最后导致"党锢之祸"。

在同宦官集团斗争的官僚中，以陈蕃、范滂、成瑨以及李膺、张俭、岑晊等为最著名，而其中李膺和陈蕃则成为他们的实际领袖。"党人"集团，在桓帝延熹年间（公元158—167年）已经实际形成。

李膺，颍川襄城人，出身于衣冠望族，祖父脩在安帝时曾任太尉。父益，曾任赵国相。李膺本人"性简亢，无所交接"，早有威廉之名。家居教授生徒时，南阳樊陵求为门徒，膺以其行为卑劣拒而不受，后樊陵果以阿附宦官而致太尉，为节志者所羞。因此，士人常以得御于李膺为荣。为河南尹时，将与宦官勾结的宛陵大姓羊元群逮捕，欲按其臧（赃）罪。因元群向宦官行贿，反将李膺治罪而输入左校。任司隶校尉时，竟将专横一时的权宦张让之弟、野王令张朔处死。此案竟连皇帝也出面说情，被李膺义正辞严地驳回。《后汉书·党锢列传·李膺传》对此事经过有极生动的记载：

> 复拜司隶校尉。时张让弟朔为野王令，贪残无道，至乃杀孕妇，闻膺厉威严，惧罪逃还京师，因匿兄让弟舍，藏于合柱中。膺知其状，率将吏卒破柱取朔，付洛阳狱。受辞毕，即杀之。让诉冤于帝，诏膺入殿，御亲临轩，诘以不先请便加诛辟之意。膺对曰："昔晋文公执卫成公归于京师，《春秋》是焉。《礼》云公族有罪，虽曰宥之，有司执宪不从。昔仲尼为鲁司寇，七日而诛少正卯。今臣到官已积一旬，私惧以稽留为愆，不意获速疾之罪。诚自知衅责，死不旋踵，特乞留五日，剋殄元恶，退就鼎镬，始生之愿也。"帝无复言，顾谓让曰："此汝弟之罪，司隶何愆？"乃遣出之。

就连皇帝也无法为宦官张让亲属讲情，其他宦官更不得不暂时收敛了："自此诸黄门常侍皆鞠躬屏气，休沐不敢复出宫省。帝怪问其故，并叩头泣曰：'畏李校尉.'"正因为李膺敢于同权宦作斗争，所以"声名自高"，士大夫皆以能与其接交为荣，"士有被其容接者，名为登龙门"①，由此可见李膺在士大夫中威望之高，也可窥知士人、知识分子与其相互标榜之势。

汝南平舆人陈蕃与李膺齐名。李膺为青州刺史时，"名有威政，属城闻风，皆自引去，蕃独以清绩留"②，后因拒绝大将军梁冀请托，笞杀梁冀派来求谒之使者，而被贬官。后迁为大鸿胪，又曾因上疏救李云，被罢官。复官后又多次上疏指斥宦官罪恶，替被宦官集团诬陷的官吏申冤，为李膺的冤狱鸣不平，从而成为同宦官集团作斗争的"党人"又一领袖人物。

以在朝部分官吏、在野士大夫及太学生、郡国生徒为一方，以宦官集团及其爪牙为另一方的搏斗，在桓、灵帝及其以后的时期，愈演愈烈。外戚集团为了抵制宦官集团的威胁而站到"党人"一方，高层统治集团出现了你死我活的斗争场面。

延熹五年（公元 162 年），杨秉为太尉。"是时宦官方炽，任人及子弟为官，布满天下，竞为贪淫，朝野嗟怨"。杨秉与司空周景联合上书，要求将宦官的爪牙从各级官位上驱逐下去，得到桓帝的支持，"于是秉条奏牧守以下匈奴中郎将燕瑗、青州刺史羊亮、辽东太守孙谊等五十余人，或死或免，天下莫不肃然"。延熹七年（公元 164 年）杨秉又参奏中常侍侯览之弟、益州刺史侯参"累有臧罪，暴虐一州"③，使侯参"惶恐"而自杀。因此事连及炙手可热的宦官侯览及具瑗，杨秉又进一步参奏这两个权宦，指出"臣案国旧典，宦竖之官，本在给使省闼，司昏守夜，而今猥受过宠，执政操权。其阿谀取容者，则因公褒举，以报私惠；有忤逆于心者，必求事中伤，肆其凶忿"，要求削夺侯览及具瑗权力。"帝不得已，竟免览官，而削瑗国"④。侯览、具瑗的权势虽被削夺，但并不能说明"党人"已取得胜利。不久，河南尹李膺、大司农刘祐、廷尉冯绲就因与宦官集团为敌，被中常侍苏康、管霸等陷害，以"忤

① 《后汉书·党锢列传》。
② 《后汉书·陈王列传》。
③ 《后汉书·杨震列传》。
④ 《后汉书·杨震列传》。

旨"而"为之抵罪"。太尉陈蕃则极力为李膺辩护,"请加原宥,升之爵任。言及反覆,诚辞恳切",但仍得不到宽赦,"帝不听"①。

在东汉末年的朝政中,皇帝交替重用外戚与宦官集团,旨在维持一个权力平衡的局面。因此,当宦官集团势力过大时,皇帝虽然同意抑制,但绝不会满足士大夫官僚集团的要求而彻底诛灭之。当外戚与士大夫官僚集团力量过大时,皇帝又会支持宦官集团对之进行打压。终于,在延熹九年(公元166年),宦官集团利用桓帝对官僚集团的不满,在全国范围内对"党人"集团进行了一次全方位的清洗,从而形成了东汉历史上有名的"党锢之祸"。

"党锢之祸"后,虽宦官横肆,但被"禁锢"的"党人"却得到社会上广泛的同情,其声望空前提高。如李膺免归乡里后,"天下士大夫皆高尚其道,而污秽朝廷";范滂被释后,离开京师南归时"汝南、南阳士大夫迎之者数千两"②。宦官集团所施的压力愈大,"党人"的声望愈高,这成为一种政治悖论。

据《后汉书·党锢列传》载,这些党人的称号有:

> 上曰"三君",次曰"八俊",次曰"八顾",次曰"八及",次曰"八厨",犹古之"八元"、"八凯"也。窦武、刘淑、陈蕃为"三君"。君者,言一世之所宗也。李膺、荀昱、杜密、王畅、刘祐、魏朗、赵典、朱宇为"八俊"。俊者,言人之英也。郭林宗、宗慈、巴肃、夏馥、范滂、尹勋、蔡衍、羊陟为"八顾"。顾者,言能以德行引人者也。张俭、岑晊、刘表、陈翔、孔昱、苑康、檀敷、翟超为"八及"。及者,言其能导人追宗者也。度尚、张邈、王考、刘儒、胡母班、秦周、蕃向、王章为"八厨"。厨者,言能以财救人者也。

由此可见,"党人"虽被禁锢,其声望却随着政治日益腐败而日渐升高。

永康元年(公元167年)十二月,桓帝死于德阳前殿,城门校尉窦武与太后定策,

---

① 《后汉书·陈王列传》。
② 《后汉书·党锢列传》。

迎立十三岁的解渎亭侯刘宏继位，是为灵帝。

灵帝即位后，以窦武为大将军辅政。窦武身为外戚，对宦官专宠极为不满，故辅政后即起用陈蕃为太傅，与司徒胡广共参录尚书事，组成新的中枢机构。

陈蕃复起，标志着党禁解除，被禁锢的党人一一被起用：李膺、杜密、尹勋、刘瑜等皆列于朝廷，共参政事。一时间，天下之士，莫不延颈期待彻底锄掉宦官之害。然而，宦官的势力绝非轻易消除，其盘根错节于宫内外，对党人仍有极大威胁，中常侍曹节、王甫与帝乳母赵娆相勾结，诌事太后，成为宦官集团的核心。陈蕃、窦武十分清楚，不彻底消灭宦官势力，后患无穷。于是谋划诛宦官以绝后患。

适值日食，陈蕃乃趁机向太后上奏，请斥罢宦官。但窦武却要求将宦官"宜悉诛废"。这种不切实际的要求必然遭到太后的拒绝，"汉来故事世有，但当诛其有罪，岂可尽废邪"[1]。窦武"尽废"之议未得到太后的批准，就毅然将颇有才略、专制省内的中常侍管霸及苏康处死。陈蕃、窦武又上疏，请将宦官侯览、曹节、公乘昕、王甫、郑飒与赵娆皆诛之，仍未得到太后同意，因而迟迟不能实现。

建宁元年（公元168年）八月，陈蕃、窦武任命朱富为司隶校尉、刘祐为河南尹、虞祁为雒阳令，计划将宦官首领曹节、王甫等尽行诛锄。窦武拟就奏章，准备得到批准后即开始执行。但是，宦官集团的势力早根植于宫廷内外，陈蕃、窦武等人尽诛宦官的计划尚未实行，就已被对方察觉。九月，典中书者先将窦武之奏章送呈宦者、长乐五官史朱瑀。朱瑀见奏书大惊，连夜召从官史共普、张亮等十七人，歃血为盟，开始向党人反扑。于是，李膺、杜密、虞放、朱寓、荀翌、翟超、刘儒、范滂等百余人，俱被诬杀，妻子皆徙边；其他因牵连而被流放、禁锢、处死者不下六七百人。

公元189年，汉灵帝病死，何进立他的外甥刘辩为帝（少帝），时年十四岁，何太后临朝。何进以大将军录尚书事。以袁绍、曹操为首的官僚集团，与何进为首的外戚集团联合，并且推动何进，企图彻底诛灭宦官集团。不久，何进利用宦官集团

---

[1] 《后汉书·窦何列传》。

的不和，杀掉拥有兵权的西园八校尉统领宦官蹇硕。为进一步消灭宦官，何进又召并州牧董卓进京。董卓利用宦官集团与外戚何进及官僚集团火并之机，进军洛阳，先后取得禁军与吕布军的支持，废掉少帝刘辩，立刘协为帝（献帝），自任相国，控制朝政，东汉政权从此名存实亡。

四、黄巾之乱与军阀割据

在以农业为主体经济形式的古代中国，长期形成了安居本土而不轻易迁徙的传统，因而有所谓"安土重迁，黎民之性"[1]"安土重居，谓之众庶"[2]等说法。不过，由于天灾人祸，历史上经常发生民众离开土地成为大规模流徙的流民。严重的流民问题往往导致对于政治结构的强烈冲击，再加上与其他历史因素的交互作用，时常成为社会大动荡的先声。

因战乱而发生的流民问题，曾经造成较严重的社会影响。然而对社会产生更为剧烈震动的，往往是非战乱因素引起的流民运动。东汉晚期，国家治理的失败以及严重的自然灾害导致大批流民离开家园而往异乡漂泊。

汉顺帝永建六年（公元131年），因连年水灾，百姓多有弃业，流亡不绝，以及永和四年（公元139年）太原郡（郡治在今山西太原西南）发生严重旱灾，"民庶流冗"[3]，都是类似的史实。

汉桓帝永兴元年（公元153年），又一次发生由严重自然灾害引起的流民运动。当时，三十二个郡国先后遭受蝗灾，黄河决口，民众饥穷，流落四方，多至数十万户，百姓饥馑，流移道路。

汉灵帝时，幽、冀地区因百姓大量外流求生，留居原地的只有十分之三四，造

---

① 《汉书·元帝纪》。

② 《后汉书·杨终列传》。

③ 《后汉书·顺帝纪》。

成郡县空虚，万里萧条。

流民的冲击，使得受纳流民地区的经济与社会形势也受到严重的破坏，终于在汉灵帝光和七年（公元184年），爆发了以流民为主体的黄巾大起义。这次农民反政府运动由张角领导与发起，其口号是"苍天已死，黄天当立，岁在甲子，天下大吉"①。在镇压这次民间反政府运动中，豪强地主与地方军事力量乘间而起，纷纷割据一方，东汉王朝一统江山的统治秩序一去不复返。

中平五年（公元188年）八月，灵帝在洛阳西园成立军部八校尉，以宦官小黄门蹇硕为上军校尉，虎贲中郎将袁绍为中军校尉，屯骑校尉鲍鸿为下军校尉，议郎曹操为典军校尉，赵融为助军左校尉，冯芳为助军右校尉，谏议大夫夏牟为左校尉，淳于琼为右校尉，皆统于蹇硕。自黄巾起事，灵帝留心戎事，其亲信蹇硕壮健有武略，因此被委以元帅，督司隶校尉以下，大将军何进也要受其统领。蹇硕总领中外最高军权，暗中还负有灵帝托孤的重大使命："初，何皇后生皇子辩，王贵人生皇子协。群臣请立太子，帝以辩轻佻无威仪，不可为人主。然皇后有宠，且进又居重权，故久不决。六年，帝疾笃，属协于蹇硕。硕既受遗诏，且素轻忌于进兄弟，及帝崩，硕时在内，欲先诛进而立协。"②灵帝没有确定储君，嫡皇子辩以例当立，而灵帝又托刘协于内宫，这样，外戚与宦官之间的冲突不可避免。

中平六年（公元189年）四月，灵帝去世，皇子辩即皇帝位，是为少帝，年十七，尊皇后曰皇太后，太后临朝。大赦天下，改元光熹，封皇弟刘协为渤海王。后将军袁隗为太傅，与大将军何进参录尚书事。何进任袁绍为司隶校尉，其弟袁术为虎贲中郎将，又征何颙、荀攸及河南郑泰，以为智谋之士。逮捕上军校尉蹇硕下狱死。五月，灵帝舅骠骑将军董重下狱死，六月，灵帝母董太后崩。葬灵帝于文陵。七月，徙渤海王刘协为陈留王。

蹇硕被诛说明宦官集团并不想与官僚集团彻底决裂。但以袁绍、曹操为首的官

① 《后汉书·皇甫嵩列传》。
② 《后汉书·何进列传》。

僚集团却决心推动何进彻底消灭宦官集团。

八月，袁绍劝何进及时诛宦官，以免窦武受害之祸。何进请太后尽罢中常侍，以三署郎补其处，太后碍于礼防，又以家本南阳屠家，居皇后位宦官有拥护之功，不予准许。何进无断，袁绍画策多召四方猛将豪杰，引兵向京城以胁太后，何进乃召并州牧董卓。宦官张让、段珪先发制人，矫诏召何进入宫而杀之。袁绍、袁术勒兵入宫，尽杀宦官两千余人，宫中一空，少帝与陈留王出走。同月，董卓兵团入京，东汉政局至此彻底崩坏。

九月，董卓在洛中侍武力为后盾，以太后诏废少帝为弘农王，扶立陈留王协，是为汉献帝，年九岁，改元永汉。迁太后于永安宫，不日鸩杀。次年又杀弘农王。董卓以一地方官废主，这在东汉史上为首次，一时朝野震动。

原来，在东汉末年，出身军人、性粗猛而有谋断的董卓在汉灵帝病危时被拜为并州牧。他驻屯河东（郡治在今山西夏县西北），拥兵自重。汉灵帝死后，大将军何进和司隶校尉袁绍合谋诛除宦官集团，私召董卓进京，以为军事依靠，压制反对势力。后来计划泄露，宦官杀何进兄弟，袁绍勒兵入宫欲讨宦官，宦官张让等劫持少帝和陈留王出逃。董卓闻讯引兵驰抵洛阳，领有何进部曲，加上禁军支持，势力更盛。于是京都兵权都握在董卓手中。他废少帝为弘农王，立汉陈留王为天子，挟天子号令天下。董卓专权，开了历史上军阀依恃武装力量控制朝政的先例。

董卓出身于西北多战之地，以军功晋升，原本在朝中缺乏政治力量的支持，因而他只能用高压手段宰制朝臣，以严酷刑罚控制属下，于是朝中官僚侧目，东方实力派军事首领和地方豪强纷纷举兵讨伐董卓。董卓看到无法控制天下，于是在初平元年（公元190年）二月，徙天子都长安，挟持汉献帝西行。迁都长安后，董卓据太师之位，号为"尚父"，宗族内外并列朝廷；又筑郿坞，高与长安城相等，号"万岁坞"，积谷可以支用三十年，自称事成可以雄踞天下，不成，守此足以备老。

初平三年（公元192年）四月，司徒王允与吕布等合谋诛董卓。随后董卓部将李傕、郭汜据关中。汉献帝君臣被迫流亡东窜。

至建安元年（公元196年）汉献帝辗转返回洛阳时，军阀割据局面已经彻底形成：

袁绍占据冀、青、并三州，曹操占据兖、豫二州，公孙瓒占据幽州，陶谦占据徐州，袁术占据扬州，刘表占据荆州，刘焉占据益州，孙策占据江东，韩遂、马腾占据凉州，公孙度占据辽东，而刘备立足未稳，依违于各割据势力之间。就在这一年，曹操迎汉献帝迁都许县（今河南许昌），取得了"奉天子以令不臣"的政治地位。

建安元年（公元196年）以前，已经形成了军阀集团割据各地的混乱格局。

（1）董卓及其部将李傕、郭汜据有关中（今陕西中部）。

（2）公孙度据有辽东（今辽宁东部）。

（3）公孙瓒、刘虞据有幽州（今河北北部及辽宁西部）。

（4）袁绍据有冀州、青州和并州（今河北大部、山西大部、山东大部）。

（5）曹操据有兖州（今山东西部、河南东北部）。

（6）袁术据有南阳（今河南南阳），后据有扬州（今江苏南部）。

（7）陶谦、刘备、吕布先后据有徐州（今江苏北部、山东东南部）。

（8）孙策据有江东（今江苏南部、江西北部、安徽南部）。

（9）刘表据有荆州（今湖北、湖南）。

（10）刘焉据有益州（今四川、贵州及云南北部）。

（11）马腾、韩遂据有凉州（今甘肃）。

（12）张鲁据有汉中（今陕西南部）。①

这些军阀集团为了自身的利益，或相互勾结，或相互争斗，经过几年的激烈兼并，到建安四年（公元199年）前后，有实力的军事集团尚有江东孙策，荆州刘表，益州刘璋，凉州韩遂、马超，辽东公孙度以及袁绍和曹操等。其中实力最为雄厚的是北方的袁绍集团和曹操集团。建安五年（公元200年），袁绍与曹操官渡之战，袁绍大败，曹操奠定了统一北方的基础。此后建安九年（公元204年）至建安十年（公元205年），曹操相继击破袁尚、袁谭兄弟，取得冀州，平定青州。建安十二年（公元207年），曹操又出军卢龙塞（在今河北宽城南），冲击鲜卑统治中心，兵锋东指

---

① 参见林剑鸣著：《秦汉史》，上海人民出版社2003年版，第960—961页。

柳城（今辽宁朝阳南），平定幽州，征服乌桓，最终统一了北方。

建安十三年（公元208年）七月，曹操出兵南征，占领荆州，企图统一全国。孙权与刘备合力抗击曹操，在赤壁（今湖北嘉鱼西南）大败曹军。

赤壁之战后，荆州为曹操、刘备、孙权三家所瓜分：刘备占领了江南长沙（郡治在今湖南长沙）、零陵（郡治在今湖南永州）、桂阳（郡治在今湖南郴州）、武陵（郡治在今湖南常德）四郡。江北南阳（郡治在今河南南阳）、南郡（郡治在今湖北江陵）、江夏（郡治在今湖北新洲西）三郡是荆州人口较多、经济较为富庶的地区。曹操退回北方后仍然占据着江陵、襄阳，退出江陵后，仍然占有襄阳；孙权占据江夏；南郡则为刘备和曹操分治。三国鼎立的形势初步形成。在这三家政治势力中，曹操集团最强，孙权集团次之，刘备集团最弱。此后，曹操退回北方，刘备又占领了益州。曹操、刘备、孙权三大军事集团势力的发展，奠定了此后三国鼎立的基础。公元220年，曹丕称帝，废汉自代，建立曹魏政权。公元221年，刘备称帝，建立蜀汉政权。公元229年，孙权称帝，建立东吴政权。东汉至此灭亡，魏、蜀、吴三国时代开始。

结语

（一）政治局势与国家治理密切相关。政治局势的变化是研究国家治理的重要窗口。就前后汉政治局势相较而言，西汉政局所决定的国家治理留给后世的经验教训显然更为重要。重建国家的历史任务、中央集权与地方分权的妥善处理、不同利益集团间政治势力的明争暗斗、君相权力的分割与较量、统治政策的调整与统治思想的变化、社会经济的繁荣与萎缩、军事形势的紧张与和缓、君主个人统治才能及品行的高下，等等，无不对当时政局发生作用，也同样与治理政策措施的形成、发展和变动息息相关。

（二）历史证明："汉之法制，大抵因秦。"云梦秦简提供的资料表明，许多原本以为是汉帝国创建的制度以及有关称谓，原来都是由前朝秦帝国那里传承下来的。总的看来，汉对秦的继承是一种全方位的继承，也是一种发展性的继承。这种继承的特点表现在：秦开其端，汉总其成。

（三）汉帝国制度对中国政治的最大启示，就是将历史遗留情况与现实实际相结合，在秦王朝郡县制度的基础上，采用了郡县与分封并行的郡国并行制，以此作为对中央集权体制的补充。这种制度既是对周秦政治的总结，也是对现实要求的回答。郡国并行制尽管有这样或那样的不足与缺陷，但它在加强中央集权、巩固皇权权威，维护中华民族早期大一统以及巩固国家统一与稳定等方面发挥了极其重要的作用。

（四）汉初的国家治理，主要是以维护国家的统一、加强皇权和中央集权、恢复与发展社会经济为中心展开的。汉高帝拨乱反正，惠帝、文帝、景帝明智地以黄老治国，与民休息，注意保持政策的稳定性与连续性，注意克制自己欲望、勤俭节约，这是汉初治国理政成功的重要原因。应该说，汉初诸帝的治理是成功的。

（五）汉武帝即位时的形势与前代皇帝所处形势已有很大的不同，经过汉初半个世纪的休养生息，汉朝的国力已经有了很大的增强。同时，经过文景诸帝的努力，功臣集团和诸侯王国的势力都受到相当的削弱，皇权得到很大的增强，功臣集团和诸侯王国与皇权相抗衡的局面已有很大的改观，故而汉武帝初登皇位，即试图改变汉初以来的无为政治，力欲奋发作为，实现其所构想的宏伟目标。很显然，如要实现汉武帝的理想蓝图，首先就必须进一步强化中央集权，解除匈奴对汉朝北方边境的威胁。而中央集权的关键，主要是强化皇权的牢固地位。为此，汉武帝在即位后的最初几年中，将其主要精力放在如何削夺以丞相为首的政府权力上，而对诸侯王国则采取笼络的策略。随着相权被成功地置于皇权之下，汉武帝又开始把打击目标指向当时仍对专制皇权形成严重威胁的诸侯王国。取得对匈奴战争的胜利和开疆拓土，是汉武帝一生最渴望实现之功业，但长期战争所造成的一系列问题又使国内出现了不稳定因素，而地方诸侯王国又是其中最主要的因素，故而汉武帝在对外战争开始后，通过颁布"推恩令"、穷治诸侯王谋反之狱、重申"左官律"和"附益法"、采用"酎金律"、实行盐铁官营、改革币制、建立刺史制度等措施，使得汉初以来长期存在的诸侯王国问题得到了彻底的解决。

（六）一代政局之变动，往往与一代统治思想之调整如影随形。所以，欲洞悉一代政局之变动，必须考察其统治思想之调整。汉初大局在恢复与发展经济，故自高帝、惠帝、文帝、景帝，都取清静无为，以黄老治国；武帝时国力增强，国富民强，思想混乱，遂采取"独尊儒术"，用儒家学说统一人们的思想。但从武帝至宣帝，治理国家均采用"霸王道杂之"之术，并不固守儒家一说，凡是对于统治有利的各家学说、各种思想，均根据实际情况加以采用。从汉元帝开始，以"纯任德教"为治国指导思想，放弃儒法道多家兼用的治国传统，从而使儒术真正意义上被"独尊"起来。在此环境下，一大批儒生纷纷涌入朝廷权力机构，从而使元帝政治呈现出明显的"儒生"化倾向。元帝而下，儒生政治色彩日渐浓重，汉家再无往日开拓进取之雄风。自元帝开始，汉室便一步步走向了衰亡。

（七）西汉亡于王氏，其源则始自元、成二帝。元帝时，外戚王氏势力开始滋长。成帝时，虽屡有大臣上书劝谏抑制王氏势力，然成帝姑息养奸，从而使刘氏皇权政柄渐操于王氏之手，逐步为王莽代汉铺平了道路。汉元帝以后，在中央政府，以外戚王氏势力操纵皇权；在地方，则是豪强地主经济与实力迅速膨胀。臣强君弱与民间动荡的内外忧患使得西汉政权迅速走向灭亡。

（八）王莽代汉后的改革，教训甚多。其一，理想与政治不等同。王莽是一个狂热的政治理想主义者。他以"三代政治"为治国理政之本，但"三代政治"毕竟是数千年前的东西，显然与现实有着很遥远的距离。作为一个政治家与领袖，治理与决策必须时刻与现实形势变化相呼应，关注各方利益平衡与需要，而不是被盲目加狂热的理想主义所困扰。其二，改革要从实际出发。王莽改革的许多措施，都是本本主义。从儒家的《周礼》等经典中找根据，在制度的建制和政策法令上搞复古主义，博而寡要，以六艺为法，六艺经传以千万数，累世不能通其学，于是采取形式主义的办法，在名称的变革上动脑筋，改名的东西太多，官名、地名的变更，完全没有必要。其三，改革本应循序渐进，实验而行。但王莽改革却频频出手，朝令夕改，变更过于频繁，使得下面无所适从。可见，改革不能唯心、唯书，只能唯实，从实际存在的社会矛盾和问题出发，调节好各个群体间的利益关系，让多数人受益，这样才能缓和社会矛盾与促进社会生产的发展。这就是王莽改制留下的教训。

（九）西汉末年士大夫政治兴起的历史大趋势，限定了光武帝刘秀对国家政治体制的选择路径。而东汉建国前后进行统一战争，文吏随军赴各地，主持政权建设，在实践中形成了他们的政治地位。光武帝退功臣、进文吏的治理之策是适应当时客观情况的正确选择。

（十）光武帝开创了"以柔术治国"的新路径。其治术出于《尚书》，"柔以治社会，刚以治吏职，正直以自治，三德之治而已"。经济上，刘秀政权实行与民休息、释放奴婢、减免赋税；政治上，退功臣、进文吏，简政宽刑；军事上，"罢郡国兵"；文化上，建立《五经》十四博士制度，以儒学治国；等等。总的来看，这些政策对于恢复自西汉末年以来动荡的社会秩序与经济、加强中央集权都起到了十分重要的作用。

（十一）光武帝退功臣、进文吏的治理之策保障了吏治的严肃和有序，功臣得免伤害而保全，社会得宽松而安定。建武十三年后，功臣集团总体上退出政府与军职，安身立命，在野闲居，隐身于政治舞台的背后。东汉前期六十四年，国家完全由帝室主政。然而，经历一段隐蔽状态后，东汉中后期功臣家族的后人却重新入朝主政，在太后临朝体制下形成代理皇权的外戚政治，自公元88年和帝即位第一窦太后临朝，到公元168年（灵帝建宁元年）第二窦太后还政，东汉中后期八十年时间，外戚家族与刘氏皇族两个系统共主朝政，帝室威权下移并被分解。

（十二）东汉中后期，朝纲紊乱，太后临朝，外戚、宦官专权。外戚集团、宦官集团、士大夫官僚集团之间的派系斗争与权力争斗日趋激烈，皇帝不能总揽权纲，权臣祸国导致东汉中央政权治理能力与合法权威急速下降，这是导致东汉政权灭亡的最主要原因。

总而言之，汉代是我国传统政治文明的奠基时期，在批判地继承先秦政治文明成果基础上，不断创新，加强政治文明建设，创造了灿烂的政治文明。在国家治理方面，汉代统治者为后世积累了丰富的经验与智慧：首先，提出了"德法并用"的政治理念，一手抓法制建设，一手抓政治教化，为政治文明的发展提供了理论依据。其次，不断创新政治体制，合理设置官僚机构，科学配置官吏数量，分权制衡，初步建立起合理、精干、高效的官僚政治体制，形成了相对独立的决策、咨询、执行、监督权力结构，为国家的成功治理提供了组织保障。最后，建立和完善了多项政治制度，各行政主体通过集议、谏净、封驳、判署、察举、考试、考课、巡视、审计、举劾、"杂议"、"连带责任"等形式，对官吏人事、司法、财政经济等行政权力进行制约和监督，初步形成了程序严密、制约有效的权力运作机制，为成功的治理提供了制度保障。

附录　主要参考文献

［汉］司马迁著：《史记》，中华书局 1959 年校点本。

［汉］班固撰：《汉书》，中华书局 1962 年校点本。

［南朝宋］范晔著：《后汉书》，中华书局 1959 年校点本。

［晋］陈寿撰：《三国志》，中华书局 1962 年校点本。

［宋］司马光编撰：《资治通鉴》，中华书局 1956 年校点本。

［汉］王充著：《论衡》，中华书局 1988 年版。

［汉］董仲舒著：《春秋繁露》，中华书局 2012 年版。

［汉］陆贾著：《新语》，浙江古籍出版社 1998 年影印本。

［汉］桓宽著：《盐铁论》，中华书局 1988 年版。

［唐］杜佑撰，王文锦等点校：《通典》，中华书局 1988 年版。

［清］王夫之著：《读通鉴论》，中华书局 1975 年版。

［宋］马端临著：《文献通考》，中华书局 1986 年版。

吕思勉著：《秦汉史》，上海古籍出版社 1982 年版。

林剑鸣著：《秦汉史》，上海人民出版社 2003 年版。

田昌五、安作璋著：《秦汉史》，人民出版社 1993 年版。

白寿彝主编：《中国通史》第四卷（中古时代·秦汉时期），上海人民出版社
1995 年版。

刘修明著：《从崩溃到中兴》，上海古籍出版社 1989 年版。

甘黎明、刘新光著：《宏基初奠：秦汉改革及其因果成败》，南京大学出版社
2000 年版。

黄留珠著：《刘秀传》，人民出版社 2003 年版。

张小锋著：《西汉中后期政局演变探微》，天津古籍出版社 2007 年版。

唐燮军、翁公羽著：《从分治到集权——西汉的王国问题及其解决》，浙江大学
出版社 2012 年版。

戚文、陈宁宁著：《两汉人物论》，上海东方出版中心 2013 年版。

颜晨华著：《细说光武帝》，上海人民出版社 2014 年版。

孟祥才著:《王莽传》,人民出版社 2016 年版。

陈忠锋著:《王莽理想政治研究》,上海三联书店 2017 年版。

王子今著:《秦汉史:帝国的成立》,中信出版社 2017 年版。

安作璋著:《两汉与西域关系史》,齐鲁书社 1979 年版。

安作璋、陈乃华著:《秦汉官吏法研究》,齐鲁书社 1992 年版。

安作璋、熊铁基著:《秦汉官制史稿》,齐鲁书社 1984 年版。

安作璋著:《桑弘羊》,中华书局 1983 年版。

杨生民著:《汉武帝传》,人民出版社 2001 年版。

卜宪群著:《秦汉的官僚制度》,社会科学文献出版社 2002 年版。

陈竺同著:《两汉和西域等地的经济文化交流》,上海人民出版社 1957 年版。

陈苏镇著:《汉代政治与〈春秋〉学》,中国广播电视出版社 2001 年版。

陈丽桂著:《董仲舒的黄老思想》,上海古籍出版社 1995 年版。

陈直著:《居延汉简研究》,天津古籍出版社 1986 年版。

程舜英著:《两汉教育制度史资料》,北京师范大学出版社 1983 年版。

[英]崔瑞德、鲁惟一编撰:《剑桥中国秦汉史》,中国社会科学出版社 2006 年版。

崔向东著:《汉代的豪族研究》,崇文书局 2003 年版。

丁启阵著:《汉代以前士大夫群体的人文状况》,东方出版社 2004 年版。

高敏著:《秦汉文化探讨》,中州古籍出版社 1998 年版。

甘肃文物考古研究所等编校:《居延新简》,文物出版社 1990 年版。

甘肃文物考古所、甘肃省博物馆编:《汉简研究文集》,甘肃人民出版社 1984 年版。

葛兆光著:《中国思想史》,复旦大学出版社 1998 年版。

葛承雍著:《王莽新传》,西北大学出版社 1993 年版。

葛志毅著:《先秦两汉的制度与文化》,黑龙江教育出版社 1998 年版。

顾颉刚著:《秦汉的方士与儒生》,上海古籍出版社 2005 年版。

韩星著:《儒法整合,秦汉政治与文化论》,中国社会科学出版社 2005 年版。

何兹全著：《秦汉史略》，上海人民出版社 1955 年版。

何平立著：《巡狩与封禅——封建政治的文化轨迹》，齐鲁书社 2003 年版。

胡适著：《王莽》，《胡适文存》（二集），黄山书社 1996 年版。

胡适著：《再论王莽》，《胡适文存》，黄山书社 1996 年版。

华友根著：《董仲舒思想研究》，上海社会科学院出版社 1992 年版。

黄惠贤、陈锋主编：《中国俸禄制度史》，武汉大学出版社 1996 年版。

黄今言著：《秦汉经济史论考》，中国社会科学出版社 2000 年版。

金春峰著：《汉代思想史》，中国社会科学出版社 2006 年版。

李振宏著：《居延汉简与汉代社会》，中华书局 2003 年版。

李开元著：《汉帝国的建立与刘邦集团——军功受益阶层研究》，生活·读书·新知三联书店 2000 年版。

李元著：《从理想到毁灭——王莽评传》，黑龙江人民出版社 2002 年版。

李大龙著：《两汉时期的边政与边吏》，黑龙江教育出版社 1996 年版。

林剑鸣著：《秦汉社会文明》，上海人民出版社 1989 年版。

刘泽华著：《中国传统政治思维》，吉林教育出版社 1991 年版。

刘泽华著：《专制权力与中国社会》，天津古籍出版社 2005 年版。

罗义俊著：《汉武帝评传》，上海人民出版社 1988 年版。

孟祥才著：《先秦两汉史论》，山东大学出版社 2001 年版。

孟祥才著：《中国政治制度通史》（秦汉卷），人民出版社 1996 年版。

木芹著：《两汉民族关系史》，四川民族出版社 1988 年版。

钱穆著：《秦汉史》，生活·读书·新知三联书店 2005 年版。

钱穆著：《两汉经学今古文评议》，商务印书馆 2001 年版。

齐涛主编、王子今著：《中国政治通史（三）·走向大一统的秦汉政治》，泰山出版社 2003 年版。

宋治民著：《战国秦汉考古》，四川大学出版社 1993 年版。

苏俊良著：《汉朝的典章制度》，长春出版社 2001 年版。

孙家洲著：《两汉政治文化窥要》，中国人民大学出版社 2001 年版。

孙家洲著：《中国古代思想史》（秦汉卷），广西人民出版社 2006 年版。

孙筱著：《两汉经学与社会》，中国社会科学出版社 2002 年版。

汤志均、钱杭著：《西汉的经学与政治》，上海古籍出版社 1994 年版。

汤贵仁著：《泰山封禅与祭祀》，齐鲁书社 2003 年版。

田昌五、安作璋著：《秦汉史》，人民出版社 1992 年版。

田余庆著：《秦汉魏晋史探微》，中华书局 2004 年版。

王继训著：《汉代诸子与经学》，陕西人民出版社 2003 年版。

王铁著：《汉代学术史》，华东师范大学出版社 1995 年版。

王兴国著：《贾谊评传》，南京大学出版社 1992 年版。

王仲殊著：《汉代考古学概说》，中华书局 1984 年版。

王柏中著：《两汉国家祭祀制度研究》，民族出版社 2005 年版。

吴荣曾著：《先秦两汉史研究》，中华书局 1995 年版。

吴泽著：《东汉社会经济形态史论》，上海人民出版社 1993 年版。

谢天佑著：《秦汉经济思想史稿》，华东师范大学出版社 1989 年版。

谢国桢著：《两汉社会生活概述》，陕西人民出版社 1985 年版。

萧公权著：《中国政治思想史》，辽宁教育出版社 1998 年版。

徐复观著：《两汉思想史》，华东师范大学出版社 2001 年版。

徐兴无著：《刘向评传》，南京大学出版社 2005 年版。

杨翼骧编著：《秦汉史纲要》，新知识出版社 1956 年版。

杨鸿年著：《汉魏制度丛考》，武汉大学出版社 2005 年版。

杨生民著：《汉代社会性质》，北京师范学院出版社 1993 年版。

杨师群著：《东周秦汉社会转型研究》，上海古籍出版社 2003 年版。

杨树达著：《汉书窥管》，上海古籍出版社 1984 年版。

于迎春著：《秦汉士史》，北京大学出版社 2000 年版。

余英时著：《士与中国文化》，上海人民出版社 1987 年版。

岳庆平著：《汉代的家庭与家族》，大象出版社 1997 年版。

张传玺著：《秦汉问题研究》，北京大学出版社 1983 年版。

张分田著：《中国的帝王观念》，中国人民大学出版社 2004 年版。

张家山汉墓竹简整理小组编：《张家山汉墓竹简（247 号墓）》，文物出版社 2001 年版。

张荣明著：《中国的国教——从上古到东汉》，中国社会科学出版社 2001 年版。

章权才著：《两汉经学史》，广东人民出版社 1991 年版。

曾延伟著：《两汉社会经济发展史初探》，中国社会科学出版社 1989 年版。

周桂钿著：《董仲舒评传》，广西教育出版社 1995 年版。

周桂钿著：《王莽评传——复古改革家》，广西教育出版社 1996 年版。

周桂钿著：《秦汉思想史》，河北人民出版社 2000 年版。

周远廉著：《中国封建王朝兴亡史》（秦汉卷），广西人民出版社 1996 年版。

祝瑞开主编：《秦汉文化和华夏传统》，学林出版社 1993 年版。

祝总斌著：《两汉魏晋南北朝的宰相制度研究》，中国社会科学出版社 1990 年版。